斯隆像

斯隆,1932 年

斯隆在通用汽车

斯隆在华盛顿

斯隆和朋友在一起

斯隆在议会呼吁减税

斯隆和他的妻子,1930 年

分权管理时期的斯隆

斯隆在试新车

斯隆和委员会联合主席奥马赫尼在反垄断调查听证会上，1939年5月

我在通用汽车的岁月
斯隆自传

[美]艾尔弗雷德·斯隆 著
刘昕 译

总裁寄语

亲爱的读者朋友：

对于您选择了阅读艾尔弗雷德·斯隆先生撰写的《我在通用汽车的岁月》一书，我们所有通用汽车人都感到与有荣焉。斯隆先生在通用汽车公司发展壮大成为世界最大的全球性汽车公司的过程中发挥了至关重要的作用。

我们很高兴您有兴趣进一步了解通用汽车公司。通用汽车和中国的关系可追溯到20世纪20年代，别克车是当时在中国最受欢迎的车型之一。今天，通用汽车再度积极参与到中国的汽车工业中。我们与上海汽车工业集团总公司合作建立了世界一流的生产企业，这正是通用汽车为协助建立中国现代化汽车工业所做种种努力的最佳表现。

在本书中，斯隆回顾了通用汽车经历的许多重大事件以及公司的关键性战略和决策。正是决策、战略和事件使通用汽车成长为汽车领域无可争议的翘楚。斯隆先生当年首创的许多方针和策略至今仍被业界人士奉为典范。尤其是他独树一帜的企业财务管理方法，以及制造"人人买得起，用得好的车"的产品哲学，都是在时间的考验中历久弥新的宝贵财富。

真诚希望这本书能给您带来阅读的乐趣，并使您有所收获。

此致

约翰·史密斯
通用汽车公司董事长

墨斐
通用汽车（中国）公司董事长
兼首席执行官

2001 年 7 月

为什么《我在通用汽车的岁月》是必读之作

彼得·德鲁克

1964年,艾尔弗雷德·斯隆的《我在通用汽车的岁月》一上市立即就成为畅销书,而这恰好发生在离斯隆1966年他90岁去世刚过去两年。从此以后,这部巨著一直是经理人和管理专业的学生的心爱之作。25年来,我一直在向朋友、客户和学生推荐这本书,而他们每一位都发现,该书不仅引人入胜,读起来还充满乐趣。但是,斯隆本人肯定会对此反响感到吃惊。在我们长达20年的交往中(始于1943年,终于1966年他去世前的几个月),他唯一一次真正对我发火,是得知我在《纽约时报》撰写的书评中称赞此书"充满乐趣"。斯隆斥责我这样做是在故意误导读者。他认为,此书的目的不在于让人读起来"充满乐趣",而是旨在建立一种职业——职业经理人,并且对作为领导者和决策者的职业经理人的作用进行详细阐述。

斯隆写作《我在通用汽车的岁月》的初衷原本是为了驳斥——或者至少是为了抗衡——他认为有害的一著部作:我写的那本关于通用汽车的书《公司概念》,本书于1946年出版。《公司概念》第一次将管理作为一门学科进行了研究,第一次从内部对一个大公司、它的章程、准则、组织结构、基本关系、战略和政策进行了研究。应通用汽车公司的邀请并在公司管理层的通力合作下，1943~1945年，我对通用汽车进行了研究，《公司概念》就是这次研究的成果。然而，当该书出版后，通用汽车公司的高级主管们却对它如此深恶痛绝，以至于多年来通用内部无人提及此书，实际上，对通用公司的经理来说，这本书就是禁书，因为书中对通用汽车的一些政策——如劳资关系、总部员工的使用和作用以及经销商关系——是否过时提出了质疑。对通用汽车的主管们来说，这种质疑犯了大忌，而且我从未得到真正的宽恕。但是，斯隆的做法却与众不同。在一次专门召集大家来讨论此书的会议上，当他的同仁们都对我进行攻击时，斯隆挺身而出为我辩护。"我完全同意你们的意见，"他对他的同事说，"德鲁克先生的看法是完全错误的。但是，他确实做了我们邀请他来时他告诉我们他要做的事情，而且，就像你我一样，他也有权表达自己的看法，虽然这些看法是错误的。"实际上，那次会议标志着我与艾尔弗雷德·斯隆之间私人关系的开始。在我写该书的那段时间，我经常能看到斯隆，通常是在大型会议上或通用汽车公司的某间办公室里。然而，在接下来的20年里，斯隆每年总会有一两次单独邀请我到他在纽约的办公室公寓共进午餐。期间他会讨论他的慈善计划，特别是斯隆-凯特林癌症研究所和麻省理工学院的斯隆管理学院。除此以外，他还想谈及《我在通用汽车的岁月》，多年来他一直在写作此书。他征询我的建议，并仔细倾听我的想法，但他从没有接纳我的建议。

斯隆是第一个认识到——也在我自己之前——我的《公司概念》一书将把管理建立成一门学科，事实也的确如此。在斯隆眼里，那本书错就错在这儿。他感到很骄傲，他也应该感到骄傲，因为他是第一个在一家大型公司里设计出了一套系统化的组织架构、规划和战略、评估体系以及分权原则，简而言之，就是一套管理学的基本概念。说句题外话，作为管理的设计师和缔造者，斯隆的工作确实就是美国在第二次世界大战中取得的成就中的一个主要因素。它不但促使美国的工业界为空前的生产任务进行总动员，而且几乎是在转瞬之间从毫无准备的状态和严重的大萧条中振作起来。

毫无疑问，斯隆的工作为美国经济在二战后40年中的领导地位打下了基础，日本人将美国的主要经验学到手从而成为经济强国。但是，斯隆认为，"经理人的职业化"是第一位的，"管理学科"是第二位的——而且远远落后于第一位。

回溯到柏拉图和亚里士多德的年代，从那时起就有了相互平行而又彼此独立的两种治理方式。一种是立宪主义：政治（或组织）的治理必须建立在一个清晰的结构之上。这种结构最重要的是使权力交接井然有序和避免暴政。另一种方式则在政治思想史上被称为"君主教育"——最为要紧的是统治者的性格和道德准则。我们一直都很清楚，这两者都是不可或缺的。实际上，我的著作可以纳入这两个范畴之中（1954年出版的《管理实践》基本上就是立宪主义，而1966年的《卓有成效的管理者》——恰好在艾尔弗雷德去世后的几个月出版——则秉承了"君主教育"的传统）。斯隆的博学多识令人吃惊，他对两种传统思想都很了解。他不止一次地告诉我，他是如何一遍一遍地研读美国宪法，以便为通用汽车以及所有大公司制定出管理组织和管理思想。但是，对他来说，不言自明的是，必须以统治者为核心，由职业经理人作为实践者、领袖和表率。他很快发现，《公司概念》一书非常重要，这也是他认为其有害的原因。他对我说，书中内容会误导职业经理人和学术研究人员，使他们远远地偏离正轨。用今天的话来说就是，斯隆指责我将"管理"置于"领导"之上，他觉得自己有责任对其进行纠正。

斯隆原本打算在1943年从首席执行官的位置上退休，那时他已经67岁了，掌管了通用汽车35年，他先是做了10年的首席运营官，又在而后的23年里担任了首席执行官。在准备退休的过程中，他在30年代后期就开始为一篇自传性的短文收集资料，这篇短文不是为了出版，而只是作为向同事告别的演说。然而，随着1943年的来临，美国陷入了战争。斯隆长久以来为通用汽车高层管理培养的三四个人全都为战争服务去了。等到他们再次能够为通用汽车服务时，已经年事太高，无法执政管理。于是，斯隆决定——尽管很不情愿——在战争期间以及随后的过渡阶段中继续留任。在这段时间里，他开始培养另一批更年轻的团队以接替他和同事的工作。随后,当他决定他应该写一部书来确立职业经理人的形象时,他又找出了大约10年前为了完全不同的目的而做的笔记。

这一结果产生了一项非凡的成就。从表面上看,这是一部自传,读起来也确实如此。但实际上,这部书远不止是一个接一个事件的"案例研究"。而且,尽管这部书包含有说教的目的,但它非常生动,充满乐趣,可读性强,讲述的是一个人的故事。只是,这个人并非真正的艾尔弗雷德·斯隆本人,而是作为职业经理人模特和典范的艾尔弗雷德·斯隆。

《我在通用汽车的岁月》中所描述的斯隆常常被批评为"没有人情味"和"冷酷",事实上,这正是他在书中要刻画的自己的样子。他坚信,一个首席执行官一定不能产生工作上的朋友。他向我指出,美国历史上最有影响力的总统亚伯拉罕·林肯和富兰克林·罗斯福在同事中均没有朋友和伙伴,而那些在工作上有朋友的总统——格兰特、杜鲁门(斯隆对其评价很高)、艾森豪威尔(斯隆不信任他)都很快被朋友出卖。"朋友很容易成为宠信之人,"斯隆坚持己见,"一个首席执行官必须不偏不倚,只能依据业绩来做出评判。"然而,直到晚年由于听力衰退使他与外界隔离之前,斯隆一直是一位注重友情的人,而且他的朋友也不全是"工作以外的"。多年来,他最亲密的好友就是沃尔特·克莱斯勒,在斯隆说服他另起炉灶之前,克莱斯勒一直担任通用汽车公司别克分部的总裁。克莱斯勒创立了以自己的名字命名的汽车公司,这在很大程度上是因为斯隆向他指出了20世纪20年代中期由于福特汽车公司的衰落而产生的机会。另外,斯隆还清楚地看到,随着福特公司迅速走下坡路,出于自身利益的考虑,通用汽车公司本身也需要一个强劲的竞争对手。直到1940年65岁去世,克莱斯勒一直是斯隆的密友。

除此之外,斯隆非常热情,而且慷慨得让人难以置信,这种慷慨既包括他的时间,也包括他的金钱。在我的研究过程中,无论走到通用汽车公司的哪个角落,总有人会告诉我——常是比较低层的员工,斯隆是如何帮助他们的,并且通常是主动提供帮助。比如,为了使一个工厂经理严重烧伤的孩子得到最好的医治,他是如何放弃了整个圣诞节假期去四处寻找医院的,而他与那位经理从未曾谋过面。我常常问通用的员工："如果你陷入严重困境，你会找谁相助？"大多数人会立即回答："当然是艾尔弗雷德·斯隆！"正如他通过制定政策和战略打造通用汽车一样，斯隆也同样通过自己激动人心的个人魅力和值得信任的品格来塑造通用公司。在整个20年代——有的甚至时间更长，那些掌控通用汽车公司大型分部——雪佛兰、别克及凯迪拉克——的头头们全都是各自公司的创始人，而且在将公司出售给通用汽车之前已经把这些大企业打造得非常成功。他们中的每一个都比斯隆年长和富有。而斯隆在1916年出售给通用汽车的配件企业当时规模还很小——斯隆借此进入通用汽车的管理层。这些人全都是通用汽车的大股东，每个人都非常妒忌斯隆拥有的自治权，并对总部的所有"干涉"牢骚满腹。然而在几年之内，他们全都成了斯隆的赞赏者和忠心耿耿的团队成员。

确实，斯隆对"人的关注"到了狂热的程度。《我在通用汽车的岁月》一书于1954年基本完稿，但在10年之后才得以出版。因为只要书中提到的通用汽车的员工仍然健在，斯隆便拒绝出版。"一个经理人不会公开地批评下属，"他说，"我在书中提及的有些事情可能会被理解为批评。"斯隆当时已经年届80高龄，身体逐渐衰弱，而书中提到的仍健在的通用汽车的员工中，有人比他小整整15岁。双日出版社的编辑请求他说："斯隆先生，你在冒险，你也许活不到这本书的出版。"这位编辑实际拜访了书中提到的那些人，他们无一例外地说自己一点也不觉得"受到了批评"，并催促斯隆出版此书。但是斯隆丝毫不肯让步。"如果我活不到那一天，"他说，"你们就得在我死后再出版，人比出版计划更重要。"他竟然活得比那些人都长，在书中提到的最后一位健在的人去世的当天，斯隆才同意出版该书。当然，斯隆并非那种过于敏感的人。但是，他极为关心人，注重人，最重要的是，他尊重人。

但是，在斯隆所著的《我在通用汽车的岁月》一书中并不存在普通人。斯隆坚信，对于"职业经理人"而言，管理要靠事实来说话而非人格上的力量。我曾经听到他在对通用汽车公司经理的演讲中说："医生对病人的态度不能代替正确的诊断。"

在《我在通用汽车的岁月》一书中，斯隆还严格地将他个人关心和感兴趣的每一件事情排除在外。他深深地卷入政治中——总处于落败的一方，他积极参加了1937年兰登的竞选活动和1948年杜威的竞选活动。他与富兰克林·罗斯福有着一段长达12年的爱恨交加的关系。他赞赏罗斯福的影响力，但厌恶罗斯福这个人，并且反对新政。"阿尔·史密斯是一个比罗斯福好得多的人，但罗斯福确实是一位更好的总统。"有一次他这样对我说，让我大感惊讶。但是，斯隆在书中唯一提及罗斯福的地方就是，在遥远的华盛顿，某人拒绝制止密歇根州州长弗兰克·墨菲支持1937年通用汽车公司工会组织的静坐罢工。而关于新政，书中则一点都没有提及！当我提出没有新政和罗斯福的30年代历史犹如没有王子的《哈姆雷特》时，他说："对我和通用汽车而言，这些都是重要的事件，但它们全是历史事件，与职业经理人的工作没有关系。"

同样，书中也未曾提到斯隆充满爱心地长期努力的两项事业：汽车安全和位于弗林特的通用汽车研究所（现为GMI技术公司）。书中只是极为简短地提到了比他年轻18岁的异母弟弟雷蒙德——斯隆"唯一的孩子"。雷蒙德年仅50来岁就过世"成了我一生中最大的个人不幸"，斯隆曾经这样说。书中一点也没有提及，雷蒙德是医院管理领域的先驱，正是通过他，艾尔弗雷德·斯隆才对医院管理产生了浓厚的兴趣，并为斯隆-凯特林研究所的组织工作以及癌症研究的规划和方向付出不少心血。"这些全都是个人爱好，"他说，"他们并不属于一部论述职业经理人的书所要涉及的内容，就像我的妻子收集古董，或者一位首席财务官系花哨的领带一样。"

然而，《我在通用汽车的岁月》向我们展示的是思想大师斯隆，而不是斯隆这个人，但是比这更为重要的是，对大多数读者而言，该书并未点明斯隆撰写本书所要阐述的经验教训。我一直认为，这是一部最好的管理著作——这和是否全盘接受斯隆提出的每一个观点无关。尽管这部著作拥有广泛的读者和极具号召力，但它对管理实践影响甚微。这部著作以"自传"的形式出现，在很大程度上解释了为什么该书未能像斯隆希望的那样成为一本行动指南。当他把自己的计划告诉我时，我表现出极大的热忱。一部论述管理以及职业经理人的著作是一个绝妙的想法，我当时这么想，现在还

为什么《我在通用汽车的岁月》是必读之作   7

是这么认为。然而将其以自传的形式推出,我觉得会使主题含混不清。为什么不就这个主题本身写一部书,将通用汽车作为实例呢?不,斯隆说,他做不到。我又问:"斯隆先生,为什么不起个《职业经理人》之类的书名,再加上类似《通用汽车40年来的经验教训》的副标题呢?"斯隆认为这样过于做作。"至少,"我建议,"在每章结尾放上一段话总结经验教训。"斯隆先生固执地说:"德鲁克先生,我不是写给笨蛋看的,我是写给有经验的经理人看的。他们无须我指出显而易见的事情。"然而,正像每位编辑很快发现的那样,显而易见的事情恰恰是需要明确指出的——否则会被忽略掉。

那么,依我对艾尔弗雷德·斯隆意图的了解,《我在通用汽车的岁月》一书的主要教训是什么呢?我总结如下:

- 首先,管理是一种职业,经理人是——或者说应该是——职业化的。这在20世纪90年代的现在听起来有些陈腐,30年前却远非如此。不过坦率地说,尽管如今大多数经理人都这么宣扬,但身体力行的人并没有很多。
- 像其他职业人士——如医生或律师——一样,职业经理人也有"客户":企业。他注定要让自己的兴趣服从于客户的意愿。对客户负责任是"职业化"的特征。
- 职业人士做决策,靠的既不是个人观点,也不是其偏好,而是依据事实说话。我认为,这就是《我在通用汽车的岁月》中关于查尔斯·凯特林研制铜冷却发动机一章的主旨所在。许多读者,其中包括我自己,都觉得这部分过于冗长。斯隆给予凯特林最高的赞誉,认为他是美国20世纪杰出的发明家。即便是这样一个伟人,斯隆在这一章花了如此多的笔墨讲述,如果不顾事实地紧抱自己的偏好不放,反而会损害自己。
- 职业经理人的工作不是去讨好人,不是去改变人,而是要激发他们的能力去工作。无论你是否对别人满意,是否赞成其工作方式,他们的业绩才是唯一要考虑的事情,确实,这才是职业经理人唯一被允许关注的事情。我曾对斯隆说,在我见过的人中最为不同的要数两个人,他们在我研究期间分别掌管着通用汽车盈利最多的分部雪佛兰和凯迪拉克。"你完全错了，"他说，"这两个人非常相像，他们都业绩非凡。"

- 但是业绩不是"底线"，还要树立榜样。这需要诚实正直。只要在这两方面——经营业绩和作为榜样——不过线，就应该有绝对的宽容和最大程度的多元化。
- 意见分歧甚至冲突都是必要的，实际上也是求之不得的。没有分歧和冲突，就不会有理解；而没有理解，就只有错误的决策。对我而言，斯隆著作中最引人入胜的部分就是那些备忘录：他首先列出不同意见，然后将不同观点综合成一种理解，最后达成共识和承诺。
- 领导力不是"魅力"，也不是"公共关系"，更不是"表演"。它是业绩，是始终如一的行为，是值得信赖的。
- 最后，也许最重要的教训是，职业经理人就是公仆。职位并不能给予你特权和权力，它赋予你的是责任。

　　人们可以就斯隆的理论进行辩论，实际上斯隆非常希望读者能就此展开辩论。当我提出这个问题时，他这样回答："否则，他们不会认真对待。"但是，这正是艾尔弗雷德·斯隆撰写本书的原因，也是《我在通用汽车的岁月》成为"必读之作"的缘由。

目 录

引 言

<<< **第一部分**

第 1 章 重大的机遇（一） ………………………… 3
第 2 章 重大的机遇（二） ………………………… 16
第 3 章 组织的概念 ………………………………… 39
第 4 章 产品政策及其起源 ………………………… 54
第 5 章 "铜冷"发动机 …………………………… 66
第 6 章 稳定 ………………………………………… 88
第 7 章 委员会的协调 ……………………………… 92
第 8 章 财务控制的发展 …………………………… 107
第 9 章 汽车市场的转型 …………………………… 135
第 10 章 制定政策 …………………………………… 156
第 11 章 财务成长历程 ……………………………… 177

<<< 第二部分

第12章 汽车的发展史 …………………………… 203

第13章 年度车型变化 …………………………… 222

第14章 技术部门 ………………………………… 231

第15章 外观 ……………………………………… 247

第16章 分销和经销商 …………………………… 262

第17章 通用汽车承兑公司 ……………………… 283

第18章 海外公司 ………………………………… 293

第19章 非汽车产业：柴油电力机车、
家电和航空 ……………………………… 317

第20章 人事和劳工关系 ………………………… 349

第21章 激励性报酬 ……………………………… 364

第22章 管理：它如何起作用 …………………… 383

第23章 改革与发展 ……………………………… 389

附录1 通用汽车公司轿车及卡车销售数量 ………… **397**

附录2 通用汽车公司部门组织图 …………………… **401**

引　言

我曾答应在本书中对通用汽车的成长历史进行完整的记录。关于这个世界上最大的私营工业企业，可说的事情太多了。通用汽车的历史覆盖了当前的这个世纪，覆盖了地球上的很多地区——无论这个地方是否有路可达。它还包括大量工程艺术在当代的最新发展史。雪佛兰（Chevrolet）、庞帝亚克（Pontiac）、奥兹尔莫比（Oldsmobile）、别克（Buick）、凯迪拉克（Cadillac）、GMC卡车和轿车等品牌在市场中的地位，以及占美国和加拿大当前乘用车和卡车生产量约50%的制造能力，奠定了通用汽车的现实存在。1962年，我们在美国和加拿大之外的海外业务——英国的沃克斯豪（Vauxhall）、德国的亚当·欧宝（Adam Opel）、澳大利亚的通用汽车—海尔丁（GM-Holden's）以及我们在阿根廷和巴西的制造厂——的乘用车和卡车产量占自由世界总产量的十分之一。通用汽车同时还生产了大量的机车、柴油机、燃气涡轮机以及家用产品，这些产品在全世界总产量中也占一席之地。由于通用汽车的主营业务是汽车产品——大概占当前民用业务的90%——所以，本书的大部分内容是对这个领域的描述。但是，我也会在后面留出专门的篇幅来探讨非汽车领域以及通用汽车在战争和国防等领域的角色。

　　我在汽车及相关领域工作超过65年——其中45年在通用汽车——的印象构成了本书的基础。然而，本书所覆盖的历史之长，话题本身的范围之宽，以及人类记忆的局限，使得我在将本书构筑于我个人印象基础之上的同时，还需要以相关的历史记录为参照。同样，我还经常求助于我的同事们的记忆。为了让这些纷杂的记忆能够重点突出，我将我的思路集中在了一些在我看来对通用汽车的演化史影响最大的因素上——总的说来，就是通用汽车分权组织的起源和发展、相应的财务控制以及在激烈竞争的汽车市场中通用汽车以自己的方式所表现出的对经营这一概念的理解。在我看来，这三项因素构成了通用汽车企业经营的基础。

　　作为历史，我描述了从工业天才杜兰特（W. C. Durant）于1908年——甚至以前的一些事件——创业至今通用汽车的整个历史。但是，我主要集中于1920年后的这段时间，我将这段时期称之为现代公司——或者准确地说，从1923年到1946年，先是作为总裁，然后是董事会主席，与此同时，我一直都担任首席执行官一职。在此期间，公司形成了一些基本的特色——一些现在仍然具备的特色。我也对1921年以前的公司进行了描述，从这些描述中可以看出我们在准备建设现代公司时的工作基础。

　　作为自传，我也描述了我在这一行业的早期活动，以及我于1908年偶然进入通用汽车的经历。通用汽车以及海厄特滚珠轴承公司（Hyatt Roller Bearing Company）——在它成为联合汽车公司（United Motors Corporation）的一部分并继而成为通用汽车的一部分之前，我是那里的负责人和合伙人——几乎是我的商业生涯中惟一的兴趣点。加入公司以来，我一直都是一个大股东。在很长的一段时期内我都是公司最大的个人持股人之一，大概拥有1%的普通股。这一股份所代表的财富现在已经成为以我的名字命名的慈善基金，并进而支持医疗及其他领域的教育和科研工作。

　　因此，从股东的角度谈论问题自然是再适合我不过了。通常我总是站在股东的立场上，尤其是在诸如代表董事会以及它的委员会以及讨论股息红利的时候。然而，我同时还会从我们称之为"执行官"团队的角度去考虑问题。管理已经成了我的技能。在我担任首席执行官的时候，尽管在很多场合下，我都需要为政策的提出而担负个人责任。但是，无论一项政策产生于什么地方，都必须得到委员会的认可和批准才能够执行，这一点已经成了通用汽车固化的原则。换句话说，通用汽车采用的是由才华横溢的个人构成的团队管理模式。因此，我经常说"我们"而不是说"我"；有时当我说"我"的时候，我其实说的是"我们"。

在记录通用汽车的发展过程时，有几项因素必须作为背景加以说明。除了在美国这个国家之外——它的非常主动、富于创业精神的人民；它的资源，包括它的科学技术以及它的商业及工业诀窍；它的空间、道路以及充足的市场；它的变动、灵活以及大规模生产；它在20世纪工业的飞速发展；它的从广义上讲的自由制度，以及从狭义上说的自由竞争企业精神——很难想象通用汽车能够在其他地方存在。在通用汽车的发展历程中，适应美国汽车市场这一独一无二的特点是非常关键而且非常复杂的制胜因素之一。反过来说，如果我们也在汽车产业为美国风格做出了贡献的话，那么这只能归因于双方的互动。

举个例子。在美国汽车行业中的生存之道就是去赢得每年新车购买者的好感。这一工作的一部分就是年度新车型的竞争，这是每个企业都必须重视的市场刺激工作，否则必然灭亡。敦促通用汽车去满足这一需求的动力是通用汽车的活力。与通用汽车及汽车行业发展相关的很多事情最后都可以归因于对年度新车型的理解——它的起源、演化以及相关的车型升级等等。和早年的福特汽车相比，通用汽车在其中扮演了重要的角色。

汽车代表了当代最伟大的工业机遇之一，这一点我不会忘记。通用汽车非常幸运地赶上了这个年代。正是基于这一思路，本书的前两章对通用汽车的早期历史进行了回顾。进而，汽车的出现将通用汽车和内燃机的发展紧密联系起来，从而使得我们能够顺理成章地参与到将这种动力源应用到一系列需要能源的地方——比如，飞机、火车等等——的工作中。我们成长的历程，基本上就是内燃机驱动的交通工具的大规模生产历程。我对通用汽车及它的业绩非常热心，这一点毫不为奇。但是，我认为我的这一论断是非常客观的，即通用汽车抓住了它的历史机遇以满足企业内外——从内部的股东、雇员，到外部的客户——的各种需求。

然而，作为最大的私营企业——在1962年，通用汽车拥有100万以上的股东，约60万的雇员，92亿美元的资产，146亿美元的销售收入，以及1962年14.6亿美元的利润——通用汽车声名显赫，但是偶尔也会因此成为政治的目标。我很高兴能够遇上关于规模的问题，因为在我看来，一家有竞争力的企业的规模是这家企业优异业绩的结果；当需要为广大的国内外市场提供大量的诸如汽车和机车这类的产品时，大规模的企业才是合适的。不要忘记，这些产品的价格相对来说是非常昂贵的，即使是一家"小"汽车生产商也会跻身美国工业百强之列。

我相信，成长，或者说努力去成长对企业的健康发展而言至关重要。人为地停止成长只会让企业窒息。美国工业界曾经发生过这样的例子。在汽车行业以及其他一些行业，成长的结果就是出现了很多大规模的企业，现在它们已经成了我们这个社会的标志。在美国，我们用"大"的方式去做事。我一直相信规划要做得大，但是我总是在事后发现我们原本的规划还不够大。不过我确实没有预料到通用汽车的规模会变得这么大，也没有将如此大的规模作为我事先制定的目标。我只是认为我们应该积极地开展工作，而不应该受到条条框框的限制。我为发展提供的舞台上没有天花板。

成长和发展是相互联系的，因为在竞争的经济形势下，一个企业是不能够停步不前的。各种各样的障碍、冲突和新问题不断出现，人们的视野不断开阔，进而激发了更多的想象力，并促进了产业的发展。然而，成功有时也会带来自满。在这种情况下，在竞争中生存的压力——它也是经济增长最大的动力——的作用就会逐渐降低。对变革的惰性导致冒险精神逐渐丧失。当这种情况发生的时候，就会导致与科技潮流失之交臂，或者无法把握变动的消费者需求，或者未能准备充分地面对更加激烈、更加残酷的竞争，并最终导致增长的停滞，甚至是倒退。创业容易守成难，在任何一个行业，保持永恒的成功或者维持一个不寻常的高标准永远都比获取不寻常的成功或领袖地位要难。这是每个行业的领先企业都必须面对的最大的挑战。这也是未来通用汽车所必须面对的挑战。

这里必须要明确一点：我并不认为规模是一个障碍。对于我来说，它只是一个管理问题。关于这一点，我的思路是围绕着一个在理论和实际上都非常复杂的概念展开的——用极度简化的方式来说，这个概念就是分权。通用汽车式的组织模式——在政策上统一，在管理上分权——不仅在我们内部效果良好，而且也已经在美国大多数行业中成为一种标准。这一概念与适度的财务激励手段相结合，构成了通用汽车企业组织政策的基石。

我们管理哲学的关键部分就是以务实的方式进行经营判断。当然，经营判断的最后环节必然是依赖于直觉的。但是，还是存在着一些规范的方式来提高经营战略或决策制定过程的逻辑性的。但是，经营判断是以发现和认清不断发展的各种科技、市场及其他因素为基础的，而这无疑是一项巨大的工作。由于当代技术变革的高速度，使得对这些变动因素进行持续跟踪成为当代工业的一大必然特点。这一点看起来似乎是很显而易见的，但是，一些产业界主要的竞争地位变动都或多或少和某些人一成不变的思想有关。

但是，仅仅依靠组织结构设计仍然无法保证有效的管理。负责组织管理及权力分派的人比组织本身更为重要。他们需要在分权制和中央集权制，甚至是一言堂之间做出均衡。从精神到实际行动上都奉行分权管理，这是通用汽车长寿的根本。

在这一点上，通用汽车是一个社团这种说法应该是很恰当的。公司内部弥漫着客观、快乐的气氛。通用汽车的最大长项之一就是它从最初设计的时候就定位于一个客观的公司，这一点和许多湮没在历史长河里的个人主观至上的企业形成了鲜明的对比。

但是，我要说的是，我的经验告诉我，在组织形式这个问题上并没有一种简单的处理方式。个人性格的角色同样非常重要，以至于有时有必要围绕一个或几个人而建立一个组织或者一个部门，而不是将这些人削足适履到组织中相应的岗位上去。在我关于我们早期工程师队伍的发展过程的记忆里，就曾发生过这样的事情。尽管可以对公司的某些部门进行改造以适应某些人，但是这种事情一定要严格控制，因为这一过程中会碰到很多限制。正如我前面提及的，为了组织的健康，必须尽量减少从主观角度出发办事的情况。

如果我在本书中表达过某种意识形态，或者是暗示过，那么我想这个意识形态就是我相信竞争是一种信仰的较量，是一种进步的途径，是一种生活方式。应该认识到，竞争可能以多种面貌出现：比如，在组织模式上，通用汽车的分权管理一直在和其他企业进行竞争，在长期的商业运营上，通用汽车的产品升级战略一直在和其他企业进行竞争，当然，在日常经营活动上也存在着大量的竞争。另一方面，老亨利·福特坚信中央集权制的管理模式和长期不变的车型能够带来竞争优势。这种基本政策层面上的竞争有时更具有决定性的作用。我们长期以来一直在注重发展这一思想的指导下前进，这一点在我们未来的投资计划中得到了充分的体现。由于相信生活标准将不断提高，所以，我们不是为特定的少数人，而是为全体消费者提供我们的产品。在现代市场形成期，在对生活标准持续提高这一问题重要性的理解上，我们和其他企业泾渭分明。

本书中所揭示的关于通用汽车的故事是平日里难得一睹的。它的故事以董事会为中心扩展到生产部门，包括日常管理、执行官员、政策委员会、生产线和职员组织，以及生产部门之间的互动。换句话说，本书描述了局部对整体的作用，以及整体对局部的作用。因此，我的主题不是生产部门内部，而是我们称之为通用汽车的这一群星荟萃的整体。

本书分为两大部分。第一部分是对通用汽车发展主线整体而连续的描述，包括公司在组织、财务和产品等领域基本管理理念的起源和发展。第二部分由若干个独立的章节组成，分别讲述设计、分销、海外业务、战争及国防产品、激励、公司部门结构及其他内容。尽管如此，我仍然无法做到面面俱到。对于我而言，完整地回顾通用汽车这段超过半个世纪的历史几乎是一件不可能完成的任务。我只是从我个人经历的角度出发选择了一些故事——我认为所有的人都会这样做的——来讲述，并且做好了接受人们评判的准备。

本书的写作方式是从逻辑的角度叙述经营的故事，并且在叙述的过程中将对观念和历史的回顾结合进来。本书的结构，尤其是第一部分中的章节顺序源于对汽车工业中管理逻辑的考虑。当然，还有其他组织方式可供选择，比如，心理的、社会的、主观的等等。之所以最终选择了这种组织方式，是因为只有这种方式才能够在本书有限的篇幅内组织起如此繁多而复杂的材料。它还可以清晰地从业务的观点出发将业务描述清楚。而且，将这种方式用于描述通用汽车也是非常合适的，因为通用汽车经营战略的一个特点就是在追逐业务目标的时候尽量有意识地保持客观的立场。

我适度地强调了很多过去做过的工作，当时许多长远的基本的政策首先被确定下来。然而，在后来经年累月的公司运营中，我认识到，必须持续进行创造性的新工作，而这些新内容通常是通过对以往政策的精炼和修订而获得的。正如我经常说的那样，变革意味着挑战，而从容应对变革的能力则是优质管理的标志。为了通用汽车的成长和繁荣，必须对产品、需求及外部压力方面意义深远的变革做出响应。实际上，通用汽车的当前管理团队正在谨慎地处理他们这个时代特有的问题。

第一部分

第1章
重大的机遇（一）

1908年发生了两件对汽车工业的发展影响深远的事情：威廉·杜兰特以他的别克汽车公司为基础组建了通用汽车公司——也就是现在的通用汽车有限公司的前身，以及亨利·福特发布了T型车。这两件事情都不仅仅代表着一个公司或者是它的汽车。它们代表着不同的观点和不同的哲学。在以后的日子里，历史见证了这两种哲学在汽车工业中的领袖地位。福特先生的哲学首先占据了上风，并将优势地位延续了19年——也就是T型车的时代，为他带来了不朽的声誉。随后，杜兰特的开拓性工作开始获得它应有的认可。杜兰特先生的哲学萌芽于T型车的时代，并在该时代过去之后才得以实现——不是由他本人，而是由其他人，其中包括我。

没有人比杜兰特先生和福特先生更明白那个时候摆在汽车工业面前的重大机遇了。在那个时代，尤其是在银行家的眼里，汽车只是一种运动；它的产品定价过高以致无人问津，它的机械故障率居高不下，而优质的公路又是那么少。然而，在1908年整个美国汽车工业仅仅制造了65000台"机器"的情况下，杜兰特先生正在热切地盼望着年产100万辆汽车的时代的到来——他也因此被认为是鲁莽观念的推动者——福特先生则早已经在T型车中发现了将这一预言变为现实的途径。1914年,美国汽车工业已经年产50万辆汽车了。1916年,仅福特先生就出产了高于50万台的T型车,而在20世纪20年代,处于巅峰的他年产超过200万辆汽车。在完成了它的历史使命之后,T型车所经历的衰落成了这个故事的关键点。

杜兰特先生和福特先生都有着非同寻常的愿景、勇气、想象力和远见。在汽车年产量只不过是现在几天的产量的时候,他们都敢于将一切都押在汽车工业的未来上而豪赌一场。他们都建立了庞大而持久的产品线,而且这些产品的名称都已经成为美国语言中的一部分。他们都创建了庞大而持久的机构。他们属于我所称之为个人风格实业家的那一代人,也就是说,他们是将自己的性格、天分作为一种主观因素灌输至他们的运营之中,而不是从方法和目标上讲求管理的规律。他们俩的组织方式截然相反,福特先生是一个极端的集权主义者,而杜兰特先生是一个极端的分权主义者。在产品和进入市场方式方面,他们也泾渭分明。

福特先生的流水线装配汽车的生产方式、很高的最低工资和低价汽车极具革命意义,不愧跻身于我们这个工业时代最伟大贡献的行列。他关于以不断降低的价格提供同一型号的车辆的基本观念正是当时的市场——尤其是农村市场——所期望的。然而,随着时间的流逝,杜兰特先生关于汽车多样性——尽管当时他没有阐述清楚——的感觉和汽车工业发展的潮流靠得越来越近。现在,每个主要的美国汽车生产商都在提供多种型号的汽车。

杜兰特先生是一个有着伟大缺陷的伟大的人——他善于创造,却不善于管理——在他倒下之前的超过四分之一世纪的日子里,他先后在马车和汽车等领域取得了辉煌的创新成果。他能够因自己独到的见地而创建通用汽车,却未能带领通用汽车起飞,也未能演好他自己的戏份——他在通用汽车的统治时期成为美国工业历史上的悲剧之一。

可能并不是每个人都知道,在这个世纪之交的时候,杜兰特先生——这位白手起家的楷模——是当时美国领先的货车、马车生产商,他于1904年进入并重组了正在下滑的别克汽车公司,并于1908年成为美国领先的汽车供应商。1908年，杜兰特先生生产了8 487辆别克车，相比较而言，福特当年的产量为6 181辆，而凯迪拉克则是2 380辆。

杜兰特先生于1908年9月16日组建了通用汽车公司。1908年10月1日，他将别克引入通用汽车，然后奥尔兹于11月12日加入，接着在1909年，奥克兰德（Oakland）和凯迪拉克也加入了通用汽车家族。这些公司保留了它们原来的法人资格和独立运作的实体，而通用汽车则成了控股公司，即由众多独立运营的卫星公司环绕着的中央机构。通过以股票交易为主的多种手段，在杜兰特先生的领导下，1908年至1910年间通用汽车家族共吸纳了约25家公司，其中的11家是汽车公司，两家是电灯公司，其他都是零部件制造企业。在这些汽车公司中，只有4家在公司的演变中得到了保留，它们是别克、奥尔兹（现在叫奥尔兹莫比尔）、奥克兰德（现在叫庞帝亚克）和凯迪拉克——它们最初都是独立的公司，现在变成了通用汽车的部门。其他7家早期的汽车公司都是影子公司，它们以工程设计为主，几乎没有工厂及生产能力。

在那个时期将不同的组织合并起来通常需要涉及"股份掺水"和其他操作，这种金融炼金术有时会将水变成金子。我怀疑在通用汽车公司组建的过程中是否也发生了这种情形，因为别克在成为通用汽车的基石之前是一家营利性非常好的企业。1906年别克公司从200万美元的销售额中赚取了40万美元的利润；在经济恐慌的1907年，别克完成了420万美元的销售额，赚取利润达110万美元；1908年的预计产量为750万美元，预计利润为170万美元，其成长性和营利性都完美无缺。

然而，杜兰特先生的兴趣在于通过产品线的延伸和整合而合并。在生产方式方面，他的行为已经超越了他所处的时代。杜兰特先生的做法不同于大多数早期的汽车生产商，他们主要依靠零部件制造商提供的零部件来组装汽车，杜兰特先生领导下的别克已经实现了很多零部件的内部制造，而且他预期能够从这种生产方式中获得更大的经济效益。在1908年未能实现的别克与麦克斯韦-布里斯寇（Maxwell-Briscoe）合并案的计划书中就曾对采购、销售及集成生产所带来的预计经济效益进行了说明。计划书中曾提到别克公司位于弗林特的一家工厂"地处10家独立工厂之间，这10家工厂分别制造车身、车轴、弹簧、轮子和铸件"，并指出可以在这10家工厂中选择兼并对象。因此，与通常大家印象中股票市场投机分子的形象不同，杜兰特先生在经济事务方面的表现其实称得上是老于世故。我不能说他在将他的经济哲学付诸实施上能够达到非常精确的程度，但是，在那个大量汽车公司起伏兴衰的年代，杜兰特先生显得是那么的卓尔不凡。

从杜兰特先生创建通用汽车的经验与教训中，我看到了三种共存的模式。第一种模式就是以多种车型来满足市场上不同经济水平和多种品位的需求。这在别克、奥尔兹、奥克兰德、凯迪拉克，以及后来的雪佛兰上面得到了充分的体现。

第二种模式就是多元化，力图覆盖汽车设计的各种未来趋势，追求尽量高的平均收益，而不是在或者全面成功或者彻底失败的项目上押宝。通用汽车夭折的成员中，这样的例子有很多。比如，卡特卡汽车（Cartercar），它采用摩擦驱动，当时曾认为这种驱动方式会成为滑动齿轮传动方式的潜在竞争者；埃尔摩（Elmore）制造公司，它是由一家自行车制造公司发展起来的，由于当时认为可能存在相应的市场需求，它研制了由两辆自行车组成的机动车。还有很多其他的随机赌博，这里我仅仅列举它们的名字：马奎特（Marquette）汽车公司，厄文（Ewing）汽车公司，伦道夫汽车公司，韦尔奇汽车公司，迅疾（Rapid）汽车公司，可靠（Reliance）卡车公司。最后这两个公司后来合并为迅疾卡车公司，并于1911年7月22日被通用汽车吸纳。

杜兰特先生的行事中所展现的第三种模式就是他在按照汽车解剖结构来提高零部件制造集成度中进行的努力。杜兰特先生引入了一系列的零件制造商：诺斯威（Northway）发动机制造公司，一家为客车和卡车提供发动机和其他零件的企业；位于密歇根州的弗林特尚普兰火花公司，该公司生产火花塞，后来改名为AC火花塞公司；杰克逊-邱吉-威尔考克斯（Jackson-Church-Wilcox）公司，别克汽车的零件提供商之一；尤蒂卡温斯顿-马特公司，后来改名弗林特温斯顿-莫特公司，该公司生产车轮和车轴。他还兼并了加拿大的麦克罗林（Mclaughlin）汽车股份有限公司，这家公司曾是高级马车制造商。

这家公司购买别克的零部件在加拿大制造麦克罗林-别克汽车。这一行动促成了天才的塞缪尔·麦克罗林加盟通用汽车。通用汽车在加拿大的发展在很大程度上都应该归因于他的贡献。

这些公司并不完全是通过兼并得到的。比如，杜兰特出资创建了冠军火花公司，并为阿尔伯特·尚普兰的技术诀窍支付了25%的股份。直到1929年通用汽车向尚普兰先生购买剩余股权之前，这家公司一直是一家部分控股的子公司。

总的来说，从潜能整合的角度来看，杜兰特先生在通用汽车的初期就引入了一系列重要的成员企业。在另一方面，他也曾为黑尼电灯公司支付了过高的成本，这一成本甚至高于他为通用汽车与奥尔兹汽车联合所支付的成本，而且，他为黑尼电灯所付出的努力后来还打了水漂。他用价值700万美元的通用汽车股票购买了黑尼电灯的股份。黑尼电灯的价值来自于它正在申请的钨灯专利，而这项专利后来被专利局否决了。

杜兰特先生的做法尽管从长期意义上非常正确，但是在短期上却为他带来了失败。对于别克和凯迪拉克而言，尤其是产量和质量并重的别克，几乎是当时的通用汽车的灵魂。这两个公司的产量几乎是当时通用汽车总产量的全部，在1910年，他们的产量占美国当年汽车总产量的20%。其他公司汽车的产量实在是无足轻重。因此，通用汽车很快就因过度扩张而陷入财务危机。1910年9月，杜兰特先生于创建通用汽车两年之后失去了对它的控制权。

由波士顿李·希金森公司的詹姆士·斯托乐和纽约塞利格曼公司的阿尔伯特·施特劳为首的投资银行集团为通用汽车注入了资金，并以股权委托的形式取得了公司的运营权。通用汽车取得了一笔五年期、1500万美元、条款严格的现金借款，通用汽车实际到账的数额为1275万美元。这一现金借款还以普通股的形式为贷方提供了"红利"，这些红利最终的价值远远超过了借款本身。作为通用汽车的大股东之一，杜兰特仍然保留了副总裁和董事会的职务，但是他被迫从管理事务中脱离出来。

从1910至1915的五年中，银行集团以稳健的方式高效地管理着通用汽车。他们清算了那些不盈利的部门，注销了价值1250

万——这在当时是一笔天文数字——的库存和其他资产。他们于1911年6月19日组建了通用汽车出口公司来负责将通用汽车出产的汽车销往海外。这一时期，汽车工业整体上扩张得非常迅速，从1911年年产21万辆增至1916年的年产160万辆，这主要是福特的低价汽车战略取得了成功。通用汽车的销售量从1910年的4万辆增长至1915年的大约10万辆，但是市场地位有所下滑——按销量计算的市场份额从20%下跌到10%——这是由于福特在上升的缘故。尽管那时通用汽车的产品仍然不走低价位路线，但是通用汽车仍然保持了良好的财务状况。当时通用汽车的运营效率大部分应该归功于当时的总裁查尔斯·纳什。

纳什先生是这样来到通用汽车的。他最初跟随杜兰特先生在杜兰特-道特（Durant-Dort）马车公司工作了大约20年，并且在杜兰特先生进入汽车领域之初作为经理负责了杜兰特—道特的业务。他的稳健扎实和小心谨慎正如杜兰特先生的才气四溢和勇敢无畏——或者你也可以将其称之为鲁莽行事。1910年的纳什先生对汽车行业了无经验，但是他很快就在制造和管理领域证明了自己的才华。据我了解，根据杜兰特先生的建议，银行家斯托乐先生任命纳什先生去负责别克的管理工作。无论如何，纳什先生于1910年成了别克子公司的总裁，并因业务优异而于1912年成为通用汽车的总裁[①]。

别克成为通用汽车早年间的中流砥柱是非常自然的事情。它的管理团队群星荟萃。美国机车的董事斯托乐先生在他下属企业的车间里发现了沃尔特·克莱斯勒，并将他推荐给纳什先生。纳什先生于1911年聘用了克莱斯勒先生，据我了解，具体的职位应该是别克工

---

① 尽管纳什先生是第一位在这个职位上发挥巨大影响的通用汽车总裁，但是事实上他只是第五位拥有这个头衔的人。杜兰特先生在创建公司的时候为自己选择的职位是副总裁。第一位拥有通用汽车总裁头衔的人是乔治·丹尼尔，他的任期从1908年9月22日开始，至10月20日结束，不到一个月。第二位总裁是威廉·伊顿，他从1908年10月20日继任，至1910年11月23日卸任，任职约两年。盾姆士·斯托乐在1910年11月23日至1911年1月26日期间担任了两个月的过渡总裁。第四任总裁是托马斯·尼尔，任期从1911年1月26日至1912年11月19日。

厂的厂长,当纳什先生于1912年升迁至通用汽车总裁的时候,克莱斯勒先生继续留在别克,后来他成为别克的总裁和总经理。在1910至1915年银行控制的时代,别克继续和凯迪拉克共同创造着通用汽车的绝大部分利润。

当时的通用汽车确实需要银行集团所带来的影响力。尽管五年期1500万美元的贷款为公司清算过期债务提供了保证,但是还需要一定的运营资金。这就需要向银行进行巨额借贷,这笔借贷曾经一度高达900万美元。无论如何,至1915年,通用汽车的财务状况是如此之好,以至于当年9月16日的一次会议上,公司董事会宣布对每股普通股现金派息50美元,这是自公司成立七年以来第一次的现金分红。这次行动为当时16.5万股的普通股派出了超过800万的现金红利,震惊了整个金融界,因为这是自纽约证券交易所成立以来每股派息额的最高纪录。董事会纪要表明,宣布这一派息计划的倡导者是纳什先生,并得到了杜兰特先生的支持。但是,股权委托的时代已经快要过去,在试图恢复通用汽车控制权的过程中,杜兰特先生和银行集团及纳什管理团队发生了重大冲突。

自1910年被迫脱离通用汽车管理工作之后,杜兰特先生再次展示了他在汽车工业中的企业家精神。他支持路易斯·雪佛兰建造轻型轿车的尝试。1911年,杜兰特先生和雪佛兰先生共同创建了雪佛兰汽车公司。历经四年的努力,杜兰特先生将其打造成了一个全国性的企业,在国内及加拿大境内拥有多家装配厂和批发站。在此期间,他不断增发雪佛兰汽车公司的股票,并用它来交换通用汽车的股票。他希望能够通过雪佛兰来重新夺回通用汽车的控制权。

正是在这个时候,杜邦踏上了历史的画卷,并开始扮演在通用汽车历史中的重要角色。

将杜邦引入通用汽车的主要功臣是约翰·拉斯科博(John Raskob),当时任杜邦公司的财务主管和皮埃尔·杜邦先生的私人财务顾问,后来成为杜邦公司的总裁。杜邦先生于1953年政府攻击杜邦公司和通用汽车关系的诉讼中表明,他曾于1914年前后购买了2000股通用汽车的股票以作为个人投资。他说,1915年的一天,时任查塔姆·菲尼克斯国有银行——杜兰特先生是该公司的董事——总裁的路易斯·考夫曼（Kanfman）向他解释了通用汽车的内部情况。考夫曼先生向他讲述了通用汽车的历史及银行集团的股权委托即将到期，并将于1915年9月开会推选出一个执行小组来为当年11月的选举做准备。杜邦先生说他得知当时杜兰特先生和银行集团之间关系融洽。杜邦先生和拉斯科博先生接受了参会的邀请。这就是杜邦先生记忆中第一次接触杜兰特先生的情形。

杜邦先生还说：

> 会议并不像考夫曼所预计的那样和谐，双方争吵不休。波士顿的银行家是一方，杜兰特是另一方。他们未能就新的管理层提名达成一致。
>
> ……经过多次对话，考夫曼先生把我拉到一边。当我们回到会场的时候，他们就宣布如果我能够为公司提名三位中立的董事，他们就会就管理层人员达成共识——双方各提名七个人，我任命三个。
>
> 与此同时，他们还委任我为会议主席……

就这样达成了最终的提名，并在1915年11月25日的年会上通过了股东选举。在同一天的董事会上，皮埃尔·杜邦先生被选举为通用汽车公司主席，纳什先生再次被推选为总裁。而波士顿的银行家们和杜兰特先生再次陷入了关于公司控制权的僵局，并且一度广为传言杜兰特先生占据了上风。他曾发表过关于控制权的宣言，一场代理人之间的竞争隐约出现，但是最终没有公开爆发。银行家们最终选择了退出斗争并于1916年正式放弃了对通用汽车的控制。通过对雪佛兰的控制，杜兰特先生最终控制了通用汽车[①]。

[①] 雪佛兰汽车公司获得通用汽车多数控股权的事实直到1917年才公开宣布。在通用汽车有限公司825589股普通股（每5股通用汽车公司普通股交换1股通用汽车有限公司的普通股）中，雪佛兰共拥有450000股，从而杜兰特先生实现了他早些日子里的宣言。

雪佛兰控股通用汽车的怪现象直到几年后才解决。通用汽车于1918年用自己的普通股购买了雪佛兰的运营资产。再后来，在一次股权稀释中，雪佛兰公司所拥有的通用汽车的股票被分散到雪佛兰公司股东手中。至此，雪佛兰汽车公司成为通用汽车有限公司的雪佛兰事业部。

杜兰特先生胜利之后曾试图吸引纳什先生留在通用汽车。但是纳什先生于1916年4月18日辞掉了通用汽车总裁的职务，并在波士顿银行集团的斯托乐先生的支持下创建了纳什汽车公司。1916年他收购了威斯康星州肯诺莎（Kenosha）的托马斯·杰弗里公司。这家公司原先是一家自行车制造商，后来生产一种叫做漫步者的汽车。那时我还曾购买过纳什汽车的股票，它的营利性非常可观。当纳什先生于前些年去世的时候，他已经获得了巨大的声望，留下了价值4000万至5000万美元的财富。对于一个保守的商人而言，这是一个令人印象深刻的纪录。

在董事会正式接受纳什先生辞职的那天，即1916年6月1日，杜兰特先生接管了通用汽车总裁一职，于是，一场盛大的演出又开始了。他很快将通用汽车公司——一家新泽西州公司——更改为通用汽车有限公司——一家特拉华州公司，并将它的资本金从6000万美元增加到1亿美元①。原来的汽车制造子公司，别克、凯迪拉克以及其他的公司——成为运营性的事业部，而通用汽车有限公司也相应地成了运营性的公司。与此形成对照的是，原来的通用汽车公司是一个控股公司。1917年，新公司以及它属下的事业部正式投入运营。

似乎那时杜兰特先生在寻求巨额资金支持，因此他最终求助于杜邦集团。现在的问题就变成杜邦公司是否应该涉足其中了。杜邦先生简要地记录了相关的事情：

> 他[拉斯科博]相信它[通用汽车]对于杜邦公司来说是一个非常好的投资对象，并且说杜邦公司需要一项具有良好盈利能力和分红能力的投资来弥补当前杜邦公司的分红能力。杜邦已经失去了军品业务，或者说，我们知道将很快失去军品业务，在失去军品业务的盈利能力与找到新的利润增长点之间的过渡时期，我们需要一些能够支持杜邦公司盈利能力的投资项目。
>
> ……通用汽车已经非常活跃了。他们已经构建了良好的汽

---

① 通用汽车有限公司根据特拉华州的法律成立于1916年10月13日。位于新泽西的通用汽车公司被注销了，它的资产于1917年8月1日被通用汽车有限公司接管，后者从那天起成为一个运营公司。

车产品线，而且非常畅销，各种因素表明，他们的分红将继续维持在当时的高水平上，甚至可能会变得更高。这一点非常吸引拉斯科博，也让我觉得这是一项非常好的投资，就我们当时所知，这是一个独一无二的投资机会。

杜邦先生进一步指出：

> 通用汽车有限公司和汽车行业本身还没有达到得到广泛认可的地步。人们认为它的风险过高，因此当时的股票只能以面值出售。和它的实际盈利能力相比，这显然是一个很好的投资机会，但是公众还不相信这一点，因此这项可能的投资就变得非常有趣。这个想法后来成为呈交杜邦公司的投资建议书的开头。
>
> 我们在军品业务方面已经对杜邦公司有很多财务安排，杜兰特需要在他的公司内部改善财务管理状况。他承认他需要这些，而且他也非常乐意接受杜邦公司的投资以进一步经营他的业务……

根据杜邦公司1917年12月19日财务委员会的备忘录记载，对汽车工业的未来见解深刻的拉斯科博先生强烈支持杜邦公司参股通用汽车。拉斯科博先生写道：

> 汽车业的成长，尤其是通用汽车的成长已经可以从它的净收益以及通用汽车——雪佛兰汽车 [原文如此] 在下一年度高达3.5亿至4亿美元的收入总额这一事实所不证自明。通用汽车如今在汽车业已经占据了特殊的地位，根据笔者的看法，配合适当的管理，通用汽车将在未来的英国工业界占据头把交椅。这一点杜兰特先生看得比谁都清楚，而且他也非常希望能够拥有一个尽量完美的组织来处理这项美妙的业务……杜兰特先生 [与杜邦集团] 的结盟将会实现这种效果，因此他充分地表达了他的这种愿望，并希望我们能够对他非常感兴趣，从而使得我们能够帮助他，尤其是在执行和财务方面帮助他向这个巨大的业务领域前进。对这个问题的讨论加以拓展就可以得到这样的结论：一项有吸引力的投资项目应该就是在美国这个在我看来在近期比其他国家拥有更多发展机遇的国家里对最有前途的行业进行投资；与其让我们这

些圈内董事根据自己个人的方式来进行投资（这种方式无疑会分散他们处理我们自己事务的时间和精力——至少在一定程度上），不如由公司接受外部提供的机遇，这样我们的董事们就可以根据他们在杜邦公司占有的股份来收取红利了①。

拉斯科博先生将他支持这项投资的原因归纳为五点：首先，杜邦公司可以和杜兰特先生形成联合控股；其次，杜邦的人将"继续他们在通用汽车的作用，并对财务运作负责"；再次，是对预期回报的预测；第四，这项投资所采取的方式比资产投资的方式要好；第五点我引用他的原话："我们在通用汽车公司的收益将毫无疑问地为我们那些从事防水人造皮革、玻璃增强聚酰亚胺、油漆和清漆业务的公司提供保证，这是一个巨大的考虑因素。"②

1917年12月21日，杜邦董事会根据皮埃尔·杜邦和拉斯科博先生的推荐，授权购买2500万美元通用汽车和雪佛兰的普通股，因此，到了1918年初，杜邦公司通过从公开市场和个人手中收购了23.8%的股票而在通用汽车中占据了一席之地。到了1918年底，杜

---

① 在引用的时候我尽量尊重原文，所以就产生了一些不准确的地方。
② 杜邦对通用汽车的投资途径成为后来政府提起针对杜邦和通用汽车的诉讼的基础——该案件最终于1949年归档，或者说，在事实发生30多年后才归档。基本指控的内容是这次购买违反了反托拉斯法，使得杜邦能够在通用汽车的产品中使用自己的产品从而保证了产品的销路。杜邦和通用汽车否认这项指控。联邦地方法院在经过几个月的听证并检查了上千份文件之后，发现没有证据能够支持政府的指控，因此驳回了上诉。最高法院复审认为，30年前杜邦的股票购买不合法，因为这一股票购买带来了贸易管制的可能性。然而，最高法院认可地方法院的如下结论："杜邦公司和通用汽车都没有轻视对价格、质量和服务的考虑"，"两个公司的高层人士的行为都非常值得尊敬、非常公正，他们都坚信他们的行为完全符合自己公司的利益，而且也没有任何损害第三方的意图，包括杜邦的竞争对手。"地方法院驳回上诉的判决被撤销，并被发回地方法院重审。经过进一步的起诉，联邦地方法院判决杜邦公司必须在一年内主动剥离他们手中掌握的通用汽车的股权。在我这个外行看来，本案中最高法院的推理几乎纯粹是学院式的，地方法院所发现的事实完全不支持他们的推理结果。

邦公司在通用汽车的投资达到了4 300万美元，大约占总普通股的26.4%。

杜邦公司和杜兰特先生的合作在第一笔投资决定下来的时候就算是开始了。杜邦公司的代表接管了通用汽车的财务部门，约翰·拉斯科博成为财务委员会主席，杜兰特先生则只是该委员会的一名委员。财务问题完全由这个委员会负责；高层管理者的薪水也由这个委员会决定。另一方面，执行委员会则管理财务问题之外的所有运营事务。它的主席是杜兰特，而杜邦方面的联络人海斯克尔(Haskell)则只是其中的委员之一。海斯克尔先生和杜兰特先生一样，都同时在财务委员会和执行委员会中任职。

到了1919年底，随着通用汽车进一步的扩张，杜邦公司将它的投资扩大到4900万美元，占据了普通股的28.7%。当时皮埃尔·杜邦曾说："他们曾发表声明说那是他们融资的极限，他们将不再接受投资。"但是事情的发展却不尽如此。

1918至1920年间，杜兰特先生带领着通用汽车经历了一场庞大的业务扩张，拉斯科博先生和财务委员会积极地支持他，并为他筹到了足够的扩张资金。

1918年收购雪佛兰为通用汽车带来了一款有可能与福特在低端市场形成竞争的汽车，尽管当时这款汽车质量还赶不上福特，而且价格也稍高于福特。与雪佛兰携手加盟的是斯克里普斯－布思，这是一家由雪佛兰拥有的小型汽车公司。

和费雪车身公司的重要合并则是于1919年通过收购该公司60%的股份并达成一项车身制造合同完成的。

1920年收购了使用少量装备就可制造的谢里丹汽车，这使得通用汽车在同一时期拥有了七种汽车产品线。当时已经拥有了凯迪拉克、别克、奥尔兹、奥克兰德、雪佛兰以及通用汽车卡车等六种产品——尽管凯迪拉克和别克仍然是当时最值得做的产品。

两个特殊的项目——一个是拖拉机，一个是电冰箱——在杜兰特先生的个人努力下在公司中启动起来。有时，杜兰特先生会采用一些非正式的方式来启动一些事情，这有时会在管理层中造成紧张气氛。但是，最后他的直觉和冲动的行为总是会得到支持。

当时的情况是，1917年2月他使通用汽车购买了一家位于加利福尼亚州斯托克顿的叫做山姆森·瑟夫·格利普（Samson Sieve Grip）拖拉机公司的小公司。这家公司推出了一种能够像赶马一样开拖拉机的发明——他们把它叫做"铁马"。后来他将位于威斯康星州詹尼斯威尔（Janesville）的詹尼斯威尔机器公司和位于宾夕法尼亚州道埃莱斯汤恩（Doylestown）的道埃莱斯汤恩农业公司与这家公司组合在一起，形成了通用汽车山姆森拖拉机事业部——后来证明是一项回报率非常高的风险投资。另一方面，1918年6月，杜兰特先生用自己的支票以56366.5美元的价格购买了底特律的一家叫做监护者制冷公司的小公司，后来通用汽车在1919年5月31日将这笔钱偿还给了他。这个处于胚胎期的小公司后来成为福瑞芝达事业部，在通用汽车中占据了重要地位。

1918年至1920年间，通用汽车组建或收购了很多公司：加拿大通用汽车股份有限公司；通用汽车承兑公司，组建它的目的意在为通用汽车的轿车、卡车销售提供金融支持；查尔斯·凯特林感兴趣的代顿公司下属的几家公司；还组建了几个制造事业部用于为通用汽车汽车事业部提供车轴、齿轮、机轴和类似零部件，另外还组建了联合汽车公司为通用汽车提供零部件和各种附件。我曾担任联合汽车公司的总裁。

多亏了杜兰特先生的工作，通用汽车才踏上了打造一家大企业的征程，但是也出现了管理跟不上、集成度不高等弊病。新公司、工厂、设备及库存的支出简直令人咋舌，有些投资在很长一段时间内都未能带来回报，随着它们的增长，现金状况不断恶化。通用汽车正在向着自现代通用汽车有限公司成立之后的第一场大危机迈进。

第 2 章
重大的机遇（二）

谈起我加入通用汽车的经历，有必要从一些琐事谈起。我于1875 年 5 月 23 日出生于康涅狄格州的纽黑文，那时美国的风格和现在截然不同。我的父亲开办了一家名为班尼特-斯隆公司的企业，从事茶、咖啡和雪茄的批发业务。1885 年他将公司迁移到了纽约市西百老汇大街，从 10 岁之后我就一直生活在布鲁克林区。别人告诉我，我现在还带着布鲁克林口音。我的祖父是位学校教师，我的外祖父是卫理公会派牧师。我的父母一共有 5 个孩子，我是老大。我的妹妹凯瑟琳·斯隆·普拉蒂夫人（Katharine Sloan Pratt）现在是一位寡妇。我有 3 个弟弟——克利福德，现在从事广告业；哈罗德，现在是一位大学教授；最小的弟弟雷蒙德，现在是一位教授、作家，并且是医院管理方面的专家。我认为我们的共同点在于我们都拥有对自己感兴趣的领域热切奉献的品质。

我几乎是在美国汽车业正在形成的时期进入汽车这个行业的。1895 年，长期致力于汽油机动车研究的德伊斯（Duryeas）创建了第一家汽车制造厂。同年我在麻省理工学院获得了电子工程学士学位，并进入位于内瓦克（Newark）的海厄特滚珠轴承公司工作，这家公司后来迁移到新泽西州的哈里森（Harrison）。海厄特减磨轴承后来成为汽车上的零件，正是由于这种零件，我才与汽车业结缘。除了早期曾短暂地离开这个行业之外，我的一生几乎都是在汽车业中度过的。

海厄特当时是一家非常小的企业，大约有25名雇员。一台10马力的发动机就可以驱动它所有的设备。它的产品是由约翰·卫斯理·海厄特所发明的一种特殊减磨轴承。海厄特先生还发明过赛璐珞，当时他试图用它取代象牙来制造台球，但是这个想法从来都没能实现。当时减磨轴承还没有得到发展，也不为业内所了解。但是海厄特减磨轴承和当时那些粗制滥造的东西不同，我们制造的轴承已经在移动起重机、造纸厂设备、矿山车辆和其他设备上得到了应用。当我在海厄特的时候，公司每月业务收入不超过2 000美元，而我则身兼数职——办公室人员、绘图员、销售员、总经理助理，每月工资大概在50美元左右。

当时我认为我在海厄特没有发展前景，因此很快就离开了海厄特，并加入了一家前景似乎稍好一些的电冰箱公司。这家公司为早期的公寓住户提供中央电冰箱。大约两年后，我逐渐认识到，由于机械装置复杂且成本高昂，这种特定的产品将不会得到发展。

与此同时，海厄特滚珠轴承的业务进展也不是非常顺利——公司从未突破过盈亏平衡点——现在，连当初支持它的约翰·希尔斯（John E.Searles）都不愿增资以贴补它的亏损了。1898年，公司似乎就要被清算了。但是我的父亲和他的一位同事决定向海厄特投资5 000美元，并让我回到海厄特工作6个月，看看我能做出些什么。我接受了这项提议，并和彼得·施蒂恩斯夸普（Peter Steenstrup）——他当时是一位簿记员，后来成为销售经理——组成了我们的团队。6个月结束的时候，我们在销售量和经济效益方面取得了一定的进展，并实现了12 000美元的利润。我们认识到，这一业务还是存在着成功的可能性的。我的头衔变为了总经理。当时我并不知道，通过海厄特，我会成为通用汽车的首脑之一。

接下来的四到五年里，我们在海厄特度过了一段艰辛的日子。那时很难接到业务，而当我们接到业务并相应地扩大生产规模时，我们还面临着无法从公司外部获取运营资金的困境。无论如何，那个时候白手起家总是比现在要容易，因为当时政府征税没有现在这么多。五年中我们不断发展，年利润达到了6万美元，而且，汽车工业的发展为公司开辟了一个新市场，这使得公司的前景似乎辉煌起来。

　　大概在世纪之交，汽车业开始迅猛发展，突然出现了很多小企业。减磨轴承开始引起人们的注意，我们也开始从那些进行汽车测试的厂家得到一些订单。我曾于1899年5月19日给亨利·福特写信以承揽业务，据艾伦·尼维斯在福特先生的传记中记述，这封信现在已经被福特档案馆存档。当时福特先生正在测试汽车并准备进入这个行业。但是，20世纪之初的头十年间，我们的轴承在机械领域应用的增长速度非常缓慢。那个时代的很多汽车公司经常在制造出样车之后就消亡了。我的伙伴彼得·施蒂恩斯夸普四处出差，以争取同这些种子公司签订合同。每当他看到或者听到有人正在准备制造一种新车的时候，我就会和那个人联系，并从工程的观点帮助他解决问题。我会帮助他将海厄特齿轮设计到车轴或者其他零件里面。我们争取通过这种方式来促进我们的滚珠轴承在后续的生产中的销售。

　　随着我们业务的名声越来越大，我也成功地在很多公司担任了类似于销售咨询工程师的职务，并成为他们的供应商。如果车型设计发生了变动，或者准备开发新车型，他们都会邀请我共同工作。这使得我可以将我们的海厄特轴承直接设计到他们的后轴或传动箱中。

　　我们这种销售咨询工程师的作用日益显著，特别是在1905年至1915年间，当福特、凯迪拉克、别克、奥尔兹、哈得逊、瑞欧（Reo）、威利斯（Willeys）以及一些其他的汽车制造商开始扩大生产规模的时候。海厄特的业务顺乎逻辑地顺利增长。我们的业务是如此之好，以至于我们面临的问题变成了我们应该以多快的速度扩大产量——以及添置新建筑、新机器、新方法以及其他新东西——才能跟得上汽车业迅猛增长的步伐。

　　我与汽车接触的经历和当时其他人的情形差不多。我想拥有一辆汽车，但是承受不起。1900年仅生产了4 000辆汽车，非常昂贵。我父亲买了一辆早期的温顿斯（Wintons）牌轿车作为家庭用车。1903年我为海厄特公司购买了一辆康拉德轿车作为公务车，偶尔驾着它从哈里森的工厂到内瓦克去吃午饭或公干。它使用四缸两冲程发动机，喷着红色的漆，非常漂亮。但是它是次品。康拉德轿车仅仅在1900年至1903年间生产过，然后就退出了历史舞台。我们又买了一辆奥托卡牌汽车。这辆车的情况要好一些，我有时驾着它出差，甚至去过几次大西洋城。和温顿斯、康拉德的命运一样，奥托卡也很短寿，但是后来这个公司推出了奥托卡牌卡车，并以此在汽车业中产生了一定的影响，后来他们于1953年与怀特汽车公司合并。我为自己购置的第一辆车是凯迪拉克，这是大约1910年的事情。按照那时候的习惯，我买了一台凯迪拉克成品底盘，而车身则按订单生产。

　　早期凯迪拉克的工程设计对整个行业以及我在海厄特的运营方式具有重大的影响。这主要应该归因于亨利·利兰。我相信他是将可互换零件引入汽车制造的主要功臣之一。他在汽车业的第一份工作开始于奥尔兹，那大约是1900年的事。他在1910年凯迪拉克加入通用汽车的时候正是凯迪拉克的负责人，并在这个位置上待到1917年退休为止。退休后他创建了林肯汽车公司，并将它卖给了福特汽车公司。

　　利兰先生是我在这个行业中早期的熟人之一。他比我早一代，但是我认为他不仅在年龄方面比我资历老，而且在工程智慧方面也比我资历老。他非常聪明，是一个杰出的创造人才。质量就是他的上帝。20世纪的头几年我在向利兰先生销售我们的滚珠轴承时遇上了一些麻烦。他向我指出，我们还需要进一步提高产品的精度以满足通用件的要求。在进入汽车业之前，利兰先生已经拥有了成熟的通用件设计及船用汽油发动机设计的经验。他的特长之一就是精密金属加工。他在内战时期为联邦军工厂制造工具的时候初步积累了相关的经验，并在布朗·夏普公司——一家位于罗得岛州普罗维登斯的机器工具制造商——进一步发展了这方面的技能。据我所知，很久以前埃利·惠特尼就首次在步枪装配中采用了通用件，这一事实揭示了从惠特尼到汽车业的利兰之间的传承。

开始的时候，汽车业的从业者并不多。作为汽车一个重要部件的供应商，20年间我逐渐认识了他们中的大多数人，作为商业伙伴和朋友，我从他们身上学到了很多东西。早期我偶尔会将我们的产品直接卖给汽车制造商——凯迪拉克、福特以及一些其他的企业，但是更多的时候我将我们的产品卖给其他的部件供应商，然后由他们组装进他们的产品后卖给装配厂。对于我来说，在这些供应商中，位于尤蒂卡的制造车轴的韦斯顿–马特公司非常重要。一个后轴需要使用6个轴承，其中一些就需要使用海厄特轴承。在查尔斯·斯图尔特·马特先生于1906年为了邻近汽车制造商而将公司从尤蒂卡迁址到弗林特之后，我养成了每月拜访他一次的习惯。我记得弗林特的主街萨吉诺街的两边排满了拴马柱，每到礼拜六晚上，大街上挤满了进城购物的农民的马和马车。在这样的环境下，一小群汽车及零部件制造商开始了他们的商业聚会，并持续了好几年。当时经常聚会的人包括马特先生、查尔斯·纳什、沃尔特·克莱斯勒、哈里·巴塞特（Harry Bassett）、我，还有一些其他人。除了我之外，他们都是通用汽车的人。我肯定在那里见到过杜兰特先生，但是我现在只记得曾在纽约与底特律之间的火车上见到过他，我所记得的谈话内容也不过是"早上好！""晚上好！"当时我和通用汽车的联系主要是通过马特先生，他于1909年带着自己的公司加入了通用汽车，并且成为别克、奥克兰德和奥尔兹的车轴供应商。准确地说，通用汽车于1909年取得了他的公司49%的股份，并于1912年取得对等股份。通过韦斯顿–马特公司，我成功地使得我们的轴承成为通用汽车产品的一部分。

我是在弗林特初次认识克莱斯勒先生的。作为当时的工厂经理，后来的别克负责人，他会在韦斯顿–马特公司将设计图交给他的时候对我的产品进行审阅。在这个过程中，我们在通用汽车内外多次碰面，并且成为一生的挚友。后来，当我们分别站在自己企业——克莱斯勒和通用汽车——的立场上成为竞争对手时，我们还偶尔一起进行休假旅行——当然，旅行的时候不谈公事。克莱斯勒先生是一位雄心勃勃、想象力丰富的人。他多才多艺，非常实干，我认为他的天才体现在对汽车生产的组织上。和纳什先生一样，他认识到年轻而前途远大的汽车业所带来的巨大机遇。他们都是行业早期发展的真正领袖，都成了大企业的负责人。

作为海厄特的销售人员，我经常在底特律的福特汽车公司见到福特先生，并偶尔和他共进午餐，但是我主要是通过他的首席工程师哈罗德·维尔斯来完成我的业务，他后来设计了做工精细但短寿的维尔斯-森特·克莱尔（Wills-Sainte Claire）汽车。由于我们海厄特公司生产与交货的可靠性，最终我们获取了福特公司的全部订单，而且将我们的产品融入了福特的设计图。随着福特公司的成长，它成了我们公司最大的客户，通用汽车则退居其次。海厄特轴承销售量的增长迫使我在底特律林荫大道开设了一个销售办事处。后来，在经历了一连串不可预知的事情之后，这个办事处所在地成了底特律通用汽车建筑群的核心。

1916年的一个春日，我接到了杜兰特先生的一个要求我去见他的电话。作为通用汽车和雪佛兰的创始人，杜兰特先生在汽车界和金融界都是一位著名人物。前文我已经介绍了他在离开通用汽车几年之后又返回通用汽车并成为总裁的经历。我发现杜兰特先生非常富有说服力，温和而善于言辞，非常具有亲和力。他不高，衣着保守而完美，给人一种永远镇定自若的感觉——尽管他一直都在处理庞大而复杂的金融问题——他的性格和能力使得他充满自信。他问我是否可以出售海厄特公司。

多年来一直致力于海厄特的发展的我对这个问题感到震惊，但是它为我开启了一条新的思路，并让我开始分析海厄特的处境。杜兰特先生的提议迫使我开始考虑当前业务发展中面临的三个问题。

第一个问题是，随着海厄特业务的发展，它逐渐开始依赖于少数几家大客户。福特就占了大约一半的销售量。这项业务一旦丢失就难以弥补，因为根本就不存在其他进货量如此之大的企业了；我们将被迫彻底重组公司。

其次，我认识到我们当时制造的滚珠轴承注定只能在汽车设计发展史上充当配角，甚至可能会被其他东西所取代。然后应该怎么办？再改组，重新开发一种产品，重开一摊业务。我对改进产品非常有兴趣，但是这是一种非常特殊的产品，现在的选择变成了是独立继续我们的业务，还是大树底下好乘凉。在过去的45年里，应该说我当时想到的事情都已经发生了。与同期其他类型的减磨轴承一样，当初的海厄特减磨轴承已经从汽车结构中彻底消失了。

再次，我已经将我所有的工作时间——当时我已经40岁了——都用于开发一种产品，并且已经拥有了一家大工厂，承担着很大的责任，但是我从没从它的分红中获取多少收益。杜兰特先生的建议为我提供了一个将海厄特的利润随时变现的机会。

在这三个原因中，我认为第二个问题，也就是潜在的革新对老式海厄特轴承的威胁对我的决定最具决定性作用。因此，我的结论就是，尽管海厄特短期利润很好，但是其长期的地位将取决于这次的合并，而且，杜兰特先生的提议为我们提供了一个资产变现的机会。我决定接受这个提议，然后召集了我们的4个董事，并建议他们应该告诉杜兰特先生我们愿意以1500万美元的价格出售海厄特。两个董事认为我们的报价高了一些，但是考虑到我们的实力及汽车工业的潜在增长，我认为这个价格非常合适。我和杜兰特先生的两位助手——他的律师约翰·托马斯·史密斯先生和银行家路易斯·考夫曼先生——展开了谈判。经过大量的讨价还价，最终以1350万美元成交。

然后就是支付形式问题。我接受的方案是一半以现金支付，另一半以杜兰特先生计划成立的联合汽车有限公司的股票支付。但是，当交易接近结束的时候，我发现海厄特的一些同事不愿意接受新公司的股票。这使得我被迫接受更多的股票，并补偿他们相应数额的现金。由于我的父亲和我拥有海厄特的绝大部分股票，所以联合汽车有限公司成立之后，我在股份方面仍然占据重要地位。

杜兰特先生于1916年创建联合汽车有限公司以收购海厄特和其他4家零部件制造公司，分别是康涅狄格州布里斯托尔的纽底帕制造公司（New Departure Manufacturing Company），制造滚珠轴承；印第安纳州安德森的瑞密电子公司（Remy Electronics Company），制造电子启动机、车灯和点火装置；代顿工程实验室，或者叫做德尔考（Delco），采用不同于瑞密系统制造电子设备；最后，是密歇根州杰克逊的普尔曼瑞姆公司。

我的从商生涯第一次超越了汽车上一个零部件的局限。我成为联合汽车有限公司的总裁。董事会由几位对公司投资的人组成,但是杜兰特先生既没有在董事会出现,也不干涉公司的事务,而是把所有的运营职责全部交给了我。在得到了董事会的批准后,我为联合汽车有限公司吸纳了哈里森散热器有限公司和克兰克森(Klaxon)公司——当时一家著名的喇叭制造商;我组建了联合汽车服务股份有限公司,它负责面向整个美国销售联合汽车有限公司各个下属企业制造的零部件,并且承担相应的服务职能。这个联合体第一年就实现了 33 636 956 美元的净销售额,这里面海厄特的贡献最大。

这里,我花费了大量的篇幅介绍海厄特并不是为了强调它在通用汽车中的相对地位,这只是为了让我能以符合逻辑的方式出场。我作为副总裁加入了通用汽车,仍然负责我在联合汽车有限公司时所负责的业务。同时我也成了通用汽车的董事,加入了以杜兰特先生为主席的执行委员会。

1918 年至 1920 年间,我在通用汽车一直负责零配件业务,但是,作为公司执行委员会的一员,我的视野再次拓宽了,而且,职业精神以及身为一个股东,这双重身份使得我必须考虑公司的整体利益,因为我的大多数财产都已经变成了通用汽车的股票。因此,我很快就开始密切关注杜兰特先生的总体政策。

我对杜兰特先生的看法具有两面性。我崇拜他在汽车方面的天才,崇拜他的想象力,崇拜他慷慨而诚实的人品。他对公司的忠诚不容置疑。我认为,和拉斯科博先生及皮埃尔·杜邦一样,他创造并推动了通用汽车充满活力的成长。但是我认为在管理方面他过于随意,而且他给自己的负担过重。重大决策只有在他有时间时才能制定,然而他的决策又经常比较冲动。下面是我经历过的两个例子。

当我们还在纽约第 57 街通用汽车旧址的时候,我的办公室和他相邻。有时我会过去问候他。1919 年的一天我来到他的办公室,告诉他我认为由于公众对我们公司股票的兴趣越来越大,我们有必要邀请独立会计来为我们进行审核。尽管早些时候公司曾被银行接管，但是当时我们的账目并没有得到独立会计的审核。杜兰特先生对会计的概念了解不多，因此没有意识到它在管理上的巨大作用。然而，在我提出这项建议的时候，他立刻同意了我的观点并让我找人来做这件事。这就是他的工作方式。公司有专门的财务部门来处理这种事情，但是由于是我提出的建议，所以他就让我来做这件事。我就邀请了原来为联合汽车有限公司审计的海斯根·塞乐斯（Haskin Sells）事务所来负责通用汽车的审计工作。

又有一次，我发现杜兰特先生正在他的办公室里和几个人谈论在底特律建一个新办公楼。当时计划将它命名为杜兰特大楼，现在这座建筑一直被称之为通用汽车大楼。他们正在察看一幅底特律地图。他们正考虑在市区大圆形广场公园附近选址。通用汽车销售办公室当时位于北边几英里的非商业区。我知道那个地方，所以我自然就想到了那个地段。选择那个地段有几个好处：对于住在城市北边的人上班比较近，而且当时那个地段比市区里交通方便得多。杜兰特先生向我征询意见时，我谈了我的看法。他说下次我们去底特律的时候应该去实地勘察一下。后来我们也确实这样做了。他从卡斯大街出发，步行一段距离之后来到位于原来海厄特公司——后来成为联合汽车有限公司——总部西边的林荫大道。然后他没有什么明显原因地在那座大楼边的几座公寓前停了下来。他说这就是我们想要的地方，然后就对我说："艾尔弗雷德，你能不能去把这块地买下来？普兰提斯先生会按照你决定的价格付钱的。"我当时没有接触过地产生意，而且当时我没在底特律居住过。但是还是把这一块的业主聚到一起和他们协商，而且最终结果还很不错。我指派当时联合汽车有限公司的总裁拉尔夫·莱思先生来处理购地事宜。从一群零散的小业主手里购买一个街区的地产是一件很有趣的事。如果你流露了你的意图，那么价格就会受到影响。当我们购下半个街区之后，杜兰特先生又告诉我们应该将整个街区都买下来，所以我们又回过头去购买了整个街区。我不认为他当时想很快将这个街区都利用上，但是事实上后来很快就把整个街区都用完了。建在那里的通用汽车建筑群带动了那个街区的发展，使其成为底特律的一个新兴商业区。

在那个程式化的时代，杜兰特先生那种不拘于常规的行事方式经常非常有效，而且，由于他不时对我表露出来的信心，以致他给我留下的印象确实非常好。我对他的批评是从纯粹业务管理的角度出发的。在1918年至1920年通用汽车扩张期间，他竟然没有拿出明确的管理政策来对组织中的各个部分进行控制，这一点让我非常担心。

我们应该将扩张本身和扩张的需要区分开来。当时确实有人对杜兰特先生和拉斯科博先生负责的扩张项目持不同意见。但是，时间证明，从长期——至少就目前汽车业的发展而言——来看，扩张项目的主要内容都是非常合理而必要的。由于汽车是面向大规模市场生产的贵重商品，因此整个行业需要大范围的资本结构。杜兰特先生和拉斯科博先生预见到了这个需要。

至于组织管理，我们当时缺乏正确的指导知识，无法科学地控制各个独立运作的事业部。公司管理任人唯亲，事业部的运营则以讨价还价为基础。当沃尔特·克莱斯勒——通用汽车最优秀的人之一——成为公司首席执行官之后，他和杜兰特先生的权限发生了冲突。当他无法实现自己的希望时，克莱斯勒先生离开了公司。我现在还记得那一天的情形。他"砰"的一声摔着门离开了，随着这"砰"的一声，最后出现了克莱斯勒有限公司。

通用汽车组织上的弱点在第一次世界大战及随后的通货膨胀中并没有给公司带来明显的危害。到了1919年后期和1920年，巨大的危害终于出现了。当时大量资金已经分配到各个事业部以供它们扩大工厂规模了，但是，同期原材料和劳动力成本的飞升使得各事业部被迫挪用这笔资金。于是，几乎每个事业部都发生了超出预算的情况。

这是各个事业部对可用资金竞争过度以及高层管理者偏好不同造成的结果。比如，杜兰特先生强烈支持拖拉机项目。1919年10月17日，财务委员会驳回了杜兰特先生关于向拖拉机项目拨款的申请，并要求他就预期投资回报率提供进一步的信息。在同一次会议上，财务委员会同意了我提出的向纽底帕事业部拨款710万美元的请求。于是杜兰特先生就在1919年10月31日的执行委员会会议上反对向纽底帕事业部拨款的事情。后来还是在这个会议上，委员会又同意向纽底帕提供它所要求预算资金的三分之一，其余三分之二则让它发行股票自己筹措。在同一个会议上，杜兰特先生反对为底特律杜兰特大楼提供额外的 730 万美元拨款。据当时通用汽车财务主管迈耶·普兰提斯回忆，杜兰特先生之所以反对对杜兰特大楼的追加拨款，是因为他更愿意将资金投入到工厂和营运资本上去——这一点和拉斯科博先生正相反。我之所以记得这件事情，是因为当杜兰特先生任委员时曾提议不要支持这种请求。执行委员会赞成了他的提议。正如他所预料的那样，当时的资金确实无法满足所有的要求。因此，那时大家关注的内容不再是如何分配稀缺的投资，而是如何筹到更多的钱。

1919 年 11 月 5 日在纽约举行的财务委员会会议听取了杜兰特先生的报告。在报告中杜兰特先生展示了至 1920 年 12 月 31 日止的这 15 个月里预计的收入和支出。"经过讨论之后，委员会达成了一致意见，即批准了报告中所建议的支出，另外还必须立即采取措施来销售 5 000 万美元的公司债券，并且如果可能的话，争取再销售 5 000 万美元，从而力争筹资 1 亿美元。"

那天下午在纽约召开的执行委员会会议继续讨论这个话题。会议纪要表明："财务委员会主席拉斯科博先生提前到达会场，并就未来的财务情况做了简要的报告。他建议公司再销售一些债券，并就上次会议'未能通过'的提案采取行动。"随后执行委员会一致通过了对杜兰特大楼、纽底帕事业部、拖拉机以及其他项目的拨款，并得到了财务委员会的批准。

后来对我们的拨款程序进行研究的时候，我进行了反思："因此，[缺乏合适的拨款程序造成的] 实际后果就是，执行委员会成员如果想通过对他所管理的事业部的拨款提案，就必须得到执行委员会所有其他人的支持。换句话说，从务实的观点看来，执行委员会对下级单位的管理的理论价值远大于它的实际作用。"

就这样，每个提出拨款请求的人似乎都可以满意了，但是，人算不如天算，债券的销售情况并不理想。当时的目标是销售 8 500 万美元的债券，但是最后只完成了 1 100 万美元的销售量。这是外部金融环境第一次提出警示，指出公司的发展已经脱离了现实——尽管那时公司的销售额已经从 1918 年的 2.7 亿美元上升到 1919 年的 5.1 亿美元，并且在 1920 年将达到 5.67 亿美元。

资金分配的竞争成了财务管理的焦点问题。1919 年 12 月 5 日，杜兰特先生在执行委员会指出，当前处理资金申请的方式并不令人满意，并不是一种能够得到所有人认可的方式。他简要地制定了一个对拨款申请进行审核并上报至总裁的程序。我被吸纳进入一个以普拉蒂先生为主席的特别委员会。与此同时，我鼓动成立一个专门的委员会来制定这类拨款申请的管理程序。后来我成了这个"拨款提案委员会"的主席。这个委员会的目标就是明确授权拨款行为的责权。这是我在这个时期所承担的组织领域的三个项目之一。

我在这里想说的重点是，无论是执行委员会还是财务委员会，对事业部都缺乏必要的信息和必要的控制。事业部仍然继续大手大脚地花钱，而它们对额外拨款的请求也得到了满足。1919 年晚期和 1920 年早期执行委员会和财务委员会的纪要显示这段时间事业部支出巨额超出限度的情况仍然继续存在。执行委员会曾在一次会议上批准了 10399554 美元的追加资金，其中别克、雪佛兰、山姆森拖拉机占了大部分。这次会议的意义不同寻常：追加投资从此成了惯例。

公司应对经济衰退的能力在 1919 年末受到了挑战。那年 12 月 27 日，执行委员会一致通过了我提出的一项决议：

> 公司决定任命一个委员会来研究并推荐一项政策，以供财务委员会在提供盈余资金以满足不断增长的资金需求时遵循。无论是在严重的经济危机时期，还是在因长达几个月的严重罢工而突然关闭工厂的时候，都需要坚持这一政策。

和当时大多数美国人一样，我们都确信衰退即将到来。为此，认为委员会中的成员当时并没有完全认识到对事业部控制不力的影响。管如此，1920 年 2 月下旬，在得到了执行委员会的许可之后，海斯克尔先生通知各事业部的总经理"必须重新向执行委员会提交那些可能受到环境影响的拨款请求,并必须在得到授权之后才可以继续工作"。这是一个温和的警告,其中不包含任何的强迫成分。

和资金运用超额的情形相同,库存也一路飙升。1919年11月制定的下一财年生产计划比当年高出36%。这个生产计划完全是拍脑袋——或者说是各事业部领导的雄心——的结果。为了实现这些计划,各事业部马上开始大肆采购。1920年3月下旬,执行委员会批准了一个乐观的生产计划,其中整个公司预计在于1920年8月开始的财年里生产876 000辆卡车、轿车和拖拉机。在3月和4月里,财务委员会主席拉斯科博先生着手销售总价为6 400万美元的普通股以应付约1亿美元的资金投入。杜邦、JP摩根以及一些英国投资公司都参与了这次认购。这些新资方代表很快就在董事会出现了。

1920年3月,执行委员会纪要表明,在经历了一阵犹豫之后,拉斯科博先生表明了他对工厂、设备支出无计划和库存不断增长的担忧。库存水平超出他之前建议的限度——当时设定为1.5亿美元——增加了公司的财务风险。

一个礼拜之后,由杜兰特先生、海斯克尔先生、普兰提斯先生和我组成的库存分配特别委员会批准了一个清单,它详细规定了各事业部的支出上限。然而,即使降低了生产计划,各事业部经理仍然未能保证他们的库存或资金支出上限,而且也没有采取任何有效措施来控制局面。这就是分权管理的报复。

各项支出继续上升的同时,汽车市场的需求在经历了1920年6月短暂的上升之后开始下降。8月份财务委员会和执行委员会同时严厉警告各事业部经理必须将支出控制在5月制定的限度之下。10月上旬,财务委员会任命了以普拉蒂先生为首的库存委员会以争取控制局面。但是危害已经造成了。1920年1月全公司库存1.37亿美元,4月达1.68亿美元,6月达1.85亿美元,10月高达2.09亿美元,超出5月制定的库存限达5 900万美元。然而,最糟糕的日子还没有到来。

9月间汽车市场跌至谷底。福特先生于9月21日将汽车降价了20%~30%以应对恶劣的形势。杜兰特先生曾一度支持各事业部销售经理维持价格并向批发商和客户做出不降价的承诺。到了 10 月，通用汽车的情况变得非常恶劣，以至于很多经理因缺乏资金无法支付货款和工资。那个月我们向银行一共借了大约 8 300 万美元的短期贷款。到了 11 月，除了别克和凯迪拉克还在维持减产生产，其他主要的汽车生产事业部都关闭了工厂。整个美国经济都陷入了大衰退。

早在这些事情发生之前，我就已经被通用汽车的内部事务弄得日益心烦意乱了。1919 年后期及 1920 年早期，我提出了一项组织调整计划以图弥补当前运营组织中的缺陷，并将这个计划交给了杜兰特先生。他赞许地接受了这个计划，但是却没有采取任何行动。我认为这部分原因是因为他当时还没有准备对组织问题采取行动；他的负担太重了，各种需要立刻决策的运营问题以及个人财务问题使得他很难有心思去考虑这种大手笔的计划。

我对公司管理及发展方向的焦虑是如此之重，以至于 1920 年初夏我休假一个月以摆脱这些事务并决定下一步的行动计划。起初我曾考虑过像克莱斯勒先生那样从通用汽车辞职。当时希金森公司——一家银行——曾为我提供了一个合伙人的位置。这一位置是斯托乐先生提供的，我曾在前文提及他曾于 1910~1915 年间负责通用汽车的财务工作，并从此成为纳什汽车的主要支持者。我对此非常踌躇，为此，前往欧洲仔细考虑这个问题。我踌躇的原因是我不认为我应该在杜兰特先生——无论方法对错——正在使用他所掌握的一切资源来维持通用汽车市值的时候，却仅仅为了保护我自己的利益而卖掉通用汽车的股票。我在英国订购了一辆劳斯莱斯。我当时是想和我的夫人共同旅行，但是我后来没有取货，也没有去旅行。我于 8 月回到了美国，并发现形势巨变，通用汽车正处于紧急关头，于是我决定等待。

与 1920 年的业务衰退相伴的是股价的下跌。这些事和通用汽车绝大多数工厂的关闭一起标志着通用汽车历史上一个时代的终结。在 1920 年 11 月 26 日皮埃尔·杜邦在给他时任杜邦公司总裁的兄弟伊雷内·杜邦（Irénée du Pont）的信中记述了导致杜兰特先生辞职的一系列事件。

亲爱的兄弟：

最近通用汽车有限公司一些事务的发展让我觉得有必要依据我的笔记以及我尚还清晰的记忆将过去两个礼拜的事情记录下来。在记录这些事情之前，我先就我以前对杜兰特先生的了解写几句话。

从我几年前认识杜兰特先生开始，直至 1920 年 11 月 11 日止，他从没和我谈起过他的私人事务。当杜邦的 2 500 万美元的资金进入通用汽车并获得了稍微超出半数的股票时，杜兰特先生告诉我，他——可能还有他当时的家庭——也拥有差不多数量的股份（包括他在雪佛兰公司——通用汽车的控股公司——的股份）。当时我们了解的情况是杜兰特先生的大多数股票都掌握在经纪人手里，但是当时我们认为这主要是为了方便起见。我确信，如果当时杜兰特先生的股票是借来的话，那么当时他根本就没有提及此事。从我们收购股票到去年春天的时间里，我不时听说杜兰特先生允许华尔街借用他的股票。我还了解到他偶尔也会直接买入股票或者建议别人购买。由于他的财富似乎很多，所以我从未想到过他会采用完全支付之外的方式购买股票，或者购买超出他的支付能力的股票。我从不记得他曾提到过他曾抛售过股票，也不曾提到过曾购买过股票——他现在正在这样做。我从未唆使过杜兰特先生去做任何他向我提到的关于控制股票或市场的事情。实际上，无论泄漏一点什么消息都只会让市场受挫而不是受到刺激。但是，正如我前面所提到的，杜兰特先生从未和我提起过任何私人事务，而股票运作似乎绝对不应该是一项私人事务。我有一种强烈的印象，而且也得到了拉斯科博先生的证实，即 1920 年春天杜兰特先生在股票市场上已经没有什么动作了。我猜可能是他已经没钱了，尤其是在经纪人户头上没钱了。当通用汽车与摩根公司联合成辛迪加之后，我认为由于双方基本上不可能独立行动，所以杜兰特先生应该不会在股票市场上有所行动。近几个礼拜，杜兰特先生认为摩根辛迪加没有采取适当的行动以挽救股市，他似乎准备采取行动，对此我非常失望。我不赞成这种半边的行动，不过我也不能够确定杜兰特先生是否能够将这一行动付诸实施。事实上，我认为他这次为维持股价而购入股票的数量肯定比他预想的要少，而且他的朋友也只不过是帮他临时存一存这些股票而已。我很确定在 11 月 11 日之前杜兰特先生既没有在股票市场上有所动作，也没有借钱。

除了这些成见之外，最近还流传着杜兰特先生在做投机的传言。我和拉斯科博先生都认为自从收购了通用汽车的股票之后，摩根公司就对杜兰特先生的运营状况不甚关心了。摩根公司有很多机会就上述问题向杜兰特先生质疑，而我感觉窥探杜兰特先生的事务不应该是我的职责。但是，过去的 6 个礼拜里，摩根公司的德怀特·莫罗（Morrow）先生向我和拉斯科博先生几次问起过杜兰特先生的私人事务，尤其是他在股票市场上的可能行为。对此我们回答，我们对他的私人事务一无所知，而且他从不信任我们。我建议莫罗先生单独向杜兰特先生询问，我们认为杜兰特先生肯定会坦诚地回答这些问题。所以，1920 年 11 月在莫罗先生的办公室里，他、杜兰特先生、拉斯科博先生还有我 4 个人开了一个会。在会议中我提出，同为通用汽车的股东，了解彼此的情况是非常公平的。我告诉他们，杜邦公司所拥有的通用汽车和雪佛兰的股票一直都握在杜邦公司的手中，杜邦从来都没有买卖过股票。我还指出，就我个人而言，我从未借钱买过通用汽车的股票，我的股票都握在自己手中，而且近期也没有买卖过股票。我还指出，就我所知，杜邦公司的人都没有借钱买过通用汽车的股票，也没有采取任何操作。莫罗先生指出，摩根公司和他们的朋友所购买的股票都还握在手中，而且也没有打算抛售。我不记得杜兰特先生曾做过肯定的讲话，但是他没有给出任何关于他曾借钱购买股票或在市场上操作的暗示。莫罗先生直接问他是否听说过股价在下跌，他的回答是"没有"。他给我们留下的印象是他持有的股票和我们的一样没问题。由于了解杜兰特先生以及他天生的怪癖，我并不认为他是在故意欺骗我们；但是莫罗先生并不那么宽宏大量，我认为他肯定因为杜兰特先生没有对我们坦诚相见而腹诽不已。

就这样到了1920年11月11日，礼拜四。拉斯科博先生和我没有任何准备地被杜兰特先生邀请去共进午餐。午餐中杜兰特先生说他已经被告知，"那些银行家"已经要求他以通用汽车公司总裁的身份辞职，而且他也同意这一要求。他决定"遵守游戏规则"，因为无论是公司还是他自己都"握在银行家的手中"，只能遵命而行。我当即对他的话表示异议，解释说，和我们庞大的营运资金及其他资产或者从公司的现金结存或财务预测相比，我们借款的数额只是稍稍超出了谨慎的范围。我们的银行家伙伴同意这个意见，并且认为我们在运营清算完成之前偿还贷款方面不存在困难。杜兰特先生说他在为他的个人财务问题而忧虑，但是又无法给出明确的解释，而且也没有给我们提供询问的机会，不过这一点在当时显得并不必要。但是，午餐之后，拉斯科博先生仔细回味了杜兰特先生语焉不详的话中的潜台词。第二天拉斯科博先生问起杜兰特先生的情况，尤其是他的债务是否达到了"600万或者2 600万美元"时，杜兰特先生的回答是他还得调查调查。拉斯科博先生和我于礼拜五（12日）离开了纽约，并直到下一个礼拜二（16日）才返回。我们在早上来到杜兰特先生的办公室，决定搞清楚他的真实情况，因为我们事先的交流认为，如果杜兰特先生的私人事务与此事牵涉严重的话，就可能会间接影响通用汽车公司的声誉。那天杜兰特先生非常忙，接见人，接电话，频繁进出办公室，因此，我们耐心地等待了几个小时（午餐时间除外），直到下午四点钟杜兰特先生才开始为我们提供能够反映他当前情况的数据。我们用铅笔做了一个备忘录，记录了他在银行的贷款。据我们根据他的叙述的整理结果来看，他的债务达到了2 000万美元，大概都放在了经纪人的账户上，表现为130万股向别人借来的股票，还有一些不知数量的属于杜兰特先生的抵押品；另外，杜兰特先生估计他个人还欠银行和经纪人1 419万美元的债务。杜兰特先生目前还拥有300万股通用汽车的股票——这当然不包括别人的那130万股。杜兰特先生说他自己没有私人账目记录，因此很难准确地给出总债务数额，也很难分辨哪

第1章 重大的机遇（一）　33

些是他自己的纯粹债务，哪些是抵押的借款。显然，他手边也没有经纪人账户的情况。无论如何，可以肯定的是，整个账目混乱不堪，而且似乎非常严重。杜兰特先生承诺一定询问他的经纪人以争取得到一些正面的消息。

礼拜二晚上（11月16日）杜兰特先生接到了琼斯里德事务所的经纪人麦克卢尔的电话，要求他支付15万美元来维持他的账户。这笔款项后来得到了解决。

礼拜三（11月17日）我们调查了经纪人账户，发现该账户已经收到了于当天进行结算的指示，所以那天没有什么进展。与此同时，结算书写得不清不楚，拉斯科博先生和我只能不情愿地相信这份结算书的准确性。无论如何，当时的情况都已经足够的严重，以至于我们必须考虑制定应急方案了。我们决定，为了扭转危机，可能需要组建一家公司来接管杜兰特先生的股票，并用2 000万美元的债券作为给债权人的抵押，而杜邦则需要增资700万美元甚至是1 000万美元用于股票市场以缓解清算压力，并支付部分欠款。

礼拜四（11月18日）开始处理那个经纪人账户问题。那一天都在忙着做那个能够得到杜兰特先生认可的结算书。但是，除了经纪人账户上有的记录之外，那个结算书实在称不上准确无误。根本无法证实那个结算书包含了这个账户的所有活动。在银行贷款方面以及涉及杜兰特先生出借抵押品的辛迪加账户记录方面都不清不楚。无论如何，礼拜四下午最终还是根据那些数据做出了一个概要表并交给了打字员。大概在那个时候，杜兰特先生将拉斯科博先生和我叫到他的办公室，告诉我们摩根的一些合伙人很快会过来拜访，他希望我们在场。我们告诉他在我们和摩根公司眼里，他的地位完全不同，因此我们无法和他及摩根公司的伙伴们坐在一起开会——除非他同意也向他们做一个完整的结算。他不同意这一点，我们就离开了他的办公室。大概在六点半，我们打算回酒店的时候碰到了莫罗、托马斯·克池兰（Cochran）和乔治·惠特尼三位先生，其中惠特尼先生已经答应和杜兰特先生在晚上9点碰面。莫罗先生将我叫到一边告诉我他们想和我谈几分钟。于是我和他及他的同事回到拉斯科博先生的办公室。我问杜兰特先生是否已经给他们提供了完整的结算单，对此莫罗先生回答"是"，并给了我一份。紧接着对整个事件进行了讨论，摩根的合伙人概要地阐述了整个事件的极端严重性以及可能由此导致的灾难——杜兰特先生的失败可能还会导致几个经纪人以及一些银行的失败，特别是还可能涉及华尔街两支股票股价的大幅下跌。莫罗先生认为他将放弃约定而在九点钟回去，我也做出了类似的决定。我们的谈话不超过半个小时。我和拉斯科博先生回到酒店后，在指定的时间来到了摩根三位合伙人的房间。拉斯科博先生向莫罗先生简要地介绍了我们的计划，表示杜邦愿意在这种几乎绝望的境地下仍然从物质上为通用汽车提供帮助。莫罗先生表示，鉴于当前恶劣的市场情况，这个计划几乎无法执行，因此他建议我们向银行借贷 2 000 万美元以平抑杜兰特先生的可能债务。拉斯科博先生和我认为我们可以提供 700 万美元的现金以及足够的抵押以推动这一项目。摩根的合伙人对于杜邦愿意在这种情况下提供帮助赞扬有加，克池兰先生说："这个国家有两家真正做企业的，这就是杜邦和摩根。"

接着开始讨论对杜兰特先生的处理问题。莫罗先生建议为杜兰特先生保留 1/4 的他所持有的普通股，其余部分用于筹集现金。他一开始就指出摩根公司不会为处理这件事要求任何形式的酬劳，而且在考虑这些股票的处理方案的过程中他们也充分考虑了对杜兰特先生和其他相关人士是否公平这一问题。经过初步的讨论，摩根公司的合伙人认为，在为通用汽车筹集贷款之前，必须非常谨慎地检查杜兰特先生的账目。他们认为应该马上进行这一工作，所以又回到杜兰特先生的办公室，开始检查他的账目，同时莫罗先生向杜兰特先生交涉上述应急方案。杜兰特先生认为只给他保留 1/4 的股份比较令人难以接受，莫罗先生就让步到 1/3。杜兰特先生向我建议，如果为他保留 40%，其余 60% 交给杜邦公司会更合理一些。这段谈判始终在友好的氛围中进行，谈判各方显然都尽了很大努力来力图公平地处理这件事。账目检查和谈判一直进行到礼拜五早上五点半，中间一直都没有休息。然后我和杜兰特先生签了一份备忘录，同意将发行 2 000 万美元的股票，其中杜邦公司将认购 700 万美元的债券，剩余部分则以 130 万股票抵押发行。备忘录中还表明，双方同意杜兰特先生所持有的股票——考虑到交易成本和利息之后每股的市场价格大概在 9.5 美元以上——一分为三，一份归杜兰特先生所有，其余两份归杜邦公司所有。即使到了那个时候，也还没有了解清楚全部债务，而且辛迪加的账目仍然非常棘手。

匆匆忙忙吃过早餐之后，我们全体休息了几小时，并于上午九点半继续工作。摩根公司的先生们在当天（11 月 19 日）晚上五点之前从纽约主要的银行募集了 2 000 万美元。同时，应急计划建议给杜邦公司 8%的优先股以补偿杜邦公司的现金投入，80%的普通股以补偿杜邦公司的抵押财产……当天杜邦财务委员会开会并决定将这 80%的普通股和杜兰特先生对半分配，这样杜邦占 40%，杜兰特先生占 40%，银行占 20%。这就是最终形成的处理方案。尽管礼拜六（11 月 20 日）关于此事就已经流言四起，但是直到礼拜一（11 月 22 日）才公开这一方案，这时摩根公司已经开始收集股票。在整个处理过程中，摩根的合伙人发扬了非常伟大的精神。他们全心投入，起劲地工作，并且一开始就表明他们不要求补偿。他们的速度和成绩一样令人佩服。整个交易共涉及 6 000 万美元甚至更多，但是他们不到 4 天就完成了整个计划和实际工作，而且其中还包括礼拜六和礼拜天。

1920 年 11 月 30 日，杜兰特先生辞去了通用汽车的总裁职位。我曾采用各种方式对杜兰特先生进行评价。我认为，在通用汽车扩张与商业周期发生冲突这件事上，拉斯科博先生的责任比杜兰特先生更大。拉斯科博先生竭力推动扩张，并为扩张带来的问题买单，而杜兰特先生的管理让这一切更加失控。我听说杜兰特先生于 1919 年晚期开始对宏观经济形势持悲观态度，但是我没有发现相关的记录。记录表明，杜兰特先生和拉斯科博先生都是乐观膨胀主义的强力支持者。似乎他们只在应该将钱投向哪个领域这一问题上存在争议。

我认为杜兰特先生的个人股票市场操作主要应该归因于他的通用汽车情节，归因于他对未来的无限信心，归因于他长年未曾失误的判断。我还认为，在那种危急时刻，摩根公司和杜邦公司接管他的股票债务是一种非常慷慨的行动。

不妨考虑如下事实：1921年杜兰特先生将他在公司的权益回售给杜邦公司。为此他得到了23万股通用汽车的股票，当时的市值大约为299万美元。杜兰特先生如何处置这些股票则不是本书所关心的内容了。不过，如果在他于1947年3月19日逝世之前一直持股不转手，这些股票的市值将达到25 713 281美元，加上分红，他将总计获得27 033 625美元。

让我们回到1920年。国家经济的衰退以及对公司的冲击，管理的失控，杜兰特先生的辞职，共同动摇了公司的基础，并开创了公司历史上的新时代——这也是我的主要故事开始的地方。

第 1 章　重大的机遇（一）

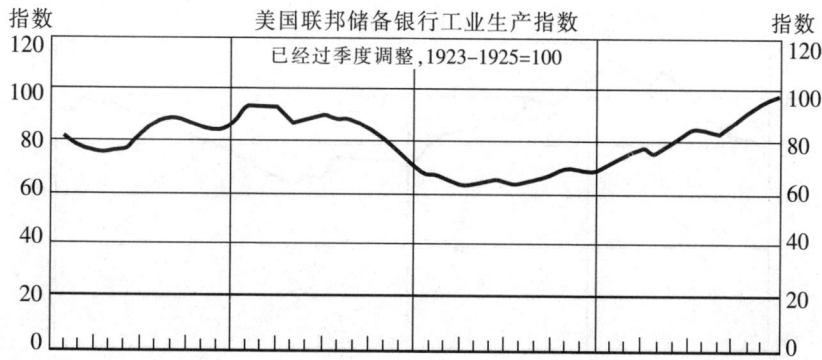

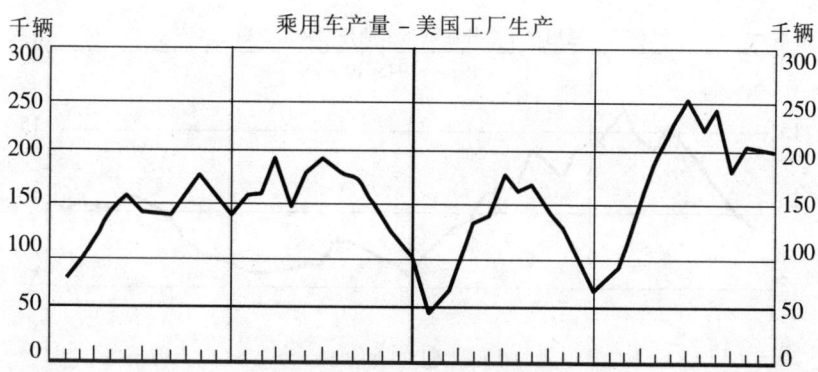

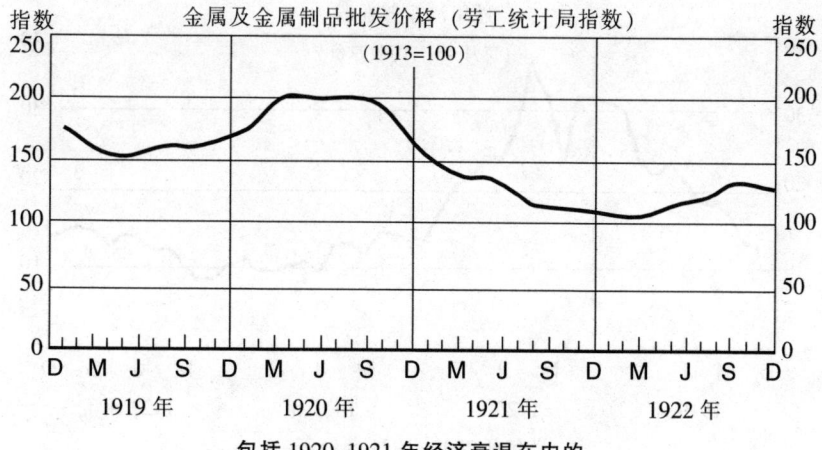

包括 1920~1921 年经济衰退在内的
四年间工业生产、汽车产量及金属价格图

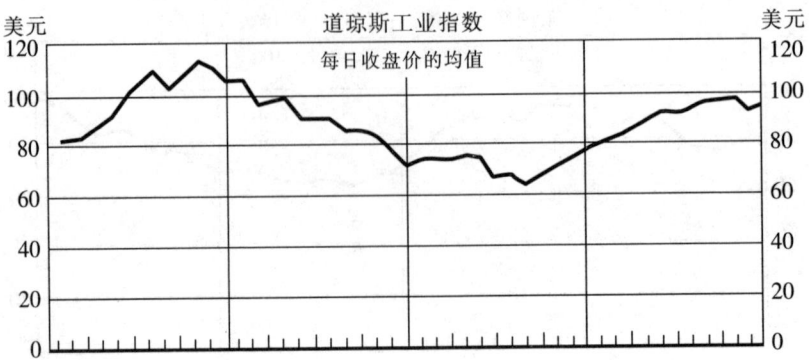

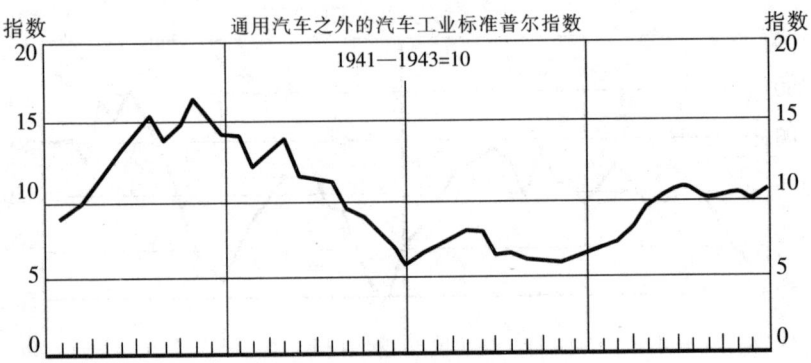

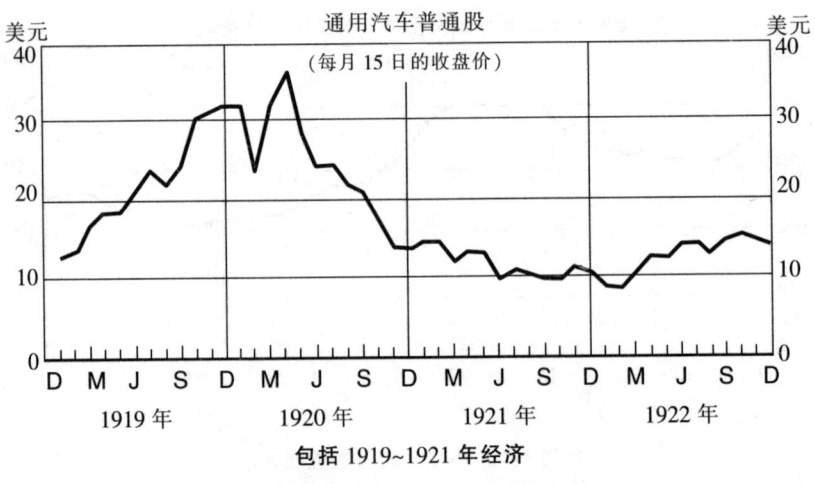

包括 1919~1921 年经济衰退在内的四年间普通股价格图

第 3 章
组织的概念

1920年快要结束的时候，改组成了通用汽车迫在眉睫的任务。当时，公司面临着外部经济衰退和内部管理危机并存的困境。

汽车市场几乎完全消失，我们的收入也寥寥无几。我们的大多数工厂也和行业中其他企业一样，都或者关掉了，或者在用一些还没用完的半成品装配少量的汽车。我们负担着大量的库存，而且缺乏现金。我们的产品线很混乱。无论是在财务还是在运营方面，我们都缺乏控制。我们对任何事情都没法掌握准确的信息。简而言之，我们面临的内外部危机之重超乎你的想象——即使你是一个喜欢危机的人。

在汽车业中，像我们这样的情况并不少见。其他公司也困难重重。经济衰退具有淘汰弱者的作用，而我们当时正好处于最弱的时期。有些人在衰退面前绝望，但是我从未向经济衰退屈服。在经济衰退期间，我一直坚信总有一天经济周期的高峰期将会到来，那时将迎来长期而有活力的增长。这种自信和谨慎左右了我在1920年的心态。我们无法控制环境，也无法准确地预测它的变化，但是我们可以培养我们的柔性，从而在商业周期的起伏中幸存下来。

退一步说，当时汽车市场的前景只能用不确定来形容。不过，我们坚信汽车会和整体经济拥有相同的未来。我之所以提到这些事情，是因为我认为信心是业务经营的重要因素。它有时会左右一个人的成败。我们坚信当时汽车产业正在处于为美国创建一种新型交通系统的历史时刻，因此汽车市场终将恢复生机——这只是一个时间问题。在1920年的年报中，我们在回顾汽车工业发展的同时也表达了这一观点。鉴于此，我们开始将我们的注意力转移到手头的工作上来。

在开始其他工作之前，我们必须选出一位新总裁来接替杜兰特先生的位置。我根本没有多想就决定了我心中的人选。我和皮埃尔·杜邦先生的私人接触不多。但是，很明显，他是通用汽车公司里有足够的威望给公司、大众和银行带来信心的人，他的存在能够鼓励已经开始消沉的士气。他是公司的主席，是公司第一大股东的代表。他在杜邦公司及与通用汽车公司的财务合作中已经证明了自己的业务领导能力。我认为，唯一可能替代他的位置的人就是约翰·拉斯科博，他是通用汽车财务委员会的主席，与杜邦先生关系紧密，他的建议对杜邦先生非常有影响。

拉斯科博先生的职业经历已经广为人知了。我自己并不非常了解他的早年生涯，但是，据说他在世纪之交时开始为皮埃尔·杜邦先生做打字员和秘书。杜邦先生对他丰富的想象力及财务能力印象极为深刻。当杜邦先生升任杜邦公司的财务主管之后，拉斯科博先生成了他的助手和顾问，并继任了他的财务主管职位。杜邦先生和拉斯科博先生多年来一直都是亲密的业务伙伴。但是他们的性格却不尽相同。

拉斯科博先生才华横溢，富于想象力，而杜邦先生稳健而保守。杜邦先生身材很高，衣着整齐，沉默寡言。他总是愿意居于幕后。拉斯科博先生比较矮，不算沉默寡言。他很友善，是一个理想的聊天伙伴。他胸怀大志。我记得他经常带着一些新主意到我办公室来，并且似乎想挥一挥魔杖就将它们全部实现；他曾想让整个企业立刻坐在一起开会。他的错失在于——如果称得上错失的话——由于才华横溢所带来的闯劲十足和耐心不足。要知道，其实没有多少人能像他那样准确地看到汽车工业的未来的。

拉斯科博先生和杜邦先生各有各的优点,但是总体看来,我们一致认为杜邦先生才是我们需要的人。当时其他人都无法满足所有人的要求。

不过还有一点遗憾。杜邦先生对汽车业务的了解不是很深入,偏偏我又是那种认为精湛的业务知识是成功管理的必要条件的老派作风人士。但是,形势比人强,当时我们迫切需要一位颇具建设性的总经理立刻站出来,并带领大家重建对未来的信心,这一点比精湛的业务知识更为重要。我们可以找到另外的人在业务知识方面为他提供协助。因此,我在非正式的讨论中多次迫切要求杜邦先生接任总裁职位。

我的迫切要求对决策制定的影响并不是很大。其他人比我的影响力更大,而杜邦先生也有充分的个人原因接受大家要求他在负责通用汽车财务事务的同时负责管理事务的建议。杜邦公司在危机时期接管了通用汽车,并将于1921年将他在通用汽车的股份追加到36%。因此,杜邦先生必然要对整个局势负起责任。后来他说:"我是非常勉强接受这一 [总裁] 职位的。我最近已经从业务中退了下来,但是我对他们说,我愿意做任何他们认为应该做的事情,所以我被推上了总裁的位置,并且达成了一个独特的共识:我待在这个位置上只是为了等待推选出一个合适的人来接管这些业务。"

皮埃尔·杜邦先生接任总裁之后,拉斯科博先生仍然担任财务委员会主席,并且常年担任公司的公共发言人。阿莫利·海斯克尔先生和我成了杜邦先生的左膀右臂。1920年12月30日,杜邦先生在给董事会的一封信中说,海斯克尔先生和我"有能力解决行政问题,可以在执行委员会闭会期间及总裁离开时代替总裁开展工作"。执行委员会进行了重组,并将人员减少到4个人:杜邦先生、拉斯科博先生、海斯克尔先生和我。这个新委员会负责运营政策,同时也承担一部分的管理工作。原来由各事业部负责人组成的执行委员会现在变成了运营咨询委员会。

这些变动尽管无法摆脱救急的本质,但是还是和通用汽车当时一场彻底的重构保持了一致。这场重构甚至触及到了对行业的认识。

尽管公司纪要的语言非常简练,但是它们的影响非常深远。在1920年12月30日原来的执行委员会会议上交给新委员会的第一件任务的内容可以参看当时的会议记录:

> 总裁应向执行委员会提交一份公司的新组织结构图,并附上一封解释其意义的信。这两份文件都应该得到详尽的讨论①。

这项提议得到了大家的一致同意,并被送至董事会。1921年13日,董事会同样高效地批准了这一提议。

后来,以我在大概一年前以《组织研究》的名义所画的组织结构图——当时我曾将这幅图提交给杜兰特先生以供其考虑——为底稿,并加以适当的修改,形成了新的组织结构图②。由于这项计划后来成为通用汽车管理政策的基础——它阐述了"分权"思想的基本原则——而且据说后来对美国从事大规模生产的行业产生了一定影响,因此我在这里想就它的起源和其间的故事多说几句。

首先谈谈它的起源。有些学生认为别克的分权管理模式是从杜邦公司的组织模式中借鉴来的,是协调两个公司合作关系的自然产物。实际上,在组织问题上,这两个公司是完全独立的,而且后来也都采用了分权管理的原则。但是它们的发展路径截然不同。杜邦

---

① 本章的末尾附上了这幅图。
② 直到近年来我才偶尔想起当时的情况,所以现在我才首次谈到我绘制这幅组织结构图的时间。仔细回想之后,我认为应该是1919年末——大概在12月5日至1920年1月19日之间——而不是1920年春天。之所以得到这个结论,是因为这一组织研究涉及了拨款委员会,而拨款委员会则是由执行委员会于1919年12月5日设立的;另外,当时别克的总经理巴塞特先生给我的一封信中谈到他对这项研究非常热心。他在信中说得很恳切:"我仔细地读了这份附加报告的每一个字,我确信它对整个组织的勾勒非常准确,所以我当然非常支持。"我于1月21日给他回信:

"亲爱的哈里先生:——我于1月19日收到您的来信,我很高兴这个计划能够得到您的认可和支持。

"我不知道接着会采取什么行动,或者是否采取行动,但是我还是希望能够做出一些让大家满意的工作,因为我确实相信能将一切安排得规范一些会带来更好的效果。"

公司是从早年间美国公司最常见的集权管理模式逐步演变为分权管理模式的，而通用汽车在成立之初就采用了分权管理的模式。通用汽车需要能够在不丧失分权管理的优点的前提下，制定一些协调的原则。通用汽车和杜邦公司的不同背景以及两个公司产品营销的不同本质，使得两个公司无法采用同一组织模式来进行管理。

当时杜邦的执行层已经对组织重构问题研究了多年，但是，直到通用汽车采用了自己的组织方案的 9 个月之后，杜邦公司才开始实施分权管理方案。这两个方案在细节上差异很大，唯一相同的不过是两个方案都采用了分权管理的思想。

美国很多大型制造企业很快就遇上了这两种类型的问题——一种产生于过度集权（杜邦公司），一种产生于过度分权（通用汽车）。通用汽车和杜邦公司之所以能够较早地遇上并解决这些问题，其中的原因之一就是在 1920 年和 1921 年，他们的运营问题比当时大多数企业都要大，也更复杂。我相信，在从组织原则和组织思想的角度对这一问题进行认识和思考方面，我们比当时的大多数企业要深入得多，广泛得多。我们对组织原则的关注比大学在这方面的投入大得多。如果某些思想看起来学院性比较强，那么我可以向你保证，我们的观点和它肯定不一样。

我所进行的通用汽车《组织研究》是针对公司在第一次世界大战之后由于扩张带来的具体问题的一种可能解决方案。当然，我无法准确地判断我的管理思想有多少是在我和同事们的接触中产生的。我觉得，思想通常都不是完全原创的，但是，就我的认识而言，这项研究来自于我在海厄特、联合汽车和通用汽车的经历。我过去并不是一个爱读书的人，而且即使我是，在当时的条件下也不可能从书中找到现成的答案；我也没有军事经验。在我在海厄特的近 20 年中，我学会了如何在一个规模相对较小的企业里围绕一项基本产品进行运营。这个小企业具有制造业的基本功能：设计、生产、销售和财务。但是我的董事会规模很小，也没有执行委员会，更没有通用汽车所遇上的这类问题。

在联合汽车公司，我第一次接触到每个事业部都拥有不同产品的多事业部企业所具有的问题。联合汽车最初是按照汽车零部件的概念组织起来的。我们制造喇叭、散热器、轴承以及其他部件，我们同时面对生产商和大众消费者。在这种情况下，出现了一些协调问题。比如，不同事业部制造的众多零部件的服务问题。为这种小东西设立单独的服务站非常不经济。因此，我于1916年10月14日设立了一个全国性的服务机构，即联合汽车服务股份有限公司来处理各事业部的事务。这个公司在全国20多个主要大城市设立了服务站，并在其他地方设立了几百个代理商。各个事业部最初都曾很自然地反对这一行动，但是我说服了他们，使他们认识到了这一行动的必要性，并且第一次在利用分权管理功能使组织受益方面学到了一些东西。现在这个服务组织仍然存在于通用汽车之中，并且和通用汽车一起成长。我当时的考虑是需要设立一块研究试验田，而且，即使我们不这样做，也肯定会有别人这样做的。我确实在联合汽车公司以投资回报率的原则为纽带建立了一个商业联合体。通过对各事业部的独立核算，我为总部提供了一种用于评判各个事业部对公司总体贡献程度的效率量测工具。通过这种方式，我设计了一种标准会计方式，后来多年担任通用汽车首席财务官的阿尔伯特·布拉德利认为这种方式对外行来说非常管用。

在通用汽车1918~1920年的大膨胀时期，物质与规范之间的巨大差异让我深深地感到震惊：通用汽车的物质得到了极大的丰富，但是却几乎没有什么规范。我逐渐相信，除非经过精心的组织，否则公司很难继续成长，甚至将难以生存。但是，很明显，当时没有人对这个问题给予应有的注意。

举一个我熟悉的例子：当1918年联合汽车在通用汽车里出现的时候，我发现如果我遵循当时通行的企业间管理方式，我将无法确定这些配件事业部的投资回报率——无论是将它们作为个体考虑，还是作为一个整体。这就意味着我将在一定程度上丧失一些应有的管理权。当时通用汽车事业部间的物料传递是以成本价或者成本价加上预先设定的百分比进行结算的。我在联合汽车所负责的事业部同时向外部客户和结盟的其他事业部以市价出售我们的产品。我知道我正在运作一个利润中心，而且我希望能够继续向总部直接证明这一点，而不是让其他事业部会计员通过事业部间的业务往来将我

第 3 章 组织的概念

们的业绩瓜分掉。实际上,这是一个保持信息清晰的例子。

但是,管理好自己的事业部并不是我的全部兴趣所在,因为作为执行委员会的一员,在一定意义上我还是一个总负责人,因此我开始从公司的角度去考虑这个问题。这里的关键问题是没有人确切地知道每个事业部对公司总体利益的贡献程度,因此,由于没有人知道或者能够证明各部门效率的高低,因此在分配新投资的时候就缺乏客观的基础。这就是当时扩张项目所面临的难题之一。各个事业部争抢投资,这很自然,但是公司总部不知道将钱投到哪里才能带来最大的收益,这就非常不合理了。由于缺乏客观性,因此总部的管理者无法在真正的意义上达成一致也就不足为奇了。此外,一些缺乏远见的人也在趁机利用他们在执行委员会的地位为自己所负责的事业部谋求私利。

我在加入通用汽车之前曾向杜兰特先生提出过这个事业部间关系的问题。由于我在这一问题上的观点已经出了名,因此我于1918年12月31日被任命为一个委员会的主席,这个委员会的任务就是"形成适合事业部间业务往来的规则和规定"。我在此年的夏天完成了这一报告并于1919年12月6日将它提交给执行委员会。这里我摘录了其中提到的一些基本原则。尽管今天它们已经变成了管理学的一些基本原理,但是当时并不那么众所周知。我认为,直到今天这些基本原则仍然值得关注。

我将一些基本观点摘录如下:

> 抽象地说,任何业务所产生的利润并不能作为衡量该业务价值的真正标准。一个年盈利10万美元的项目,只要它能够证明自己在扩张,并且充分利用了它能有效利用的资本,它就是一个营利性非常好的项目。相反地,即使是一个年盈利1000万美元的项目也有可能是一个营利性很差的项目——如果它不能证明自己在扩张,或者需要投入更多利润,否则甚至可能会被清算。因此,并不是利润数额,而是业务的利润和与其占用的投资资金之间的关系才是其中的关键。在进行规划的时候,只有充分认识这些原则,才能避免不合逻辑、不健全的结果……

对于上述原则，我一直坚信不疑。在我看来，任何业务的战略目标都是在为资本获取回报，如果某项计划的长期回报并不理想，那么必然需要对它的缺陷进行弥补，或者抛弃这一计划并挑选一个好一些的方案。

至于面向外部客户的销售问题，我在报告中认为市场将决定它的实际价格。如果能够产生预期的回报，则这一业务符合扩张的要求。对于完全内部事业部间的交易，我建议在成本上附加一定预先确定的百分比来进行结算，但是这只是一种方式。为了避免错误地保护一个高成本的供应部门，我建议采取包括运营分析及在可能的情况下与外部供应商比较在内的一系列步骤来确定这一百分比。我在这里想强调的重点不是技术——很多人比我明白得多——而是将投资回报率用于衡量某项业务价值的一般原则。这一观念是我在思考管理问题时的基本出发点。

关于投资回报率对分权管理模式以及整体与局部间关系的影响，在这里我总结了几点。

它在组织方面的意义表现在：

……通过对每项运作独立进行考核，提升了整个组织的士气，让每个组织感觉到自己是整个公司的一部分，它们应该对公司的最终成果承担起自己应尽的责任，做出自己的贡献。

它在财务控制方面的意义表现在：

……开发了能够正确反映各事业部的净利润与占用投资之间关系的统计方法——能够真正量测效率的方法——而不用考虑其他事业部对公司利润的贡献及其他事业部对投资的利用情况。

它在战略投资方面的意义表现在：

……使得公司能够直接将富余资金投资到能够为整个公司带来最大回报的地方去。

就我所知，这是通用汽车的第一份书面财务控制一般原则。

第3章 组织的概念

其后我一直继续致力于组织方面的问题研究。

1919年夏末,我和通用汽车公司的一批主管们出国去考察公司在海外的前景。考察团里,海斯克尔先生是团长,其他成员还有凯特林先生、莫特先生、克莱斯勒先生、阿尔伯特·尚普兰,以及作为考察团秘书的阿尔弗雷德·勃兰特。我们在法国的途中不仅定期召开会议讨论海外业务,还不定期碰面讨论组织问题。我只能记得我们曾讨论过这些问题,但是已经想不起当时所说的话。似乎当时海斯克尔先生一度很重视这些问题。当我们回到美国之后,他在1919年10月10日给杜兰特先生的信临结束的地方写道:

> 我们在离开纽约的那天就开始讨论组织问题,整个委员会都参与了这场讨论并达成了一致意见。我们现在正在准备一个报告……我们相信这个报告将非常具有可操作性,它将帮助我们减轻负担。不过,与其在这封已经很长的信中继续就这个问题进行探讨,不如以面谈的方式进行沟通。

我不知道海斯克尔先生所说的达成了一致指的是什么,可能他指的是我们对需要更好的组织方式这一点达成了一致吧。我记得当时不一致的地方远比一致的地方多得多。同样,我也不知道这些谈论最后能形成什么报告。

回忆这些事情并想起具体的时间、地点通常会占用我很多的时间,尤其是这些当时对其重要性还缺乏认识的事情。为了验证或者校正我的记忆,我已经就组织研究的起源问题开展了几项研究。比如说,我发现,在1919年,作为执行委员会的一员,我和其他人一起执行了一系列和组织相关的任务,并且粗略地发展出一些思想,这些思想后来在《组织研究》中得到了体现。

这些任务之一就是上面讨论过的事业部间的业务。另一项任务就是后面的章节中讨论到的拨款–请款规则。经过这些散乱的思想和各种实验性的尝试,我在经济危机及管理危机发生之前的半年间写下并非正式地发行了《组织研究》。后来这本书成为通用汽车在s-1920年的内部畅销书。我收到很多执行人员的来信,要求获得这本书的副本。这类索要书信是如此之多,以至于我不得不开始考虑大量重印这本书。这本书不存在竞争对手,也就是说,就我所知,还没有其他人在解决这类组织问题上取得过成效。

1920年9月,我将这项研究的副本送给了当时的公司董事会主席皮埃尔·杜邦。我们对其交换了意见。我写道:

> 亲爱的杜邦先生:
>
> 提到咱们上次的谈话,在这里我随信附上大概一年前所作的《组织研究》的副本。
>
> 我对公司从那次研究之后的发展和组织运行方式进行了回顾。我并不认为这份研究需要彻底的修改,它至多需要添一些意见建议……依我对当前形势的理解,我认为不需要进行什么变动。
>
> 如果您有时间阅读这份研究报告,请您谨记这份报告的基础并不是对理论化组织的探讨,而是基于我对各方利益平衡的理解。如果是一份学术研究,我会支持并最终任命一位执行官来负责第六页上所列举的三组单位的业务;而且,除了出口公司、承兑公司之外的单位都应该属于上述三组之一。这会将直接向主席汇报的人数降低到5个,从而使得主席能够有更多的时间和精力去探讨更主要的问题。

杜邦先生回信道:

> 亲爱的斯隆先生:
>
> 我很高兴你能在咱们沟通之后送给我一份一年前研究报告的副本。我一有机会就会仔细拜读这份报告,并希望能和你就这一问题讨论一下。

1920年11月底,杜兰特先生离开了公司,杜邦先生成了总裁,新行政班子迫切需要一份组织计划。杜兰特先生一直以来都能以他自己的方式——因人设岗——来运作整个公司,而新行政班子所信奉的经营管理观念则截然不同。他们需要一种高度理性而客观的运营模式。《组织研究》符合他们的观点,就像我说的那样,经过一定的修订,公司正式采纳了这一报告,并使其成为公司的基本政策。

第3章 组织的概念

和现在的管理学相比,这一研究稍显稚嫩。当时写这份报告时的考虑因素之一是希望杜兰特先生能够接受我的想法,因此,当时其实是在一定的限制下进行的研究。这一研究的开头如下:

> 本研究的目的在于为通用汽车有限公司提出一种组织架构方案建议,这一方案将在公司广泛的运营领域中建立起行政指挥线,协调好各事业部的关系,同时也不会破坏以往的高效工作方式。

本研究的基础是两条原则,它们是:

1. 首席执行官的职责决不应受到限制。各个以首席执行官为负责人的组织都应该具备各项必要的职能,从而保障它能够主动、合理地充分发展。

2. 为了保证整个公司的合理发展和适度控制,绝对需要将一些职能集中起来行使。

这并不需要多少解释。首先它要求建立行政指挥线,协调,并且保留当时公司内部主流的全面分权管理机制的效果。但是,多年之后再次回顾这两条原则,我很有趣地发现它们的语言本身就很矛盾,但是,更矛盾的却是观点的内涵。在第一点中,我用"决不应受到限制"这样的话将事业部运作的分权管理模式推到了极致。在第二点中,我又使用"适度控制"这样的词来限制首席执行官的权力。描述组织的语言经常在表达真实情况或人们相互作用的环境时饱受词不达意之苦。人们经常在不同的时候强调同一事物的不同方面,比如先是想强调各部分的绝对独立,然后又想强调协调的必要性,再然后又想强调总体中应该存在一个指导中心。但是,关键的是它们之间的相互作用。撇开对语言和细节的挑剔,我现在仍然认为我在这项研究中提及的两条原则仍然是正确的,而且,就我所知,当代管理的关键问题和这两条基本原则仍然一脉相承。

报告的第二个问题就是如何将这一理念付诸行动。我这样写道:

> 在公布这两项基本原则并且确信公司内部所有利益团体都认同这两项原则之后,则有可能达到本报告的目标。这些目的列举如下:

1. 明确定义构成公司的各个事业部的职能——不仅仅是各事业部之间的职能，还包括事业部和总部之间的职能。

这是一个值得深思的问题，但是它无疑是正确的。如果你能够描述出各部分与整体之间的关系，你就已经描绘出整个组织了——因为描述中已经包含了对各层次事业部职责的分派。

我接着写下了第二个目标：

2. 为了确定总部的地位并协调好总部与整个公司的关系，总部需要行使必要而合理的职能。

这是对第一点目标的重述，不过这次站在了相反的角度——也就是说，这次是以自上向下的角度进行的阐述。

第三个目标是：

3. 将公司所有执行职能的控制权集中到总裁及公司首席执行官手中。

无论是否采取分权的模式，工业公司都不是社会中最温和的组织形态。在我担任首席执行官期间，我从未在原则上削减过这一职位的行政权力。我只是谨慎地行使这一权力。通过向人们传播我的观念，我取得了比对人们指手画脚更好的效果。但是，无论如何，这些权利都必须掌握在首席执行官手中。

下面是第四和第五个目标：

4. 为了尽量限制向总裁汇报的执行官的人数，第四个目标就是保证总裁能够更好地指导公司的总体政策而不是陷入本应可以安全地授权给执行官处理的重要性稍低的事务之中。

5. 在每个执行事业部中为其他执行事业部提供建言的渠道，从而使得各个事业部都能以对整个公司有所助益的方式发展。

简而言之，研究继承了当时已有的组织结构，并提出了具体的公司组织结构。研究承认了事业部的组织形式，它们都是独立的职能集合体（设计、生产、销售等等）。它按照活动相近的原则将事业部组织起来，并且像我在我给杜邦先生的信中建议的那样，为每个集群设置一名执行官。研究规定了顾问职位的编制，这是一个没有行政指挥权的职位；它还规定了一个财务管制的编制。它将政策和政策的执行区别开来，并细化了二者在整个组织结构中的位置。它以自己的方式表明了后来被称之为协调控制下的分权运营模式的概念。

研究中关于组织的原则开创了通用汽车的一个新时代，从此通用汽车幸福地处于绝对分权和绝对集权两种极端之间。新政策要求公司既不保持原来的那种软弱无力的组织模式，也不会变成一种僵化的命令模式。但是，在新行政班子的带领下，公司的组织模式最终将变成什么样子——比如，事业部的职责将保留多少，哪些事务必须经过协调，政策，以及行政的范围各有多宽，等等——这一问题不能通过对《组织研究》的逻辑推理而得到。在实际执行的过程中，即使是失误也起到了很重要的作用——这一点我会在后文介绍。如果我们的竞争对手——包括福特先生——没有制造如此大量的汽车，或者如果我们没有对我们的产品进行改进，通用汽车的地位将与现在的情况相去甚远。

尽管公司于 1920 年正式采纳了这一计划，但是其效果仍然需要一段时间才能够体现出来。新执行委员会的人员结构就是这一计划的一个突出例子。它的四位负责引导公司发展方向的成员都从未负责过汽车生产。通用汽车伟大的汽车生产者包括杜兰特先生、纳什先生和克莱斯勒先生，他们已经在 1921 年之前就在汽车行业中建立了自己领军人物的名望。由于我前面所述的财富状况的变动，他们当时已经或者正准备加入我们竞争者的行列。杜兰特先生在离开通用汽车之后很快成立了杜兰特汽车公司，前后生产了几种轿车，包括杜兰特轿车、弗林特轿车、斯达轿车和卢克轿车（这是他收购的公司生产的轿车）。克莱斯勒先生当时正在忙于抢救克莱斯勒公司的威利斯-奥佛兰德（Willys-Overland）轿车和麦克斯韦—先驱（Maxwell-forerunner）轿车，而纳什先生则正在经营一家以他的名字命名的汽车公司。

另一方面，看一看通用汽车公司的新管理层吧。皮埃尔·杜邦先生在他担任通用汽车主席的前5年里将公司业务运营的权力都交给了纳什先生和杜兰特先生。拉斯科博先生一直从事金融财务领域的工作。海斯克尔先生接触的业务相对较少，在事业部运营方面基本上没有直接经验，而且他很快就脱离了公司的核心团队——他于1923年9月9日去世了。我的业务经验和汽车生产最紧密，但是，尽管我一直都在这一行业中工作，我仍然从未从事过轿车运营业务。因此，和纳什先生、克莱斯勒先生及杜兰特先生相比，我们4个人基本上都是业余选手，而且很快就只有3个业余选手能动弹了。由于拉斯科博先生负责财务，因此公司运营的最高责任就落在了杜邦先生和我——他的主要助手——的肩上。杜邦先生和我共同工作，共同出差，每两个礼拜与底特律的运营执行官会面一次。6个月后，在某种意义上我成了向杜邦先生汇报的执行副总裁。但是，到那时为止，公司仍然没有建立清晰直接的汇报体系，比如，在担任公司主席和总裁的同时，杜邦先生曾任命自己为雪佛兰公司的总经理，这既增加了他自己的负担，又增添了仓促形成的管理机制的复杂度。

即使我们缺乏业务运营的经验，但是我们并不缺乏跨越这一缺陷的精力。执行委员会马不停蹄地工作了整整一个1921年。那一年我们举行了101次正式会议。在会议的间歇期，我们还以个人或团体的形式参与到各种应对紧急情况或解决未来问题的行动之中，并且还定期走访各事业部及设在底特律、弗林特、代顿及其他地方的工厂。

因此，如果让我对就行政改革三四个月之后的公司发表点看法，我会说，尽管我们缺乏经验，但是我们的长处在于逻辑和精力，我们正在将一度失控的局面逐渐纳入控制之中，尤其是库存。而且，我们还认识到通用汽车在汽车产品线方面还没有明确的政策，而这正是业务经营的第二个大问题。

通用汽车公司组织图
（1921年1月）

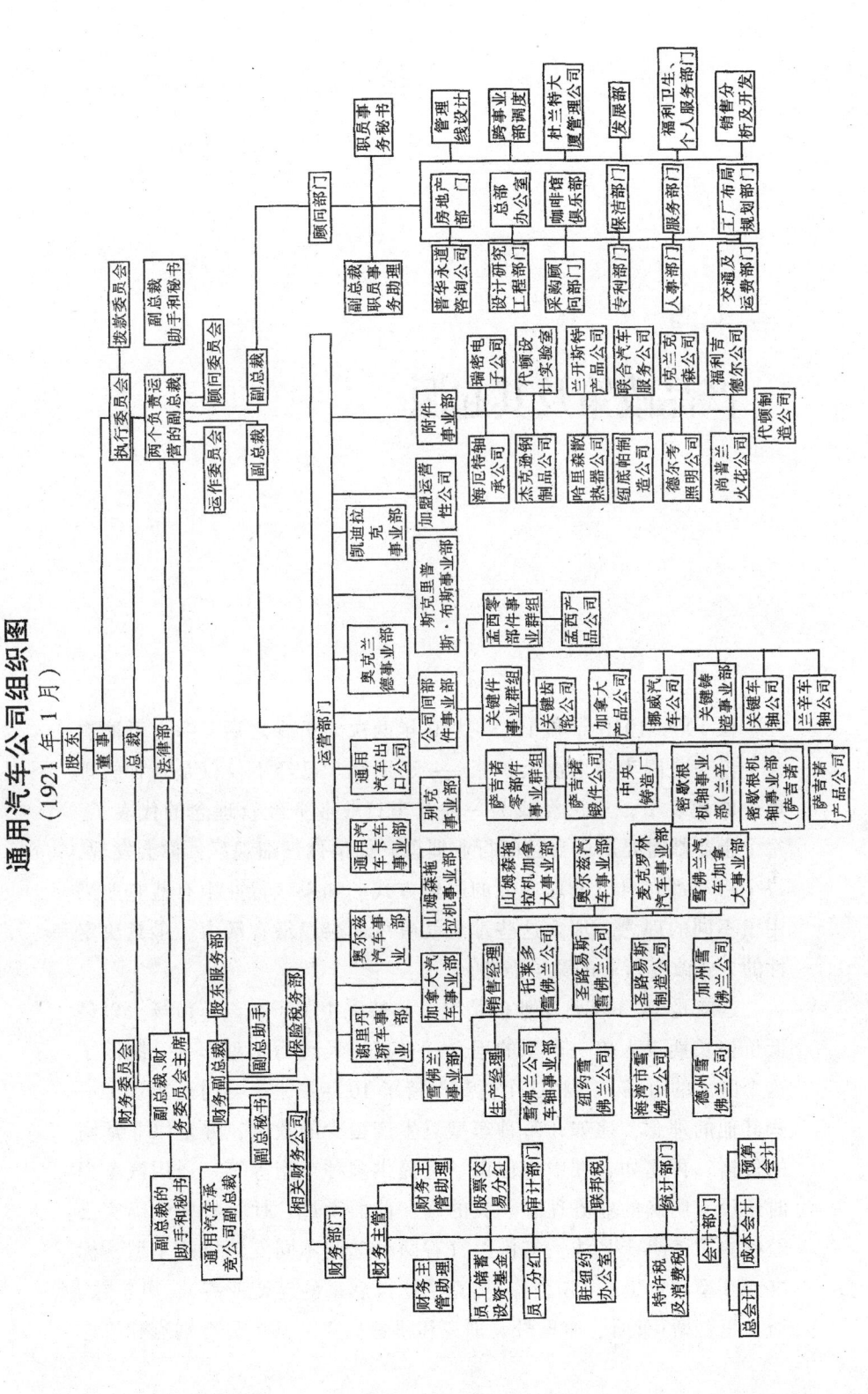

第 4 章
产品政策及其起源

在 1908~1910 年和 1918~1920 年两次大扩张之后——也可能有人会说正是因为这两次大扩张——通用汽车已经不仅仅是一种管理理念的代表了,它已经成为一种汽车行业业务经营理念的代表了。每个企业都需要形成自己的行业理念。如果你仔细观察,你会发现,每个行业都有自己处理业务的逻辑方式。如果该行业中有些企业采用了不同的理念,那么这些理念就有可能会以最有活力、最具决定性的方式改变行业的竞争态势。

这就是 1921 年汽车业的情况。福特先生关于在汽车市场上以最低价格长期投入单一车型的理念——具体表现为 T 型车——统治了这个巨大的市场,并将这个优势保持了 10 年以上。当时还出现了一些其他的理念,比如,每种车型只生产很少的数量,并定以非常高的价格;再比如,在中价位市场上提供多种车型等等。通用汽车当时还没有明确的业务理念。我的确在前面说过,杜兰特先生确实已经确立了 7 个产品线:雪佛兰(有两种选配不同发动机的车型,标准 490 型和较贵的 FB 型)、奥克兰德(后来的庞帝亚克)、奥尔兹、斯克里普斯·布斯、谢里丹、别克和凯迪拉克,其中只有别克和凯迪拉克产品线具有明确的事业部概念,其中别克以它的高质量和还算高的产量处于中价位市场的高端,而对质量无尽追求的凯迪拉克则以适当的价格和产量为公司带来巨大的收益。实际上,长期以来它们在各自的价位上都一直处于领先位置。

尽管如此,通用汽车当时的汽车产品线并没有一个整体的政策。我们在低价位市场上没有什么份额,当时雪佛兰对福特无论在价格上还是在质量上都无法构成威胁。1921年早期,雪佛兰比T型车大概贵300美元(同等配置下的比较),这就意味着根本没有竞争力。就我所知,我们成为中高价格汽车生产商这一事实并不是在某种政策指导下实现的,之所以会这样,只是因为没有人知道我们应该怎样和福特展开竞争而已——当时福特的销量已经占了整个行业销售量的一半以上。但是,必须承认,当时没有一个生产商能够提供覆盖所有价位的产品线,也没有哪家制造商拥有比通用更全的产品线。

我们于1921年早期的七条产品线、十个型号的车价区间明显体现了这种不合理。当时我们的产品价格(产品范围从跑车到轿车,价格为底特律的离岸价)如下:

雪佛兰490(四缸)	795~1 375美元
雪佛兰FB(四缸)	1 320~2 075美元
奥克兰德(六缸)	1 395~2 065美元
奥尔兹(四缸FB)	1 445~2 145美元
(六缸)[1]	1 450~2 145美元
(八缸)	2 100~3 300美元
斯克里普斯·布斯(六缸)[1]	1 545~2 295美元
谢里丹(四缸FB)	1 685美元
别克(六缸)	1 795~3 295美元
凯迪拉克(1k缸)	3 790~5 690美元

[1] 奥克兰德生产的六缸发动机。

表面上看起来这个产品线非常壮观。在上一年即1920年,我们销售了331 118辆在美国产的乘用车,其中包括129 525辆雪佛兰和112 208辆别克,剩下的89 385辆则来自于其他车型。从总销量和销售额上看，通用汽车在1920年仅次于福特。我们在美国和加拿大共销售了393 075辆乘用车和卡车，相比之下，福特当年的产量为1 074 336辆。整个汽车业的总销量为大约230万辆乘用车和卡车。扣除销货折扣和退货后，我们的净销售额为567 320 603美元，而福特的对应指标为644 830 550美元。

但是，在内部看来，情况并不太妙。我们不仅在低价位市场——而它正是当前市场份额的重头，也是未来增长点之所在——无法和福特形成竞争，而且在中价位市场上也因过于集中而产生了重叠。除了卖掉汽车——在某种意义上，这只不过是在不同车型之间互拆墙脚——之外，我们不知道还该做些什么。因此，必须制定一些合理的政策来处理这种情况。也就是说，除了需要回答客户需求、竞争、技术环境、经济环境的演变可能带来的影响外，还需要知道我们正在试图做些什么。缺乏合理的汽车产品线政策这一事实在雪佛兰FB、奥克兰德和奥尔兹的价格完全重叠上得到了充分的体现。由于缺乏公司的整体政策，各个事业部各自为政，独立制定自己的价格和生产政策，导致一些车型落在同一个价格区间——它们根本没有考虑公司的整体利益。

在我看来，谢里丹和斯克里普斯·布斯根本就没有必要在产品线中存在。这两种车型都没有自己的发动机。在印第安纳州曼西一家工厂中装配出来的谢里丹使用的是奥克兰德的六缸发动机。底特律制造的斯克里普斯·布斯汽车使用的是奥克兰德六缸发动机——我想加一句，这一车型当时并没有什么吸引力。二者都只有很少的经销商。这两种车型不仅没有为通用汽车带来什么贡献，反而为通用汽车的产品线带来了包袱。那么，当时它们为什么存在呢？斯克里普斯·布斯的股票是在1918年并购雪佛兰的时候作为雪佛兰的资产带入通用汽车的，但是斯克里普斯·布斯当时的产量并不大（1919年的产量大概是8 000辆，1919年基本未变），没有理由将它保留在通用汽车的产品线里，而谢里丹的存在对于我而言简直就是一个谜。毫无疑问，是杜兰特先生的某些特殊想法使得他让通用汽车于1920年收购了谢里丹，但是我现在还不知道究竟是什么想法。这家企业既没有一个强有力的组织，我们的产品线中也不存在这样的需求。

至于奥克兰德和奥尔兹，它们不仅在几乎完全相同的价位上竞争，而且它们的款式也正在被市场迅速地淘汰。以奥克兰德为例，1921年2月10日在我的办公室里的一次会议上，普拉蒂先生这样描述当时的情况："奥克兰德正在全力以赴地试图改进它的产品。他们有时造出来10辆车，有时候造出来50辆车。问题是——他们造出来了很多不合时宜的汽车，然后他们又不得不修改这些车子……生产能力强大的工厂反而造成了巨大的麻烦……"在同一次会议上，我说："这个问题涉及很多因素。我们现在正在将奥克兰德汽车的动力降低35~40马力，对于这个速度 功率 而言，车轴有些太轻了，而且我们的很多工艺都很粗糙，当然，还有一些其他因素。一年前奥克兰德决定要上马一种新车型，并得到了修建一座新工厂的授权，但是由于发展计划的紧缩，这一工程被迫搁浅……想法让奥克兰德拿出这种合适的新车型，而且能够通过检验，确实是一个管理问题……"

在1919年的景气时期，奥克兰德的销量为52 124辆；1920年它的销量为34 839辆，而在1921年，它的预计销量仅仅为11 852辆。

关于奥克兰德的情况就到此为止吧。

奥尔兹的情况仅仅稍微好一点儿。它在1919年售出了41 127辆车，1920年售出33 949辆车，1921年的预计销量为18 978辆。它将引入一种新车型以挽救自己的命运。

凯迪拉克在1920年销售了19 790辆，预计1921年将销售11 130辆。由于美国发生了严重的通货紧缩，它将被迫重新寻找一个成本、价格与产量的最佳结合点。

现在的难题在于，除了别克和凯迪拉克之外，1921年通用汽车产品线中的其他车型都在赔钱。雪佛兰事业部的销量比1920年下降了一半，并且一度达到每月亏损100万美元的地步。1921年一年，雪佛兰事业部亏损了500万美元。我对这种情形非常担心，以至于当有人建议对别克的管理方式——哈里·巴塞特成功地延续了沃尔特·克莱斯勒的旧政策——进行调整的时候，我给杜邦先生写信说："裁撤通用汽车的其他部门远比拿别克的盈利能力冒险好得多。"考虑到当时别克的情况，这句话似乎更像是在借题发挥。别克的销售量只是从1919年景气时期的115 401辆下降到1921年衰退时期的80 122辆,而且它仍然在盈利。正是由于别克的存在,才使得通用汽车的产品线具有了讨论的价值。

这种情况非常客观地反映了与别克、凯迪拉克的高质量与高可靠性相比,当时产品线中其他车型的情况是多么糟糕,普遍经济衰退的压力使得这些情况的后果更加恶化。即使考虑到经济衰退的事实以及销售受挫的不可避免,我们也只能认为,一个事业部相对于另外一个事业部的大步倒退,只能归因于管理问题。

和惯常一样,这次衰退也暴露了通用汽车各种各样的弱点。1917年通用汽车分享了美国乘用车和卡车市场销售量的17%;1921年,我们的市场份额下滑到12%。相反地,福特从1920年的45%上升到1921年的60%。换句话说,自1908年来从未被人在低价位市场上真正撼动过的福特先生正在加强他对市场的控制,而我们的销售量和大多数事业部的利润却一直在下降。总之,由于在低价位的大规模市场没有一席之地,并且没有理念以指导行动,我们的处境很不妙。我们显然需要一个思路来引导我们向低价位市场的渗透,并指导我们从整体上完成对产品线的布局,我们需要研发政策、销售政策和其他政策来支持我们所做的所有事情。

在这种情况下,就不难理解为什么执行委员会会在1921年4月6日设立一个由汽车业务自身管理人员组成的特别顾问委员会来审查我们的产品政策了。这一任务将成为公司演化史上最重大的任务之一。这一委员会的成员包括:莫特,当时轿车、卡车和部件运营事业群组的执行官;诺瓦尔·霍金斯,加入通用汽车之前曾担任福特的销售总监;凯特林,来自通用汽车研究部;巴塞特,别克的总经理;齐莫驰德(Zimmerschied),雪佛兰的新任总经理;我,来自于执行委员会。由于顾问委员会组建时我负责它的管理工作,并且本身也是其中的高级成员,所以后来也把它归到了我的管辖范围之内。当我们于一个月后完成了研究后,我于6月9日向执行委员会汇报了我们的建议。这些建议得到了采纳,并成为公司的政策。这些建议概要地讲述了公司的基本产品政策、市场战略和一些基本原则,它们以整体的形式表述了公司的业务理念。

上面所述的大致历史背景和这些建议的本质密切相关。而且，通用汽车内部还有一些其他的环境影响了我们建议的内容。首先，执行委员会曾向特别顾问委员会表明公司意图进入低价位市场——也就是说，公司试图对福特的统治地位发起挑战。执行委员会要求特别委员会研究这一问题，并建议应该在两个低价位区间上投入新设计制造的车型，其中较为便宜的那款车型将和福特形成竞争。他们还要求稍后就其他价位进行讨论。但是，他们明确拒绝对业已建立明确竞争优势的别克和凯迪拉克做出任何变动。

在几个礼拜前，当皮埃尔·杜邦先生所领导的执行委员会决定公司应该以一种革命性的新车型——将在下一章详细讨论——进军低价位市场时，巨大矛盾的种子就已经悄悄地埋下了。这种车型似乎确实有一些激动人心的卖点，但是我对我们是否有能力解决它所带来的所有设计问题持保留态度。实际上我认为需要明确制定一个产品政策的重要原因就是为了让这些管理人员进行讨论。当时还有一些其他因素驱动着这场讨论，比如，那些老车型产品线相关的事业部中即将到来的衰退，我们都感觉到的对程序——能够让所有参与讨论的人都能够接受的基本原则——的需求等等。为了保证能够结合公司整体目标综合考虑而不是孤立地考虑产品政策，我们承担了描绘公司整体图景并将所有已知的内容填充进去的工作。

因此，新管理层抓住业务初期难得的机遇，试图跳出业务来看业务。新管理层审慎地回顾了公司的目标，并尽力从就事论事和适度抽象这两个层次来处理手中的问题。在具体且急迫的事情上发自内心地达到一致是一件非常不容易的事情。比如，那个革命性的新车型成为执行委员会关注支持的中心，而我则希望大家将产品的概念拓宽到业务的概念。我相信正是由于这个原因，我们这个特别委员会才会首次将这个问题抽象化出来。我们的出发点是公司的理想模式——我们阐述政策标准的目的也正在于此——而不是公司的实际情况。

我们说我们的目的在于描绘清楚这个公司将来的最佳运行方式，不断认识这种运行方式的必需条件，直到能够让它完全发挥作用为止。为了达到这个目的，我们将所有业务的前提假设都明确地挖掘了出来。我们认为投资的首要目的是在获取满意的红利的同时保值和增值,因此我们断言公司的主要目标在于赚钱,而不仅仅是制造汽车。像这种明确的声明似乎有些过时,但是,我仍然认为像这种基本的商业常识仍然有助于我们制定政策。自1908年来通用汽车先后生产了几种不盈利的车型,其中有几种当时仍然在生产。问题就在于应该设计一个能赚钱的产品线。我们断言,公司及公司盈利能力的未来完全取决于我们是否能够以最少的成本设计和制造功能最齐全的汽车。你不可能真正地同时既最小化成本又让功能最齐全,但是这种说法说明了我们现在所称之为"冲突函数优化"的意思——当然,后者的说法更为精确。为了既丰富我们汽车的功能,又降低它的成本,我们第一批建议之一就是应该限制公司车型种类的数量及不同车型间的价位重叠。经过多年来各种形式的精打细算,我相信,通用汽车为公众所提供服务的精益求精程度将令所有意图赶超的人都会屈服于他面前的漫漫长路。

当时执行委员会中的主流思路是用一种革命性的新车型与福特展开或多或少的竞争。当然,看起来福特似乎是不可能被常规方法击败的。当时公司中还有一些人认为,无论采用什么方式进入低价位市场都会浪费我们从别的地方辛辛苦苦获取的资源。无论如何,我们给自己下了一条关于大宗产品政策的指示,即向大量购买者聚集的低价位市场销售汽车。真正摆在特别委员会面前的问题就变成了怎样实施这一政策。我们的答案就是接受开发新车型的思路,但是我们是以更广泛的产品政策为背景考虑这一思路的。

我们所提出的产品政策正是通用汽车长期以来声名远扬的几个政策之一。我们首先指出,公司应该在各个价格区间推出车型,构成产品线,最低价格可以低至市场最低价格,但是最高价格的车型必须要满足能够大规模生产的条件,我们不会以较小的产量进入高价位市场;其次,应该保证足够大的价格差,从而使得产品线中的车型能够保持合理的数量,这样才能保证公司能够从大规模生产中获益;另一方面,价格差又不应太大,否则会在产品线中留下价格空白。再次,公司的价格区间不应存在重叠现象。

这些新政策的内容以往从未具体化到如此精确的地步,比如,我们总是存在着价格重叠，不同事业部之间总是存在着竞争，然而，这些新产品政策使得新通用汽车摆脱了以往的形像，与当时的福特及其他汽车企业区分开来。我们很自然地认为这一政策优于同期其他公司的政策。这里我想再强调一次：公司不仅在具体产品的层面上竞争，也同样需要在宏观政策上进行竞争。现在看来，这个政策非常简单，就像鞋匠卖的鞋不能只有一个尺码一样。但是，在福特汽车用两种车型（高产量、低价格的T型车和低产量、高价格的林肯车）占据了超过一半的市场份额，道奇、威利斯、麦克斯韦（克莱斯勒）、哈德森、斯图德贝克（Studebaker）、纳什等车型在市场上占据重要地位的当时，这个政策看起来并不是那么简单。就我们当时所知，我们的政策也有失败的可能。如果整个行业认为这个政策可行，那么肯定有其他人已经尝试过了。大家都可以采取这一政策，但是好多年来，只有通用汽车坚持这一政策并证明了它的价值。

在探索政策的过程中，我们还融入了其他可能的检验标准——"可能"的意思是说，在某种意义上它们也可以独立作为判断政策是否有效的判据。比如，如果我们的车型在设计上能够和我们竞争对手同价位的最佳车型至少相当的话，我们就会认为这一政策是有效的，因为这样就不必领先设计潮流或者在一些没有前例的实验上冒险。他们下定决心用一种革命性的车型去取代当时雪佛兰的标准车型，这一思路我当然支持。这一车型如果能成功，当然很好。但是我倾向于首先解决业务战略问题，而且，这项政策得到了公司的采纳，很明显，皮埃尔·杜邦先生至少在原则上也同意这些政策的思路。我们特别委员会的这些人当然认为通用汽车的汽车有理由成为各价位上的佼佼者。尽管当时我们仅仅12%的市场占有率并不能为我们带来任何优势，但我们仍然认为产品线的宽度将赋予我们这一能力。我们指出，在产品线和质量标准方面，和所有的竞争对手相比，我们曾经并且可能继续在他们擅长的领域与他们平分秋色，而在他们不擅长的领域居于上风。

在必须时刻牢记福特的存在的生产领域，我们也持有相同的观念。我们指出，对于任何一种车型，都没有必要比最好的竞争对手做得更好。同样，围绕某种产品进行的广告、销售和服务也都没有必要比最好的竞争对手做得更好。我们认为，我们所必须保证的业务优势是通过各种政策和事业部之间的合作和协调实现的。因此，很容易理解我们的工厂通过协调运作可以带来比各自为政更高的效率。这一点对于设计与其他职能的关系也同样适用。通过这种方式逐步提高我们的内部标准，就可以自然而然地和我们在任何价位上遭遇的最佳对手平分秋色，甚至在某些方面有所超越。在协调计划的指引下，团队就可以达到降低成本、提高产量的目标。因此，在我们只在美国乘用车、货车市场占据微薄的份额时，我们就相信，在这一政策的指引下，通用汽车必将在所有价位上都有最佳的车型设计，类似地，也会在生产、广告、销售和其他领域取得无可置疑的领导地位。

明确了这些思路之后，我们批准了执行委员会送交我们审议的决议。这一决议决定设计一种销售价格低于600美元的新车型。特别委员会进一步建议了其他四种车型，每一种都有特定的价格区间。特别委员会还建议公司应该只生产、销售六种标准车型，并且整个产品线价格区间应该尽快按照如下建议调整：

(a) 450~600美元
(b) 600~900美元
(c) 900~1 200美元
(d) 1 200~1 700美元
(e) 1 700~2 500美元
(f) 2 500~3 500美元

和本章前面列举的通用汽车的实际价格体系相比，这一全新的价格体系提案将车型从7个压缩到了6个（如果将雪佛兰FB型和奥尔兹的6型、8型也算在内，就是从10个车型压缩到了6个车型）。它在我们原来不曾涉及的低端市场引入了一个新车型。原来我们在最高价和最低价之间存在着8种车型，现在则只有4种。新的价格体系意味着通用汽车的产品线应该是一个有机的整体，产品线中的每个车型都应该考虑到它和其他车型之间的关系。

分隔好价格区间之后，我们提出了一个复杂的战略，简单地说，就是我们提出,一般而言,通用汽车应该将自己产品的定价接近每个价格区间的上限,并且保证它的质量能够吸引这一价格区间的目标顾客,使得他们愿意多付一点钱来享受通用汽车优秀的品质;同样,它也可以临近更高价格区间的低端客户,使得他们愿意在质量差不多的情况下少花一些钱购买通用汽车的产品。这相当于在同一价格区间开展质量竞争,或者和它的上一个价格区间开展价格竞争。当然,我们的竞争者会有针对性地采取行动,但是在我们市场占有量很小的价格区间,我们可以调整价格避开竞争,而在我们市场占有量大的价格区间,则是我们掌握着决定是否维持价格的主动权。我们认为,除非车型数量有限,或者除非早就计划好每种车型都要覆盖自己的价格区间并和上下两个区间有所重叠,否则无法保证每种车型都能取得较大的销量。而据我们观察,大的销量对于发挥大规模生产——无论在任何价格区间,它都是决定能否占据卓越地位的最重要因素——的优势非常必要。

产品政策中还专门研究了向低价位市场渗透的问题。我们注意到,最低价位的市场已经被福特垄断了,而我们只是在试图发起挑战。我们建议通用汽车不应该生产、销售与福特相同等级的车,因为福特的价格是这个等级中最低的。相反地,通用汽车应该销售一种比福特好得多的汽车,而价格则应该设定在这个等级的上限上。我们并不建议和福特在这个等级上短兵相接,我们的建议是生产一种比福特更好的汽车,但是价格差相对较小,从而分流福特在这一等级上的客户。

我们认为,当通用汽车的新低价车型——它的定价是最低价位的上限,即 600 美元——与更高一个层次的竞争车型(售价大概在 750 美元或者稍低一些)相比较时,也同样会具有优势。尽管通用汽车低价车的质量与功能可能不及那些售价大约为 750 美元的竞争对手,但是它们的差距是如此之小,以至于潜在的客户——如果价格基本相同,他们可能稍微倾向于购买我们的竞争车型——将会倾向于节省 150 美元。

当时新产品政策在最低价位区间的具体竞争目标非常明确。1921 年 4 月的通用汽车在这个价位区间上还没有自己的车型。这个价位上唯一的车型只有福特。而且,在第二低价位上,只有雪佛兰和威利斯-奥佛兰德有车型。因此,这一产品政策的目的就是提供一种车型,以与当时美国和世界上最大的汽车制造商的主力车型展开竞争。

随着新产品政策的推行,1921年汽车的实际价格迅速下降,4月份时——我们的产品政策形成——的价格体系迅速崩溃。但是,在实际价格水平变动的同时,充实低价位市场的产品政策目标却始终没有改变,实际上到了1921年9月,雪佛兰490的价格已经从1921年1月的825美元降到了525美元,而福特的T型车则从440美元降到了355美元,但是福特的价格不包括可拆卸轮圈和电动式起动装置,而雪佛兰则包括,因此以同等配备而言,福特和雪佛兰在9月份的价格只相差90美元。这个差距仍然非常可观,不过雪佛兰正在开始向着产品政策指示的方向前进。因此,通过设立一个新的价格区间,新产品政策预示了通用汽车正在开始真刀实枪地发起对市场霸主福特的挑战。

特别委员会决定了实际产品与价格区间的对应关系,按照价位从低到高的顺序分别是雪佛兰,奥克兰德,别克4型——一种新车型,别克T型,奥尔兹,凯迪拉克。1921年我们卖掉了谢里丹,并解散了斯克里普斯·布斯,1922年,我们放弃了雪佛兰FB。整个过程中只有雪佛兰和凯迪拉克保持了它们在价格体系中的位置。

这一产品政策的核心就是大规模生产覆盖整个质量线和价格线的汽车。这一原则是将通用汽车同福特T型车上所体现的传统理念区分开来的首要因素。具体地说,通用汽车的理念为雪佛兰提供了针对福特T型车的竞争战略。如果没有我们的这个政策,当时福特先生在他所选择的市场上将没有任何竞争对手。

1921年福特先生占有了整个客车和卡车市场销量的60%,而雪佛兰只有大约4%。在福特几乎完全占据了低端市场的情况下,直接和它展开竞争几乎无异于自杀。如果没有美国财政部的支持,没有人能够组织起足够庞大的资金以承受在福特制定的游戏规则下与福特争夺市场。我们所推出的战略只是分解出一个价位区间,以致力于对它细分市场的高端逐渐蚕食,并通过这种方式在保证盈利的基础上逐渐使得雪佛兰的销量初具规模。在后来的岁月里，每当消费者的喜好有所升级，通用汽车的新产品政策总是能够跟得上美国历史发展的步伐。

尽管这一理念为我们提供了方向，但是，就像后来所证明的那样，这一政策的出现仍然有些超前。经历了几次事件之后，它才得到了汽车市场的全面认可。同样地，通用汽车公司里发生的几件事——尤其是在围绕革命性新车型开展工作的研发领域——也将阻碍这一理念的应用，并因此让通用汽车观望等待了好几年。

第 5 章
"铜冷"发动机

人们可能会合乎逻辑地认为，在接受了新的管理理念和汽车业务理念之后，新管理团队应该已经在实现理念方面取得进展了。但是，事实并非如此。实际上，在最初的两年半，也就是在新管理团队的大部分任期内，我们都偏离甚至违反了这些基本原则。换句话说，思维的逻辑和历史的"逻辑"并不完全一致。这一章是通用汽车的故事中令人痛苦的一段，但是，如果要记录下通用汽车的发展，就无法避开这一段历史。因为，从这样的经历中得到的教训是最好的教训。幸好1921年和1922年为我们提供了一段好好受教育的时间，它对塑造公司的未来有着非常重大的意义。

问题出在研究部门和生产性事业部之间的冲突以及公司最高管理团队和各事业部管理团队之间的冲突，而且这两种冲突同时出现。冲突的焦点在于采用凯特灵先生设计的风冷发动机的革命性新车型，这是皮埃尔·杜邦先生所建议的、公司传统水冷发动机汽车的换代产品。

故事开始于1918年，当时凯特灵先生开始在代顿的一个车间里试验风冷发动机。风冷汽车发动机并不是没有出现过。此前美国曾在富兰克林汽车和一些其他汽车中使用过。据我们所知，风冷的原理就是在发动机上加上散热片，通过风扇吹风从发动机上带走热量。富兰克林汽车曾经采用过铸铁散热片。凯特灵先生建议采用铜散热片——铜的热传导率是铸铁的 10 倍——并将散热片焊在发动机上。这同时需要新的发动机技术和冶金技术。凯特灵先生在两种金属的热胀冷缩率上遇到了几个设计问题，但是他对设计问题已经有了思路并且正在验证，生产阶段的问题还没有纳入考虑范围，因为它是下一个研发阶段的问题。

风冷发动机具有诱人的前景。有了它，就可以摆脱水冷发动机那笨重的水箱散热器和水管系统，并且可以在减少发动机的零件数目、降低重量和成本的同时提高发动机的性能。如果它确实能够完全实现上述优点，它确实会为汽车业带来革命。但是，从发动机的设计原理到具体实现还有很长的距离，人们只知道开发实用的喷气引擎和火箭发动机所经历的很多年，并且耗费了巨额的设计工时，或者知道经过整个行业自 19 世纪晚期以来的持续努力，水冷发动机才发展到 1921 年的水平。然而，尽管他设计风冷发动机的时间很短，凯特灵先生对于他的风冷发动机的前景非常乐观；由于他在电动式起动装置、点火装置和照明系统方面的开创性工作，当时他已经声名远扬了，在航空领域也处于遥遥领先的地位——当时他已经试验过无人驾驶飞机了。

凯特灵先生于 1919 年 8 月 7 日向财务委员会解释了他在代顿金属制品公司和代顿莱特飞机公司所开展的风冷发动机和油料——后来发展成四乙基铅汽油（乙烷汽油）——的研究情况。我参与了这次会议的筹备工作。我知道凯特灵先生自他的代顿设计实验室于 1916 年加入联合汽车之后仍然继续从事他的研究工作。在和财务委员会会面的前一天，凯特灵先生和时任代顿金属制品公司总裁的哈罗德·塔尔波特（Talbott）、海斯克尔先生、拉斯科博先生和我共同为通用汽车确定了收购代顿公司——家用工程公司（Domestic Enginneering Company）、代顿金属制品公司和代顿莱特飞机公司。在 1919 年 8 月 26 日的财务委员会会议上郑重提出了这个提案。杜兰特先生和杜邦先生汇报了代顿的形势，指出"查尔斯·凯特灵先生……

是整个局面的中心；得到凯特灵先生的全部时间和注意力非常重要；我们希望让他负责新建的底特律实验室……根据杜邦先生、海斯克尔先生、斯隆先生、克莱斯勒先生以及其他人的意见，凯特灵先生是迄今为止对我们公司最有价值的人……"财务委员会的纪要表明：

> 总裁[杜兰特先生]建议委员会重视代顿金属制品公司正在开发的风冷发动机以及它的前景，并指出，情况表明，这项发明还没有达到能够绝对保证成功的地步，但是它成功的可能性已经令人满意了，公司在这件事上的投资将会给公司带来巨大的财务回报。

因此我们得到了凯特灵先生的效劳，也得到了代顿的财产和风冷发动机。通用汽车历史上的好日子又要开始了。

一年多的时间很快就过去了。1920年12月2日，就在杜邦先生成为通用汽车总裁后不久，凯特灵先生向他汇报说："像福特那样的小型风冷发动机已经完成了投入生产的准备。"凯特灵先生建议先制造一些车以供测试之用，如果效果满意，就在1921年向市场投放1500~2000辆。

几天后，也就是1920年12月7日，我们组队去代顿了解情况。同去的人包括皮埃尔·杜邦先生、约翰·拉斯科博、海斯克尔、雪佛兰总经理齐莫驰德、财务委员会秘书小哈特曼，还有我。在去代顿的火车上，我们讨论了几件事，其中就包括风冷发动机。这一讨论的记录这样写道：

> 经过仔细的考虑，达成了一致意见，即在进行下一步工作之前，代顿正开发的新车型应该以适当的数量接受最严格的测试。当我们对这一产品的优点感到满意之后，它将出现在雪佛兰的生产线上，并取代现在的490车型。

490车型当时是我们产品线中的低价位雪佛兰标准车型，福特的潜在对手——尽管当时还称不上。新发动机的问题在于这是一件大事，是一件决定通用汽车在大容量市场的命运的大事。因此，在1921年1月19日新执行委员会上任之后的前几次会议中，委员会决定对风冷发动机和当时 490 型的水冷发动机进行一项对比研究就毫不为奇了。执行委员会已经达成了共识,即在 1921 年秋天开始的新"车型年"内不对 490 车型作出变动,在 1922 年 8 月开始的新"生产年"来临之前,静观风冷发动机的研发进展再决定如何应变。因此,我们决定等待风冷发动机的进展,并不采取任何措施去改进水冷发动机的 490 车型。我之所以说"我们决定",是因为执行委员会总是集体决策的。

接下来的两个礼拜里,执行委员会扩大了这项提议的范围,决定为奥克兰德搭载一种新型六缸发动机,从而使风冷发动机的项目范围又覆盖了一个车型。但是,执行委员会也认识到了这个问题上的"巨大不确定性",因此他们要求以我为首的顾问委员会提供一份报告。如果我没有记错的话,我们执行委员会的四个人所说的"巨大不确定性"其实主要存在于我的脑海之中,这一点在后来表现得更为明显。但是执行委员会当时正处于杜邦先生稳固的领导之下,他迫切要求发展风冷发动机,而且风冷发动机前期的进展坚定了他的决心。

又过了一个礼拜,也就是 1921 年 2 月 23 日,在我缺席的一次执行委员会会议上迅速地通过了一项新的决议,会议纪要记载:"大家认为当前正在研发的四缸风冷发动机将占领最低价位的细分市场;其次,将会是六缸风冷发动机,它的目标将是紧邻的 900~1 000 美元的价格区间。"委员会指示凯特灵先生"继续设计并制造搭载六缸风冷发动机的汽车"。但是,委员会还指出:"在 [实验车] 经过全面的测试并证明它的成功之前,不可以将其投入量产。"当时和莫特先生、巴塞特先生一起列席会议的凯特灵先生表明,他期望能够在 1921 年 6 月 1 日之前见到这种车型的优点,而且,为了能够在 1922 年 1 月 1 日下线,风冷 4 型车型的制造准备工作至少要在 1921 年 8 月 1 日就开始启动。雪佛兰总经理齐莫驰德先生当时也参加了会议,从而得悉了他的事业部在这项计划中的任务。他提出了异议,表明他更愿意在 1922 年 8 月才开始准备风冷 4 型的生产准备工作。他指出他已经改进了水冷的 490 车型,并且为它设计了新车身。就这样,执行委员会和雪佛兰事业部开始在不同的方向上前进。

凯特灵先生于1921年5月在代顿完成了对两种车型的操作测试工作，并汇报说无论是4型还是6型都可以投产。6月7日执行委员会同意在通用汽车研究公司创建一个小型实验性的制造部门（后来改名为研究实验室），位置设在代顿，最大生产能力不超过每天25辆。

现在，齐莫驰德先生明确地表明了对风冷雪佛兰计划的保留意见，关于事业部的问题就这样走上了前台，并且持续了一段时间。当时的形势表明，一直表现很好的别克事业部在或长或短的一段时间内应该保留它原来的彻底分权的组织模式以处理自己的事务。但是，根据我们的组织理念，对于其他事业部我们采取了相反的做法，即我们开始集中管理事业部的一些事务。高层人员向雪佛兰、奥克兰德两个事业部强行推广这一革命性车型的决定使得这一形势明朗化。执行委员会在对事业部最重要的两个问题即发动机和车型设计上制定了政策和计划。确实，执行委员会具有这方面的权力，并且当时推选这一委员会的目的也是为了行使这一权力。但是，问题不仅仅在于关于上马新车型的决策是否合理，还在于如何让具体执行的人——即事业部——做他们该做的事。事态之所以发展成这样，我认为是因为在通用汽车的历史上，这还是第一次要求研究公司和事业部在如此重要的问题上展开紧密的合作，而且当时也没有明确的办法来保证这种合作的顺利进行。由于车型设计和最初的试产交给了凯特灵先生位于代顿的研究团队，而真正投入大规模生产的时候却需要以事业部为主，因此产生了责任不清的现象。齐莫驰德先生希望了解的是，在车型投产问题上，是研究部门听从制造事业部，还是相反。即使新车型本身的优点已经得到了确认，这里面仍将存在着管理问题。事情发展的结果就是，雪佛兰对新车型设计充满了怀疑，而代顿实验室里则对事业部将变动他们的设计结果忧心忡忡。事业部的工程师和经理们在他们的基地和代顿之间来回穿梭。一来二去，凯特灵先生发现奥克兰德总经理乔治·汉纳姆（Hannum）对新车型的态度要好得多，凯特灵先生还认为它能够在当年年底之前准备好为奥克兰德提供的风冷6型车型。

1921年前半年我在巴黎，我回来之后，执行委员会的4个人再次一起前往代顿，并于6月26日抵达。我们与凯特灵先生及当时的汽车制造事业部集群执行官莫特先生举行了非正式的会谈。凯特灵先生对新车型的积极性比以往任何时候都高："它在汽车发展史上前无古人。"杜邦先生对他的这一判断没有任何异议。凯特灵先生再次提到了雪佛兰和奥克兰德的态度差异。很显然,他更愿意和赞同他的奥克兰德事业部展开紧密合作。代顿会议的抄本表明:"最终建议先上马六缸风冷系列,暂时停止四缸风冷系列,这样将来制造4型车时,运作6型车的经验将会帮助它们盈利。"大家相信,在6型的可靠性得到确认之后,雪佛兰的齐莫驰德先生将会有能力使人愿意购买风冷4型车。据莫特先生所述,雪佛兰毕竟还拥有约150 000辆490型的库存有待清理。

雪佛兰的这种观望的态度并未能保持太久。几个礼拜后,杜邦先生向执行委员会提交了关于通用汽车产品状况的总结,并提议建立明确的公司级计划。他再次肯定了奥克兰德关于风冷6型车的决策。提到雪佛兰时,他写道:"在降低库存和完成以前的订单之后,将不再继续生产它 [490车型]。需要就长期制造的车型赶快做出决定。"他认为,"除非发生明确的政策变动",否则风冷4型将"成为雪佛兰事业部的标准车型",并且这一车型应在1922年5月1日之前做好投产的准备。对他的提议,执行委员会表示赞同。

1921年秋天,新发动机的研发工作在代顿继续进行,与此同时也展开了关于新建工厂、老工厂改造、营销计划等与风冷汽车相关的研究工作。随着代顿向奥克兰德事业部提供第一辆测试用车的时间越来越近,纽约和底特律办公室里的期望气氛也越来越浓。杜邦先生在给凯特林先生的信中写道:"现在我们正处于安排新车型生产计划的时刻,我开始感觉自己像个小孩,当我长期盼望的马戏团海报出现在栅栏上的时候,我开始憧憬马戏的每个部分会是什么样子,我会最喜欢哪个节目。"

执行委员会于1921年10月20日正式确定奥克兰德项目的具体日期如下:

现有的水冷汽车将于1921年12月1日停产。

代顿出产的新风冷汽车将会在1922年1月的纽约汽车展上露面。

新车型的量产将由奥克兰德在密歇根州的庞帝亚克完成,2月里将形成日产100辆的规模,并不断扩大生产能力。

关于这项计划,似乎不存在什么问题了。

第一辆风冷汽车就这样从代顿运到了奥克兰德事业部以供测试。这是在凯特灵先生负责的测试之外风冷汽车的第一次有效性测试。中间出现了停顿，然后就是一场哗然大波。有人开始传言这辆车没有通过奥克兰德事业部的测试。

1921年11月8日，汉纳姆先生在给杜邦先生的信中写道：

> 考虑到将这一设计实用化所必需的变动，基本上不可能在原来确定的时间完成投产任务。实际上，完成这一车型的所有测试并得到我们的认可，至少需要六个月的时间。
>
> 为了弥补12月15日即将完成的旧车型产量调整任务和我们推出风冷汽车之间的时间差，我们正在考虑引入一个全新的[水冷]产品线……
>
> 我想进一步指出，我们关于设计变动的想法还没有成熟到能够让我改变这项建议的程度，至少我相信当我们在完成这些设计变动之后第一次进行路测时，还会在设计报告中发现大量需要变动的地方。

就这样，不到一个月的时间，公司就抛弃了原来的计划，奥克兰德的形势以及通用汽车产品线的未来就这样发生了深刻的变化。纽约充满了失望和惊慌，而和风冷汽车相关的底特律、弗林特以及庞帝亚克则充满了悲观情绪。在代顿和制造事业部之间就新车型的测试出现了争议和疑惑，凯特灵先生的设计师和各事业部的工程师与总经理无法达成共识。凯特灵先生感到非常疲倦，非常气馁，以至于执行委员会在于1921年11月30日正式取消奥克兰德的风冷计划之后专门给他去了一封信以增强他的信心。信里面说：

亲爱的凯特灵先生：

> 我们认为，您将您的精神从风冷汽车及其他实验室工作之外的烦恼中脱离出来非常重要。
>
> 任何像风冷汽车这种完全不同于当前的标准实践——水冷汽车——的新生事物的发展与引入的过程中，都会有很多自以为万事通的人和假装博学多闻的人在旁边指指点点。

为了能够让您的精神从风冷汽车的失利中彻底解放出来，我们谨提出如下建议：

1. 我们对您处理与风冷发动机相关的所有问题的能力深信不疑。
2. 除非我们当面向您坦诚地指出我们对您的工作的可行性或可能性表示怀疑，否则我们对您和您的能力的信心将继续保持在这种水平上。如果我们有所怀疑，我们必将首先通知您。

我们试图用能够彻底消除您对这个礼拜发生的事情的焦虑的语言来写这封信，并且希望能够让您明白我们对您的信任。当您想停止或者对我们对您和研究工作的信心及信任产生怀疑的时候，请您从书桌里抽出这封信，再读一遍，然后您会感受到我们的真诚，并将您的真实想法告诉我们。这样做不是更好吗？

执行委员会的四个成员以及莫特先生——前面说过，他是负责汽车制造事业部集群的执行官——都在这封信上签了名。

危机就这样过去了。总裁恢复了对新发动机的信任，凯特灵先生也恢复了他的兴致和活力，但是，具体的舞台从奥克兰德转移到了雪佛兰。

1921年12月15日，执行委员会建议加大工作力度以争取在1922年9月1日之前将雪佛兰风冷4型车投入生产。为了协调研究公司和事业部之间的关系，雪佛兰总工程师亨特、奥克兰德总工程师杰罗姆和别克总工程师德·沃特斯被派往代顿，他们将与凯特灵先生合作设计风冷4型和6型车。当时要求他们必须将每日测试报告送交事业部经理和总裁。

我对这些事情的操心程度是如此之高，以至于我试图提高它们的重要性等级，直接由执行委员会来负责它们的管理。我对风冷与水冷的技术问题并没有这样那样的看法，那是一个工程问题，是工程师的事情。如果说我现在还有意见的话，那就是凯特灵先生可能在原则上是正确的，并且他领先了整个时代；而与此同时，从开发和生产的角度看，事业部的观点也没有错。换句话说，在这种情况下，尽管双方意见不一致，但是双方都是正确的。然而，从业务和管理的立场来看，我们的行动和我们的宗旨之间产生了偏差。比如，当时我们更应该专注于对特定工程的设计问题，而不是专注于公司分散的目标。我们都倾向于支持研究公司，而不顾那些来自最终制造并销售这些新车型的事业部的判断。同时，我们的常规水冷车型正在逐渐过时，而我们却没有采取任何正式的行动来保护它们。

1921年12月末，在思考着奥克兰德的失败测试和新车型所带来的问题的同时，我给自己写下了一些便条来理清自己对公司问题的认识，并准备和皮埃尔·杜邦进行讨论。关于代顿的形势，我这样写道：

> 我认为，由于缺乏正确的评价，尤其是我们没能给出正确的评价，在开发风冷汽车上我们浪费了大量的时间，并且，一些基本事实在任何程度上都无助于支持凯特灵先生的观点——他认为，通用汽车的每个人都必须接受他的新车的所有细节。我相信他开发出一种新车并且证明了它的性能，或者它在独立测评人员的手中证明了自己的性能，或者他将车辆的生产任务交给其他人，我们的进度都可能大大提前。我认为我们在未能认清凯特灵先生的具体而特殊的处境的情况下就将一切都交由他决定是一个错误。我相信是公司的需求和产业的需求在推动着工程技术的发展。与凯特灵先生的头脑相比，我们的工程人员只能算得上平均水平。我们无法指望能够从这些工程人员普普通通的头脑中得到领先于时代的设计。和其他领先于时代的事物一样，领先于时代的工程设计通常会招致那些目光不够长远的人的嘲笑。正是出于这个原因，它才必须以各种得到大家认可的事实来证实自己的作用，而不是仅仅从理论上证明。如果凯特灵先生能先制造出一辆能够表现出令人满意的性能的汽车，那么我不认为他在奥克兰德会遇到任何困难，也就不需要那么多的设计变动了。我担心这种工作方式将导致我们错失很多我们非常需要的主意，并导致我们只能从像凯特灵先生这样能力非凡的人身上获得新主意。

记录这段备忘录的主要作用是用来标志我在风冷发动机问题上的转折点。从那时开始，我开始追求一种双重政策：一方面，继续支持杜邦先生和凯特灵先生对新车型的希望，另一方面，支持事业部开发传统水冷汽车的替代计划。另外，我和齐莫驰德先生偶然发现一种"缪尔"蒸汽冷却系统,这种系统从未投入过生产。尽管杜邦先生对于风冷发动机的任何替代品都缺乏兴趣,但是他并不禁止我采取这种态度。我们是在存在着一定差异的两条道路上共同工作。但是,组织的最高领导团队两个成员之间的这种状况毕竟不会令人很舒服,而且也不会持续很长时间。

接下来的 6 个月里,风冷汽车仍然分散着公司的注意力,并使公司的主要领导时刻处于公司未来产品该何去何从的压力之中。

1922 年初,雪佛兰在风冷车方面的压力开始升高,而奥克兰德的情况却稍有缓和。我首先妥协了一步以争取缓和公司高层领导和事业部之间的关系,因为我觉得万一新产品开发计划失败,这将保护公司免受太大的影响。作为营运副总裁,我于 1922 年 1 月 26 日在斯达特勒(Statler)酒店的房间与莫特先生(汽车群组执行官)、巴塞特先生(别克)、齐莫驰德先生(雪佛兰)开了一个会,并达成了共识,即雪佛兰正式的风冷计划需要继续进行,但是要特别谨慎。正式计划要求,当时代顿正开发的试验用风冷 4 型车"如果一切正常,雪佛兰公司应该在 1922 年 9 月 1 日之前将其投产",也就是说,只有七个月的时间了,然而雪佛兰公司还没有从代顿收到一辆可供测试的汽车。无论如何,我们一致同意"迄今为止,公司和雪佛兰事业部还没有任何能够证明可以将风冷新车型投入生产的正面材料",但是,经过测试之后,我们将在 1922 年 4 月 1 日确定一份保险的计划。与此同时,我们认为"应该准备第二道防线——这只是一项保守的政策"。我们的第二道防线就是事业部同期采取行动改进现有的雪佛兰水冷车型。

至于奥克兰德,我于 1922 年 2 月 21 日做了汇报,并得到了许可,即我们将推迟风冷 6 型的计划,而不是取消它。关于奥克兰德,我们达成了一致意见:

1. 将它最近确定的[水冷]车型再继续一年半,并将于 1923 年 6 月 30 日结束。

2. 在上述日期之前,在奥克兰德的范围内杜绝引入任何风冷车型的想法。

3. 在此期间，奥克兰德的开发项目必须与公司已经确立的项目保持一致。

4. 如果奥克兰德当前车型的经济状况滑落到了无法维持的地步，则必须采取措施，但是，这些措施仍然需要符合当时的主流方式。

由于代顿的研究公司是通用汽车唯一的公司级研究人员组成的群体，而它当时正忙于风冷发动机的试验，因此对水冷发动机的改造任务就主要由各事业部承担了。当时所有的汽车事业部都需要高级工程技术人员来保持它们传统汽车的竞争力。在雪佛兰、奥克兰德和奥尔兹，这种需求尤其强烈。换句话说，事业部不仅需要注意他们的主业，即当前车型的设计、制造和销售，还需要在改进设计上投入精力。并不是想说和以前的做法有什么差别，而是公司现在试图集中一批研发人员来直接为公司工作。从研究公司的运作方式——围绕凯特灵先生那非同寻常的能力建立起来的长周期组织——可以很明显地看出，研究中心的重要职能和常规的改进设计之间存在着差距。当时我并没有意识到这为通用汽车带来了历史性的变化，但是我看到了摆在我和1922年3月14日得到批准的在公司外部为事业部寻找车型设计的政策面前的差距。这项政策永远无法从根本上解决问题，但是会对当前的局面有所助益，可能需要很多年的时间来彻底理解并解决这个问题。亨利·克雷恩是我当时曾咨询过的人士之一，他后来成为公司的总裁技术助理，并对公司的工程进步做出了很大贡献，尤其是在设计庞帝亚克汽车期间。亨特只是在近期——1921年10月——才被齐莫驰德先生以总工程师的身份延揽到雪佛兰，因此我对他的杰出能力还没有太多的了解。

雪佛兰的风冷发动机和水冷发动机之间的均衡并不是一件容易的事，它很快就导致了一场管理方面的变动。1922年2月1日，在莫特先生的建议下，原福特公司的生产经理威廉·努森成为公司顾问委员会的一员，并担任了莫特先生的制造助理一职。努森先生参观了代顿，并于3月11日就风冷发动机提出了一份报告，其中建议"立刻投产这种汽车"。但是，他告诉我他的意思是应该赶快组织少量的生产以供商业和技术测试之用。3月22日，杜邦先生得到了执行委员会的同意，决定解除齐莫驰德先生的雪佛兰总经理一职，而让他成为总裁助理，并任命努森先生为雪佛兰的运营副总裁。杜邦先生还建议他在担任公司主席和总裁的同时亲自出任雪佛兰总经理，这也得到了执行委员会的同意。

1922年4月7日，根据总裁的要求，我们正式将这一实验性的开发项目命名为"铜冷"发动机，取代了原来"风冷"发动机的说法。杜邦先生希望能够借此同其他风冷系统区分开来，但是凯特灵先生仍然继续使用"风冷"的说法。

铜冷雪佛兰4型车的生产准备工作就这样开始了，当时期望能够在1922年9月15日以大约10辆的日产量开始动工生产，并且在当年末达到日产50辆的水平。但是，匆匆过去的1922年春天没有带来任何实质性进展，铜冷发动机仍然窝在代顿，停留在准备测试的阶段。

当年的春季销售量显示，1922年会成为复苏的一年，由于改造设计不足，雪佛兰490开始销售老车型。在1922年5月于代顿召开的一次会议上，出席人包括杜邦先生、莫特先生、努森先生和当时的雪佛兰销售经理考林·坎贝尔，莫特先生在我的支持下提出了另一种均衡方案，即在当年秋天将为铜冷汽车设计的车身安装到原来的490车型的底盘上，这样下一年我们就可以有些新东西可卖。他担心这样会让经销商在冬天订购过多的"490"型车，但是到了1923年春天向他们提供的却是铜冷车型。我再次试图推进我的双重政策。我指出："……在 [1923年] 4月1日之前，我们会将铜冷车型作为一种试验品。此后，如果它能够取得成功并在实地测试中一路顺利，那么我们会在 [1923年] 8月1日将这种车型纳入雪佛兰的正式产品线。如果该车型无法取得成功，那么我们还可以继续制造雪佛兰490型。"两种政策之间的差异就这样提到了台前，但是却没有形成任何决议。

同步进行的计划及相关的提议在公司内部造成了不可避免的紧张气氛。凯特灵先生继续认为事业部在拖他的后腿。他认为，奥克兰德的进度已经落后雪佛兰几个礼拜了，而雪佛兰的计划在他看来也是不正确的。他在1922年5月里说他和奥尔兹的总工程师罗伯特·杰克配合得最好。杜邦先生支持凯特灵先生关于雪佛兰的意见，并于当年6月提出一项建议，要求雪佛兰事业部加快进度。由于与新发动机相配合的底盘和车身设计变动预计将于秋天完成，因此关键就在于发动机的研发进展。他建议，铜冷雪佛兰的生产计划应该以即将来临的冬天为目标。

9月里生产还没有启动，但是官方的预期非常乐观。雪佛兰计划将在1923年3月形成月产30000辆水冷车型和12000辆铜冷车型的生产能力，并将于1923年7月——最迟不超过10月——将所有的水冷车型生产能力转换成铜冷车型生产能力。

到了11月，凯特灵先生发现，和奥克兰德一样，奥尔兹对铜冷车型的兴趣也有所降低。我向杜邦先生指出，我对将一个未经全面测试的新车型在三个主要事业部同时投产表示担心。杜邦先生笑着指出，这一决定是执行委员会几个月前共同做出的："现在留下来的唯一决策问题就是是否改变态度的问题，换句话说，是是否彻底抛弃所有水冷和气冷车型试验成果的问题。"但是，他也同意在1923年5月1日之前，关于雪佛兰的问题不会有任何最终的明确决定。然后他指出，奥尔兹的项目将全部转为铜冷车型。

杜邦先生和我的观点在1922年11月16日在执行委员会的妥协性决议中得到了体现：

决议

铜冷计划应该这样进行：

  1. 奥尔兹事业部将于1923年8月1日投产的车型将是六缸铜冷汽车……所有的水冷汽车的试验和开发任务都必须从今天（1922年11月16日）中止。

  2. 雪佛兰事业部将继续谨慎开发它的铜冷车型，并密切关注所涉及的各类商业和技术因素，通过这种方式最小化公司在此过程中承担的风险。

  3. 奥克兰德事业部的政策以后再做决定，但是，除非大量铜冷汽车在技术和商业两个方面通过了实践的考验，否则无论在任何条件下奥克兰德都不可以投产任何形式的铜冷汽车。

因此，1922年底，我们完全支持奥尔兹的铜冷项目，在雪佛兰采取双重态度，而在新车型得到检验之前，不允许奥克兰德上马新车型。12月里，努森先生开始在雪佛兰制造250辆铜冷汽车。1922年和1921年一样是在对通用汽车新车型的不确定中度过的。

铜冷雪佛兰——新底盘和新发动机——在1923年1月的纽约汽车展揭开了神秘的面纱。它的定价比标准的水冷雪佛兰（现在命名为"高级"型）贵200美元，在当年车展上轰动一时。

雪佛兰事业部的生产计划要求在2月里生产1 000辆铜冷车型，并不断提高产量，直到在10月里达到5 000辆的月产量。新年伊始时，关于水冷汽车的唯一遗留问题就是彻底放弃这一车型的具体日期问题。但是，在生产的过程中出现了问题，以至于未能在2月里生产出大量的铜冷雪佛兰。

1923年3、4、5三个月里同时发生了两件决定性的事情。首先，我们发现自己正处于汽车发展史上前所未有的最繁盛的时代，那一年汽车业客车、卡车年销售量第一次超过了400万辆。其次，生产方面的困难严重地拖慢了铜冷雪佛兰的制造速度，少量投放市场及正处于事业部测试状态的铜冷雪佛兰显示了大量的问题，表明它们还只是处于试验状态，各项性能还没有得到检验，还需要进一步开发。下一步何去何从并不需要太多的思考。我们唯一可销售的雪佛兰就是传统的老式水冷雪佛兰。尽管它并不是一款高性能的车型，但是改进后的雪佛兰"高级"水冷型毕竟还称得上可靠。它迅速提高了当年春季的销售量。

人们可以感受到，一个汽车需求量猛增的年代已经到来了，面对着这个独一无二的机遇，公司必须尽快制定好未来的产品计划。1923年5月10日，杜邦先生卸下了通用汽车总裁的职务，根据他向董事会的建议，我接下了总裁的职位。我们继续在铜冷项目上持不同意见，但是，现在做出决策的责任就落到了我这个首席执行官的身上。

根据当时的政策，奥尔兹所有关于水冷汽车的工作都已经停止了，事业部以每辆车50美元的损失清空了所有的库存，事业部开始等待1923年8月1日新铜冷6型车的投产。但是，铜冷雪佛兰的问题明显地威胁了这个计划的效果。

　　作为总裁，我自然成为执行委员会——费雪车身负责人佛瑞德·费雪和莫特先生的加入使得这个委员会的规模得以扩大——的主席，在我于1923年5月18日第一次主持的会议上，我提出了奥尔兹的问题。我陈述了奥尔兹的形势，并指出："雪佛兰铜冷汽车生产方面的延误不断地提醒我们去注意设计和制造过程中的不确定性和困难，它们非常可能拖累整个项目，并给奥尔兹的工厂和我们全世界的业务带来严重的困扰。"经过和凯特灵先生、努森先生及亨利先生的讨论之后，我们任命了一个由三个工程师组成的委员会——克什(Cash)，诺斯威——通用汽车的一个发动机生产事业部——的总经理；亨特先生，雪佛兰的总工程师；德·沃特斯先生，别克的总工程师——并要求他们就四缸铜冷发动机和六缸铜冷发动机的情况进行汇报。他们在1923年5月28日的会议上向执行委员会提交了他们的报告，当时杜邦先生、海斯克尔先生和拉斯科博先生未能到场。会议的主题就是这个报告。工程师们汇报说：

> 在60~70华氏度的气温下，当以中速行驶时，这种[铜冷6型]发动机预点火设备表现很糟糕。尽管在从冷车到热车的过程中发动机马力输出令人满意，但是当发动机热起来之后，压缩效率和功率降低得非常厉害。
>
> 这些主要问题加上几个小一点的问题——如果需要，我们可以提供详细的报告——让我们有理由认为这一工作还没有完善到可以投入量产的地步。我们建议暂缓生产计划并进行更进一步的研究，而不要立即投入生产。

　　执行委员会在听取了这个报告之后取消了奥尔兹原来的铜冷计划，并指示该事业部继续研究能够在那个铜冷底盘上工作的水冷发动机。从长期计划的角度出发，我们在原则上表示了对铜冷项目的信心，并指派克什先生在诺斯威事业部研究铜冷6型发动机。

　　雪佛兰当时已经生产了759辆铜冷汽车，其中239辆被生产线工人拆掉了。剩下的500辆被送到了销售系统，其中约150辆的使用者是公司的代表，超过300辆车到了经销商手中，这300辆车中，又有大约100辆最后抵达了用户手中。1923年6月,雪佛兰事业部决定召回所有的铜冷汽车。

1923年6月26日,凯特灵先生在给我的信中建议将铜冷发动机从通用汽车中分离出去。他写道:

> 我们开始动手做一件方向非常明确的事情,不过,现在的进展和一年前没有差别。但是,在过渡的过程中掺入了一些其他因素,弄乱了局面,导致现在除非将所有的事情都清晰化,否则我相信整个计划都将搁浅。如果我们无法在我们自己的组织内部找到一些实际的、将这一产品商品化的方法,我非常愿意和您讨论将这一业务从公司中分离出去的可能性。这是我上个礼拜才有的想法。我相信我能够找到足够的资金,建立起适当的组织,并以我认为正确的方式去做这项工作。

似乎他当时还不知道铜冷雪佛兰的计划已经取消了。4天之后,当凯特灵先生知道了这一决定之后,他再次给我写了一封信,并要求从通用汽车辞职:

> 我已经下定决心离开公司,除非公司采取某些办法来阻止这里所进行的基础性工作不被抛至一边,并阻止对这些设备[指新车型]的怀疑——尽管它们并没有错……
>
> 如果公司内部不存在阻力,我确信我们能够获得100%的成功。除非执行委员会能够理解新车型对公司的价值之后亲自管理这件事情,并且以执行委员会命令的形式提供强力支持,否则是不可能成功的。
>
> 我对形势的发展非常遗憾。我的心情非常不好,而且我也知道,由于经常与杜邦先生和您一同讨论这个问题,也让你们的心情变得非常不好。我并不会因为我只能坐在那里什么事情也干不了而喜怒无常。我承担的任务至今还从来没有失败过。但是,我发现,在这个实验室中的工作基本上将100%的会失败,但是这个失败并不是因为其中涉及的基本原理出了问题。实验室已经提供了足够多的东西,这已经足够对实验室的存在

做出补偿，但是，在当前的形势下，没有人会关心实验室是否会继续进行研究活动了。

在切断和公司间联系的时候，我唯一的遗憾就是无法再和您、杜邦先生、莫特先生及其他人一起共事。在很多需要引入新事物的行业中，还有很多我可以做的工作，而且它们的难度可能比不上汽车行业。因此，我希望在读过这封信之后，您能够形成一个明确的计划，或者能够理清通用汽车里面的形势，或者能让我从现在的职责中解放出来。我希望能够尽快看到您的明确计划，因为我也需要相应地进行一些明确的规划。

凯特灵先生非常坦诚。在我们40年朋友和同事的交往中，他总是清晰地告诉我他的想法，而我也以同样的方式对待他。我认为这是我们所经历过的最坏的一刻。他的传记作家博伊德这样写道："……1923年夏天铜冷雪佛兰的突然停止给他带来了沉重的打击。就是在那个时候，他的情绪跌到了他研究生涯中的最低点。"我明白这一点。但是，我很明白站在我的立场上该做的事情，就像他明白他的立场一样，因为我们显然身负不同的责任。这个事件中涉及的管理问题远多于技术问题。我认为，在正在膨胀的市场面前，我无法继续这样一项带有一定不确定性的开发项目。如果我这样做了，我相信通用汽车也就不会是现在这个样子了，我们肯定会误掉这班船。但是，无论这种发动机在原理上多么合理，我也不会强迫事业部去做违背他们判断的事情。这个问题（尽管没有其他问题）非常不幸地在公司内部掘开了一道鸿沟，凯特灵先生和他的实验室以及杜邦先生站在一边，我和各事业部站在另一边。我迫切地希望填平这道鸿沟。

现在，我的问题就是协调凯特灵先生的自然反应和他对新车型的关切与现实之间的反差。铜冷汽车未能通过有效性测试。在奥克兰德失败之后，决定由别克、雪佛兰和诺斯威联合起来对这个问题进行进一步的研究——这是一个能力非常突出的团队。雪佛兰制造的样本车和已经投入使用的汽车都因为种种瑕疵而被召回了。和新发动机一样，新底盘的不确定性也非常突出，这让形势变得更复杂了。我们必须承认，相对于事业部的工程人员而言，研发公司的工程师们在底盘设计方面的经验更少。我必须尊重这些事实和环境。

1923年7月2日，我给凯特灵先生写了一封信，部分内容如下：

> 1. 你说你前天听说所有的雪佛兰车都要从市场上撤下来。现在你回想一下，我们在底特律杜邦先生的办公室里一致同意停止进一步装配雪佛兰，并且在我们对努森先生、亨特先生和您给我们的汇报满意之前，不会再启动装配工作。您肯定记得您也参与了这件事，而且，在经过了详尽的讨论——其中涉及了很多技术问题——之后，大家都认为似乎这一措施是最正确的做法。在同一次会议上，大家认为，在8月1日开始的销售年度中将继续销售铜冷汽车，并授权坎贝尔先生准备两种合同。您肯定还记得这些事情。因此，事实上会议达成了两点共识：首先，雪佛兰在1923~1924年的销售年度中将继续销售风冷和水冷两种车型；其次，除非得到进一步的授权，否则将不再装配铜冷车型。因此，您肯定也看出了雪佛兰当时左右为难的处境。他们被告知将存在两种车型，但是他们只能生产一种。我之所以提到这一点，是为了避免误解。

> 2. 我最近注意到有143辆铜冷型车还在行驶，但是似乎将它们召回来并重新组装会更合适。换句话说，考虑到仍然存在着或多或少的抱怨这一事实，大家认为更合适的做法是对整车进行处理，而不是专门处理发动机问题，因此需要将它们召回来并进行适当的调整。没有人说这是由于发动机或其他部分的问题。看起来这只是在考虑了所有的因素之后，从全局上做出的召回决定。当这些事情都处理完，并且也制定了详细的政策之后，你一定会非常高兴的。而且，有时候是不可能期望所有的人都能够彻底地理解并准确地表达出政策背后的真正原因的。

这里我略去了一些不必要的部分，直接跳到我这封信的结论：

> 7. 我并不同意你关于当前的形势毫无希望的说法。我对公司具有无比的信心——我指的是整个公司。我认为人们拥有信赖自己所理解的事物的权利，也同样拥有不相信自己不了解的事物的权利。问题在于，整个公司对铜冷汽车明显地缺乏信心。

尽管执行委员会尽力想让人们了解这一计划，但是各个事业部的不信任使得这一任务难以完成。在我看来，这才是真正摆在我们面前的问题。这个项目的好处和我们投入到这个项目上的巨大时间并不能改变当前的形势。我们需要做的事情其实是让其他人能够像你们一样了解这个项目。如果能办到这一点，那么就不存在任何困难了。我并不认为采用强迫手段能够收到什么效果。我们已经尝试过，并且失败了。如果我们希望取得成功，我们必须试一试其他途径。

由于这封信中反映了很多问题，所以我比较详细地摘录了这封信。这些问题中的大多数都是不言而喻的，至少在我看来是这样的。

为了缓解这种紧张气氛，我提议了一项针对铜冷汽车的新开发计划。

很明显，当时的问题出自原来的计划中的责权不清现象。站在不同的立场上处理内部及彼此间关系的执行委员会、运营事业部以及研究公司都试图扮演管理者的角色。很明显，现在我们必须重新建立明确的原则，将责权交给一个部门，并支持它的工作。我的计划是建立一个由凯特灵先生领导的独立试验性组织，在某种意义上，也可以将它看成是铜冷事业部。凯特灵先生将自己任命总工程师和生产员工来解决制造过程中的技术问题，并且这个组织将承担铜冷汽车的市场职能。他们将根据环境的变化决定制造多少铜冷汽车。这一项目将为凯特灵先生提供一个没有任何干涉的自由舞台，以供他证明铜冷汽车的有效性，他对此信心十足。

为了评价这一新行动，我召开了一次会议，参会人包括佛瑞德·费雪、斯图尔特·莫特和我。我们都很赞成这一提案。我从我1923年7月6日写给杜邦先生的信中摘录了一段话：

> 昨天我和费雪先生、莫特先生就一项政策进行了长谈，这项政策可能会比我们此前推行的政策更具有建设性，也更具根本性。我们感到强迫各事业部去做那些他们不信任或某些观点还有待观察的事情只会令我们迷失方向，并且，除非明确将权力完全交至其中的一方，否则总工程师和凯特灵先生之间的责

权不清也只会令我们无所适从。我们迫切地希望能够在实践中证明这一提案的商业价值，并且相信这一解决方案——现将它交由您审查——将是我们的唯一出路。

今天上午我们也与凯特灵先生比较详细地讨论过这一提案。他对我们的所有提议都非常赞同。他似乎非常热衷地接受了这一提案，并且对其效果信心十足。这一计划主要基于如下原则：

1. 迄今为止，我们对铜冷汽车商品化工作的投入完全打了水漂，连续失败带来的阻力使我们的处境比两年前还要糟。

2. 圆满完成某项工作的工程责权必须明确地集中到一个人手里。

3. 我们认为达到理想效果妁唯一方法就是设立一个独立的运营单位，它的唯一目的就是证明铜冷发动机汽车的商业价值。

4. 因此，我们计划以研究工厂的一部分，尤其是飞机事业部腾出来的那部分为雏形，在代顿组建一个新的事业部，它将多少具有一定的装配能力。凯特灵先生将通过他任命的总工程师来全面管理这个事业部。

5. 新运营单位将接手四缸发动机的工作，并且可能还将接手六缸奥尔兹。它将以自己的名义独立营销这两种车型，开始的时候每天制造5辆~10辆，然后根据需求增长情况再相应提高产量。

6. 除了凯特灵先生认为需要改造的部分外，所有的工具、设备和库存都将提供给这个运营单位。

7. 新的运营单位性质比较特殊。由于产量较少且性质特殊，它的产品将非常昂贵，这将为我们确信能够通过考验的车身再增添额外的吸引力。

费雪先生、莫特先生和我认为这是唯一的出路，它将正确解决责权的归属问题，消除事业部里的混乱状态，使他们能够继续按照自己的方式做好自己的事情——为了保证通用汽车在未来还能保持像现在一样的地位，他们面前还有很大的问题需要解决。我相信，在凯特灵先生和亨特先生或其他人之间就铜冷技术开发过程中的各种技术问题达成协议的尝试，对问题的解决无所助益。因为他们永远都不能达成共识，最后，肯定还是其中的一个人按照自己的方式将所有的问题都解决掉。

杜邦先生并不同意将铜冷技术开发计划从事业部及它们的大型销售系统中分离出来，但是最后他还是接受了这一计划。将铜冷技术开发计划的负担放到凯特灵先生管理下的代顿之后，各个事业部开始明确地继续发展普通水冷项目。我在1923年7月25日为执行委员会写下了一份备忘录，其中一部分摘录如下：

> 自从重建通用汽车以来，已经过去了两年半的时间。由于我们在铜冷项目上的困境，雪佛兰的改善程度并没有达到我原来的预期。当然，我们所采取的每个步骤都经过了精心的考虑，对于这个结果，也确实存在着很多原因，而且很可能对于究竟是什么原因导致了这个结果的出现还会存在不同意见，但是，无论如何，事实摆在那里，我们没有达到目标。这份备忘录的目的只是想指出，如果现阶段在车型开发方面加紧努力，我们会取得哪些优势，以及如果能够尽早推出这一车型，我们会获得什么回报。毫无疑问，如果我们的工厂同时生产铜冷和水冷车型，我们仍然可以取得所有的这些优势，或者说，可以取得最重要的那部分优势——因为除非两种技术间的差异能够让铜冷发动机在其他条件相同的情况下取代水冷发动机，否则我并不认为这两种车型之间存在着本质的优劣之分。

这份备忘录所表达的内容不是对浪费时间的遗憾，而是一项新计划的序言。采用新设计的水冷雪佛兰将按照1921年的产品计划思路投入到低价位的大容量市场中去。

铜冷车从未大规模地出现，它夭折了，我也不明白为什么[①]。当时正处于经济大繁荣时期，满足对汽车的需求并用改进的水冷汽车去应对竞争占据了我们的全部注意力和精力。

凯特灵先生和他的员工们不断取得伟大的成就。他们发明、开

---

① 多年以后，风冷发动机的设计艺术发展到了实用的阶段。这种铝制发动机的例子就陈列在雪佛兰建造的现代考瓦尔（Corvair）博物馆。

发了四乙基铅汽油、高压缩比发动机、无毒电冰箱、两冲程柴油机——它让通用汽车在铁路领域掀起了一场革命——以及无数其他发明、改进与开发，他们的成果在汽车、火车、飞机和各种设备上都随处可见。

　　铜冷发动机的重大意义在于它让我们明白了在设计和其他工作之间有组织的协作和协调的价值。它揭示了区分事业部与公司的研究职能的必要性，也指出了区分改进产品设计与长期研究的必要性。铜冷发动机的小插曲有力地证明了管理必须符合当前的组织和业务政策，并且二者之间存在着相互依存的关系。总之，这段经历将对未来的公司组织模式产生深远的影响。

第 6 章

稳　定

　　1923年通用汽车总裁职位的变动——皮埃尔·杜邦先生辞职，我继任他的职位——标志着公司第一阶段的结束。尽管产品计划出现了延误，公司这一段时期仍然保持了总体的稳定，这正是当时最需要的。能够保持稳定这种情况，固然部分原因是1920年至1921年经济衰退，但是最大的功臣却是杜邦先生。当时，正是他而不是任何其他人拯救了公司，并带领公司谋得了发展。当他意识到公司恢复正常之后，他就决定将公司交给汽车行业的内部人士来管理。他以如下的方式完成了这个目标。

　　1923年4月18日召开了一次股东年会，并选举了一个董事会来负责来年的运营。第二天，即4月19日，董事会召开了一次会议，并选举了公司的原来人马来管理公司，作为总裁，杜邦先生将和各个委员会一起再工作一个任期。几乎所有的董事会成员都认为这种情况将再持续一年。当然我也这么认为。但是事情并不是这样。

　　5月10日的一次例会之后，杜邦先生召开了一次特别董事会，在要求莫特先生担任会议主席之后，他提出了他的总裁辞呈。董事会一致达成了如下决议：

针对当时的动议，董事会一致通过如下决议：

决议：董事会接受皮埃尔·杜邦先生的总裁辞呈。

并且进一步

决议：在接受杜邦先生总裁辞呈的同时，杜邦先生在过去的两年半的总裁任期里为公司提供了宝贵的服务，并做出了巨大的牺牲，董事们希望能够记录下对他的感谢。在他任职期间，公司各项事务蓬勃发展。董事们对杜邦先生决定辞掉总裁一职深表遗憾。他们非常乐于获悉杜邦先生并没有准备完全脱离公司，他将以董事会主席的身份继续积极参与公司的管理工作。

会议接着开始选举总裁以填补这一职位空缺。我得到了杜邦先生的提名，并最终当选。接着我又当选执行委员会主席。尽管当时大家都不希望杜邦先生辞职，但是在他接任总裁的时候大家都已经知道他在这个职位上的时间将很有限，他将把他的很多运营责权下放给副总裁。事实上他也是这么做的。

杜邦先生在这段关键时期的显著作用是不言而喻的。在杜邦先生的整个总裁任期里，我和他的关系一直都非常密切，我们一起出差，一起参加会议，我们一起讨论出现的问题。已经退休了的杜邦先生再次复出，并成为这个财务问题重重的复杂企业的总裁，而且他对这个行业的了解还不是很多。大批员工不断辞职，市场地位在下降，管理层对企业和未来机遇的信心处于动摇之中。然而，杜邦先生出任总裁这一事实改变了整个局势背后的心态。银行打消了顾虑，公司重建了对未来的信心，股东们得到了鼓励，公司里的所有人决定不仅要继续我们的业务，还要充分发掘、利用我们这个行业的特定性质所带来的机遇。我们对杜邦先生出众的领导能力的信任鼓舞着我们前进。

对他而言，他的管理方式比较主动。他离开了位于加州的家——离特拉华州的威尔明顿不远，将他的时间轮流用在了纽约和底特律，两个地方各待一周。他经常到现场视察并讨论那里需要现场评价的问题。白天视察、调研，晚上则开会讨论，但是即使这样也很难赶得上问题的发展。杜邦先生的管理或者可以称之为评价加指导。在这种管理方式下，我们通过不断的尝试、修正，逐渐辨识出业务的各项要素，并构建出现代企业的基础。

杜邦先生的管理团队采纳了两个原则：明确的组织配置和明确的产品线政策。与此同时，也引入了会计和财务系统。约翰·拉斯科博和杜邦先生的前任助理唐纳德·布朗一直执行了一个非常全面的激励计划，它为比较重要的管理人员提供了一个参与收益分成的机会。杜邦先生坚信股东和管理人员的伙伴关系将使公司受益，他的这一信念促成了这项人称经理人持股计划（将在后面进行介绍）的管理人员分成计划的出现。杜邦先生还清算了像山姆森拖拉机那样的不盈利事业部，并引导了一场广泛的金融重组，为公司提供了稳定而坚实的基础。

一届领导团队的业绩也可以从它吸引来或留住的人的素质上进行评价。1923年和公司有所联系的人以及公司内的人将在美国汽车发展史上留下自己的名字，并且其中一部分人已经开始出名了。比如，在福瑞德·费雪带领下的费雪兄弟；在印地安纳州的安德森，年轻的瑞密电子事业部工厂经理查尔斯·威尔逊，后来成为公司的总裁，继而成为美国国防部长；詹姆士·穆尼，负责通用汽车海外业务的副总裁；在代顿，负责德尔考照明的理查德·格兰特，在20年代一直引领着雪佛兰的销售业绩，并因此成为美国顶级销售推销员之一；AC火花塞事业部的审计员哈洛·柯蒂斯，后来成为朝鲜战争后通用汽车扩张时期的总裁；威廉·努森，在成为公司总裁之前，曾多年负责雪佛兰的工作；总顾问约翰·托马斯·史密斯，后来任职执行委员会，他在道德、公共事务和法律方面对公司的建议和影响非常重要；雪佛兰制造经理科勒，后来成为克莱斯勒公司的总裁和主席；后来成为通用汽车主席的阿尔伯特·布拉德利，当时只是一个年轻而又重要的财务职员。这样的人还有很多，他们——其中比较突出的有查尔斯·莫特、查尔斯·凯特林、约翰·拉斯科博、唐纳德·布朗、约翰·普拉蒂，其中后面三位来自于杜邦公司——和我刚才提到的人——这支伟大的队伍充满了在汽车行业和财务领域中或经验丰富或前途无量的人才。

至于我自己，我认为，当选公司总裁对我而言是一项巨大的责任，也是一个机遇。我决定将为此付出个人牺牲，我将用我全部的经历、经验和知识来帮助这个公司取得卓越的成就。从那以后，对我而言，通用汽车就成了我献身的对象。成为总裁之后，我原来以运营副总裁的身份负责的事务范围发生了一定的变动，但是工作进行得很顺利，没有任何停顿。我在我的很多基本观点已经成为公司政策的情况下登上了总裁的位置。公司的腾飞就在眼前了。

但是，对于皮埃尔·杜邦先生而言，他只能在公司谋生存的时候受命。他为公司未来的腾飞打下了坚实的基础。

第 7 章
委员会的协调

1923年——这一年整个汽车业的客车、卡车年销量第一次达到400万辆——秋天，整个公司被一种振奋的气氛所笼罩，人们开始希望解决由铜冷发动机引发的组织问题。和这个发动机相关的经历对通用汽车的影响非常深远。与此同时，对汽车的巨大需求也扮演了外部压力的角色。很显然，现在到了集合我们的力量来迎接20年代经济繁荣的挑战的时候了，而集合就意味着协调。

协调问题实际上就是寻找一种能够将诸多管理职能关联到一起的方法。我们已经确定了组织原则，具体内容在1919年至1920年所做的组织研究中有所体现。我们现在需要具体地协调公司内各种不同的团体，包括总部、研究人员和分权管理的事业部。通用汽车的事业部都是自成一体的组织单元，覆盖了设计、生产和销售——换句话说，创造利润的活动——等环节。公司在这些职能领域的工作经常需要跨越事业部的组织边界。比如，公司的设计工作可能需要和某些或者全部自成一体的事业部发生关联。我们在付出了沉重的代价之后才发现，职能和事业部的交汇点非常关键。开发铜冷发动机的经历表明了这些交汇点的阻碍作用有多大。

协调和分权的问题始自公司的最高层,因此,现在如何处理已经变成了我的责任。新行政班子一上台,我就开始着手处理这个问题。在我于1921年末对公司形势的笔记中,我提出了和高层管理团队相关的分权问题。首先我记下了如下几条原则:

……我是从彻底分权的角度出发处理这个[组织]问题的。经过了一年之后,我仍然坚定地相信分权管理是激发人们的积极性,从而解决公司当前所面临的大问题的唯一途径。但是,尽管我支持分权管理,我仍然认为我们必须在若干个问题上达成清楚的认识。现在我越来越重视这几个问题……

我指出,在解决1921年的紧急情况中所暴露出来的主要问题都和执行委员会这一运营体系中的最高机构相关。这些问题包括:执行委员会作为政策制定者的角色如何体现,如何体现运营部门的声音,总裁的权威如何建立等。我接着写道:

a. 执行委员会应该更具体、准确地按照[运营部门]提出的原则来组织。执行委员会的组织必须得到准确的设计和周到的落实,而不应该是现在这种集体管理的样子。

这里需要稍稍解释一下。尽管一些不熟悉我的人经常指责我是一个推崇委员会管理的人——在某种意义上确实是这样的——但是,我从不相信当时公司执行委员会那样的集体能管理什么事情。集体可以制定政策,但是推行政策却只能依靠个人。在我看来,当时——尤其是在开发铜冷发动机期间,我们执行委员会的四个人在努力管理事业部。

我的第二个观点并不是针对汽车行业经验缺乏的问题,而是针对执行委员会和运营组织的整合问题:

b. 运营部门的声音在执行委员会并没有得到足够的体现。这可以通过扩大执行委员会的规模来解决。我建议增补莫特先生、麦克罗林先生和巴塞特先生。执行委员会至多每两周碰头一次,或者每月碰头一次。

我接着建议，总裁应该享有更多的权力，而不是更少。这并不令人惊讶，因为它符合我前面提到的应该由个人而不是集体来管理的原则。事实上，在我担任运营副总裁时期，通用汽车的运营工作已经全部交由我处理了，当时我们的管理权力体系就比较混乱。我接着写道：

> c.无论谁负责运营工作，他都应该得到在紧急时刻全权处理的权力。最好是公司总裁能够亲自负责运营工作。如果这一点无法办到，那么负责运营工作的人应该建立一个合理的组织以实现运营部门和执行委员会的有效沟通。

然后我举例说明了政策和管理的区别。我认为制定总体价格政策的权力应该保留在执行委员会。这一点非常显而易见，由于我们是以事业部为基础来划分价格区间的，所以我们肯定不希望凯迪拉克推出一款和雪佛兰处于同一价格区间的汽车。

在执行委员会对产品特征和质量的管理问题上，我这样写道：

> 除了像进入新市场或破坏当前正盈利的产品线之外，处于构思中的产品细节，甚至是主要特征，都不应该报交执行委员会批准。执行委员会应该从政策和调节各事业部间产品质量的角度从整体上处理各事业部间的产品线划分问题，从而避免不同事业部间的产品冲突。应该精心设计好产品政策，并向各事业部阐述清楚，帮助他们全面理解本事业部的产品所应达到和保持的质量，并且，所有重大的改动必须报请执行委员会批准。执行委员会不应对各事业部车型的机械设计发表意见，这一工作应该交给各事业部中有资格的个人或团体去做。

> 总的来说，执行委员会的职能中心就是制定政策，并将政策清晰、详尽地传达下去，从而为授权管理提供坚实的基础。

我已经记不清杜邦先生是怎样表达对这些提议的意见了。我认为他肯定是同意了，因为这些提案正是他和我共同实施的。1922年，在他的支持下，运营经验丰富的莫特先生和福瑞德·费雪被选为执行委员会成员。后来，在1924年，当我担任执行委员会主席的时候，他又帮助我将巴塞特先生、布朗先生、普拉蒂先生、查尔斯·费雪和劳伦斯·费雪纳入了执行委员会，现在的10位成员中有7位运作经验丰富，两位擅长金融财务，最后一位就是杜邦先生自己。执行委员会从此脱离了运营组织的身份，此后，无论名称怎么变化，它都保留了这一特征。最终，执行委员会将自己限制在政策事务领域，而将行政职权交给了总裁。

现在轮到了员工、管理线和干部的问题。这里，我将描述一下为组织引入规范的步骤。

早期的两个步骤——一个在采购领域，一个在广告领域——在建立实用的规范方面为组织带来了很大的帮助。组建综合采购委员会是我在1922年的一项任务。关于这个委员会，有两个重要问题需要考虑。一个是它的价值，另一个是作为协调方面的一个教训它所体现出来的附加价值，而后者和我这里要讲的故事更为相关。

集中采购并不是我们首创的概念。当时大家都认为这是一种重要的工业节约措施，而且在某些情况下我也相信这一点。作为福特的供应商，我在海厄特的时候也亲身体验过这种规模经济。但是，我们发现，集中采购——由一个采购办公室去负责几个事业部的合同——是一种过度简化的想法。在我看来，1922年通用汽车的问题在于，在我们从轮胎、钢材、文具、篷布、电池、滑轮、乙炔、研磨剂等物品的大宗采购中受益的同时，我们的事业部中还存在着自行采购的情况。在初步的备忘录中，我指出协调好采购工作每年将为公司节省下大约500万~1 000万美元；这将有助于控制库存，尤其是降低库存；在紧急情况下，一个事业部可以从其他事业部获取原料，公司的采购专家也可以充分利用好价格的涨落。我继续指出，"当我们考虑到几乎公司所有产品的技术特征以及在多年处理某种产品的过程中所发展出来的个性和观点时"，就出现了一个很特别的问题。换句话说，公司分权的精神已经深化到产品技术和各级经理人的思想中了，我们必须承认由此自然而然产生的约束。我们对分权对经理人思想的影响的认识历史并不长，实际上直到我首次提出应该设立一个采购专员来负责协调工作时，这一问题才暴露出来。各事业部从自身的长期经验、需求的多样性以及事业部责权减弱的角度指出，集中采购将影响他们的工作。

针对这些反对意见，我建议以从各事业部抽调的人手为主组建采购委员会。当各事业部知道他们的利益也能得到体现并且也可以参与制定采购政策和程序、决定细节、草拟合同并且拥有最终决定权之后，他们也开始支持这一提议了。就这样，通过精心的安排，采购委员会中各事业部的代表就可以在各事业部的具体需求和公司的总体利益间达成平衡了。公司采购专员的作用是管理公司的决策，而不是决定公司的决策；也就是说，采购委员会和采购专员的关系是委托人与代理人的关系。采购委员会持续了大约10年，在此期间，它发挥了很大作用。但是，谈到它的价值，则出现了几个限制：

第一个问题就是，通常任何一个部门所需的任何一种产品数量都能够大到让供应商愿意以最低价供货的水平。

第二个就是管理方面的问题。比如，如果公司为所有的事业部签订了采购合同，则有时一些没有得到合同的供应商就会找到其中的一个事业部，并许以更低的价格，这将为我们的采购工作带来混乱。

再次，尽管我们需要采购的零部件和面对的供应商数量庞大，但是他们中的大部分缺乏共性，这部分零部件只能适用于特定的设计理念。因此我认为综合采购委员会本身并不能称得上成功。但是，它使我们向尽量应用标准件的方向努力。标准件和标准生产流程描述的都是非常重要的事情。综合采购委员会真正而持久的成功就是在物料标准化方面取得的。

同样，我们在协调方面的第一次教训也是由这个委员会提供的。这是我们第一次处理事业部间的事务，其中结合了管理线（在事业部的职能层次）、员工（采购部门）和干部（我是这个委员会的首任主席）三方面的因素。两年后，在回顾它的工作的时候，我这样写道：

> ……我认为，综合采购委员会证明了负责各项职能工作的人可以兼顾他们事业部的利益和股东的利益，并且，无论从哪一点上看，这种协调都要比试图将一些集中管理的功能下放到各事业部要好。综合采购委员会在证明这一点的同时也展示了取得这一成效的方法。

第 7 章　委员会的协调

向协调前进的第二个重要步骤就落在广告领域。我于 1922 年做了一些消费者研究，我们发现，除了华尔街和百老汇，整个美国几乎没有人了解通用汽车。因此，我认为我们应该加强对母公司的宣传。巴顿、德斯汀（Durstine）和奥斯本提交给我的一个计划——现在称之为 BBDO——得到了财务委员会和高层管理人员的批准。但是，由于该计划涉及事业部的事务，因此我邀请事业部人员和底特律的其他管理人员就其是否合适发表意见。大家一致认为这项计划很有价值，并且同意让布鲁斯·巴顿全权负责该项目的推进工作。继而我们成立了由汽车制造事业部的经理以及职员组成的公共广告委员会来帮助巴顿先生并"协调实现公司的知名度提升"。我还制定了一个政策，就是如果某个广告的主题主要针对某个事业部，则这个广告必须得到那个事业部的批准。这是另一个在部门关系方面的小教训。

然而，针对协调的真正大动作却是从铜冷发动机相关的经历中提炼出来的。当时这个问题已经到了泾渭分明的地步——具体地说，就是以研发工程师为一方，而事业部工程师站在另一方——必须采取行动来治愈这种创伤，并消除追逐新理念的群体和肩负着汽车生产任务的群体之间的根本冲突。首先，我们需要的是一个能够让这些人在和睦的气氛下坐下来交换意见并消除差异的地方。在我看来，这种会议应该在高层管理人员在场的情况下召开，这样高层人员就必须在结束的时候指定或批准重大决策，从而推动项目的前进。

相对于尽量通过回忆向大家描述出事情的整个经过——大家可能会认为这种方式会比当时的实际情况更有逻辑性——这种方式而言，这里我更愿意详细地引述一个提案——我认为这是整个事件中的关键文件——这是我给公司几个执行官写的提案，并算了一笔账，最终于 1923 年 9 月里得到了许可：

> 在长期的工作中，我感到如果能够制定一项合适的、得到所有相关方支持的计划，就能引发我们公司各事业部间——特别是汽车制造事业部之间，因为它们所处理的很多问题都具有共性——工程设计关系中自然存在的协调而为公司带来巨大的收益。这类活动早已存在于采购领域，并且非常有成效。我相

信随着时间的流逝，它还将在物质利益之外的很多其他方面为公司带来好处。我们的公共广告委员会采取了很多非常具有建设性的行动，杜邦先生有一天在会议之后向我提到，即使忽略掉广告本身的效果，仅在建设通用汽车环境气氛所取得成就以及代表公司不同方面的委员会成员协同工作时所表现出来的精神……就足以抵消成本了。我相信我们都同意这些原则，并且没有理由不相信这些原则在设计领域会收到效果。似乎我应该采取严肃的措施来将这些原则付诸实践。我相信这将带来巨大的成功。因此，我认为我们现在应该成立一个综合技术委员会，这个委员会的职能和权利将在建立之初就得到较粗的定义，并随着工作的开展而逐步细化。在试图勾画出一般性原则之前，我认为应该明确指出并让所有人都明白，无论在何种情况下，这个委员会都不会干涉事业部内的具体设计工作。根据通用汽车的组织计划——我相信大家都衷心地赞成这项计划——通用汽车事业部的总经理全权负责该事业部的各项活动，仅受到总部的原则性制约。我当然不会提出和我完全信服的最佳组织模式相悖的建议。相反地，我一直认为并且现在还认为通用汽车公司需要在组织计划中添加一些方法来帮助公司更好地发挥整体优势，为股东创造更大的价值。我认为有必要而且是必须在各个事业部和事业部整体之间引入适当的平衡机制。就目前的情况而言，我还没有看到什么措施能比我们现在所采取的方式——即邀请各事业部职能相关的人坐到一起来，让他们共同决定下一步该做什么，什么地方需要协调，并授权他们在需要使用手中的权力的时候建设性地使用好手中的权力——更好。我相信这种设计适当的计划将会在事业部和公司之间引入必要的平衡，并在不妨碍各部门独立创造性的同时发挥出协调的优势。

假如上面的观点正确，我将进一步详细阐述综合技术委员会的职能。我认为，这里面所体现的原则对所有处理制造部门其他共性问题的委员会都有适用性。

1. 委员会将处理所有事业部都感兴趣的问题，其处理结果大部分都体现为形成某种公司的设计、工程政策。

2. 委员会将接手专利委员会——它将被解散——的职能，并且负责后者未完成的工作。

3. 原则上委员会不处理各事业部的具体问题。事业部的各项职能仅受该事业部总经理的控制。

需要指出的是顾问委员会中专利部门的职能和其他部门都有本质不同，在某种意义上它是通用汽车组织计划中的一项例外。实际上，所有专利问题都直接受专利总监的控制。换句话说，所有的专利工作都是集中管理的。专利程序规定发明委员会与专利总监的合作，并将相关责权按照具体情况进行了分解。考虑到发明委员会和综合技术委员会的成员大部分是重复的，为了简化起见，我建议合并这两个委员会。

还需要考虑位于代顿的通用汽车研究公司的职能问题。我感到迄今为止，[通用汽车] 有限公司一直未能充分发挥行政管理系统的威力，未能充分挖掘我们在代顿的优势。我认为造成这种情况的原因有几个，其中最重要的一个就是缺乏恰当的管理政策，或者说，未能向我们期望的那样在将研究公司的人动员起来的同时也与各事业部的人协调好。我相信大家都会同意这个判断，即我们在代顿所出现的研究和工程问题只能在各事业部接受并商品化的过程中解决。我完全相信，密切关注研究公司的工作内容将会有助于达到我们期望的结果，并加强整个 [通用汽车] 有限公司的整体设计力量。

我认为综合技术委员会应该获得相应的独立地位，并由其秘书来设计一个会议计划，这一点我将在此后详细展开。我们相信这一计划将对所有委员会成员都有所助益，并将引导他们开展调查研究，做出正确结论。为了实现这一目的，他们可以使用研究公司和任何运营事业部的资源，甚至是外部资源，只要他们认为这样做最符合公司的利益。这类项目可以由任何委员会成员提交给委员会，也可以由研究公司或通用汽车有限公司的任何成员通过委员会秘书提交给委员会。从1924年1月1日起，通用汽车有限公司的运营成本都将受到预算系统的控制，而为实现这一目的所开展的活动都将受到预算资金的支持。

我已经在运营委员会的会议上提出了这些想法，所有汽车制造事业部的总经理们对这个计划都很感兴趣，事业部群组副总裁也一样。他们似乎都认为这一步骤非常具有建设性，并且应该能得到所有人的支持。

因此，为了能够将上述内容精练成几个足够开头之用的简短原则，我提出如下建议：

1. 应该在包括通用汽车研究公司的研究、设计活动在内的设计和汽车制造部门之间建立起协作机制，将设立一个名为综合技术委员会的机构来负责这一协作工作。

2. 该委员会原则上由各汽车制造事业部的总工程师和一些相关人员构成……

就这样，综合技术委员会成为公司在工程设计领域最耀眼的顾问团体。委员会中包括全程参与了铜冷项目的人士：各事业部的总设计师，特别是亨利先生；研发工程师，特别是凯特灵先生；还有包括我在内的公司总部管理人员。我担任了该委员会的主席。根据我的提案，这个委员会成为一个独立组织，拥有自己的秘书和预算。委员会于1923年9月14日召开了首次会议，我非常高兴能够与这些优秀的人——凯特林先生，负责研发工作；亨特先生，负责雪佛兰的生产技术工作；亨利·克雷恩，我的工程助理；还有一些其他人——坐在一起，大家在和睦的气氛下开始再次迈向汽车行业的未来。

综合技术委员会提高了工程设计人员在公司内部的地位，并支持他们去争取更合适的软硬件环境。他们的行为将产品整体性的重要性作为公司未来成功的基本需求进行了强调。这激发了公司内部在产品诉求和产品改进方面的巨大兴趣，并将其转化为行动，而且，还促进了不同事业部的工程师之间就新思想和经验的自由交流。简而言之，它促进了信息的协调。

综合技术委员会被赋予了一些特别的职能。有一个时期它负责专利的事务，但这些事情不久就移交给了专门的新发明委员会。而综合技术委员会更重要的职能，是负责我们在密歇根州米尔福德新建大型试验场的管理工作。测试已经成为关系到我们产品未来的至关重要的问题。当时汽车业已经得到极大的发展,在可控制的环境下进行测试的试验场,是走向公路测试前的合理一步。委员会负责试验场开发标准测试程序和测量装备,并使其成为公司对各事业部产品和竞争产品进行独立比较的中心部门。尽管发动机的测试不在试验场工作范围内,但委员会负责开发发动机测试数据,这将为各个事业部生产的发动机制定统一的测试标准。

综合技术委员会还是最温和的组织。研究团队是它最重要的职能。它被视作一个研究会。它召开的会议往往是就专门工程问题或某项发明设计研读一两份报告,然后围绕这些报告展开讨论。有时委员会的讨论会批准一个新设计、方法或工程政策和程序方面的建议,但开会只是作为信息在委员中的传播才是最经常的结果。委员会的成员们是带着从会上得来的对汽车工程新发展和当前问题的理解以及与其相关的公司其他领域都在做什么的信息回到各自的部门的。

综合技术委员会通过报告、文件和讨论来研究一些短期工程问题,比如刹车、耗油率、润滑油以及由四轮车闸和"气球"轮胎(这导致了与橡胶公司协商的一个附属委员会的产生)引发的操纵装置上要求的相关变化,以及导致汽车内部锈蚀、油泥积垢的燃烧浓缩产物(最终采用了曲轴箱通风排除漏入的燃烧产物)。1924年和1925年,委员会针对经销商和销售部门,注重广告和销售之于当前工程发展的价值方面的培训。我要求委员会制定一系列的标准,这样,就可以将不同构造、不同样式的"汽车价值"客观地定义出来。还是在1924年,我给委员会的一个任务就是为不同汽车建立起主要的规范,这对于我们试图使通用汽车生产的各种汽车保持独特性和差别性,并保持合理的价格和成本关系很有帮助。

在该委员会成立之初,他们的大部分长期调查和报告都是由凯特林先生的职员做出的。他们讨论了诸如汽缸壁温、汽缸盖、筒阀发动机、进气歧管、汽油四乙铅添加剂和传动系统等问题。最根本的问题是油料和异性变态反应性,从那之后,这两个领域成为汽车性能改进的主要领域。

1924年9月17日的会议中讨论了传动问题,这一会议很好地说明了该委员会的工作方式。我只能依靠会议纪要来描述这场会议。凯特林先生首先以不同传动系统的优缺点作为开场白，然后从工程设计的角度，对惯性传动的可用性展开了很长的讨论。亨特先生从"商业的角度"，对几种系统进行了讨论。他说，不断加剧的交通问题需要一种车型，它应该"加速迅猛、刹车有力"。经过几番讨论，我以如下发言结束了这次会议："我认为委员会的态度是这样的：首先，我们应该看一下我们的终极目标，这是一个研究问题，是惯性传动的成功可能性是否最大的问题①，难道委员会不应该要求凯特林先生尽一切努力去开发它吗？……其次，现在我们各个事业部都要求尽量减少离合和传动系统的惯性并降低摩擦，这个问题是他们自己的问题。"

通过这种方式，我们对研究公司和事业部的职能进行了区分。但是，当时的事业部也有一些长期项目，比如雪佛兰就开发了一种低价六缸车型。

那年夏天，我就技术委员会在加拿大奥沙瓦开的会议给凯特林先生写了一封信。下面这段话体现了信中的主要观点：

> ……我们举行了一次成功的会议，这个成功并不仅仅是指会议本身。这些孩子们在那里呆到了礼拜六，有些人还呆到了礼拜天；有些人去钓鱼，有些人去打高尔夫。这种方式对于在那些沿着同一方向思考的人之间建立紧密的关系非常有益。我情不自禁地畅想未来的宏图以及类似的事情，情不自禁地认为，这种工程领域的合作进行得非常成功。我们必须要有耐心，但是我们必须确信，随着时间的推移，我们终将会从这种方式中获得巨大的回报，一种比我从不愿在组织中推行的更为军事化的管理风格所带来的回报大得多的回报。

事业部间委员会是公司在处理事业部间协调关系上的第一个重大理念。这种委员会致力于以一种基本的方式参与采购和广告领域，并在综合技术委员会上得到首次实现。我们以综合技术委员会为起

---

① 从技术的角度看，惯性传动成功的可能性最大，但是从实际性能上看，它不够平滑，寿命较短，无法投入量产。

点，将这一理念推行到各事业部的大多数主要职能活动中去。公司成立了第二个事业部间委员会，就是在销售领域。销售领域的开发程度相对较低，因为汽车工业直到20年代中期才首次进入商业阶段。因此，我安排组建了综合销售委员会。该委员会由轿车卡车事业部的销售经理、总部销售部门人员、总部管理人员组成。作为该委员会的主席，我于1924年3月6日召开了它的首次会议。在会上，我指出：

> 尽管通用汽车坚持采用分权管理的运作模式，但是，很显然，只有通过协同工作才能更好地执行对公司、股东和各事业部都有益的计划和政策。
>
> 我们一些竞争对手兴趣点的汇集的可能性——可能就发生在不久的将来——强调了在公司内部更广的范围内采取协调动作的必要性。正如你们所知，这正是这个行业的趋势。利润的摊薄将加剧这种趋势。在这种高度竞争的环境下，不久的将来，我们会发现环境已经发生了彻底的变化。
>
> 正如你们所知，通用汽车在将自己的产品划分成几个不同的价格段上取得了相当的进展——相对而言，基本没有竞争者。从设计和制造的角度看，通过我们的事业部经理和工程师的努力，我们在协同方面已经取得了非凡的进展。
>
> 我们希望通过类似的协作在销售领域取得相当的进展。我认为我们都已经认识到通用汽车的瓶颈环节就在于销售环节。这种现象在任何行业都很自然，瓶颈环节最终总要移到销售环节，显然汽车业现在已经进入了这一时期——如果它以前还没有进入这一时期的话。
>
> 我们认为，本委员会将负责所有涉及公司总体销售工作的销售问题。这是本委员会的责任。你们可以自由地提出各种有必要在公司的层面进行协调和探讨的问题。无论你们做出了什么决策，都会得到公司的支持。
>
> 我认为，我们应该将我们的讨论内容限定在涉及所有事业部共同利益的事情上。考虑到你们每个人都非常忙碌，因此我

们将尽量不涉及细节——我们只处理基本问题。我们将尽力让这些会议更为务实，更切中要害。比如，除非你自己认为有必要，就没有必要准备发言稿。孔瑟（Koether）先生［销售部门总监］将担任委员会秘书。根据情况需要，他可以扩张他所辖的部门，而这一切都依赖于你们的决定。

我们没有为这些会议设定议程，因为想把这些事情留给你们，因为你们才知道哪些问题最迫切需要我们的关注，而我们只会提出一些建议，而你们可以根据情况需要来确定具体的方案……

由于统计和财务对生产和销售问题的控制作用，综合销售委员会的主席一职后来交由财务副总裁唐纳森·布朗担任。销售领域的协调就这样扩展到了财务领域。

普拉蒂先生于1924年晚期对事业部间委员会的形式展开了研究。该研究证明，这种方式是我们到当时为止所能找到的最佳协调方式。它多少有一些官方性质，其覆盖范围包括了事业部经理和职能部门人员。同样的协调方式后来进一步扩展到高层管理者之间——当然，具体方式有一些变动。

读者们应该还记得，杜兰特先生所领导的执行委员会由各事业部的经理们组成，他们为了部门利益而终日争吵不休。当我们成立了临时性的4人执行委员会之后，我们将那些事业部经理们安置到了一个运营咨询委员会。危机得到控制之后，该委员会一度非常沉寂。当我成为公司总裁之后，执行委员会的规模又得到了扩张，根据情况的不同，或者考虑到最大的汽车事业部的声音在执行委员会中应该得到体现，执行委员会中有时也会包含一两位事业部总经理。但是，这只是些例外，并不是规则，因为原则上我一直认为最高运营委员会应该是一个与具体事业部利益无关的政策制定团队。换句话说，该委员会只应由总部的高级执行人员组成。根据这一观点，在我担任总裁之后，我认为必须在政策制定人员和事业部总经理之间建立起经常的联系。因此，我重新启动了运营委员会，并将执行委员会的全部成员和各事业部的总经理都加入该委员会，从而在两种管理人员之间建立了经常性的联系。运营委员会并不涉及政策制定,实际上它是一个讨论政策及政策需求的论坛。运营委员会会得到公司详细的运营数据,并据此对公司的绩效进行评估。"论坛"这个词似乎意味着有些悠闲,但是我向你保证至少在运营委员会里,这种理解是错误的。在大企业里,必须采取一些方式来达成共识。由于政策制定者全部在座,因此,当对某项政策建议达成一致时——即使该政策是由某事业部总经理提出的——就等于得到了公司执行委员会的认可。

总的来说,1925年以及以后的几年里公司的协调情况是这样的:事业部间委员会围绕协调问题对采购、工程设计、销售等领域给出一个量测手段及结果。包括各事业部总经理在内的运营委员会就对各事业部进行评估。执行委员会在综合了各方意见之后制定政策。执行委员会位于运营机构金字塔的顶端,直接对董事会负责——实际上它就是董事会组成的委员会——但是要受到财务委员会在大额拨款上的审查。在运营方面,执行委员会拥有至高地位。它的主席同时兼任公司总裁和首席执行官,他拥有推行政策所需的全部权力。这就是通用汽车经历了多年演变后形成的、沿用至今的新管理结构。

通用汽车公司组织图
（1925 年 4 月）

第8章
财务控制的发展

20世纪20年代早期，在委员会协调得到发展的同时，还出现了另一种形式的协调，即财务控制。我认为，通用汽车的进步主要应该归因于公司在这一管理领域及在组织和产品政策等方面的进展。和其他政策相仿，我们的财务政策也是在1920年的废墟上重建起来的。

对于接管公司的新行政班子中的领导成员而言，提供新财务控制方式的必要性简直不言而喻。但是，问题在于应该采取什么样子的财务控制方式，以及应该如何将其付诸实施。通用汽车所采用的财务控制具体形式大部分是由唐纳森·布朗（Donaldson Brown）——他于1921年初由杜邦来到通用汽车——和阿尔伯特·布拉德利——他的年轻副手，1919年加入通用汽车，后来接替了布朗先生的职位成为首席财务官，再后来接替我的职位成为董事会主席——引入的。他们对财务思想的贡献长期以来一直得到人们的认可。他们就这一问题发表的论文成为20世纪20年代的经典，与此同时，他们还将他们的理念与通用汽车的实践结合起来。弗雷德里克·唐纳（Donner），公司现任主席和首席执行官；乔治·罗素，执行副总裁，还有其他才华横溢的人，都是这所伟大的财务学校培养出来的人才，并在他们漫长的服务期内为公司做出了自己的贡献。尽管我以报告的形式描述了财务这一主题，特别是部门间业务及拨款问题，但是我的经验主要局限在运营的范围内。我的职责主要是财务方法的应用，因为财务不可能在真空中存在，它必须和运营结合起来。

我认为我已经阐述清楚了杜兰特先生缺乏系统的财务方法论，那不是他做事的风格，但是，当代财务观念确实是在他的任期内引入通用汽车的。杜兰特先生在安排杜邦的主管人员进入财务委员会并负责公司的财务工作方面起到了很大的作用。我认为通用汽车在同杜邦的结盟中所获取的利益——除了他们在作为一个负责的股东在董事会扮演了一个合格的董事之外——就是在财务领域。杜邦公司的一批在会计、财务领域经验丰富的人在早年间加入通用汽车，并担任了重要的职务。

布朗先生就是这批人中的一员。用他告诉我的一句话来描述他的背景就是，他在20世纪之初的若干年里在杜邦公司的销售部门任职。1912年，他以没有职务的助理身份进入杜邦公司一个部门的总经理办公室。当时科尔曼·杜邦任杜邦公司的总裁。该部门总经理因身体健康问题离职一段时期。当时杜邦的执行委员会正希望获取公司各部门运营效率的真实情况报告——那时候杜邦公司正在制造爆炸品：爆破火药、炸药和类似的东西。布朗先生毛遂自荐，设计了一种能够反映该总经理管理下的若干活动真实情况的方法。他所采用的方法强调了资金周转率和利润率在计算投资回报率中的重要性。布朗先生将他的报告呈交给高层管理人员，并给科尔曼先生留下了深刻的印象，以至于科尔曼先生建议将他调到财务部门去。皮埃尔·杜邦当时正任财务主管，拉斯科博先生是他的助理。拉斯科博先生让布朗先生担任初级财务员——据布朗先生说，"非常初级"。我猜测当时他引起了拉斯科博先生的嫉妒。但是后来拉斯科博先生继任杜邦先生的位置成了财务主管，而布朗先生也在拉斯科博先生来到通用汽车之后成为杜邦的财务主管。布朗先生为杜邦公司引入了经济学家和统计人员，这在当时是一个非比寻常的举动。从那之后，当杜邦公司的执行委员会和部门总经理开会的时候，布朗先生总会展示一些反映各部门绩效的图表。这种演示方式正是他首创的。

根据拉斯科博先生的邀请，布朗先生于1921年1月1日加入通用汽车，并成为负责财务的副总裁。他和我在对业务运营进行详细而严格控制的价值上的观点相似。从他加入公司的时候起，我们就认识到了这一相似之处，并开始了我们之间长久而志趣相投的友谊。

1917年进驻通用汽车之后，杜邦集团就试图将投资回报率引入到公司运营方面的预算工作中来。然而，尽管拉斯科博先生的思想总体上正确，但是他还没有做好在通用汽车里推行这一思想的准备。我在前面的章节中提到过在1919年的扩张期间，松散的拨款方式带来了种种问题，而库存则飞速增长，并且由于缺少现金，公司在1920年的经济衰落中面临着巨大的危机。这三个紧急问题——拨款超限、库存失控、现金短缺——暴露了公司缺乏控制和协调的问题。正是为了应付这些问题，通用汽车才开始发展新的财务协调和控制的方法。

今天的财务方法已经得到了充分的简化，以至于看上去似乎有些例行公事。然而这种方法——有些人叫它财务模型——通过组织并展示一些反映当前业务内外正在发生的事情的重要事实，正是战略决策的重要基础之一。无论在什么时候，尤其是在危机时期，或者无论什么原因引起的通货膨胀或紧缩时期，它都对业务的经营具有重要意义。1920年的情况从反面证明了这一点，我们将在后面的关键几年里从正面再证明这一点。

我已经写到过在1919年和1920年间，在缺乏拨款控制的情况下，各事业部总经理实现他最大拨款要求的方式，而且当时公司也无法评价他的要求或在有限资金的情况下对各事业部的拨款请求进行平衡协调。这和拨款超限、库存失控一起耗尽了公司有限的资金。为了得到现金，尽管操作起来并不容易，而且也没有筹到我们期望的数额，我们还是先后出售了普通股、信用债券和优先股。在1920年结束之前，我们还被迫从银行借贷了约8 300万美元，从那时起，到整个1922年间，我们还为销账、库存调整和清算损失额外支出了9 000万美元，这几乎达到了公司总资产的1/6。在这种情况下，财务控制就不再是值不值得做的事情，而是必须做的事情了。为了生存，我们必须悬崖勒马并找出一条通用的解决之道。

我们所采取的行动可以分成两大部分。第一部分是关于公司如何削除各事业部的过度的自由——这种自由威胁了公司的生存，并建立起相应的控制机制的。不可避免的速效疗法就是适当的集权，因为对于较弱的事业部威胁到较强的事业部的生存，而较强的事业部则是从自身利益出发，置公司利益于不顾的做法，公司再也无法容忍下去了。这种集权的疗法——大部分是运营控制——暂时扭曲了公司的一般政策，以至于后来必须纠正这一做法以回到能运转的分权管理上去。故事的第二部分则是通过发展财务工具，使得我们可以在分权管理的同时实现协调控制。

实现公司控制：资金支出授权

就在1920年经济衰退之前，也就是1920年6月，1919年底成立、由我担任主席的拨款提案委员会向执行委员会提交了报告。这一由普拉蒂先生、普兰提斯先生和我准备的报告标志着通用汽车拨款程序发展史上的历史性转折。

我们理念的核心就在于提案项目适当性的确定。这些项目需要满足四项原则，分别是：

a. 项目是否合乎逻辑？或者值得进行风险投资？
b. 项目在技术方面是否已经有了适当的进展？
c. 考虑到公司整体的利益，项目是否合适？
d. 和其他待考虑的项目相比，该项目是否具有相对价值？这一问题不仅需要从投资回报率的角度考虑，还需要从该项目能否支持公司整体运营的角度去考虑。

考虑到公司当时在这一领域的主要缺点，我们在报告中这样写道：

……从拨款提案委员会的立场对这个问题的谨慎考虑将不可避免地得到一个结论，即至少就大工程而言，由工程申请事业部或子公司之外的组织进行独立公正的评估和审查是非常必要的，而且这一点将随着时间的推移以及公司的运营日益交错、复杂而变得更加明显。

这一程序要求在将请款报告报送执行委员会或财务委员会批准之前，必须经过一个拨款委员会的审查，而执行委员会和财务委员会主要负责政策审查。我们将审查的内容定义如下：

> 拨款提案委员会认为，[执行和财务]委员会成员的兴趣应该在于从一般政策的角度去审查项目，他们批准项目的出发点应该是出自这一项目所带来的财务回报与公司总体发展的关系，或者是出自该项目是公司发展必需的内容。他们的出发点不应该是车床或磨床的种类，或者需要多少车床和磨床才能保证该项目的正常推进。

在这段推理之后，我们允许各事业部总经理可以自主支配一笔小额开销。对于大额开销，我们提出了一个详细的程序，并且建议将公司的两个主要部门联合起来："在支出问题上，拨款提案委员会认识到在财务部门和运营部门之间建立协调的必要性……"为了具体可行，我们建议制定拨款手册，从而各事业部和子公司可以了解为了从经济和技术两个角度证明所申请拨款的合理性所应该提供的详细材料。

执行委员会于1920年9月批准了我们的建议，并要求我们制定拨款手册。这本由执行委员会和财务委员会于1922年4月批准的手册首次明确地规定了通用汽车的资金支出程序。它规定必须成立在财务委员会和执行委员会领导下的拨款委员会来管理所有的拨款事宜，并负责对涉及多个事业部的项目进行协调。各事业部每月要向拨款委员会就在建项目提供报告，后者将以各事业部的报告为基础编制一份综合报告，提交给财务委员会。在批准之前，必须从公司和事业部的角度出发对每项拨款请求进行考虑和分析。资金支出及批准情况将得到准确的记录，整个公司范围内的拨款请求都将得到统一的处理。简而言之，我们首次得到了准确而有序的信息。从此以后，是否批准一项请求就变成了一个单纯的业务判断。尽管这一程序经常得到修订，而且拨款委员会也已经解散很久了，但是它的精髓仍然存在于通用汽车现今的资金支出审核方式之中。

现金控制

由于我们长期投资过多，而短期收益过少，所以 1920 年我们陷入现金短缺的困境，因此只能向银行借贷，贷款额在当年 10 月底达到 8300 万美元的顶峰。从那之后的一段时间里，在现金问题上，我们一直都尽量节约。

当时处理现金的方式几乎令人难以置信。每个事业部都控制着自己的现金，将所有收益都存到自己的账户，并从同一个账户里向外支付。由于只有事业部在销售产品，因此没有任何现金收益能够直接流转到公司总部。我们没有有效的程序来帮助我们完成事业部间的资金调拨。作为一个运营实体，当公司需要分红、缴税、缴租、发工资或者发生其他财务支出的时候，通常的程序就是由公司财务主管向各事业部要求调入资金。然而，这并不像听起来那么容易，因为作为独立运营的事业部总是试图保持能够满足自己最高需求的现金余额。因此，即使它们拥有超出当时需要的现金，它们也不愿意上交给公司。

比如，我记得当时的别克就非常厌恶向公司上交现金。当然，这个盈利部门是公司最好的现金来源，而长期的经历使得别克的财务人员擅长拖延报告他们手中的现金量。别克一直在它的工厂销售部门保留大量的现金。直到别克提交整个事业部的月度财务报告时，总部才能弄清楚这笔现金的数额——但是通常这已经滞后于事实一到两个月了。当公司需要现金时，当时的财务主管迈耶·普兰提斯就开始试图猜测别克实际拥有多少现金和能够从它那里提取多少现金。然后他就会前往弗林特和别克讨论与总部相关的其他问题，然后不经意地谈到现金问题。别克的财务人员总是一如既往地对普兰提斯先生所要求的现金数量表示惊讶，并且偶尔还会试图抵制这种要求。这种猫鼠游戏自然无法最有效地利用好资金，尤其是在有些事业部掌握着超出其运营需要的现金，而另一些事业部缺乏运营资金的时候。

1922 年，通过设立一个统一现金控制系统彻底改变了这种情况。对于大公司而言，这是一个新概念。我们以通用汽车有限公司的名义在美国大约 100 家银行中设立了储蓄账户，所有的收益都必须存人这些账户。所有的提款都必须接受总部财务部门的管理,各事业部无法控制这些账户之间的现金转移。

有了这个系统,银行间现金转账就可以自动完成,而且非常迅速。公司财务部门根据开户银行的规模和账户的功能为这些账户分别设定了最高限额和最低限额。一旦某个账户的资金超出了最高额度,则超出最低限额部分的现金就会通过联邦储备系统自动转移到公司的几个储备银行中去。这些储备银行中的账户也只接受公司财务部门的管理。事业部需要现金时,可以向总部申请转账。一个城市里多余的资金可以在两三个小时内转移到位于需要现金的事业部去——尽管它所在的城市可能位于国家的另一端。

由于取消了事业部间的现金结算,现金的转移量也减少了。我们建立了公司内部的结算程序,总部的财务部门扮演了事业部间票据交换所的角色。公司内部结算证明取代了现金的作用。

现在,我们还可以考虑销售计划、工资册、物料付款清单和其他内容,提前一个月做好每天的现金使用计划。我们将公司每天的现金实际使用情况同这一预测数据进行比较,如果二者发生偏离,我们就会试图找出偏离的原因,并在适当的运营层面采取相应的修正措施。

新现金系统的一个额外作用就是提高了通用汽车的信用借款情况。通过和很多银行建立良好的合作关系,我们建立了良好的信誉,从而在需求激增的时候可以调动更多的资金。通过降低我们在银行里的现金余额,这个系统也使得我们能够将多余的现金投资到短期政府债券上去。这样,死钱变活钱,提高了公司的资本使用效率。很多人对这个系统的创建贡献颇多。拉斯科博先生最早看到了它的需求。他要求普兰提斯先生准备这个计划。普兰提斯先生在其他人的帮助下设计了这个系统的纲要。总的来说,通用汽车现在还在使用他们所开发的技术来控制现金。

库存控制

当时最严重的问题就是库存问题。我在前文已经提到,由于各事业部经理们无约束地采购原材料和半成品,到了1920年10月,公司的总库存已经达到了20 900万美元,远远超出了执行委员会和财务委员会的规定的 5 900 万美元的限额,也远远超出了当时各工厂的生产用量。我还提到,作为临时应急政策,财务委员会接管了库存控制的权力,并任命了以普拉蒂先生——他是杜兰特先生的助手——为首的库存委员会来试图将库存纳入可控的范围。

约翰·普拉蒂是我所知道的最优秀的业务管理人员之一。他最初是一个土木工程师,1905 年加入杜邦公司,从事工厂布局和建设工作。1918 年,他成为杜邦发展部一个下属机构的负责人,当时该机构正在为通用汽车提供帮助。他和杜兰特先生关系密切,1919 年,他应杜兰特先生的邀请加入通用汽车,成为杜兰特先生的助手。普拉蒂先生在通用汽车做了大量高层次的工作,他负责了电冰箱的研发和生产工作。他继我之后成为配件事业部的负责人。多年来,普拉蒂先生、布朗先生和我在运营工作上长期合作,共同处理问题。你也可以说在我担任总裁期间,普拉蒂先生就是我的替身。他在坦率而简单地处理大问题方面的能力非常强。他总是能一针见血,切中要害。

在普拉蒂先生后来写给拉斯科博先生的信中说到,1920 年危机期间,"库存委员会的第一步"就是"以通用汽车有限公司的名义向所有事业部总经理发出一封信,要求他们在库存委员会与他们一起评估完当前的形势并决定应该采购的内容和不应采购的内容之前,不准进行任何采购……这些工作的大部分内容就是在各事业部总经理的办公室里和各位总经理详细检查他们的库存情况"。

停止采购的工作通常通过事业部的经理们与供应商的协商谈判解决,我只知道出现过一次起诉的情况——这是发生在拖拉机业务部门,而不是汽车业务部门的事情。就这样,各事业部终于被纳入控制系统之中。在普拉蒂先生的备忘录中这样写道:"物料流入停止之后,各个事业部的总经理会向库存委员会提交一份月度预算报告,其中将对后四个月的销售境况进行估计,并估计为了满足这些预测销售量所需的物料和付款计划。库存委员会将仔细审查这些计划,并与该事业部的总经理共同讨论。达成一致意见之后,库存委员会就会向该事业部发放该月生产所需的物料。"他们通过这种方式控制住了一度失控的库存,并且还降低了库存,节约了现金。比如,库存水平从 1920 年 9 月底最高的 21 500 万美元降低到 1922 年 6 月的 9 400 万美元,库存周转率从 1920 年 9 月的每年两次提高到 1922 年的每年四次。

布拉德利先生提醒我,在这次经历中,我们所学习到的精髓就是削减库存——尤其是在业务下滑的时候削减库存——的唯一途径就是降低物料和储备的采购量和合同量。很明显,是吗?并不完全是。总之,我们花了很长时间才从经验中学会这一点。那个时期的总经理们和终端销售人员一样乐观——或许现在还是这样。他们总是认为销售量将上扬,从而将库存带入正轨。当预期的销售上扬未能实现时,就出现了问题。因此,针对库存上升问题,我们学会了对预期销售量上升持怀疑态度的解决方案。我们认为应该降低当前的库存和采购量,因为我们知道如果能够得到实际销售情况的保证,我们可以很快提高库存的水平。

可以说,我前文述及的紧急措施使得公司能够真正掌握公司的运营。但是,这种集权模式并不符合我们通用汽车恒久的做事方式。我们很快又开始向分权管理的方向转变。

唐纳森·布朗在 1921 年 4 月 21 日向财务委员会提交的报告中提出了一种长期库存控制政策,内容如下:

> 相信致使库存委员会成立的危急形势已经过去。现在是解散这个委员会并将相应的库存控制权以及其他相关权力归还给运营副总裁的时候了。
>
> 库存委员会的职能一直是根据运营单位的物料供给情况来评判生产计划,在某些情况下,还可以具体授权或否决某些超出当前运营需求的物料采购计划。
>
> 必须正视各运营单位在库存控制中的主导地位。在财务委员会下面插入一个库存委员会,并且得到库存控制的授权,这造成了权力的重叠,在正常情况下,这并没有什么好处,因此我认为这种做法不可取……

换句话说,现在到了抛弃这一领域的应急措施的时刻了。我们需要提出并应用新的、更广泛的政策。关键问题在于要确定一个能够避免重现 1920 年危机的库存政策。最后，布朗先生建议在财务政策和各运营事业部间建立新的关系。他写道：

> 考虑到 [库存和合同量] 涉及了运营资金的需求问题，库存控制中必须要能够反映财务委员会的声音。但是，这最好是通过政策规则来完成，而不要试图通过直接的行动来实现。此外，这种做法不仅符合逻辑，而且也非常合理，因为负责运营的副总裁或者首席执行官通常会注意观察各事业部的库存是否符合财务委员会的政策，或者符合最佳实践的做法。
>
> 公司的财务部门将积极参与此事，并且应该随时跟踪形势的发展，从而财务委员会可以通过定期的财务预测和其他报告来尽量完整地了解公司的情况以及预期的资金需求。

这些材料简要描述了建立通用汽车新财务控制系统的最初几个切实步骤。它们于 1921 年 5 月得到了财务委员会的批准，成为公司的政策。库存委员会解散了，库存管理的权力又回到了事业部的手中。控制的手段变成了各部门对未来 4 个月预期业务量的预测，并汇总到时任运营副总裁的我这里，也就是说，这些材料在 1921 年中期之后才送到我这里。这些预测对库存控制非常关键，我的任务就是评估并批准这些预测。事业部的经理们可以购买物料，但是他们只能根据他们生产计划中批准的汽车制造数量来决定采购数量。

生产控制

无论如何，应该注意到这些于 1920~1921 年危机期间发展出来的措施，无论是在概念上还是在实践上，它们针对的对象主要是未完成的产品和与此相关的采购合同。已完成产品的库存这一更令人望而生畏的问题还一直没有解决。这不仅包括销售手中现有汽车的问题，还包括控制汽车生产水平的问题。为了协助处理这个问题，我们扩大了前面提及的四个月预测的范围，使其不仅包括工厂投资、运营资金和在制品库存，还包括对销售量、产量和收入的预测。这一扩大化的预测过程由各事业部发起，并于每月的 25 号汇总到我手里。预测的时间包括了当前这个月和随后的三个月。在咨询了负责财务的副总裁之后，我会根据这些预测来批准或修订各事业部的生产计划。长年的这种工作让我和布朗先生结下了长久的伙伴关系——在我担任总裁之前和之后，我们一直保持着这种关系。我对生产计划的许可是各事业部经理继续生产、安排采购和签订交货合同的基础。

这一程序为通用汽车首次引入了正式的预测工作。在1921年的紧急事件之前，唯一能够称得上是预测的工作就是由财务主管向财务委员会提交的报告。他的预测覆盖了销售、收入、运营资金、公司整体的现金状况，对公司的总体财务规划非常有用。然而，这一报告并没有反映出各个事业部对自己的运营结果的估计，实际上，这份报告的编写甚至都没有按照事业部进行分解。因此，事业部的经理们很难完成由不熟悉他们情况的人所做出的预测。这就导致这份预测对于评价和控制事业部的运营计划几乎没有什么作用。由于财务主管与客户关于销售的预测基本上和假设差不多，所以其准确性并不高。

1921年，新领导班子也同样缺乏用以制定生产计划的数据，但是我们仍然必须排除困难前进。考虑到商业运营的规律，我们必须为春季销售准备好库存。然后，在新车型年开始前的三四个月，也就是6月和7月，为了在新车型年中取得平衡，我们不得不对销售量进行估计，以争取在新车型出现之后能够尽量清空老车型的库存。这种估计是很难改变的，因为我们必须根据这一估计来计算所需物料的准确数量。我们的估计程序长年来演变了不少，但是在原则上，我们还是在做同一件事。

当然，预测中最关键的因素就是预期销售量，这个数字决定了需要制造的汽车数量。我们还需要知道生产水平以确定能够在指定的日期生产出指定数量的汽车来，而为了支持这一生产过程所需物料的准确数量就可以通过完全技术性的计算得出了。这一点相对简单。所以，真正的问题就在于预测我们能够销售多少汽车。

为了尽量保证预测的准确性，我们将这个责任直接交给了各事业部的总经理，因为他们距离消费者更近，更了解销售趋势。1921年开始，我要求各事业部总经理每月10号、20号和月底那天就这

10天来的真实产销量向我提交报告。同时，我还要求他们在每月底向我汇报还有多少订单尚未完成，他们的工厂里还有多少成品库存，以及他们估计经销商手中还有多少汽车。当时这样的报告——尽管他们对经销商库存的估计很粗糙——是一种很新颖的东西，并且在好几年间，它们是通用汽车确定汽车生产需求量的唯一事实依据。

总部和事业部信息系统之间最大的鸿沟存在于零售环节。我们知道我们的事业部向经销商销售了多少辆汽车，但是我们不知道这些汽车在大众市场的销售速度。我们和实际的零售市场一直没有建立起联系。各事业部的经理就经销商手中的汽车总量向我出具月度报告，但是他们中的大多数在做估计的时候并没有要求他们的经销商给他们提供当前的数据。这种方式限制了我们对市场趋势变动的敏感，并且使得总部人员预测销量时只能使用质量较差的数据，而且通常还是几个礼拜之前的数据。这种时间迟延非常危险，实际上，它成为新一轮危机的来源。

1922年开始，我要求各事业部经理除了常规的四个月预测之外，在每年末还要就下一年度的预期运营成绩提交报告。这个年度估计报告中实际上包含了三个不同的预测，因为我要求他们以悲观、保守和乐观三种方式对来年的销售量、收入和资金需求进行预测。我们并不把这些报告当作是承诺，因为它们并不是很准确。短期预测的准确性一直都很好，1922年和1923年的长期预测效果也还不错，但是1924年的预测就高得太多了。那一年，即使是悲观的预测也高得太多了。

这是有原因的。1923年的形势非常火爆，以至于我们的一些汽车事业部——尤其是雪佛兰——因为无法提供足够的汽车而流失了不少潜在的客户。大多数事业部经理都以这一情形去预测1924年的销售量以争取不再因为产量不够而造成消费者流失。他们为1924年上半年制定了极高的生产计划。有些事业部经理在1923年冬天就要求超越他们当年的生产许可以为来年春天的销售做好准备。我建议财务委员会批准他们的请求，而财务委员会也这样做了。

尽管当时我也相信销售量仍将上升，但是同时我也认为有些事业部增产的速度超出了销售情况自然改善的速度。我要求几个事业部经理再考虑考虑他们的生产计划。他们都告诉我,在他们看来,生产计划没有问题。

危险的信号在1924年初开始出现。在我于1924年3月14日向执行委员会和财务委员会提交的一份报告中,我指出公司和整个行业现在压在经销商、分销商以及各分支机构手中的汽车比以往任何时候都要多。与上一年度同期相比,1923年10月到1924年1月4个月的销售和生产数据表明,我们的生产上升了50%,而销售到最终消费者手中的汽车却减少了4%。现在就体现出时间迟延了,直到1924年3月的第一个礼拜,我才得到这些数据。

我警告各事业部经理警惕这个问题,并坚持要求雪佛兰和奥克兰德大幅度削减生产计划。事业部经理们非常不情愿地屈从了。直到3月底,还有一些人坚持认为他们那令人失望的销售数据完全是恶劣天气造成的,一旦天气好转,火爆的销售局面将证明他们最初的生产率预测的正确性。

当时我考虑的不是当前的库存,而是7月1日可能出现的危险的过剩。布朗先生的数据表明所有的情况都不太妙,尽管我对这些数据非常震惊,但是,我对否决那些负责销售的事业部经理们的决定仍然备感踌躇。统计人员和销售人员之间通常总会存在着一些冲突,因为销售人员会自然而然地认为他们能改善统计情况,而且他们也确实经常做到这一点。而我则站在布朗先生和事业部的中间——当现实冲突发生时,我通常都站在中间。布朗先生和我拜访了一些经销商,现场考察了分销问题,在此过程中,我认识到3月份的生产调整还不够,7月份将出现过度生产的报告已经不只是一种可能,而是板上钉钉的事情了。大公司的首席执行官很少有机会通过检查库存来亲眼看到生产过剩的结果。但是汽车的个头非常大,非常好数。在圣路易斯,我的第一站,然后是堪萨斯、洛杉矶,我站在经销商的场地里,看着大量的库存汽车成排地停放着。这一次统计人员是正确的,销售人员出了错。每个地方的库存都严重超限。

在我担任通用汽车首席执行官期间,我只发布过几个特别干脆的命令,这次就是其中之一。这个命令要求所有的事业部经理立即削减生产计划——整个公司的减产规模达到了每月3000辆。通过急剧的减产，我们在几个月的时间里将经销商库存降低到了一个可以管理的水平，但是，公司解雇的员工却承受了巨大的经济压力。

1924年7月13日，财务委员会要求我为未能预测并阻止这次过量生产做出解释。财务委员会的决议要求我解释我们的生产计划是如何制定的，谁应该对春季和夏季经销商手中的过量库存负责，以及我们应该采取什么措施以防止这种情况的再次出现。财务委员会的问题如下：

第一，在制定生产计划的过程中，采取了怎样的程序？

第二，2月25日的预测指出，到2月底，整个库存将达到大约236 000辆，那么，4月份计划生产101 209辆汽车的依据是什么？

第三，为什么各运营事业部没有早点采取行动以大幅降低生产计划，从而使其与系统中的库存及消费者需求保持一致？

第四，以后将采取什么措施来保证对生产计划的有效控制，以防这种过度生产的局面再次出现？

第五，以后将会采用什么方式将这种情况通知财务委员会，从而使财务委员会能够确定当前对面向消费者的销售情况是否与委员会对当前总体经营情况的判断一致？

在我于9月29日给财务委员会的答复中，我谴责了一些事业部，特别是雪佛兰和奥克兰德。我指出，只有凯迪拉克是根据最终客户的销售情况来指导生产计划的，其他的事业部则采取了各种各样的方式来制订生产计划，这些方式的共同之处就是认为只要将产品交付给销售商或分销商，销售工作就已经完成了，公司没有必要关心后续的情况。我们对1924年事件的反应构成了我们生产计划控制程序发展史上的转折点。当时我在给财务委员会的报告中这样写道：

第一，到1924年7月1日为止，产品计划的制定方式多种多样。计划的制定者大多都认为只要将产品交付给销售商或分销商，销售工作就已经完成了，公司没有必要关心后续的事务，只要能够迫使经销商或分销商将汽车运走，他们就认为整个局面非常好。

第二，从未针对基础性的问题展开过研究。我的意思是，尽管能够反映真实销售情况的消费者购买汽车数量这一数据在过去的两年里多多少少都能收集到，但是公司在准备生产计划的时候从未利用过这个数据。

第三，1924 年 7 月 1 日，我们开发了一种基于上述基础数据的、完全科学的生产计划制定方法。各运营事业部和公司之间明确地落实了制定生产计划的责任，后者对这一职责分配非常满意。这一名为"月度消费者交货、生产、库存和销售量预测"程序的内容已经提交给贵委员会，但是，为了报告的完成起见，讲述如何根据消费者交货预测进行生产需求分析的内容（"演示 A"）也作为本报告的附录一并提交给了贵委员会。

第四，生产计划手段缺乏适当而基础的发展这一情况并不仅仅局限在通用汽车的事业部内，事实上，整个行业采用的都是同一种方法。这种情况就是造成一般汽车经销商陷入当前经济状况的原因——这种经济状况在我 5 月里实地考察之后向贵委员会提交的报告中已经有所提及。

第五，仔细考虑之后，我代表公司发布了一项声明，经销商、分销商以及汽车杂志的编辑的评论表明，该声明已经得到了其他汽车制造商的认可，他们认为这是一项有价值的服务，并开创了业界的先河，他们将来也会这样做。

在我那时给财务委员会的说明里，我总结了我的个人感受：

(a) 这更像是对通用汽车有限公司和整个行业的反思，以前居然从未做过这种事情。然而，和很多其他现在还没有发展完善的问题一样，我们应该认为这是一个还未稳定下来的行业中的自然现象。

(b) 我认为，毫无疑问，通用汽车现在已经绝对控制住了生产计划。我还认为，公司的经销商政策和其他站在制造商立场上的类似声明表明，公司新近颁布的政策将很好地帮助经销商改善经济状况，这将对整个行业——通用汽车是其中的重要组成部分——起到巨大的作用。

之所以叙述1924年的这段小插曲，是因为它的后果。它标志着通用汽车合理有效的生产控制的开始。从某种最重要的意义上讲，这是在将通用汽车里两种类型的人的工作调和到一起来——从本质上看，这在任何向分散的客户群销售产品的公司都是一样的。一种类型的人就是销售人员，他积极、乐观，相信通过他的努力可以改变整体销售状况；另一种人就是统计人员，他将其分析建立在客观的、广泛的需求数据基础之上。解决这两种人的观点的冲突，将会得到很多收获，比如，我们可以预测经销商会消化掉多少库存。在我们还没有协调好生产水平与季节性销售高峰之间的关系的时候，这种冲突表现得尤其激烈。当然，这一冲突背后的基本问题就是生产控制问题。

这里面涉及两件事：首先是关于预测的艺术，其次是证明预测失误之后缩短反应时间的问题。即使在使用了现在复杂的数学预测工具之后，预测失误的情况也时有发生。

由于我们总部的人已经开始开发总结事实、进行分析的工具，所以我们在预测整个车型年内全行业需求量和各事业部产品销量方面比各事业部的处境稍稍强出一些。由于生产计划、经销商库存水平以及财务计划在很大程度上都依赖于模型运行的结果，我们在1924年决定在全公司范围内建立起正式的客户需求估计机制，即对整个行业于下一年度在所有价格区间面向最终消费者的汽车销售量的估计，并对照通用汽车在各个价格区间的市场占有率，并将该估计结果同各事业部经理的预测关联起来。这一全公司范围的预测的基础是公司在过去三个销售年度中的真实经历和对下一年度业务状况的总体评价。

我们于1924年春天真正迈出了对事业部进行限制的第一步。布朗先生和我根据上述思路对整个公司以及各个事业部下半年的业务量进行了估计。我们将这个预计的销售量称之为"指标销售量"，即这个数字可以看作是接下来的12个月销售工作的指示器。在运营委员会批准了这个指标销售量之后，我于1924年5月12号向所有的事业部经理发出了一封信，要求他们基于这个指标对1924年后6个

月的情况进行预测。这封信的部分内容如下:

> 此前我们一直将这些以业务量为基础的估计 [事业部销售预测] 交由各事业部自行进行。从这次对下半年的预测开始,我相信我们将迈出建设性的一步。我的意思是,运营委员会已经确定了从 7 月 1 日开始的制造年度的公司整体业务趋势……这样,我们就能够提供更具体的信息,从而帮助我们的事业部对他们的运营成果进行更准确的预测。
>
> ……我相信,这是通用汽车第一次从整体上明确而逻辑清晰地描述了未来一年的走势。当然,这一趋势也可能发生变化。下半年的趋势可能改善,而且我个人相信确实能改善。它也可能变差,但是我很难相信会存在着变差的可能。无论哪种情况发生,我们都将按照这种方式逐月进行调整,从而预防剧烈的震荡——而这正是此前整个行业以及通用汽车的典型特征。

那么,这个关于统计的内部冲突最终应该归结到什么上呢?本质上这是一个统计控制与推销术之争的问题,并在 1922 年的宏观经济衰退及随之而来的 1923 年经济繁荣中尖锐化起来。当时销售人员和总经理们都被"好风凭借力,送我上青云"的假象所迷惑。在我们当时极度分权的体制下,我只好让他们搭这班顺风车。这样说并不是因为对他们有偏见,事实上当时我也没有充足的理由来反驳他们的直觉。正如我前面所言,当时的信息迟缓而又不可靠。之所以说信息不可靠,是因为那些信息既不准确,又不够综合。这些信息是由经销商库存和未完成订单推出来的。对于一段时期的信息而言,这已经很不错了,但是问题的关键正是这一信息收集周期。我们对最近五六个礼拜的汽车实际销售量一无所知,因此,这段时间差里就完全依靠猜测——一边是拿着趋势曲线的统计人员,一边是乐观的销售人员。我已经说过,我没有任何办法来对争论的双方进行裁决,所以我只能站在中间——对于首席执行官来说,这不是一个舒服的位置。

因此,我们首先需要用下一车型年销售量预测来限制各事业部。但是,由于市场的变化很容易就会推翻这一预测,因此还需要进一步开发更为准确的方法来使我们可以放弃（或者说，超越）这种预测手段，或者对这种预测进行调整。记住，在汽车业中，离开了规划和计划，你将寸步难行。这是一个用反映未来的数字来指导我们开展工作的问题。这里的关键就是预测和修正，二者同样关键，因为生产计划以及实际生产水平所对应的加工费用和其他准备工作都依赖于几个月前所做的、对这个车型年的预测。在新的车型年开始之后，尽管这个指标销售量经常需要修订，但是它仍将在后续的6到8个月里起到指导作用，然后会决定一个不容更改的生产计划来作为车型年的结束。当然，虽然相关问题会提前作出决定，并且无法更改，但是，在新车型年开始之后，新的信息收集手段的准确及时使得我们能够将其作为一种控制机制来对其他因素进行基本的协调。这就是我们在1923年至1924年得到的教训，这些教训引发了下面的举措。

我们于1924年和1925年开发出一种统计报告系统，经销商使用这个系统每10天将数据报至各事业部。这些报告的核心是这10天里经销商向消费者销售的轿车和卡车的数量、二手车的成交量以及经销商手中新车和二手车的库存总量。销售商的二手车库存会妨碍新车的销售，因此二手车的库存量也很重要。有了这些10天一更新的信息，各事业部现在就可以全面而综合地了解整个市场形势了，而各事业部和总部的统计人员就可以采取修正措施，而预测的准确性也大大地提高了。

为了进一步帮助预测销售量，我们还使用了零售量这一独立数据作为经销商十天报告的补充。从1922年底开始，我们开始从波尔卡公司获取定期的新车上车牌情况报告（行业中任何一家公司都可以获得这份报告）。由于这些程序的存在，公司的生产和计划已经具备了严格的基础，而各运营事业部的职责和公司对生产计划制定过程的管理职责也得到了明确的界定。

我们采取了各种方法来精炼、改善零售销售量的估计技术，分销和财务人员在市场分析方面已经取得了一定的进展。1923年，公司销售部门基于当时流行的"需求金字塔"（布拉德利先生于1921年提出）理念对整个汽车市场进行了一个全面的研究。这个研究试图预测后续几年里的市场容量发展趋势、各价格区间的市场潜力、降价对市场容量的影响、新车和二手车的全面关系以及所谓的"饱和点"将在什么时候到来。这份报告低估了汽车市场的未来增长,但是,它所使用的综合分析方法却代表着汽车业在市场分析技术上的重大进步。特别是以往对各价格区间市场潜力的研究从未达到过令人满意的程度。而且,1923 年的研究还证实了潜在汽车需求和美国收入分布情况之间的关系。有了这些知识,我们就能更好地认识需求金字塔的意义,规划好我们的销售战略和产能。

1923 年的研究未能准确地预测未来市场增长情况的大部分原因是,它低估了两个因素对我们新车销售的影响。第一个因素就是持续的产品改进过程通过提高产品的性能价格比刺激了消费者的需求,第二个因素就是持续的经济增长以及宏观经济环境对各年销售量的影响。针对后一因素,布拉德利先生后来在关于市场潜力的一篇文章中引入了这样一个概念,即汽车销售量和总体经济活动水平之间存在着一定的关系。他和他的助手们进一步研究了汽车销售量的升降与经济周期的关系,并得到这样一个结论,就是在国民收入上升的时候,汽车销售量会以更快的速度上升,而当国民收入下降的时候,汽车销售量会以更快的速度下降。随着宏观经济状况统计材料的增多,我们的技术得到了不断的精炼,而且,汽车销售量和个人收入之间的关系也得到了证明。直到现在,汽车销售量和个人可支配税后收入仍然存在着这种关系。

回到生产控制的话题:一旦一个事业部的年生产量得到了较好的预测之后,这个事业部总经理的问题就是如何在保证必要的季节性波动的同时尽量平滑地安排生产。这实际上并不简单。在某种程度上,汽车业仍然是季节性的,这一点在 20 世纪 20 年代早期,我们的公路状况和封闭型汽车还没有得到改善的时候表现得尤其明显。我们只能通过采用折价贴换交易等财务刺激手段来激发经销商的淡季进货积极性。

从方便销售商以及对制成品库存最节省的控制角度出发,工厂应该调整产出水平以适应季节性波动。这种做法将降低产品过时的风险,并降低经销商和生产商双方的制成品库存。另一方面,从工厂设备利用率、劳动力利用率以及工人福利的角度看，稳定的生产水平或者尽量接近稳定的生产水平才是最佳选择。经济地销售和经济地制造这两种思想之间出现了不可调和的矛盾，这就需要通过规划和判断在二者之间找出一个合理的平衡。

总部人员采取对年销售量进行季节性分析的方式来帮助各事业部经理解决这个问题。他们计算了各事业部必须维持的日常库存最小值以及每四个月预测结束时的最大季节性需求量，并计算了这两个值之间的差距。收到经销商的10天一报后，每个事业部的总经理都会将这些数字同本月预测进行比较，并审查自己的生产和采购计划。这是这件事的核心。如果销售跟不上预测，则需要降低生产水平，反之，他就要在工厂产能允许的范围内提高产出水平。各事业部总经理每个月都要对他下四个月的预测进行调整，使其能够符合当前的销售趋势。我们并没有制定一个必须遵守的四个月生产计划——无论外界实际需求如何变化，我们都坚持不变——我们现在已经能够根据销售趋势的变动对生产计划进行及时而必要的调整了。我们能够在保证各事业部以及经销商手中的库存不低于最低保障库存的前提下使生产水平尽量与零售市场需求保持一致了。

因此，最后更重要的事情不是车型年指标数据的准确性，而是通过迅速的报告和调整获得对实际市场需求的敏感。对信息客观而系统的利用使得在总部和事业部出现了一种协调作用。它降低了诸如1924年那种失去理性的冲突再次发生的可能性。它同时也对支出、就业、投资以及类似问题起到了基础性的控制作用。

这些新预测、计划手段在运营方面的成效卓著。物料库存保持在最低水平。1921年，物料、在制品、制成品的总库存周转率大概是每年2次，到了1922年，库存周转率提高到了每年4次，而到了1926年，则达到了每年7.5次。生产性库存（总库存减去制成品库存）周转率的改善状况就更为明显了，它在1925年达到了每年10.5次。

稳定就业方面也取得了一定的成效。但是平稳生产的问题直到今天还没有解决，而且很可能以后也没法解决，这可能主要是因为无法对充满不确定性的未来进行完整的预测所导致的吧。其他的问题——周期性的和季节性的需求水平变动和车型变动的影响，大众购买习惯的影响——也对平稳生产造成了影响。总之，事实上我们在预测方面取得了很大进展，但是在平稳生产方面取得的效果并不比今天的做法要强。

当前生产计划和最终消费者销售情况的一致还改善了经销商的库存周转率，从而也改善了他们的经济情况。1925年，通用汽车美国经销商的新车库存周转率达到了每年12次，比以往的最好情况高出了25%。

我们的生产控制系统在1925年基本上算是建设完毕了。从那之后，这一领域的主要工作就是精益求精了。

对分权运营的事业部进行协调控制的关键

尽管在拨款、现金、库存和生产等几个具体领域已经建立了相应的控制，但在一般性问题上还存在着问题：我们应该如何在符合公司分权管理组织原则的基础上对整个公司进行长久的控制？我们从未停止过对这个问题的探索；实际上，我们尚未找到一种既不损害当前的分权结构，又不背离我们的分权思想的解决方案。由于20世纪20年代早期的通用汽车遭遇过这些问题，所以我在前面的章节中对此问题也从理论和实践两个方面进行了一些探讨。但是这些探讨还不够深入。前面采用协调控制的方法处理组织问题主要是从财务的观点出发的，这里面的关键就在于如果我们能够对运营的效果进行评价和判断，我们就能让负责事业部运营的那些人来对他们的成绩进行评判。这些方法——后来证明都是财务控制手段——将投资回报率的一般概念转换成了具体量测各事业部运营的重要工具。通用汽车财务控制的基本元素就是成本、价格、销售量和投资回报率。

回报率是一个关于业务战略原则的问题。我并不是说回报率是对业务经营的所有情况都适用的魔杖。有时候你必须为了维持在行业中的地位而花钱，这时候你会顾不上考虑回报率。竞争是价格的最终决定因素，有竞争力的价格才能带来利润，为了保持价格的竞争力，你可能会被迫接受一个比你的期望值低一些的价格，甚至是承受暂时的亏损。发生通货膨胀的时候，在用等价物对资产进行估价的时候，回报率的概念就面临着资产低估的问题。不过，在我所了解的所有财务原则中，回报率是进行业务判断时最客观的工具。

就像曾经支配了杜邦公司以及此前的一些其他美国企业家一样，自1917年以来，这个原则就一直支配着通用汽车的财务委员会。我不知道这个概念的最初起源。即使是头脑最简单的投资者也会用他在股票、证券或者储蓄账户上的盈利和他的投入相比来衡量他的盈利状况。因此，我认为所有生意人都会使用他的总投资来评价他的总收益。可以说，这是一条游戏规则。还可以用其他的量测手段来评价业务经营效果。比如，销售利润，市场渗透度，它们都无法取代投资回报率。但是，问题并不仅仅是在一段特定的时间里使投资回报率最大化。关于这一点，布朗先生认为，这一问题的根本出发点应该是使长期平均投资回报率最大化。根据他的这一理念，通用汽车的经济目标不是追求可能达到的最高投资回报率，而是追求与可占有的市场份额相匹配的最高投资回报率。随着业务的稳健成长，自然就可以带来最高的长期投资回报率。我们将这一概念称之为"可达经济利润（Economic Return Attainable）"①。

唐纳森·布朗先生来到通用汽车，也带来了相关的财务标准。这是一种针对管理效率、从业务的各个方面——财务控制、考虑预期生产需求的投资计划、成本控制及其他类似问题——确立行为规范的方法。换句话说，布朗先生充分发展了投资回报率的概念，并使

---

① 布朗先生这样写道：

"一个垄断的行业或者某种特殊环境下的某种业务，有可能维持着高价格，并从有限的产量中得到非常高的资本回报率。但是，这是以牺牲掉行业整体的扩张为代价的。降价可能会扩大需求，尽管资本回报率会有所降低，但总销售量增长所带来的好处是巨大的。现在的限制因素在于资金的经济成本、促进销售增长的能力以及降价带来的需求增长幅度。

"因此，非常明显，管理的目标不是追求可能达到的最高投资回报率，而是追求与可占有的市场份额相匹配的最高投资回报率。需要注意的是，要保证销售量增长所带来的边际收益不可低于所追加资金的边际经济成本。因此，最根本的问题就是各项业务所用资金的经济成本。"（"定价策略和财务控制的关系"，发表于《管理与行政》，1924年2月）

其既可以评价各事业部的运营效果，又可以评价宏观的投资决策。他的这一概念可以用方程式表达，从而可以直接计算投资回报率。杜邦公司和通用汽车现在还在使用这个概念评价各事业部的绩效。然而，这本书并不是用方程的形式展示这项技术的地方。我只会从财务控制的角度对它的一般概念做个简要介绍。

当然，投资回报率受到业务中各项因素的影响。因此，如果一个人能够看出这些因素是怎样分别作用于投资回报率的，他就完全看透了这项业务。为了深入了解这样的规律，布朗先生将投资回报率定义为利润率和资金周转率的函数（二者相乘得到投资回报率）。如果你弄不懂这一点，那就不用管它，只要记住下面这句话就可以了：你可以通过提高与销售相关的资金周转率或利润率来提高你的投资回报率。布朗先生将这两个元素——利润率和资金周转率——做了详细分解，你可以将这理解为通过对指标的合成和分解，来了解业务运营中利润与亏损的结构，从本质上讲，这是一个将事物逐渐可视化的过程。奇特的事情是，它使我们创建一些详细的标准来量测运营资金及固定资金需求，理解成本中所包含的内容。为了制定商业费用和制造费用的标准，布朗先生使用未来规划对过去的绩效进行了修订，并制定了相关的标准，并与实际情况的发展相比较。这种财务控制原则的核心就是上述的比较。布朗先生对他的理论进行了生动的说明，比如，他举例说明了库存规模和运营资金对各事业部资金周转率的影响以及销售费用对利润的拖累。

为了使这一概念发挥作用，所有事业部经理都必须就他的运营成果提交月度报告。这些报告中的数据由总部财务部门按照标准格式进行整理，从而为使用投资回报率对各事业部进行评价提供标准的基础。各事业部经理都将得到评价结果，而且该文件中通常还指出了该事业部的相关问题。许多年来，各事业部都通过这个结果了解自己在公司中的投资回报率排名。

高层经理定期研究这些事业部投资回报率报告。如果情况不令人满意，我或者其他的总执行官会和该事业部总经理就需要采取的纠正措施进行协商。当我还是首席运营官的时候，我在拜访各事业部的时候总会带着一个黑本子，里面系统地打印了各事业部的历史信息和预测信息，还包括各汽车制造事业部的竞争地位。数字并不能自动回答问题，它们只能暴露出一些事实，基于这些事实我们可以判断一个事业部的行为是否与它的期望值保持一致，这可以在他们的绩效和预算中得到反映。

这些早期的投资回报率表——经过一些修订，至今仍在通用汽车中得到应用——是在将投资回报率作为绩效标准的重要意义方面对我们的运营人员的第一次教育。它为执行官们的合理决策提供了量化的基础，并为通用汽车的一个最重要特色打下了基础。这一特色就是，努力追求开放的交流，客观地考虑问题。

开始的时候，我们的方法存在很多明显的局限性。比如，直到制定了统一、一致的标准之前，事业部上报的报告根本无法用于评价。口径统一非常重要，离开了它就很难进行财务比较——或者根本不可能进行财务比较。因此，当时最急迫的任务之一就是加强总部和各事业部会计系统的力量，并在整个公司里推行标准的会计报表格式。整个公司的会计分类标准化工作终于在1921年1月1日得到了完成。一本具体描述统一会计作业的标准会计手册于1923年1月1日开始在整个公司内部实行。为了协调各事业部财务人员和总部财务人员的关系，我们于1921年重申了事业部审计员的双重职责——1919年，我们规定事业部审计员不仅要对事业部总经理负责，还需要对公司审计员负责。

统一会计作业的发展使我们能够对各事业部内部情况进行分析，并可以将一个事业部的绩效同其他事业部相比较。但是，同样重要的是，这种统一会计作业——尽管中间也存在着一些例外——从实际生产成本和开发运营效率标准两个方面为我们的管理成本会计提供了指导方针。

标准产量的概念

一方面，我们大力发展并应用投资回报率的概念，而且在标准化相关程序方面取得了很大进展；另一方面，1925年之前，我们一直没有明确的指导目标以供我们在进行成果评价时参照。特别是由于产量变动的影响，我们的成果呈现很大的年度波动，这为我们的评价工作带来了很大的困难。因此，1925年开始，我们采用了布朗先生发展出的一种概念，这个概念将明确的长期投资回报率目标同多年的平均产量期望值或者说"标准产量"对应起来。我们认为，长期投资回报率目标的存在将为评价运营效率和竞争压力对价格的压力提供非常有用的标准。采用这种方法之后，我们就不会遗忘对长期盈利目标的关注，同时，在评估我们的价格的时候，我们总会密切关注在实现我们的目标的过程中，竞争起到了多大的阻碍作用。当然，布朗先生所提出的只是一个理论概念，因为实际运营结果是由竞争决定的实际价格和当年实际发生的成本共同决定的，而与当年产量无关。但是，通过应用这个与短期产量波动无关的标准，我们可以评价当前成果与我们的长期目标之间的偏离程度，并且可以对潜在的原因进行彻底的分析。这个概念是对我们的管理哲理——定义一个构思合理的理论参照体系，从而引导我们去处理现实管理中的各项事务——的最佳阐释。

标准产量的概念是一种以多年平均产量为基础来对我们及各事业部业务的长期绩效和发展潜力进行观察的方法。为了将这个政策确定下来，并建立相应的程序，我在1925年5月这样写道：

> ……我们的股东所关心的是一年的回报，年度回报的平均值公正地体现了我们所从事的业务的潜力。我们相信，本程序中所表明原则的确立将会带来这种效果。
>
> 必须承认，在建立定价机制方面，还没有明确的规则可供照搬，而且，照搬也没有意义。但是，我们相信，能够反映成本、产量以及投资回报率的标准价格的发展将在引导公司决定在各种具体情况下的举措时起到最重要的作用。

标准产量方法中包含如下元素：产量、成本、价格和投资回报率。给定产量、成本和价格——基于经验给出的理论值——就可以计算投资回报率。事实上，如果没有达到预期的投资回报率，那就可能是因为在竞争中改变了价格水平，或者成本超出了限制，这就要求仔细审核成本。或许你会发现有50个人因为工厂的混乱而坐在屋顶上。尽管这并不常见，但是确实发生过一次。如果实际产量与预期标准产量不符，则对投资回报率的计算将告诉你应该针对什么情况做好心理准备。

布朗先生和布拉德利先生在这个领域的主要理论贡献在于他们对生产率单位变动成本的影响的考虑方式。一旦材料成本和工资率维持稳定，生产单位产品的直接成本就会保持稳定，它与产销量无关。每辆成车都包含一定量的钢材。每辆车都有发动机、轮子、轮胎、电池和其他东西；还需要一定的工时来完成生产和装配。我们的生产工程师和成本估算人员可以确定外购零部件的支出、所使用的各种原材料的数量以及生产和装配所用的工时。

当然，固定的一般管理成本的表现就截然不同了。这些固定成本包括监督成本、维护费用、折旧；加工成本、设计成本；管理费用、保险和交税。在工厂根据生产能力的要求完成设施建设之后，无论生产水平如何变化，这种固定成本的总量仍然能够保持相对的稳定。因此，单位产品分摊的固定的一般管理成本随着产量变化的幅度就相当大了，它会随着产量的上升而下降，随着产量的下降而上升。为了表达得更准确，可能还需要引入半固定成本的概念——它们不会自动地随着产量的上升而下降。但是，总的说来，在产量较低的时期，单位成本将会上升；相反地，在产量较高的时期，单位成本将会下降。

在建立标准的过程中，为了避免这种产量的波动对单位成本的影响，我们以标准产量为基础计算单位成本。可以认为标准产量就是在正常或者平均生产负荷下的产量估计值。计算生产负荷的生产能力必须大到能够满足年度和季节高峰的要求。标准产量综合考虑了在不同生产水平上及较长时期内进行生产运作的问题。实践证明，尽管每年的情况都有所变化，但是通用汽车的标准产量仍然非常接近于多年来的实际平均利用情况。

在工厂生产能力固定的情况下，标准产量成本计算的概念可以使我们年复一年地对成本进行评价和分析，而不用考虑产量的变化。这种方式计算的单位成本变化仅反映了工资率、材料成本和运营效率的变化，而和年度产量变化没有关系。更为重要的是，标准产量的单位成本为我们提供了一个评价成本一价格关系的基准。它还为我们提供了一个一致的单位成本集合，将它与实际单位成本相比较，就可以对我们每月或每年的运营效率进行判断。

成本计算中引入标准产量的概念使我们可以为制造费用建立详细的操作标准。我们统一的会计作业使我们可以将间接制造费用——我们将其称之为"负担"——分摊到工厂中的各个部门。负担通常包括三类成本：首先是固定负担成本，比如，租金、保险、折旧和摊销，这通常是固定的数额，与产量水平无关；其次是半固定成本，比如，管理人员的工资，它在一定产量范围之内是固定的；最后是可变负担成本，它直接和产量变化水平相关，比如，制造、切割加工、包装、搬运、润滑和维护用的人工。这些费用在不同部门之间的差别很大，对于任何会计系统来说，正确地分配并计算产成品的成本都是一件非常困难的任务。为了完成这一点，我们将间接成本同直接的生产劳动关联起来；后者可以由时间观察的结果和已知的工资率推算得出。采用标准产量的方式，可以将固定成本和半固定成本以单位固定成本和单位半固定成本表示。可变单位成本（直接人工、材料和负担）则基于过去的运营经验、当前的材料成本和工资率来确定。这种制造成本分类方式将费用按照事业部管理者可控制的方式进行了分类。对比实际结果和事先确定的目标，就自然产生了为了达到成本目标而维持目标运营效率的压力。总的指导原则就是将我们的标准制定在难以达到但是可以达到的水平上。

很明显，相对于价格而言，在材料成本和工资率稳定的情况下，如果我们的基准化工作表明单位成本较高，则肯定是此前的效率降低了。由于竞争遏制了价格上涨，因此只有通过降低单位成本才能维持利润。如果整个行业的原材料和人工普遍涨价，价格就可能会上涨；如果消费者对汽车的需求强烈，则涨价的可能性就大一些。这种情况下如果不涨价，整个汽车行业就很难长期持续地为市场提供所需的产品。然而，即使在这种情况下，每个制造商都仍然面临着降低单位成本的压力，因为竞争并不一定会允许他将价格提高到足够抵消成本上涨的水平。

标准产量政策的一种替代方法就是在实际产量或预测产量的水平上严格地根据实际单位成本来对价格进行评价。由于我们的固定成本非常庞大，这将意味着在产量低迷时期，我们的单位成本将飞速上升，而在产能充分发挥的时候，我们的单位成本将降得很低。在产量低迷时期，任何试图涨价——即使竞争允许——以抵消单位成本上涨的举动都只会进一步地降低销售量，这进一步导致更低的利润，从而只能雇用更少的工人，这只会让经济变得萧条。在我们这种高度周期性的行业里，采用单位成本这种评价方式无论在社会上还是在经济上都是不合理的。但是，我想声明一点，即在任何一年，我们的收入——肯定反映了所有的实际成本——都受到了产量的严重影响。无论业务状况如何，固定成本都要解决。如果我们的产量比标准产量少，则我们只将总固定成本的一部分分摊到单位成本中去，未分摊的部分则必须扣除掉，这就是你们所看到的收入；相反地，如果产量高于标准产量，则由于固定成本能够分摊到更多的产成品中去，所以总收入就得到了提高。

从前文中可以明显看出，利润是制造商将成本保持在由市场竞争所确定的售价之下所产生的差额。也就是说，利润是在竞争的市场上所卖出的价格和总成本二者之差，它受到产量的巨大影响。我们可以非常准确地估计在标准产量下单位产品的利润，但是这和在实际产量下的实际利润是两码事。在汽车行业，利润是一个变量，而且变化得非常快。

财务控制的需求来自于危机。引入控制的目的是为了避免危机的再次发生。它们的效果在1932年的衰退中得到了证实。公司在美国和加拿大的产量比1931年降低了50%，比最高峰的1929年降低了72%。但是公司并没有像1920年那样士气消沉，而且公司账户仍然盈余。没有几家公司能够做到这一点。

通用汽车开发的财务控制为公司提供了有效的运营评估手段，从而降低了由高层对运行进行管理的必要。总部的管理者可以了解各分支机构管理人员的经营状况，并且可以在事实的基础上对未来业务进行判断。我们在汽车行业一次最伟大的变革到来之前完成了控制系统的基础工作。

第9章
汽车市场的转型

到20世纪20年代中期，通用汽车已经在一些事情上取得了一定的成就，但主要局限于与生存和重组相关的问题，除此之外，其他事情基本上还停留在思想阶段而没有付诸实施。正如我上文所述，我们已经知道了处理汽车业务的战略、如何保持企业财务状况的健康、不同部门的人员之间应该建立怎样的关系。但是，直到1924年底，这些想法只有很少一些在我们的汽车市场的实际行为中体现出来。在1921年经济萧条之后——尤其是1923年——我们的业务规模的增长应该主要归因于国家整体经济状况的改善和对汽车需求的增长，而不应归功于我们自己的智慧。从公司内部来看，我们的工作取得了很大的进步，然而从公司外部来看，我们却停滞不前。但是，时代的潮流开始发挥作用了。

对我们来说，幸运的是，变化是这样发生的，在20世纪20年代的前半段，尤其是在1924~1926年期间，汽车市场的本质发生了一些变化：汽车市场呈现出一些与之前的特点不同的特点。（这种情况通常很少发生。像在20年代中期这种急剧性的变化，大概在整个汽车产业的历史中只有两次，另外一次就是1908年之后T型车的兴起。）我之所以说我们幸运，是因为作为当时已经确立了市场地位的福特汽车的挑战者，变革帮了我们的忙。我们与汽车行业中的传统方法没有什么关系，对我们来说，变化就意味着机遇。我们非常乐于顺应变革的趋势，并且努力利用变革带来的机遇。我们也已经借助前文所描述的各种商业观念做好了相应准备——尽管我必须承认，我们只是将其看成为我们自己的做事方式，而并没有将其当成是在整个汽车行业的未来将会广泛应用或者应该能够广泛应用的方式。

为了便于理解，我将从商业的角度将整个汽车历史划分为三个阶段。1908年以前是第一阶段，这个时期汽车价格昂贵，汽车市场完全属于上层社会；之后是1908年到20年代中期，大众市场是其主要特点，福特汽车及其"低价位的基本交通功能"理念占据了主导地位；在此之后是第三个时期，出现了各种各样功能质量更好的汽车——这或许可以看作是多样性大众市场到来的标志。我认为第三阶段正好符合通用汽车公司的理念。

这三个阶段的共同点是美国经济的长期扩张，每一个阶段的出现都是由于经济的显著增长以及财富向社会大众的扩散。少数有支付能力的人愿意购买价格较贵且性能并不可靠的汽车——以今天的标准来看——使汽车行业能够得以启动。然后，当大量的消费者能够支付得起几百美元的花费时，价格低廉的T型车才得到了发展的可能（也可能是这个市场一直在等待像T型车这样的汽车的出现）。当汽车工业于20世纪20年代将经济水平提升到历史新高的时候，因为一些新因素的出现使得汽车市场再次转型，并且成了汽车业的现在和过去的分水岭。

我认为这些新因素可以归结为以下四点：分期付款的销售模式，二手车的折价销售，封闭型车身，每年推出的新车型（如果考虑汽车市场外部环境因素，还可以加上公路状况的改善）。当今汽车业的本质中包含了这么多因素，而不考虑这些因素，汽车市场就无法想象。1920年之前和之后的两段时期，典型的汽车购买者都是在买自己的第一辆车，他们通常是支付现金或通过一些特殊贷款的途径购买。售出的汽车通常是单排座敞篷车或者是旅行车，与上一年度的车型没有多少改变，而且基本可以预计它与下一年度的车型也相差不大。这种情形在几年之内都不会发生改变，而且除非在转折点上，否则不会发生突然的改变。在各种新因素相互作用并导致汽车市场发生全面变化之前，每一种新因素都是独立出现、独立发展的。

正规的汽车分期付款销售方式最初小规模地出现于第一次世界大战之前不久。这种借贷和反向储蓄的消费方式一旦成为日常惯例，就使得大量顾客能够购买像汽车这种昂贵的商品。当时，有关分期付款的统计数据很不充分，但是，很清楚的是，它从1905年的低水平上升到了1925年占新车销售量大约65%的水平。我们相信，随着收入的增长和对收入持续增长的预期，有理由相信消费者将会追求更高质量的汽车。我们认为，分期付款销售方式将会刺激这种趋势。

当第一批购车者回来进行第二次购买的时候，他们可以用自己的旧车作为分期付款的首付款，汽车业的交易惯例就这样确立了。因为经销商通常不得不卖车给那些拥有还不到报废期的旧车的人，汽车业所采用的这种交易方式不但对经销商的运营产生了革命性的影响，而且，对于制造商甚至是整个生产特性都产生了革命性影响。

1925年以前，有关二手车折价销售的统计数据像分期付款的统计数据一样缺乏。然而，有理由认为第一次世界大战后的二手车交易量有明显的上升，但愿是因为一战前的汽车保有量相对较少。直到20世纪20年代早期，大多数汽车消费者才开始购买他们的第一部车。1919年至1929年，美国乘用车的保有量每年成百万辆地增长，具体数据大致如下：600万，730万，830万，960万，1 190万，1 370万，1 570万，1 680万，1 750万，1 870万，1 970万。另一方面，汽车业在这些年为国内和国外市场生产的乘用车的数量如下：170万，190万，150万，230万，360万，320万，370万，370万，290万，380万，450万①。生产量足够可以满足汽车需求量的增长，包括因为某些原因造成的汽车报废量。二手车可能在进行两三次的

---

① 以上的数据仅指乘用车。1919~1929年间，所有的车辆，包括汽车、卡车的产量数据如下：190万，220万，160万，250万，400万，360万，430万，340万，440万，530万。

交易后才最终报废。因此，我推测二手车的折价销售一直处于上升中。

封闭车身的款型在一战前还属于比较特殊的车型，而且主要是由顾客定制的。1919~1927年间，封闭车身款型的年增长率大致如下：10%，17%，22%，30%，34%，43%，56%，72%和85%。

关于年度车型，我将在后面做更详细的说明。这里我说一点就够了：在20世纪20年代早期，它并不是一个像我们今天所理解的正式概念，它是一个与福特的永不改变的车型相对的理念。

当1921年通用汽车在管理上做出调整时，我们对这四个因素的逐渐明朗化并不是毫无意识的。我们于1919年针对分期付款业务创办了通用汽车承兑公司（GMAC）。我们对制造封闭车身的费雪车身公司有兴趣。作为中高价位汽车的大销售商，我们很早就遇到了二手车折价销售问题。我们每年都在努力使我们的车型更加具有吸引力。和现在回头去看相比，我们当时并没有看到这些因素在整个汽车市场中如何起作用——特别是它们之间的相互作用。当时，我们把它们当作是不确定的、未知的、流行的只适合于以数字形式来研究的事物。然而，我们在1921年产品规划中制定的行动计划，对日益明朗化的新情况的适应性从逻辑上来看越来越好。

我相信，正是我们在1921年制定的这些正确的规划、政策和商业战略——不管我们怎么来称谓这些举措——而不是任何单一因素，使得我们能够充满信心地进入20年代迅速变化的汽车市场，我们知道自己的作为是符合商业原则的，我们不是在东奔西跑地追逐幸运之星。根据行动计划的战略原则，我们得出了一个最重要最独到的战略目标，即——正如我曾经提及的——围绕着定位介于福特汽车与中价位汽车之间的雪佛兰汽车去开发更大的市场空间。尽管这个计划需要完善，但是，我们在最初的时候所做的工作就是这些。

在我们解决了"铜冷"发动机问题时，工作出现了暂时中断，我们放弃了最初具有商业思想的追求汽车工程梦想的战略计划。借助于1923年美国市场400万辆汽车和卡车的销量，我们从那件蠢事中被救了出来，当年的市场消化了450 000辆雪佛兰汽车。市场在表现出一种行情上扬的假象后，很快在经济衰退的1924年跌落下来。对我们来说，很明显的是，只有对产品本身进行设计，我们在1921年制定的计划才会有意义。

几次特别的失败经验给我们留下了深深的印象。1924年，美国市场的乘用车销售量下滑了12个百分点，通用汽车公司乘用车的销售量则下降28%。整个汽车业销售数量减少了439 000辆，通用汽车公司销售数量的下降几乎占了其中的一半。通用汽车乘用车市场的占有率从20%跌至17%，而福特汽车的市场份额却从50%升至55%。通用汽车公司销售数量的下降有一部分来自别克和凯迪拉克，对于经济衰退时期的高价位汽车来说，这是可以预期的（奥尔兹销售量有所上升，奥克兰德的销售量没有变化）。但是，销售量的大部分减少是由雪佛兰造成的，它的销售量锐减了37%，而福特汽车仅下降了4%。当然，不能将所有失利都归因于1924年公司内部发生的事件（这些事件中包括管理不善），当年的经济萧条与早期一些事件的结合是造成失利的主要原因。汽车设计和生产之间的时滞是汽车行业的一个独有的特征。当年所发生的事情总是能够在一到三年前采取的决策中找到部分原因。因此，雪佛兰汽车在1924年销售量的暴跌的原因之一就是在此前的三年中汽车设计开发的迟缓。在其他事情上，雪佛兰也做得不好。然而，现在再细数这些不足之处已经于事无补。奇怪的事情是，我们有一个以制造越来越好的汽车为基础的理念，它要求汽车的附件更多，要超越基本交通功能，我们还认为雪佛兰的价格要对T型车的部分客户产生足够的吸引力。要在期望和现实之间找到以1921年的产品计划和1924年的雪佛兰所代表的更大的空间是很困难的，然而，我们没有改变最初的计划方案，这也许是因为我们比别人更加了解自己销量下降的原因。

事实上，自1923年夏季放弃"铜冷"发动机方案之后，以亨特先生为首的雪佛兰工程师们就开始集中精力重新设计旧式汽车的新款型了，这次设计的车型称为K型车，是为1925年的车型年而设计的。K型车有一些新的外观特征，车身更加修长，增加了腿部的空间，采用迪科漆面，通体一块的挡风玻璃装有封闭式汽车都具备的自动雨刷，长途汽车和大轿车上安装了圆顶灯，使用克兰克森牌汽车喇叭，离合器经过了改进，一个性能良好的后轮轴机架取代了以前问题百出的旧机架。这种改良车虽然不是真正的新款车，但是比以前汽车的构造完善了许多。上面提到的这些细节也表明了我们意图努力做到的是什么。K型车在1925年赶上了市场行情上涨，轿车和卡车的出厂销售量高达48.1万辆，迅速恢复了雪佛兰的市场地位，与1924年相比提高了64个百分点，与1923年销售高峰时期相比也提高了6个百分点。

福特汽车的轿车和卡车的销售量一直保持在两百万辆左右，即使在1925年也是如此。但是，自从1925年市场行情在总体上明显超过1924年以后，福特汽车的市场份额由原来的54%降至45%，如果福特先生注意到这一点的话，他能意识到这是一个危险的信号。然而，福特汽车在低价位的汽车市场仍然保持着近70%的市场份额，并且售价290美元的福特旅行车——没有起动器，也没有可拆卸的边框——当时看来在这个领域仍处于不可打败的地位。雪佛兰旅行车在1925年售价为510美元，即使加上其他额外的附件的价格，雪佛兰的价格仍然超出福特。当时，装有起动器和可拆卸的边框的福特大轿车售价660美元，雪佛兰K型车售价825美元。雪佛兰给经销商的折扣幅度比福特车大，这样一来就造成了交易方面的差距。

当时，雪佛兰是这样陈述自己的内部政策的：我们的目标是在消费者中建立"雪佛兰的性能价格比高于福特"的名声。事实上，如果在相同配置的基础上对福特车和雪佛兰车进行比较，可以看出福特车的价格并不比雪佛兰的低多少。在质量方面，我们打算向消费者证明，虽然我们的汽车价位稍高，但是绝对物有所值。另外，我们也计划逐步提高和完善我们的汽车产品。总的来说，我们期待着福特车在各方面维持原样。我们将这个计划付诸实施，实际上计划的运行状况也确实符合我们的预测。

然而，尽管雪佛兰的K型车取得了巨大的成功，但是在价格方面与福特的T型车仍有一段距离，因此并没有达到撼动福特先生在低价位市场龙头地位的预期效果。我们的意图在于继续对它进行改进，在一段时间以后，将其价格降低到T型车的水平。

正如在1921年我们的产品政策中说过的，任何一种汽车都会受到那些与它的价格、设计相差不多的相关车型的影响。因此，当我们考查雪佛兰和与它相关的价位更低的福特车时，考虑价位高于雪佛兰的竞争者会对雪佛兰采取怎样的行动是合乎逻辑的。在1924年我们准备于1925年推出K型车的大轿车的时候，我们一直在考虑这个问题。

对我们那一年的汽车销售的总价目表的审视表明，我们仍需争取实现1921年设立的理想的或者说是理论上的价格。1924年仍然处于重要地位的旅行车的价格如下：雪佛兰，510美元；奥尔兹，750美元；奥克兰德，945美元；别克4系，965美元；别克6系，1 295美元；凯迪拉克，2 985美元。

从价目表中可以看到，高价位的凯迪拉克与别克6系之间的差距以及低价位的雪佛兰与奥尔兹之间的差距最为明显。为了填补标准凯迪拉克和别克6系之间的空白，我建议凯迪拉克研究一下是否有可能制造价位在2 000美元左右的家用型轿车。根据这项建议，1927年就诞生了著名的拉萨利轿车。但是，从战略的角度看，当时雪佛兰和奥尔兹之间的空白是最具危险性的。这一细分市场的容量足以在高于雪佛兰的价位之上形成规模需求，而我们在这一细分市场上还没有相应的产品。因此我们要尽量填补这一空白，而且这一填补过程既充满了攻击性，也充满了防御性。之所以说具有攻击性，是因为这里有市场等待着满足；说具有防御性，是因为会出现竞争者，会像我们计划着对付福特汽车那样来对付我们的雪佛兰。出于这一考虑，通用汽车公司做出了公司历史上最重要的决策之一，即为了弥补雪佛兰和其他车型的价格空间，我们决定制造一种六缸发动机的新车型。从工程学的角度分析，我们渐渐意识到未来的汽车引擎可能要具备6~8个汽缸。但是，为使这个战略计划奏效，我们需要弥补这个价格空间，并且还要具有一定的规模经济性。另外，由于新车型的面世会分流雪佛兰的部分消费者，会降低雪佛兰的规模经济性，从而可能导致两种车型的损失。因此，我们得出结论，新车型必须在构造上与雪佛兰车相得益彰，从而可以与雪佛兰车共享规模经济性，反之亦然。

这个想法是我在担任了总裁几个月之后，与亨特先生、克雷恩先生首先提出讨论的。在试图为"铜冷"和"水冷"发动机研制出可以互换使用的车身和底盘时,我们已经了解了相关知识。我们现在讨论的六缸汽车的开发问题,是建立在尽量使用雪佛兰车身和底盘的基础之上的。具备六个汽缸的雪佛兰6系型车行驶起来应该比只有四个汽缸的雪佛兰4系平稳得多,这种车型还需要加长轮轴底座,更换更大马力的发动机,并增加车身重量。克雷恩先生建议加长加深整体结构,加重前轮重量,采用短杆六汽缸的L头引擎。这些建议构成了这次新设计的基本特征。

在公司的工程设计委员会开始着手设计的时候,我仍然还没有确定应该将这种车型放到哪个事业部去。奥克兰德事业部总经理汉纳姆先生在信中向我建议由他的事业部来承担这种车型的研发工作。我在1924年11月12日的回信中,从与雪佛兰车的协调以及行业竞争的角度谈了我对新车型的一些看法。下面的文字引自我的这封信:

> 我在底特律收到了你写于10月11日的信。但是,你应该记得,关于所谓的庞帝亚克汽车,我在头脑中还没有形成一个明确的观点。从某种程度上说,庞帝亚克汽车如何发展还是个悬而未决的问题。虽然,我反复认真地阅读了您的信件,但是制定什么样的发展政策还是没有最后的结论,所以我没有给你回信。
>
> 我从一开始就完全相信,这种新车型会得到足够的市场发展空间,而且如果通用汽车公司不从事这种车型的制造和生产的话,其他公司也早晚会着手这项事业的。如果我们通用公司够幸运的话,这种车型的市场可以为我们所完全占据,这是我非常期望看到的情况,但是我认为这个机会并不是那么容易得来的,我们必须重视其他可能从事这些工作的公司的动向,才能保证市场不被同行抢先占领。
>
> 这些讨论中出现了一个难题,即在雪佛兰问题上不时地出现不同意见。每次都有人提出一些变动意见。如果接受所有人的意见,那么最终结果听起来总像是另一个奥尔兹或奥克兰德,或者更像是一个别克或凯迪拉克的翻版。换句话说,除非我们坚持原则——即在雪佛兰的底盘上搭载一台六缸发动机——我们就无法取得成功。我相信你也赞成这一点。

第9章 汽车市场的转型

> 情况就是如此。我已经明确地认识到，遭遇最小阻力的唯一途径就是让雪佛兰工程设计部门来承担这项任务，因为只有这样做，才能充分发挥雪佛兰的特点以防范因其他方式——因工程设计人员的人格和理念的不同自然引发的差异所引起的问题——对这一车型设计造成损害，尽管肯定不会对这一开发过程造成损害。如果我们希望充分利用雪佛兰的零部件、装配厂，那么，无论是在一开始的时候，还是在因产量增长而必须转向雪佛兰的时候，都必须借助于雪佛兰。
>
> 因此，我已经和努森先生讨论过这一问题了，我认为我们应该将所有已完成的事项交由亨特先生和他的工程师处理，让他自己谨慎权衡，让他承担为我们制造出六缸发动机并构建生产线的任务。想象一下当他完成这些工作后的样子吧。事实上，雪佛兰还需要使用自己的经费来完成发动机的开发测试，这两项工作应该并行展开……

我于同一天对我就此事的想法进行了总结，并向执行委员会提交了一份名为"所谓庞帝亚克车的状况"的报告。我从报告中摘录了一些关于成本、竞争、协调以及公司内部任务分配的段落，这些都是需要最终解决的问题：

> 布朗先生已经让他的下属对成本进行了初步计算。尽管这并不是最终结果，但似乎仍然能够证明我们的感觉是正确的，也就是说，即使加上按照平均分摊法应该分摊的一般管理费用之后，其价格也可以定为700美元左右，这项利润的投资回报率仍然相当高。采用奥尔兹发动机之后，投资回报率会下降，这是因为奥尔兹发动机的成本过高，因此无法使用。从经济成本和股东利润的角度看，这一开发的结果非常令人满意，值得继续展开下一步工作。
>
> 除此之外，一些未经证明的消息表明，我们的一两家竞争对手也在试图进行类似的工作。这使我们认为，与其让竞争对手分流奥尔兹和雪佛兰的业务，还不如让我们自己的事业部来做这件事。现在看来，这两种情况最终可能都会出现。

我们在这一方案上已经工作了将近一年，坦白地说，我们取得的进展并不大。似乎每次我们将它提交讨论时，执行委员会对它的实用性的认识总会发生一些不确定的变化。我已经明确地认识到，继续沿用这种方式，我们必将仍然一事无成。如果我们让一个独立的工程设计部门，或者让奥克兰德事业部——它的起源地——来执行开发工作，也许我们就会成功。我进一步明确地认识到，成功的唯一机会就在于交给雪佛兰事业部来开发。在这种情况下，围绕着底盘的协调必将自然而然地发生，而不会因为设计师将他的个人人格投射于作品之中而产生这样那样的差异。换句话说，如果我们这样做的话，它将遵从着它应该遵从的方式向前发展。

这个报告中值得特别注意的地方，就是对各种车型的制造进行协调这一问题的考虑。因为庞帝亚克代表了公司在产品制造过程协调上的首次重大进步。当然，协调是大规模制造的首要原则，但是，当时所广泛接受的理念就是大规模制造需要以统一的产品作为基础，T型车就是这样的例子。与另一价位的车型部分协调的庞帝亚克，证明了汽车的大规模生产可以与产品的多样化和谐并存。这再一次挑战了福特原来的理念。对于拥有五个价位，每个价位都有几种车型的通用汽车来说，庞帝亚克理念的含义对整个产品线而言都非常重要。如果高价位的车型能够从低价位车型的规模经济中获益，那么，整个产品线都会享受到大规模生产的好处。这为1921年的产品计划提供了新的意义，并最终在通用汽车各车辆事业部中得到不同程度的应用。

上面提到的庞帝亚克车型，在雪佛兰完成了总装和道路测试，随后，又重新由奥克兰德全面负责它的最终开发、生产和销售。我们把它安排在1926年的车型年中发布。

在此开发过程之中，另一个多少有些独立的事情也发生了，它对庞帝亚克、雪佛兰以及T型车的命运产生了深远的影响。哈德森汽车公司的罗伊·查宾（Chapin）于1921年投产了伊塞克斯(Essex)，售价为1 495美元，比伊塞克斯旅行车高出300美元。与其他制造商相比，对于封闭车身而言，这一价格差已经很小了。到了1923

年，伊塞克斯4系轿车的价格已经降到了1145美元。1924年早期，伊塞克斯6系车取代了4系车，其轿车售价为975美元，比旅行车高出125美元。同年6月，轿车价格上升到1 000美元，旅行车价格上升到900美元。然后，从1925年开始，查宾先生将轿车的价格降低到895美元，比旅行车低5美元。汽车业里从没发生过这样的事情，伊塞克斯轿车取得了巨大的成功。这表明，只要能够在大规模生产的基础上制订价格，将来封闭车身甚至能主导低价位市场。

毫无疑问，这一进程是不可避免的。但是，实际上，伊塞克斯的竞争立刻就在两件事情上刺激了我们。首先就是我们封闭车身的总体开发问题，其次就是我们为即将面世的庞帝亚克轿车的准备工作问题。通用汽车已经完成了向封闭车身的转变。1924年9月18日，执行委员会"指出我们的经理应该对开放车身汽车的生产计划持非常谨慎的态度，因为潮流似乎正在迅速地转向封闭车身"。10月里，我们将封闭车身的生产比例从此前的40%提高到75%，并从11月开始执行。一年后，也就是1925年底，整个公司封闭车身的生产比例已经差不多达到了80%。

我不记得伊塞克斯轿车对庞帝亚克计划有什么直接影响，但是很明显，伊塞克斯和即将出现的庞帝亚克必将成为竞争对手。事实上，我们的首批封闭车身庞帝亚克轿车既有单排座的双人轿车，又有双排座轿车。

在1925年9月30日的执行委员会会议上，我自信地汇报："……当'庞帝亚克'轿车于12月面世时，它将会为我们带来所有我们所追求的东西，即采用雪佛兰零件组装的最低价格的六缸轿车。"在1925年10月21日的执行委员会会议上，我就市场整体日益紧张的形势作了报告。我从会议纪要上摘抄了这样一段话："伊塞克斯正在从高价位上对雪佛兰的市场发起进攻，而在低价位的那一端，福特公司（它的政策似乎是改进汽车的质量，而不是降价）也是一个强有力的竞争者。我们对此应倍加注意。"

庞帝亚克轿车在1926年的车型年中如期面世，售价为825美元，介于645美元的雪佛兰轿车和950美元的奥尔兹轿车之间，我们产品线里的价格鸿沟得到了弥补。

这件事奠定了通用汽车产品线在若干年中的态势。凯迪拉克和别克位于通用汽车价格金字塔的第一位和第二位，雪佛兰总是位于金字塔的底部。生产庞帝亚克轿车的奥克兰德后来更名为庞帝亚克事业部，奥克兰德轿车也停产了。在保持了原来的经济利润的基础上，庞帝亚克也成为一个知名品牌。这样，奥尔兹就一直停留在庞帝亚克和别克之间，构成了雪佛兰、庞帝亚克、奥尔兹、别克和凯迪拉克这样的产品线，并且至今也没有多少变动。

这里我无法详细描述20世纪20年代所有产品线的变革。我只注意到奥尔兹和奥克兰德并不算很活跃。别克尽管总体上形势不错，但也有起伏。尽管在从1925年起的一段时期内凯迪拉克失去了市场龙头的地位，但在它自己的价格区间上，凯迪拉克的优势仍然很明显。我之所以略去了这一时期各事业部中各种有趣的事情，就是为了能够集中讲述这一时期最关键的变革，也就是我们在低价位的大规模市场对福特的狙击行动。

我认为这一竞争的最关键的决定因素就是封闭车身，这是自解决了汽车的机械可靠性之后汽车发展史上最重要的一次跨越。封闭车身发展出来之后，汽车才真正成为一种全天候的舒适的交通工具，并且实现了汽车产品的巨大增值。1925年，雪佛兰的K型轿车的销售量超出单排座敞篷轿车达40%，私家小轿车的销售量超出单排座敞篷轿车达57%。

尽管伊塞克斯首次证明了大规模生产的封闭轿车在价格上可以达到与敞篷车一较长短的水平，但是，伊塞克斯的封闭轿车以及敞篷车的价格都还比较高。尽管伊塞克斯对雪佛兰构成了从上向下的威胁，但是，在低价位市场上，它并没有给雪佛兰带来真正的威胁。尽管1925年的雪佛兰仍然比福特要贵一些，但是，由于它与费雪车身的关系，它在低价位封闭车身轿车市场上的形势非常喜人。

多说几句关于费雪车身的事情。它负责通用汽车大部分车身的制造工作。前文已经提及，通用汽车于1919年取得了费雪车身有限公司60%的股份，从而要求费雪车身尽其所能地为通用汽车的所有汽车提供车身。1926年，我们收购了费雪车身另外40%的股份，并将其改造为通用汽车的一个事业部。采取这种措施是出于几方面的考虑。早在1925年2月3日执行委员会就认为"雪佛兰因新车型推出不力而对销售工作造成了限制，而这又取决于费雪车身的供应情况。委员会需要注意这一情况"。还有出于协调车身与底盘的工作以达到运作规模的考虑。随着封闭车身逐渐在行业中占据主流地位，将车身运作也收归通用汽车统一经营似乎已成为一个明智之举。而且，我们还认为，公司也需要与费雪兄弟建立更密切的关系。

费雪兄弟的故事是一个非凡的家族传奇，我非常希望有朝一日他们能将这个传奇记录下来。我与他们的接触相对比较晚，因为我是借由底盘而介入汽车工业的，而当时他们还在从事车身制造。但是，我知道他们是拥有马车制造背景的熟练技工。费雪车身公司组建于1908年，费雪封闭车身公司——因150辆凯迪拉克车身的订单而创建——创建于1910年，加拿大费雪车身公司创立于1912年。这三家公司于1916年合并为费雪车身有限公司。他们为包括别克和凯迪拉克在内的几家公司制造车身。直到佛瑞德·费雪于1922年加入通用汽车执行委员会后我才首次与他熟悉起来。他是公司早期团队中宝贵的一员。1924年，他进入财务委员会，同年查尔斯·费雪和劳伦斯·费雪也进入执行委员会。1925年，我任命劳伦斯·费雪去负责凯迪拉克事业部。其他几个兄弟，包括威廉·费雪、爱德华·费雪、阿尔弗雷德·费雪仍然留在费雪车身有限公司，并且由威廉·费雪担任总裁。劳伦斯·费雪在通用汽车外观设计发展史上扮演了重要角色，他的故事我将在后面的章节中再介绍。

封闭车身占行业销售比重增长得非常迅猛，很快就从1924年的43%增长到1926年的72%，接着于1927年增长到85%。雪佛兰封闭车身的生产量从1924年的40%增长到1926年的73%，接着于1927年增长到82%。无论从什么方面看，这都是一项巨大的变革。

封闭车身的巨大发展使福特先生再也无法维持他在低价位市场上的领先地位了，他迅速停止了T型车的发展政策——T型车是一种敞篷车。较轻的底盘使它不适于承载较重的封闭车身的重量，因此，在不到两年的时间里，封闭车身的发展使得T型车的设计彻底过时了。但是，福特先生还是在T型车上装上了封闭车身，这种轿车在他1924年的销量中占了37.5%。尽管接下来的3年里封闭车身的销量急剧上涨，但是他在 1926 年和 1927 年的相应比例仅为 51.6%和 58%，而同一时期雪佛兰封闭车身的相应数据已经上升到了 82%。

　　1925 年至 1927 年间，由于成本下降、价格下调，雪佛兰相对于福特的竞争力得到了加强，这完全符合我们的预期。雪佛兰两门轿车的价格从 735 美元下降到 695 美元，接着降到 645 美元，最后降到 595 美元，而福特的都铎式 T 型车在 1925 年的价格为 580 美元，1926 年 6 月降到 565 美元，1927 年降到 495 美元。就这样，尽管在细节上存在着巨大的差异，但是，从结果上看，1921 年所制定的产品计划可以说是得到了丝毫不差的执行。福特这个汽车行业的老将未能把握住新的变化。不要问我为什么。感伤主义者之中流传着一个传说，在这个传说中，福特先生留下了一辆伟大的车，一辆价格低廉、满足基本交通需求的车。事实上他所留下的车已经不再适于购买，即使是作为基本的原始交通工具，也是如此。

　　不难看出，1925~1926 年间雪佛兰正在接近福特。1925 年从雪佛兰在美国的工厂售出了 48.1 万辆的轿车和卡车，而福特的工厂销量则接近 200 万。1926 年雪佛兰的工厂销量则上升到了 69.2 万辆，而福特的工厂销量则下降到了 155 万辆。他的基础，也就是原来的销量规模，正在迅速消失。他无法在销量继续下降的情况下维持住自己的利润。因此，由于工程设计和市场的原因，T 型车失败了。然而，并没有几个观察家能够预料到福特先生会采取那么悲惨甚至是古怪的行动：福特先生于 1927 年 5 月完全关闭了他庞大的红河工厂并停工一年用于重组，而将这一市场拱手让给了雪佛兰以及克莱斯勒的普利茅斯汽车。福特先生于 1929 年、1930 年和 1935 年曾经一度重新取得了市场领先地位，但是总的来说，他已经将领先地位让给通用汽车了。早年间曾经涌现过那么多闪光见解的福特先生似乎从来都无法了解那个他所习惯的、曾经令他功成名就的市场发生了怎样的转变。

　　重新回顾一下全行业首次实现 400 万辆销量的 1923 年。从那之后，直到 1929 年，除了其间出现的小起伏之外，其间的 7 年基本上都处于增长停滞状态。但是，正如我已经指出的那样，汽车的保有量仍在稳步增长。在包括旧车市场在内的整体市场稳步上升的同时，新车销量却没有增长——新车的角色只是填补市场增长缝隙而已。与此同时，价格明显低出一截的二手车满足了不同层次基本交通的需求。福特先生未能认识到满足基本交通需求的任务已经不必由新车来承担这一事实，因此福特先生关于美国市场的理念已经不再适合 1923 年后的现实。从那时起，旧车在美国基本交通市场占据了主导地位，这一点与欧洲的情况有所不同。

当一个汽车拥有者再次光临汽车市场，并用它的旧车作为新车的首付时，他们所期望并购买的就已经不再仅仅是基本交通工具了。在分期付款以及折价销售的帮助下，中等收入购车族创造了对更加先进的新车的需求，他们要求舒适、方便、功率以及外观。这就是美国生活方式的真实潮流，只有那些顺应了这一潮流的企业才能繁荣昌盛。

正是我在这个讨论开始的时候所提到的四项基本要素———即分期付款、旧车折价、封闭车身以及年度车型——之间的相互作用促成了 20 世纪 20 年代汽车市场的转型。但是，我的故事还没有讲完。什么是年度车型？

我相信，在 20 世纪 20 年代，年度车型并不是通用汽车明确公布的政策，其他厂商对此也没有明确的概念。但是，每年都推出更大、更好的组合确实已经存在于各厂家的实践之中。与这一概念密切相关的就是推销方法。

在 1925 年 7 月 29 日的综合销售委员会会议上，我这样描述了我们的商业政策：

> 作为一家大公司，我们选择了制造高质量的产品并以适当的价格进行销售的政策，但是，与此同时，行业里还有一些公司选择了其他的政策。我相信我们现在已经非常确定我们的政策是非常正确的。但是，与此同时，必须认识到这一政策给我们的销售部门增添了额外的责任.他们必须设法兑现品质成本和品质利润。
>
> 公正地说，我们的销售部门一直因过去某些产品缺陷带来的不好名声而受到影响，但是，当我们进入新的一年时，我们

已经拥有了一批足以引以为豪的汽车。我相信大家都会认识到这些新产品非常可靠,并且价格适中——无论是从竞争力的角度,还是从成本的角度。一些降价已经通过降低成本——特别是费雪车身生产规模上升所形成的规模效益——得到了消化;通过一些无损于质量的设计变更,也降低了部分成本。但是,必须认识到,与此同时,我们也降低了我们的利润。

为了便于理解,我可以采取另外一种说明方式。如果我们将1925年过去6个月中的收入按照新报价和新成本再算一遍,并假设销售量不变,就可以发现我们的利润降低了大约25%。

就目前情况而言,通用汽车还没有大幅度提高业务规模。除了少量例外,我们前半年的成功主要来自于成本与售价之间可观的利润。我们在8月份的产品价格线肯定会迫使我们扩大销售规模。实际上,在我看来,我们就是以销量增加作为制定新价格的基础的。这一增加的销量就意味着为销售部门压上了更大的责任。在目前这种质量、价格的情况下,我们必须承认,销售以及销售部门还存在着不少问题需要克服。

然后,我又就避免大型组织的惯性问题做了一个激励性的讲话,并以我对当时行业发展已经进入一个新时期的评论结束了我对商业政策的评价:

有人认为,我们的市场营销应该更为积极、更有闯劲。实际上这一问题牵涉很广。在我看来,通用汽车整体上的销售工作相对较弱。事实上,整个汽车工业都是以机械和技术人才——而不是商业人才——为核心建立起来的,我认为我们正开始意识到商业对汽车业的重要意义。

事实证明,我对组织惰性的关注是过虑了,就像一个足球教练在训练一支冠军队一样。"高质量的产品,适中的价位"这句话充分刻画了销售更大、更好的轿车这一基本政策,这一政策与1921年的产品政策完全一致。与此同时,还有一项政策正在实施之中,即在各个事业部中构建强大的经销商组织。我们相信,由充满活力、

业务兴旺、布局符合战略考虑的经销商来完成销售和贸易工作对于我们的成功至关重要。关于这个问题，后文有专门的章节对其进行讨论。

总的来说，这些工作都是一致的。你在一个政策的指引下开始做一件事，然后发生了一些预料之外的事情。对于产品来说，这一政策就意味着持续而永恒的革新。我已经谈到过雪佛兰 K 型车在 1925 年中所进行的一些改动。1926 年，我们又在凯迪拉克事业部引入了外观的概念，并首次于汽车业内设立了这一专业。1927 年和 1928 年，我们对雪佛兰进行了一些外观改造。1928 年，我们为雪佛兰装备了四轮刹车系统，并将它的车架延展了 4 英寸以装备新的六缸发动机。但是，我们一直将这种新型发动机雪藏到 1929 年，当时福特先生推出了他配备四缸发动机的 A 型车。

在前面提及的 1925 年 7 月 29 日综合销售委员会的会议上，我们将这种车型称之为"年度车型"，但是又尽力避免正式采用这种称谓。这次讨论记录的标题叫做"年度车型与持续改进"。在这个题目下所进行的谈话——这也是我保存下来的、为数不多的 20 世纪 20 年代的记录——可能有一定意义：

斯隆先生：考虑到推出年度车型可能会造成很多不利影响，我们都反对这一提法，我不认为还可以就此问题做些什么。

[理查德·] 格兰特先生 [雪佛兰事业部销售总经理] 我反对年度车型这一提法，我认为不应将我们的改进工作限定在每年某几个固定的日期，而应该渐进地推进改进工作，并且应该只干不说。

斯隆先生：当然，最好能与一些革新关联起来，但是，如果采用全新的车身，就意味着非常大的困难。

格兰特先生：问题在于"我们应该采用年度车型吗？"我的答案就是："不！"我们不应该采用年度车型。我们应该不断地做出客观的改进，而绝不声张。我觉得现在一旦我们改变了产品线或者车身，就必须推出一种新车型，但是却不必每年都这样。两次新车型引进之间的时间间隔可能是一年，也可能是几个月，还可能是两年。我不认为我们应该将所有的事情都集中在每年的 8 月 1 日完成。另外，我还觉得我们也不应该学习道奇的政策——它们宣布决不增加新车型。

斯隆先生：如果你采用了他们的政策，那就意味着整个行业就不会再有所发展了。尽管你可以做一些小的修改，但是必须推出新车型的日子仍然会到来。你可以说你还没准备那么做，但是你将不得不尽快完成这一工作。道奇和福特就是两个典型的例子。正是由于我们正在讨论的这个原因，新福特正在准备推出一种新车型。他也是被逼着这样做的。道奇则是在 1923 年初被迫进行这一工作的。第 31 期国家新车注册报告表明了他们业务的下滑有多么厉害。现在我们都正面临着同一问题。我认为通用汽车的政策容易受到影响而发生变动，但是我还认为这正是由于我们的产品还没有稳定下来的缘故。

格兰特先生，我对这里面的一些内容还有些糊涂。如果这意味着即使我们开发出了很棒的新车型而不能马上充分利用，那么我就不会赞同这种做法。但是，我确实认为应该抛开年度车型这一提法，这样我们才可以在需要的时候推出新车型，并展开广告和促销，充分享受由此带来的好处。我认为那些推行永不推出新车型的人正在为自己积累危机，毕竟车身和外观都在变化。

[林恩] 迈克诺顿先生 [凯迪拉克事业部销售总经理]：我们感到使用"凯迪拉克"比使用车型来称呼我们的产品更能引起客户的关注，因此，我们不打算接受任何关于新车型的命名。新车型只不过是凯迪拉克产品线中的一种产品罢了。过去的三四个月里，人们开始询问我们的 V65 什么时候能够上市，他们只关心凯迪拉克，而不关心新车型的名字。我们只打算对凯迪拉克进行宣传，而不打算以新车型的名义进行宣传。

斯隆先生：当然，从费雪车身的立场看，这是一回事。他们在制造所有车身方面所承受的压力所造成的瓶颈确实有些可怕，而且他们的任务也基本上不可能完成。

格兰特先生：我认为我们应该做的事情就是改变我们处理政策问题的方式，并在有利可图的时候才推出新车型，但是我不认为应该将推出新车型的时间规定在8月1日。我也不认为我们对两个事业部的变动都有必要选择在8月1日。如果能像去年那样，将其中一个事业部的变动选择在1月1日比较好。

斯隆先生：你必须在8月1日执行这些变动，因为选择其他时间就会扰乱你的销售季度安排。必须在8月1日至11月1日之间完成这些变动。作为一项政策，你肯定不会愿意选择在1月1日推行的，除非你像去年的雪佛兰那样，它是因为被逼无奈才那样做的。

格兰特先生：从我们目前的情况看，今年的1月1日可能会是一个很好的选择，但是如果你明年1月1日再做类似的事情，可能就是最差的时机了，因为到时我们可能没有那么多的存货。

[丹·]埃丁斯先生（奥尔兹事业部销售总经理）：如果我们能在12月1日将新车型投产，我们就能在春天到来之前建立起足够的库存以满足春季需求。但是，如果从1月1日开始，到2月1日之前，你的工厂则无法实现这一点。另一方面，其他于8月1日引入新车型的制造商就将击败我们，并抢占我们的业务。

斯隆先生：8月1日至9月1日之间是唯一合乎逻辑的时间，因为如果晚于8月1日，就会降低春季销售库存，而且，如果试图于11月1日行动，那么经销商手中大量的汽车就将很难销售。你将不得不再回头清算这些库存。

格兰特先生：我认为我们不应改变我们的政策，并且尽量避免对车型进行太多过于激烈的更改。换句话说，我们应该改变我们当前政策的操作方式。

实际上，通用汽车于1923年起就推出了年度车型变革，并一直保持至今。但是，正如上面的讨论所表明的，直到1925年我们才正式形成了现在大家所知道的年度车型的概念。我不知道我们究竟是什么时候形成这一概念的，因为这是一个渐进的过程。最终的事实就是，我们开始了年度车型变革，而在认识到年度车型变革的必要性之后，我们就将这一变革常规化。当将变革常规化之后——大约是20世纪30年代，我们开始提起年度车型的概念。我不认为老福特先生曾真正关注过这个理念。无论如何，在我看来，他于1928年推出的A型车——就当时而言，这是一款做工精良的小型车——只是对他效用至上的静态车型理念的另一种表达。

当福特先生的工厂因为新车型后继乏力而关闭时，我还仍然认为他的理念应该能够与我们的理念并存——我以为，以新车型的形式所体现的福特理念正表现了老政策顺应时代变迁的更高艺术境界。换句话说，1927年的我还没有意识到福特的旧政策已经彻底被时代所抛弃，通用汽车关于车型升级的理念不仅仅促使了雪佛兰销量的不断上升，而且还在更广泛的意义上取得了胜利。

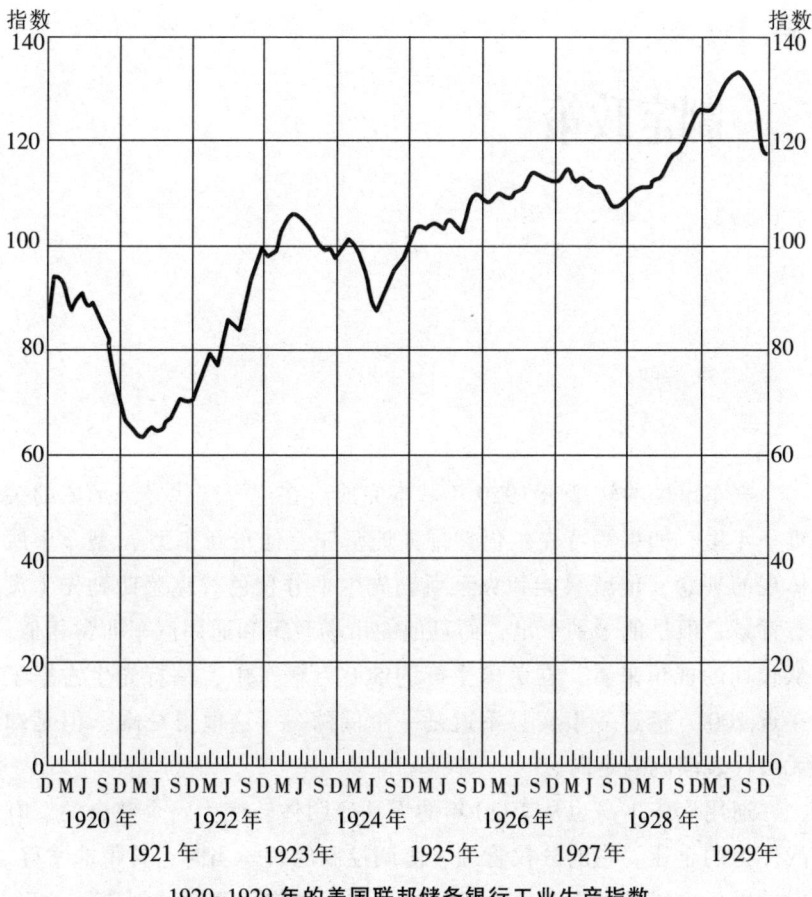

1920~1929年的美国联邦储备银行工业生产指数
(已经过季度调整,1923~1925年=100)

第 10 章
制定政策

汽车市场的转型于 1929 年基本完成。在这个现代经济形成的关键一年里,如果福特先生仍然倔强地坚守着他在新车型 A 型车中所体现的理念,他就只能和克莱斯勒先生平分秋色。克莱斯勒先生没有背景,但是他干劲十足,而且他的市场政策和通用汽车非常相似。从长期的视角来看,在美国生产的 500 万辆车中,福特先生占据了接近 200 万辆这一事实只不过是一个偶然——这值得炫耀,但是却无法代表潮流的走向。

通用汽车本身也从 1920 年的无秩序团体转变为一个整合的、有战斗力的企业。它的分权管理、协调控制的哲学当时运转得非常好。它的财务方法已经逐渐变为一种习性,一种持续演进的创造性过程。它的汽车产品线体现了杜兰特先生首创的概念并在原则上体现了 1921 年的产品计划中所制定的价格区间思想。或许我还应该补充一点,尽管我们在汽车出口方面创造了空前的高纪录,但是我们还是在英格兰(1925 年)和德国(1929 年)开办了我们自己的制造厂,开辟了新战场。在处理这些事情的过程中,公司都反映了整个经济社会的趋势。毫无疑问,这也会对某些趋势产生影响。我们在汽车行业的进展影响了其他大型美国企业，他们来我们公司研究、取经，特别是对我们的分权管理和财务控制抱有浓厚的兴趣。

我并不是一个历史学家，因此在这里我将开始讲通用汽车这段时间的发展，而忽略掉这一时期一些意义不够重大的事情。

尽管紧缩效应不可避免，但是20世纪30年代早期的大衰退并没有从本质上改变公司的特色——只有一个特色除外。紧缩要求公司加大协调力度。也就是说，我们必须找出一些措施来迅速应对这种最艰难的变革，并尽量节约。这种需求引发了对通用汽车组织结构最近一次的基本调整。实际上，由于事先预测到了形势的转变，所以这次变革开始的时间要早于1929年10月的股市崩盘，但是，在此之前我们也不知道形势会变成什么样子。

首先，由于雪佛兰的巨大成功，我想通过将雪佛兰的员工放到重要战略位置上来使整个公司能够分享他们的经验。1929年5月9日，雪佛兰的格兰特先生和亨特先生当选为公司的副总裁，分别负责公司的销售和工程设计。与此同时，原德尔考—瑞密公司的威尔逊成为分管制造的副总裁。几年后，曾任雪佛兰总经理的努森先生当选为公司执行副总裁，分管所有的汽车、卡车和车身制造工作。因此，也可以说，在这一时期，该事业部执行团队集体升迁至总公司，从此他们将对整个公司产生影响。

但是，当时公司总部在财务、凯特林先生的实验室以及协调事业部之间关系的委员会之外只有很少的员工。当我们开始一个工程设计项目时，我们会设立一个"产品研究小组"并将它挂靠到某个制造事业部。因此，被选中的这些人将开始一段新的工作关系。这种方式逐渐取代了我们以前事业部间的委员会，并发展成为我们现在的组织模式。关于这部分的内容将在后文描述，这里我仅仅介绍一下他们在协调方面的进展。

1929年春末夏初，国民经济达到了巅峰状态，其后工业生产急剧下滑，而股市仍然上涨，直至10月份崩盘[①]。7月18日，我向执行委员会作了一个报告，表达了我对公司能否有力应对环境变化的

---

① 1920年至1929年工业生产指数见第9章结尾。

忧虑,并在结束的时候宣布了我对新协调方式的看法,内容如下:

……我认为我们的工作长期以来都存在一个缺陷,即我们未能——或者是因为没有从政策的角度去考虑问题——将很多涉及已确立的项目和政策的建设性建议坚持执行到底。我们所有人的通常心理反应都是抗拒变革,而且我认为我们的管理长期以来一直都面临着不敢直面变革、在推销新观念上花费时间过长、不及时有效地处理已经存在的问题等指责。正是因为这个原因,过去有一段时间我才一直认为我们必须拥有更有效、更明确的协调方式。否则,这种阻力对发展的影响将远大于人力的推动作用,因此,我们的发展速度就会变慢。现在,我认为,如果公司希望维持甚至改善自己的市场地位,就必须引入变革。我们不可以长期只等不做,因为我们所面临的竞争正在越来越激烈,而需要解决的问题也一天比一天艰巨。我现在的这些评论并不是特别针对我们的日常业务工作,实际上,这些评论的目的在于促进对这些新需求的认识,从而形成更好的一般原则和政策,并形成更好、更有效、更细化的组织结构……

1929年10月4日,在股票市场崩盘前不久,我给全公司写了一封信,指出扩张期已经终止,并公布了一条新的精简成本政策:

对我而言,现在我能采取的最佳措施就是请求各位真诚地关注一个在我看来非常重要的问题,我在这里将对它进行一个大概的介绍。

若干年来,强劲的需求迫使我们的设备一直处于极限工作状态。所有的事业部——无论是国内还是海外——中都存在这种情况。此外,我们的一些产品特征发生了实质性的改变,这种改变使得我们必须或多或少地更新或修改一些——实际上,是全部——生产设施。这就给管理工作在日常运营之外又增添了一个新任务,就是提供用于扩张的工厂和设备,并有效地管理它们的运作。

大量资金用到了上述项目中去。而且,现在还在为一些以前未做的事情做基础设施准备——换句话说，就是为我们正销售的多种汽车制造更多的零部件而建设新工厂。所有这一切都非常具有建设性，而且我们已经取得的成绩也证明了这一点。我相信，在这一总体方向下的工作将使我们在过去、现在和未来的地位得到保证和加强。

上面说了那么多，只是为了指出，至少现在以及眼前这一段时间，我们需要更换一种处理方式。现阶段管理层应该将精力转移到通过改善效率、降低支出以提高盈利的能力上来。换句话说，过去几年的驱动力就是在恒定递增价值的基础上造出更好、更多的汽车。从现在开始，我们还应该尽力造出高质量的车，但是我们必须开始在综合考虑价格的情况下解决汽车的价值问题。过去曾奢侈地投入到扩张和发展上的精力现在必须用到对生产运作的精打细算上来。

上面的内容并不是想传递这样的信息，即在我们今后若干年的发展中，并不需要对我们的生产设施做进一步的扩充。我相信，只要价格合适，并且能够一直抓住工程设计的潮流，任何一种优良产品都能给我们带来无限的机会。另一方面，假定我们每年都能取得最近几年的市场份额增长率也是不现实的。而且，我们应该理智地认识到我们必须更紧密地跟随整个行业的发展趋势。我在上一段也没有试图表达我们的成本没有得到关注的意思，因为我知道我们已经这样做了。我想说的是，今后我们各事业部和子公司的首要任务就是将以往投入到扩张和发展上的精力转移到精简成本上来。换句话说，精简成本——而不是工厂和设备的扩张——必须成为当前整个公司的基调。这里我提到的"费用"不仅指制造费用，还包括和销售成本相关的各种费用。

当然，贯彻执行这一计划的重任就落在了各事业部和子公司的身上。为了保证不落伍，我正要求布拉德利、格兰特、亨特和威尔逊诸位先生以各种方式与各事业部和子公司相关职能部门协作，从顾问的角度对整个形势进行研究。通过这种方式，我们将共同向着更好的结果迈进。

为了与上述思想保持一致,我们以后应该以前所未有的谨慎来审查各种新项目,且应该进行更为透彻的可行性研究。根据公司当前的组织分工,副总裁威尔逊将负责新项目的初步审查。正在考虑扩张或者感到有扩张需要的事业部和子公司,请在进行下一步工作之前咨询威尔逊先生的意见。当然,上述意见并不针对那些已经得到批准的、为了正常运转而增建、添置新设备的项目。

结果证明,我的悲观并不过分。实际上,很快我们就面临着各种不可思议的事件接踵而至的压力。尽管大萧条不是一夜完成的,但是下滑的步伐仍然是巨大的。通用汽车的销售额从1929年的15亿美元下滑到1930年的9.83亿美元。

1930年结束之后,我在年报中这样说道:"在过去的一年里,世界上各主要消费国对各自的经济形势都失去了实质性的调控能力。公司几乎在世界上所有国家的经济活动中都占据着一定的地位,因此这种形势严重地影响了公司的运营。这为公司的管理和政策带来了一些非同寻常的挑战,为了保护股东的利益,公司必须积极有效地处理这些问题。这些国家未来的地位要求公司必须对所有问题进行最彻底的分析——不仅是从反映公众良好意愿的信心角度,还应该从未来经济发展的角度进行分析……"

然后就开始了各种分析。

或许有人愿意了解像通用汽车这种大公司的管理层在面临如此灾难性的事件时对自己说了些什么。1931年1月9日,我将下面这封信交给了运营委员会:

考虑到周四的会议上有些运营委员会成员缺席以及为帮助与会人员记起当时的情况,我想指出下次会议的主题之一就是希望大家能就过去一年中暴露出来的、应该消除的程序、政策或思路上的问题以及在刚开始的1931年中可以采取的新举措提出意见和建议。

时处岁末年初时节,这为我们从心理和现实两个角度处理这个问题提供了极佳的机会。当然,我们必须从原则上思考、处理这些问题，而不是陷入具体的细枝末节。

为了展示我的想法，我在下文将给出我此前就这一主题所做的一些备忘录——

第一，我认为我们过去缺乏、可能现在还缺乏处理人事缺陷的勇气。我们知道这些缺陷的存在，我们容忍这些缺陷的存在，最后在容忍了特别长的时间之后，我们终于做出了改变，然后又会遗憾为什么我们没有及早采取行动。

第二，我认为，尽管我们公司享有实事求是的美誉，但是与我们应该了解的程度相比，我们实际上并没有真正地了解事实，即使现在仍然如此。我们脱离了事实，无所事事地讨论着。我认为我们应该摒弃这种习惯，从此不再允许任何委员会成员在全体委员会成员获得相关事实的资料之前就重大事件擅自做出决定，否则委员会对它自身及整个公司都不够公平，因为它没有充分履行自己的义务。

第三，我认为我们正在变得越来越浅薄，我们必须纠正这种倾向。我们所面临的问题越来越多；我们的时间非常有限；有时会议时间很长，我们自然就会觉得疲劳。这些环境以及其他因素导致我们会因为没有足够的考虑而犯下错误，而且，这种情况下，错误几乎是注定要发生的。随意地做事或者不经考虑地做事还不如什么都不做。即使一个机会从我们身边溜走了，它也迟早会再次出现，而且经过周密的思考，我们只会得到更大的收获。

上面只是我的一些想法，将它们写下来的目的在于抛砖引玉，请各位理解我希望各位考虑的问题。希望委员会的每位成员都能在这一问题上有所贡献。

在当时的环境下，这是一个非常温和的声明。但是，每个行业、每种职业、每群人都有自己的方式和自己的行话。高层管理者明白了信中的含义，即要求他们仔细考虑每件事情。此后的 6 个月里，关于各种问题的备忘录在我的办公桌上泛滥，并且还出现了分歧意见。普拉蒂先生、穆尼先生、努森先生认为我们已经过度集权了。

普拉蒂先生于1931年1月12日这样写道：

> 依据我的判断，我认为通用汽车有限公司当前程序和政策中最大的缺陷就是执行委员会开始讨论各事业部的具体问题，而不是由各事业部制定自己的政策，发现自己的问题，然后将解决方案提交至公司，由运营委员会审核和批准。
>
> 无论是有意识的，还是无意识的，我们经营通用汽车的方式已经逐渐向集权的方式发展，我们正在逐步倾向于替各事业部提出提案，建议措施。我认为有必要向相反的方向前进。提案必须由事业部提出，我们的任务是选择合适的总经理来执行这些提案，而不是试图由总部来提出所有的提案。
>
> 我还想建议的是，如果认为某些地方有缺陷，就应该将它放在桌面上讨论，而不用顾虑人事问题。

毫无疑问，在严重紧缩的冲击下，确实发生了一些过度集权的情况。这是一种错误的做法。

但是，另一方面，威尔逊、格兰特、亨特和布拉德利诸位先生以及所有的顾问人员都持相反的观点。他们都提出了一些具体的措施来增进协调。威尔逊先生希望在制造组织、设备和工艺方法等方面将所有事业部都提升到最先进的水平。不过他承认他也不知道怎样才能在不违背分权原则的前提下完成这项工作。他说："至少现在我只知道一种方法，就是在和我们事业部的接触中保持强大的意志力、耐心和说服能力……"亨特先生以工程师的务实作风提议在各种产品线上尽量扩大可交换车身项目的范围，并开展对一些能够马上应用的、改变车型特点的研究。布拉德利先生注意到运营委员会的讨论经常准备不够充分，因此建议设立一些子委员会来保障最高委员会的工作效率。

我认为，当时的真相是双方都是正确的。过去的进退维谷的局面又开始隐约出现。我们必须进行更多的协调才能应对新的形势，与此同时，我们还必须保证高层管理者不会陷入试图管理各个事业部具体事务的绝望境地之中。

1931年6月19日，通过任命几个新顾问组，我开始了调整的第一步。我这样陈述这项提案："为群组执行官配备顾问组的目的在于，通过最广泛搜集的事实与意见，来充分保证提交给 [执行] 委员会的建议以及关于运营政策决策的建设性——甚至在提交之前就争取能够实现这一点。"

这一提案的重要性在于它试图在总部管理者、顾问以及各事业部之间建立起更广泛、更积极、更有秩序的联系方式，同时又没有允许顾问们对事业部事务进行干预。有人担心这一举措将会鼓励顾问对事业部经理们发号施令，这种担心是没有必要的。

顾问组最早设立于 1931 年，但是直到那年结束都没有来得及对它的组织问题进行更进一步的讨论——当时整个国家甚至是整个世界正处于大萧条的低谷，公司正忙于制定紧急措施以维持生存。美国和加拿大的汽车工业从 1929 年 560 万的产量（零售可达 51 亿美元）跌到 1932 年 140 万的产量（零售仅 11 亿美元）。这比 1918 年之后任何一年的情况都要糟糕。

多亏了前面几章中提到的财务控制和运营控制，通用汽车才没有陷入 1920~1921 年经济衰退时的灾难中去。我们在包括减薪在内的各项事务上都按部就班地逐渐紧缩。1932 年，我们美国和加拿大工厂的销售量跌到了 526 000 辆，而 1929 年的销量则是 190 万辆，考虑到固定费用的比例，这绝对是一个巨大的下滑（72%）。与整个行业相比，我们的情况还好得多，因为我们的市场份额从 1929 年的 34%上升到了 1932 年的 38%，那时正是经济衰退的波谷。我们的利润从 1929 年的 2.48 亿美元下降到了 1932 年的 16.5 万美元，仍然处于盈利状态，这主要应该归功于我们的财务控制程序。1932 年，我们的实际生产水平不到产能的 30%。

为了降低成本，我们加强了采购、设计、生产、销售等方面的协调力度，其中的一些变动确实非常有价值，经得起时间的考验。比如，在采购和生产方面，我们对零件进行了更精细的分类，提高了事业部之间零件的可互换程度，其中最重要的互换就是将整个公司的车身减少为三种标准型号。在最困难的销售费用问题上，我们采用了最激烈的重组手段。1932 年 3 月，经过 3 天的会议之后，运营委员会采纳了一个 1921 年产品政策的激进型修订版。委员会决定将雪佛兰和庞帝亚克的制造部门合并，都交由努森先生管理。别克和奥尔兹之间也发生了类似的合并。在销售环节，别克、奥尔兹、庞帝亚克的销售活动也被合并到一个新销售公司 B.O.P.，经销商从此可以销售多种品牌。其结果就是，从管理的角度看，通用汽车由 5 个汽车制造事业部变成了 3 个汽车制造事业部，并且持续了一年半的时间。

经济紧缩的严重性以及公司内外相关事件的压力使我开始反省我们的管理方式是否能够对这样的时代做出正确的响应。我们是否在随意地制造紧缩和扩张？是否应该继续协调并且清楚地保持好政策和管理之间的界限？如果我们恢复 5 个传统的事业部，现在的这些车型该怎么处理？当一个行业性的公司被我们在大衰退的时候所直面的力量冲击的时候，混乱就不可避免地产生了。1933 年 11 月，我开始再次就新政策写下一些东西。我开门见山地谈起了政策问题：

> 我认为，对于现在的通用汽车而言，组织问题具有非比寻常的重要性。这不是由于通用汽车的规模导致的，而是由它所从事业务的本质决定的。我将这种本质归纳为"激烈的变化"。换句话说，我主张，与其他可以用来对比的行业相比，汽车工业中的每个单位都应该具有更少的"惯性"。我分析了我们的远景。当我展望未来的时候，我发现，我们的成功，或者说，对现有地位的维持，绝对依赖于我们公司放弃某项战略的能力。它使我们能够预测我们感兴趣的范围内的各种正在发生并将继续发生的激烈变化，并使我们能够及时应对。
>
> 我没有任何削弱经济有效地执行各种政策的重要性的企图——我只是试图强调政策的重要影响——无论我们的行政机构如何能干，它能够发挥的作用仍然会受到它所面临的机会的限制。我想更进一步指出，我认为我们应该比过去更积极主动地处理问题。同时维持我们的竞争地位和盈利情况会非常艰难。未来的我们将不具备过去那样充裕的时间来慢慢决定在影响到我们的趋势性变化中应该采取什么行动……

我在上述节录的备忘录中的主要观点就是再次主张执行委员会

应该只具备纯粹的制定政策的权力。我还指出，"在处理公司与各事业部以及事业部与事业部之间的关系时，委员会应该采取积极、坦诚的态度"。为了收到最佳效果，我认为执行委员会应该只包括总部的高级执行官，而不应该包括各事业部的总经理们。那么，制定政策的执行官应该如何取得并利用信息呢？我接着写道："……我们必须找出一些办法来加强执行委员会成员与他们所处理的问题之间的联系，使他们不仅可以根据自己的聪明才智对问题进行判断，还可以让他们能够不受自己才智限制而进行决策……"

执行委员会实际上合法地充当了最高运营委员会的角色，但是由于它与运营委员会的人事重叠，并且政策制定人员和运营人员都参与了决策，因此政策和行政管理之间的界限并不是非常明确。当前的首要问题就是将执行委员会的职能限制在制定政策上，并使其不受行政管理和运营人员的影响。

恢复政策制定的独立性这一点特别重要，因为在当时的汽车市场条件下，以及如果像我提议的那样恢复传统的五事业部体制，不那样做就会产生一些管理问题。

当时的情况是：1933年的汽车市场中，低价位车型增长情况比较好，达到了整个行业总销量的73%，而1926年只达到了总销量的52%。这就意味着，对于我们的老产品线而言，我们将在27%的市场里拥有四种产品的生产线，而在73%的市场里只拥有一种产品的生产线。布朗先生从节约成本的角度建议缩编成3个事业部，而我则主张尽管会增加成本，但仍应该维持5个事业部，因为我认为我们将在市场规模增长的时候得到恢复。我1934年1月4日在给财务委员会的报告中申明了——对其中部分内容而言，是重申了——我长期坚信的关于商业政策观点。它们后来成为了公司的政策：

通用汽车汽车产品计划中的基本概念

委员会中有些人可能还记得，当杜邦先生接任通用汽车总裁时，他上任的三把火之一就是指派了一个小组来研究非常重要的汽车产品问题。直到那时为止，公司都没有基本的概念或计划——不同事业部的产品之间也不存在任何明确的联系，或者换句话说，没有协调。大家认识到，这里面应该存在某种明确的关系以及一定的协调。那个研究的目的正是为了确定这些关系和协调是什么，执行委员会以决议的形式授予了他们相应的权力——决议的签署日期是1921年4月6日，那已经是大约十三年前的事了……[该研究即前文所讨论的产品政策]

我记下了过去13年来汽车工业在日趋紧张的竞争压力下的演变过程，并注意到汽车的价值日趋集中到几个主要卖点上来——外观或风格、技术水平、价格和品牌声誉。当时我个人感觉，和早期相比，这些方面的差距越来越小，而且，由于大家都可以获得科技发展的最新动态，因此从营销的观点看，将来技术对销售的影响将不会很明显。尽管我相信我的总体观点——即汽车营销将开始围绕消费者的个人偏好，尤其是汽车风格这一点展开——是正确的，但是在这一点上，我完全错了。我这样写道：

> 人们喜欢不一样的东西。很多人不希望拥有和邻居完全一样的东西。任何一种车型的设计都是艺术和工程相互妥协的结果。没有一种车能够拥有所有吸引人的特点。相对于那些更重要的功能而言，那些相对不重要却又投客户所好的特色通常能够影响到最终的成交。没有人能够明确地预测一辆车中各种特色的权重。消费者的选择也经常受到消费者与经销商关系的影响，他们有时会特别厌恶某个经销商，当然，这种厌恶未必正确。占了整个行业销量45%的通用汽车——基本上每销售两辆车，就有通用汽车的一辆——认为自己应该在这些问题上承担起巨大的责任。在这种环境下，很难争取新客户，而且，也很难阻止老客户流失。45%的市场份额和5%的市场份额的感觉真是不一样。
>
> 从设计和制造的角度来看，推出两款价格和重量差别不大，可以使用相同的基本制造工具加工制造，但是在外观上差异明显，甚至在技术特征上都有一定程度差异的车型是非常可行的。
>
> 关于将公司产品收缩到一个狭窄的价格区间的问题，我想问的是，考虑到上述因素以及其他因素，公司将所有的蛋都放

在一个篮子里的做法合适吗？不同的人对不同的产品有不同的喜好，不是所有合理的设计理念都能集成在一个产品之中，经销商的影响也是一个重要考虑因素，难道我们充分利用好以上事实了吗？

我通过阐述自己的商业政策对这些问题进行了回答：

> ……我相信，整个行业销量日益向低价位市场集中，将来可能会达到80%~90%，在这个细分市场上，我们不应该只拥有一种吸引人的车型。无论我们在这一细分市场上的成绩如何，我们都必须推出能够在关键设计上体现出显著差异的车型来吸引这个最大的细分市场的注意力。作为这个原则的必然推论，我承认与之相应的制造和分销都会非常复杂。我很遗憾我们无法制造出一种所有人都愿意购买的东西，不过，在现在这种环境下，我也不认为这种事情有发生的可能。
>
> 在高潜力的地方，肯定会有很多经销商在同一市场上就同一种产品展开竞争，我相信，限制同一条产品线的经销商之间的竞争，并通过另外建立一个新产品线来吸引潜在的消费者，将会是一个更好的政策。
>
> 为了更好地说明这一点，我们假设我们在某个地区可能维持着 X 个经销商。与其让这 X 个经销商在同一种产品上展开让人士气低落的竞争，不如让其中的一部分——当然是大部分——围绕雪佛兰产品线展开竞争，而让其他经销商围绕雪佛兰的变型展开竞争。

基于上述原因，我个人认为，执行委员会多年前 [1921 年] 列出的政策纲要需要进行如下的大幅改动：

> 考虑到低价位市场的产量集中效应，公司应该将提升在该细分市场的地位作为公司的政策。但是，在这样做的过程中，为了构筑坚实的基础以利于让消费者接受公司的产品，必须对消费者偏好最大可能分散程度的重要性做最充分的考虑。

这一提案主张车型的差异性，主张将不同事业部在拥挤的价格区间里的销售工作分开来，这需要新型的协调。协调工作做得越多，给政策制定带来的问题也就越多，而政策和行政管理之间的差异也就越细微。比如，当两个或更多的事业部使用同一种零部件的时候，各事业部的独立性就要求必须在它们之间设立一个公共项目，这就必须有人来协调这样的项目。由于这一过程非常复杂，因此很多原本属于行政管理领域的问题就转到了政策制定领域。我一直都认为保持政策制定和行政管理之间的界限非常必要。如果没有这种界限，一个分权管理的组织就会在什么应该分权、什么不应分权上陷入混乱。因此，政策问题现在成为一个大问题，它需要一个一般化的解决方案。我们当时制定的解决方案直到现在都仍然还是通用汽车的基本决策过程。我于1934年10月向执行委员会做的建议书中包含了对这个方案的介绍：

众所周知，公司制定政策的来源或者是总部，或者是各事业部或子公司，然而，最终批准的权力却是在以各主管委员会为代表的总部手中。无论政策起源于哪里，都要求所有审批该政策的人能充分了解它对我们当前及未来业务的影响。在像通用汽车这种一项政策可能引发严重后果的地方，从各种可能的角度考虑各种想法和事实，构成政策制定的牢固基础，是非常必要的。核实的肤浅程度有多高，业务地位受威胁的可能——或者说，业务发展受挫的可能——就有多大。

上述或多或少有些哲理性的讨论的目的主要是为了阐释清楚建立行政管理中政策制定阶段的概念，它的内容要比通用汽车当前实践更为宽泛。

这一程序第一次确立了如下原则：

1. 建设性的先进政策的制定与改进对业务发展和稳定具有重大意义。

2. 通用汽车有限公司应该正确认识前文述及的问题，应该尽可能将政策制定的职能从政策执行中独立出来。

上面所说的政策制定的概念在通用汽车的体现就是一组叫做政

策组的新机构。这些团组各自拥有自己的职能头衔，比如，工程设计政策组、分销政策组等，后来还出现了海外政策组。这些政策组结合了包括公司总裁、高级执行官以及职能人员在内的各类相关人员，每个组都负责从自己的职能领域向公司最高运营政策委员会提出自己的建议和意见，而负责各事业部行政管理的总经理们则被特意排除在外。作为工作组，这些小组并没有得到任何决定政策、干涉事业部的权力，但是，由于小组成员中通常包括公司主要管理人员，因此政策组的建议通常都会得到相关职能委员会的采纳。我们于1934年至1937年间在工程设计和分销两个领域试行了这一方案，随后将其扩展到其他职能领域，并正式成为公司的政策[1]。它们以更复杂的形式阐释了我最早于1919~1920年间的"组织研究"中总结出的管理政策，即分权管理结合协调控制的管理思想。

现在公司一共拥有9个政策组，分成两大块。第一块主要处理职能问题——即工程设计、分销、研究、人事和公共关系，它们大多围绕汽车制造事业部开展工作。第二块主要处理某些集群业务——即海外业务、加拿大业务、通用发动机、家用设备。无论在哪个领域，这些政策组都得到了相应顾问部门的支持，比如，工程设计政策组通过工程设计顾问副总裁与工程设计顾问建立了联系。在各个业务领域，政策组都得到了相应业务集群执行官的大力支持。

这些政策组的成员们在公司的最高层次上发挥着巨大的影响。比如，董事会主席和首席执行官参加了6个政策组，公司总裁参加了7个政策组。在分销、工程设计、研究、人事和公共关系政策组中，都能找得到执行委员会和其他运作管理人员的影子。这种组织结构为公司执行官们提供了跨部门交流的机会。因此，它们在连接职能部门和管理线、准备政策建议、提供决策支持方面发挥了重大影响。

政策组的活动随着政策制定的需求变化而不断变化。比如，工程设计政策组每周就新产品开发计划定期碰头[1]。通过这种活动，各

---

[1] 1937年和1963年的通用汽车公司组织结构图见本章结尾处。

事业部总经理就可以通过私人关系或相应的职能部门密切关注政策组的进展。我在前面说过，由于政策组的责任是制定政策，而总经理们的任务是行政管理，因此他们不是政策组的成员。

我们以工程设计政策组在通用汽车一次新车型开发中所担负的职责为例解释一下政策组的工作内容。在任何事业部，都是由事业部总经理负责启动产品计划，这需要事业部研究部门的协作，当然，还受到市场——通过销售部门反映——的影响，并且还需要与其他运营事业部进行协调。如果时光倒流25至30年，我们会发现不同事业部提出的产品计划之间不存在任何协调关系。但是，随着时间的流逝，协调逐渐成为一种必需品。换句话说，事业部将无法自给自足地完成自己提出的产品计划，只有与其他事业部齐心协力，才能完成一项产品计划；因此，只有站在公司的高度上，才能提出可行的产品计划。当时从设计理念到最终上市之间的时间差大概为两年，如果设计理念比较先进，这一时间差经常会超过两年，中间的这段时间里，充满了变化。因此，在设计开发阶段，必须在所有汽车事业部——车型顾问、费雪车身事业部和其他配件事业部等——的工程设计部门之间保持详细而连续的联系，因为他们都在围绕着同一个问题进行攻关。公司的工程设计顾问就在这里踏上舞台，他们和各事业部保持协作关系，并促进必要的协调。负责传递这一过程中所发生问题的协调机构——如果可以这样称呼的话——就是工程设计政策组。执行委员会——它的成员会对全程进行跟踪——通常会采纳它们的决策。

经济衰退和因精简成本引发的产品协调是引发这种新管理协调形式的根本原因。随着1937年政策组的建立，1919~1920年间《组

---

① 工程设计政策组成员包括小组主席，他同时担任公司设计副总裁；顾问部门执行副总裁；财务执行副总裁；负责汽车及零配件事业部的执行副总裁；负责其他运营事业部的执行副总裁；负责车型、分销、研究和制造的执行副总裁；还有那些负责汽车/卡车集群、车身/总装集群、代顿、家用设备以及发动机的集群执行副总裁们。工程设计政策组的15位成员中有8位是执行委员会（执行委员会共8人）成员，其中4位同时还是财务委员会成员。

织研究》中描述的管理框架终于建设完整了。

对政策和管理区分的长期思考使我在1937年开始考虑如何将这一概念更为精确地应用到公司各管理委员会去。1937年初,我曾提议我们应建立一个专注于制定总体政策的政策委员会和一个专注于执行政策的行政委员会以取代当时的财务委员会和执行委员会。经过大量的讨论,我们于同年5月采纳了这项建议。我们撤销了财务委员会和执行委员会。新建立的政策委员会成员包括全体董事会成员、高级运营管理人员、高级财务管理人员以及外部董事们,而新的行政委员会则完全由高级运营管理人员组成。

政策委员会接管了原财务委员会的全部职能,并增添了制定运营政策的职能。从1937年至1941年,政策委员会在一些重大领域制定了很多运营政策。比如,它制定了劳工政策和劳工计划,还制定了很多分销政策——尤其是关于经销商关系的政策。随着国际局势的日益紧张,它的时间更多地用于决定海外子公司的运营政策。随着战争脚步的来临,政策委员会不得不处理日益上升的原材料短缺问题,还得处理政府关系以及飞机引擎、坦克和其他军用物资生产对我们民品业务的冲击。

1941年12月美国参战,这就要求必须对我们的委员会进行相应的组织结构改革。为了全面投入军工生产,我们于1942年1月5日以政策委员会为主抽调了6个高层执行人员组建了战时紧急委员会,接着,我们又将由所有高级执行官和集群副总裁组成的行政委员会改组成战时行政委员会。接下来的两到三年里,一直是由战时行政委员会负责公司的实际经营职责。这是因为我们在战时的政策是固定的,公司所有的任务就是战时生产。除了生产技术问题之外,与各种政府部门的关系就是我们政策性决策的主要出发点了。

1945年,随着我们开始规划战后业务,政策委员会又恢复了它应有的地位。由于从战时到平时的恢复工作和战后业务是如此重要,以至于几乎所有主要问题——甚至一些和业务运营相关的问题——都堆到了政策委员会的面前。政策委员会负荷过重所带来的直接后果就是我们开始反思直接向董事会负责的委员会的职能与结构问题。

对于区分政策和行政这个问题而言，设立一个单纯的政策委员会无疑是一个理想的解决方案。但是，随着环境的发展，出现了两个妨碍政策委员会实现原定目的的因素。第一个因素就是，当时销售量以及公司活动复杂度的上升要求公司董事会赋予运营和财务更多的职权。第二个因素就是，公司希望外部董事经验丰富，并且能够在财务、运营政策上投入足够的时间，而寻找合格外部董事的难度越来越高。因此，1946年，我们取消了政策委员会，并设立了两个分别负责财务和运营的委员会，我们将其称之为财务政策委员会和运营政策委员会。1958年我们恢复了它们的原名，即财务委员会和执行委员会，并进行了进一步的改革——扩大了二者的规模，使更多的人能够在这两个委员会中同时出现。

通用汽车政策制定形式的演进就介绍到这里。现在我想谈谈我对于董事会——公司中的最高权威——角色的思考。当然，和其他大公司董事会一样，我们的董事会通过它的委员会欣然地发挥了自己的作用。这种委员会在通用汽车中一共有4个，每一个都完全是由董事们组成的，它们代表董事会行使对公司业务和事务的管理工作，这4个委员会分别是财务委员会、执行委员会、红利薪金委员会以及审计委员会。这里我仅对两个在政策制定中发挥着关键作用的委员会——财务委员会和执行委员会做些说明。财务委员会的大部分成员都是外部董事，即不参与管理的董事。他们包括像我这样的前任高级运营管理人员，还有一些除在董事会任职之外从未和通用汽车公司有过任何关系的人。执行委员会的所有成员都是从事管理的董事。两个委员会都只处理政策问题，而不处理行政问题。两个委员会的行为都接受董事会的审查指导。

财务委员会的中心职责就是看好公司的钱包。这个委员会拥有按照程序决定公司财务政策、指导公司财务事务的权力。它还负责公司所有的拨款事务，并且负责对进入新业务市场的决策进行审查。它负责评估、批准执行委员会制定的价格政策和定价程序。它还负责判断公司的资金能否满足经营需求、公司的投资回报率是否令人满意，等等。这个委员会还负责向董事会提出分红建议。

执行委员会负责运营政策。我在前文已经描述了负责沟通事业部和公司职能部门的政策组形成政策的过程，但是，是否采纳这些政策建议则是执行委员会的权力。资金支出的拨款申请也需要在这个委员会的监督下进行准备，然后才能提交给财务委员会。实际上，财务委员会已经授权执行委员会可以自主批准额度在100万美元以下的资金支出。

通用汽车董事会每月定期全体碰头一次。他们不断地挑选出合适的成员来担任上述委员会的工作。他们还挑选出业务经营的人选——即公司的管理人员，并根据法律和常规处理需要董事会决策的事情，比如，宣布分红、发行新股。

根据我的经验，我认为通用汽车的董事会还有一项在我看来称得上非常独特的功能，它对公司具有重要的意义。这就是我所称之为"审计"的职能。这个审计和通常财务意义上的审计不同——它对企业中发生的事情进行持续的评估和评价。当然，通用汽车的每个机构都很大，而且技术性非常强，因此很难要求董事会的每位成员对提请高层决策的每个问题都有着丰富的技术、业务经验，而且，它的外部董事也很难有足够的时间来仔细考虑每项事务以做出决定。董事会面临的问题太多、太分散、太复杂。但是，尽管董事会可能没法处理这些技术性的操作问题，但是，它可以而且应该对最终结果负责。通用汽车董事会在处理这类问题时，会预先估计我们希望实现的目标，并在事后通过对报告和数据的分析来进行评价，公司对何时采取何种适当的措施做好了充分的准备。

为了完成这个目标，通用汽车董事会努力做到对通用汽车及其业务运营情况了如指掌。董事会每月都会收到来自执行委员会和财务委员会的报告，并且还会定期收到其他委员会的工作汇报。董事会为通用汽车建立了栩栩如生的全息图景以检查公司的竞争地位、财务状况、统计状况、竞争形势以及对近期的预测情况。各种解释性的评论和总体业务情况的总结有助于董事会完成这一使命。另外，运营管理人员还会在不同场合就公司业务状况进行口头汇报，同样，各职能部门副总裁和高级执行人员也会就他们的职责范围向董事会进行正式的汇报。董事们就针对这些报告提出问题，寻求解释。通用汽车董事会所采取的这种审计方式对整个公司及公司的全体股东都具有巨大的价值。我无法想象还有什么董事会在信息获取、机智应对变革方面比通用汽车董事会做得更好。

通用汽车公司组织图

（1937年6月）

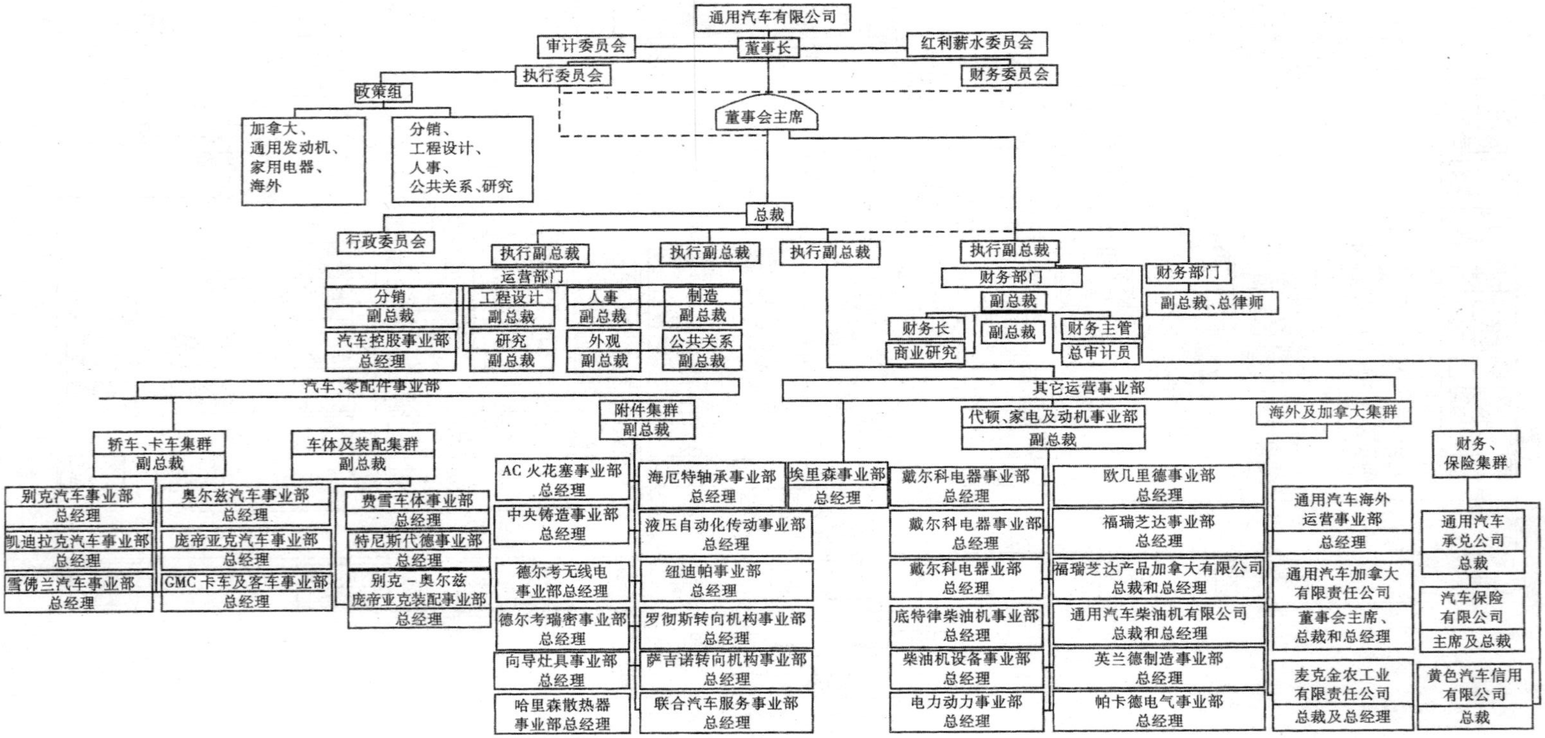

第 11 章
财务成长历程

通用汽车是一个成长的公司，我所写下的一切都是围绕这一事实组织的。在通用汽车的早期历史里，它的成长速度并没有赶上整个产业的步伐。但是，自1918年之后，尤其是在采用了现代管理措施之后，公司成长速度超出了行业平均水平，并成为最大的汽车生产商。我们相信，作为行业领袖，我们已经做出了应有的贡献。雇员、股东、经销商、消费者、供应商——以及政府——已经分享了通用汽车的成功。尽管通用汽车在各方面都取得了进步，但是，这一章关于财务成长历程的故事主要反映的，却只是股东的观点。

公司为它的所有者做得如何？我相信这个问题可以通过查阅公司的财务记录得到最佳答案——你可以看出资金的供应、保障情况，也可以看出从公司创建至今的资金使用状况。

我们的股东已经从公司的成功中获得了巨大的货币回报——公司已经将历年收益的2/3分配给了各位股东，绝大多数企业都无法超越这个比例。为了给这些获利保值，股东们自愿将这些收益又投资到了通用汽车，使我们能够解决成长期的各种需求，这反过来保证了公司的成长。当然，在扩张和运营资金需求的高峰期，股东们的分红肯定就低于平均水平。股东们认为这是获取不确定的回报时所应承担的风险——尽管公司早期的回报非常慢。当时的金融界总体上对包括通用汽车在内的汽车工业非常悲观。尽管都渴望成功，但当时很多汽车公司还是消失了，它们的股东被迫接受这些损失。因此，对于当时的通用汽车这种未来具有很大不确定性的企业来说，根据股东所承担的风险来分配他们的货币回报才是唯一正确的处理方法。

一般说来，从财务的观点来看，公司的历史可以分为三个阶段。第一个阶段是从1908~1929年的扩张期；第二个阶段是1930~1945年的经济衰退和二战时期；第三个阶段就是二战后的岁月，这段时期里，又开始了新一轮的扩张。

但是，在这三个阶段中，还存在着扩张、收缩、稳定等子阶段。我在前文谈到过杜兰特先生在1908~1909年间以别克、凯迪拉克为主创建通用汽车的经历，也谈到了由其产生的巨大财务问题使杜兰特先生于1910年丢掉了总裁职位的故事。然后，这段最初的扩张期走到了尽头，并于1910~1915年银行家控制公司期间进入收缩期和稳定期。在此期间，公司保持了低于行业平均水平的些许增长。然后，公司于1916~1920年间，尤其是在杜兰特先生任总裁的1918~1920年间——在拉斯科博先生和杜邦公司资本的协助下——通过包括债务和发行股票等各种金融手段再次迅速增长。

早期扩张阶段——1918~1920年

1918~1920年的3年间，公司的工厂、设备支出达到了2.5亿美元，而且，这还不包括1918年1月1日至1920年12月31日期间子公司超过6 500万美元的投资，因此，合并后的投资额超过了2.8亿美元。这是一件令人惊愕的事，因为在1918年1月1日，通用汽车的总资产也不过是1.35亿美元，工厂资产总额只有4 000万美元。到了1920年底，公司总资产达到5.75亿美元，超出了1917年底总资产的4倍，工厂资产总额则达到了2.5亿美元，超过了1917年12月31日资产平衡表上相应数据的6倍。

尽管也有一些令人遗憾的投资——比如山姆森拖拉机——这些

扩张项目奠定了通用汽车后杜兰特时代投资原则的基础。1920 年的年报中这样写道：

> 公司管理人员和董事们认为从事与汽车关联不大的物质生产 [指的是大量生产一些并不直接用于汽车生产的产品] 是件非常不明智的事情。事实就是：相对于轮胎的总生产量而言，只有一小部分进入汽车制造商手中，其他大部分都直接销售给最终消费者以供他们更换轮胎了。大部分钢板和其他品种的钢材都通过贸易进入了其他行业，而不是汽车工业；因此，公司并没有投资于这些领域。对这一政策的追求使得通用汽车公司紧紧围绕汽车、卡车和拖拉机制造确立了自己的竞争优势，而没有对其他汽车制造商使用比例较少的领域进行投资。

1918~1920 年的资金支出对 20 世纪 20 年代通用汽车另类的巨大成长奠定了基础。1918 年初，通用汽车有 4 个客车制造事业部——别克、凯迪拉克、奥克兰德和奥尔兹以及 1 个卡车事业部。公司没有针对低价位市场制造小型车的能力。公司也没有建立供应商体系来为公司提供诸如照明、启动和点火装置、滚轴、滚珠轴承等零配件，而且公司也没有研究设施。通用汽车 1920 年轿车和卡车的销售量（393 000 辆）几乎达到了 1918 年（205 000 辆）的两倍。我们的生产能力从 1918 年初的年产 223 000 辆轿车和卡车提高到 1922 年的年产 750 000 辆，这些增长主要来自于走大众价位路线的雪佛兰。而且，公司具备足够的能力完成电子设备、散热器、减磨轴承、轮圈、转向系统、传动系统、发动机、车轴、敞篷车身的配套能力，而且公司通过在费雪车身公司的股份还拥有了稳定的封闭车身——当时才刚刚开始流行——供应商。此外，通用汽车还拥有了自己的研究设施。

毫无疑问，仅靠利润无法支持如此迅猛的增长。整个行业仍然处于起步阶段，而通用汽车则正在为未来的高产量做打基础的工作。为了获得雪佛兰和联合汽车的资产，为了收购费雪车身公司 60% 的股份，通用汽车动用了自身的股票作为支付手段。但是，大部分的支出仍然是以现金的形式支付的，因此公司不得不求助于资本市场。

1918 年 12 月 31 日，公司董事会批准将 240 000 股普通股转让给杜邦公司以获取支撑公司增长的资金。公司在这次交易中获得近 2 900 万美元。1919 年 5 月，公司允许纽约多米尼克公司和威尔明顿莱尔德公司形成辛迪加，以售出 6% 的借款股（优先股）。杜兰特先生在给他们的信中这样写道：

> 公司需要大笔资金用于抓住机遇……以扩展业务、获取利润。公司认为最具远见的获取资金的方法就是发行额外的借款股票……而且，让更多的人关注公司未来的繁荣无疑更符合公司的利益。相应地，这就要求我们在这三个月的自由借款行动中尽量分散地销售掉这些价值 5 000 万美元的借款股份……
>
> 考虑到我们的出发点，如果你们愿意形成一个辛迪加……公司绝对同意由辛迪加掌握 3 000 万美元的借款股份……当然，如果你们希望在剩下的 2 000 万英元中再多掌握一些，我们也不反对……

当辛迪加于 1919 年 7 月 2 日解体的时候，我们仅发行了票面价值 3 000 万美元的借款股，公司筹资了 2 500 万美元，其余 2 000 万美元的借款股一直没有销售出去。

这并不能满足工厂支出和运营资金的需要，尤其是库存，它的增长甚至超过了新工厂、新设备支出的增长。因此，在 20 世纪 20 年代早期的另一次重要融资行动中，公司决定增发 7% 的借款股，已售出的 6% 借款股和优先股的持股人每股拥有两股的配股权，他们有两种交易方式可以选择，一种是现金付款，另一种是其中的一半以现金付款，另外的一半以他们手中股票的结余来支付。杜兰特先生这样告诉这些股东们：

> 对未来谨慎的预测表明，需要继续提供大量的资金才能使你们的公司继续占据汽车行业的领导位置，公司的利润并不能满足这一资金要求，因此我们将选择销售 7% 的优先股票，而不是 6%。这将立刻为我们带来机会和优先购买权：我们将获得溢价发行的机会，而不必为了保证销售量而提供必要的折扣，并

且使我们的优先股持有人拥有优先认购这7%借款股的权力。

这次增股发行失败了。它反映了金融界对通用汽车逐步失去对内部事务控制的担心。杜兰特先生和拉斯科博先生曾希望通过借款股发行筹资约8 500万美元。事实上，他们仅筹到了1 100万美元。最终的结果就是杜邦公司不得不对此进行干涉。在杜邦公司的帮助下，通用汽车在1920年夏天销售了超过6 000万美元的新增普通股，稍后又从一些银行团体中借到了超过8 000万美元的资金。

就这样，从1918年1月1日至1920年12月31日的扩张期中，通用汽车所用资本①增加了3.16亿美元。这些增加的资本中的5 400万美元来自于股东们在拿到总计5 800万美元的分红之后再次投入的资金，其余的大部分都来自于增股发行所得的现金和资产。

公司所用资本从1918年初至1920年底增长了3.16亿美元。相对而言，工厂、设备费用和子公司投资支出（未合并）总计2.8亿美元；以库存为主的大量运营资金②——库存从4 700万美元增长到1.65亿美元——增长了1.18亿美元。

短暂的收缩期——1921~1922年

紧随1918~1920年的扩张之后就是1921~1922年的收缩。到了1922年底，我们已经清偿了银行的债务，并保守地估计了库存和工厂的价值。到了1922年底，当尘埃落定之后，尽管我们当年仅售出45.7万辆汽车，但是，我们已经可以年产75万辆轿车和卡车了。

迈向稳固的时期——1923~1925年

尽管1923年标志着汽车行业产能扩张新时代的开始，但是，

---

① 所用资本由各种证券持有人对业务的投资组成。资金来源包括公司股票（普通股、优先股）发行、债券发行、额外资本投入（资本盈余）以及净利润提留（利润盈余）。所用资本主要用于两个领域——运营资金和固定资产。
② 净运营资产代表了当前资产（现金、短期债券、应收款和库存）超出当前债务（应付账、税、工资以及各种各样自然增加的负担）的部分。

1923~1925 这 3 年间，通用汽车并没有采取重大的产能扩张行动，因为杜兰特–拉斯科博计划已经为通用汽车应对这次汽车市场规模剧增打下了良好的基础。我们 1923 年 83.6 万辆轿车和卡车的销售量比 1922 年 45.7 万辆的销售量提高了 83%。但是，在这 3 年里，公司用于工厂和设备的支出还不到 6 000 万美元，却支出了近 5 000 万美元的折旧费。新控制机制成效斐然，在提高销售量的同时还将库存从 1923 年初的 1.17 亿美元降低到 1925 年底的 1.12 亿美元，降低了 500 万美元。同期运营资金净增了 44% 即 5 500 万美元，而销售额从 1923 年的 6.98 亿美元上升到 1925 年的 7.35 亿美元，净利润从 1923 年的 7 200 万美元上升到 1925 年的 1.16 亿美元。所有事实表明，我们以更经济的方式生产更多汽车的思路取得了成效，我们从 1923~1925 年的净利润累计达到 2.4 亿美元，并向普通股股东支付了 1.12 亿美元的分红，向优先股股东支付了 2 200 万美元的分红，红利总额共 1.34 亿美元，占该时期累计利润的 56%。

新的扩张期——1926~1929 年

我们在 1925 年之前的销售量增长表明我们的工厂和设备需要进一步的投资，因此，从 1926 年起，我们又开始了一轮新的扩张。这次扩张一直延续到 1929 年。这次行动很快就得到了肯定，因为 1926 年我们售出了 123.5 万辆汽车，比最高历史纪录即 1925 年的销售量增长了几乎 50%。但是，这次和以往不同，这次使用的资金主要来自我们的利润提留、折旧准备金和新发行的股票收入。这 4 年来，我们在不参与财务报表合并的子公司以及其他单位的投资总额达到了 1.21 亿美元，并对我们的工厂——其中包括 1926 年收购的费雪车身公司的工厂和设备——和设备追加投资 3.25 亿美元。

这些项目使我们的设备从几个方面都有所增加。我们的汽车制造能力得到了提高，尤其是雪佛兰事业部，在这 4 年里，它的销售量几乎翻了一倍，而且，我们还新增了庞帝亚克品牌。在汽车装配能力提高的拉动下，我们扩大了零配件制造事业部的生产规模。我们制造了更多的零件。我们还加强了营销的力度，采取了包括建立海外总装厂和仓库的措施，从而使我们的产品能够更接近消费者。

第 11 章 财务成长历程   183

我们还得到了一个小制造基地，即 1925 年得到的英国沃克斯豪；1929 年我们还收购了一个较大基地 80% 的股份，这个基地就是德国的亚当·欧宝。我们的业务还在其他领域得到了扩展，比如，福瑞芝达事业部以及对航空和柴油机的投资。

总的来说，1926 年 1 月 1 日至 1929 年 12 月 31 日期间，我们在工厂上的投资从 2.87 亿美元翻番到 6.10 亿美元，我们在不参与财务报表合并的子公司以及其他单位的投资总额从 8 600 万美元上升到 2.07 亿美元，提高了大约 2.5 倍。公司总资产从 7.04 亿美元上升到 13 亿美元。

多亏了我们的财务控制和运营控制，我们才能基本上完全依靠利润提留、折旧准备金对这些计划进行投资的同时还能够将近三分之二的净利润返还给股东。这段期间唯一的外部融资就是在 1927 年发行了 7% 的优先股，票面价值 2 500 万美元。1926 年收购费雪车身公司时，公司动用了 664 720 股股票，其中新发行股票占了 638 401 股。公司净收益在 1926 年是 1.86 亿美元，到了 1928 年达到 2.76 亿美元———一个新纪录———1929 年回到了 2.48 亿美元。这 4 年间我们累计收益达到了 9.46 亿美元，派发红利达 5.96 亿美元（63%），折旧费用累计 1.15 亿美元。

这里将 1923~1925 年和 1926~1929 年这两个时期合在一起的数据同 1922 年的数据做一个对比。

通用汽车在美国和加拿大的轿车、卡车销售量从 1922 年的 45.7 万辆增长到 1929 年的 189.9 万辆，增长了 4 倍；销售额从 4.64 亿美元提高到 15.04 亿美元，超过了 3 倍。我们的库存的增长并不大——与上述生产、销售情况相比，我们的库存只上升了 60%（净运营资金从 1922 年 12 月 31 日的 1.25 亿美元上升到 1929 年底的 1.48 亿美元，其中现金和短期证券从 2 800 万美元上升到 1.27 亿美元）。工厂资产从 2.55 亿美元增长到 6.10 亿美元，所用资本从 4.05 亿美元翻番到 9.54 亿美元。在这 7 年期间，我们的盈利总计 11.86 亿美元，派发红利 7.30 亿美元，剩下的 4.56 亿美元投入了再生产。

经济衰退和复苏——20 世纪 30 年代

20 世纪 30 年代早期开始出现衰退，中期开始逐渐稳定，并继而进入扩张期。整个 30 年代在浓烈的二战准备气氛中结束。

在 1930~1934 年的大萧条期间，通用汽车也采取了收缩行动。但是，这次和 1920~1921 年的情况有所不同，尽管这次的经济形势更为严重，但是我们的收缩非常有序。当然，这一时期的分红水平要比前一段时间来的低，但是，公司每年都有盈利，每年都会分红。1931~1932 年，公司拿出部分繁荣时期的利润积累用于分红，所以这两年的分红都超出了当年的盈利。

总的来说，20 世纪 30 年代总的分红达到了同期净利润的 91%，因为我们发现，在当时那种衰退的经济形势下，我们很难为手中的资金找到能够盈利的投资途径。

当然，最艰难的时期就是股市崩溃之后的 3 年。我在前文提到过 1929~1932 年美国和加拿大的轿车、卡车产量从 560 万辆下降到 140 万辆，下降了 75%，整个行业的销售额下降得更厉害——零售额从 51 亿美元下降到 11 亿美元，下降了 78%。然而，在这 3 年里，通用汽车仍然盈利 2.48 亿美元，并向股东提供了 3.43 亿美元的红利——超出公司盈利达 9 500 万美元。尽管分红金额超过了盈利，公司的净运营资金却仅减少了 2 600 万美元，而且实际上公司的现金和短期证券还增长了 4 500 万美元，增长了 36%。你可以认为，公司通过清算的方式取得了这些成果。

在这种很多耐用消费品生产商陷入困境甚至破产的情况下，公司却取得了这种反常的成果，这是什么原因导致的呢？将它归功于我们的先知先觉显然是不合理的，因为实际上我们和别人一样没有看到衰退即将到来。我认为，前面所有的故事所传递的信息就是，这仅仅是因为我们学会了如何迅速地做出反应。这可能就是我们的财务控制和运营控制系统给我们带来的最大回报吧。

当销售量开始下跌的时候，我们的反应速度使我们能够使库存降低与销售量降低保持一致，并且能够合理地控制成本，从而保证能够盈利。我们的销售额从 1929 年的 15.04 亿美元下降到 1932 年的 4.32 亿美元，下降了 71%，但是，我们压缩掉了价值 1.13 亿美元的库存，降低了60%。与销售额下降超过10亿美元相对应的是，我们的净利润下降了2.48亿美元，但是仍然在付出6 300万美元的红利之后维持了16.5万美元的收益。

正如前文所述，30年代早期我们并没有感到有在新工厂和新设备上进行大量投资的必要。从1930~1934年的5年中，这种支出总计8 100万美元，其中1932年在这方面的投资只有500万美元。而且，这些年里我们还关闭了一些多余的工厂和设备。后来，我们根据需要恢复了部分工厂的正常生产。

到了1935年，我们在美国和加拿大轿车和卡车的销售量恢复到了超过150万辆——大概是1929年高峰期的80%，几乎是这3年销售量的3倍。下一年我们在美国和加拿大的销售量接近了1929年的纪录，并在1937年创造了192.8万辆的新纪录。但是，1937年的净利润只有1.96亿美元，还没有达到1929年的2.48亿美元或者1936年的2.38亿美元。1937年的收入受到了当年初长达6个礼拜的罢工以及由此引发的提高工资的影响。比如，1937年美国公司正规工作时间内的平均计时工资率比1936年提高了20%，比1929年提高了28%。由于我们的投资需求相对较低，因此1936年我们的分红又创下了历史新高，达到了2.02亿美元，而1937年的分红只有1.70亿美元；这两年里，红利占净利润的比例达到了85%。

销售和产出的迅速恢复意味着我们的生产设施再次面临着压力。前文已经提到，我们开始重新启用部分还没有因为产品或技术的变革而遭淘汰的工厂。同样，我们也开始需要新设备。随着1935年产出水平的迅速提高，我们对公司在国内外的制造能力进行了一次全面的调查和评估，从而为未来销售的可能变化做好准备。在1935年的年报中，我这样写道：

> 汽车产业中因车型年度更新而不断发生的急速变革导致生产设备很快就会过时。因此，考虑到变革的存在，必须提供必要的工具和机器以保证产量能够与下一年的预测销量保持一致。鉴于这些原因，在经济衰退时期，公司降低了各工厂的生产能力。另外，为了提供足够多型号的汽车以覆盖整个目标市场，公司的车型越来越多，这使得公司感到了对产能的限制。风格

的变化以及新技术特色的不断添加提高了制造的复杂程度，这一点也非常重要。

还有一点也非常重要。尽管生产工人每周工作时间一直在缩短，但是，在衰退时期，这种缩减工作时间的压力表现得更加明显……和往年相比，不考虑环境变化而一味地缩减工作时间，使我们基本上不可能维持住往年的平均产出水平。

因此，公司于1935年拨出一笔经费专门用于重组、调整和扩张生产设施。这笔款项最终累计超过了5 000万美元。

公司的产销量继续迅速增长，因此我们参照对公司产品的当前需求和预期需求，对公司的运营设施进行了再一次的调查。我们主要考虑了三种和产能相关的因素：缩短每周工作时间所带来的趋势、运营效率降低的可能性以及由于劳工问题导致生产中断的可能性。对后面两个因素预测的正确性在1937年得到了验证。

考虑到这些因素的存在，我们认为雪佛兰事业部的产能并不合适。在后续的3年里，雪佛兰事业部都将无法满足日益增长的市场需求（1935~1936年，雪佛兰事业部轿车、卡车的产量都超过了100万辆）。还有几个事业部也遇上了这种产能不足的情形——尽管它们的情况要稍好一些。而且，通用发动机集群和家用设备集群所开发出的新产品将它们推到了必须扩大产能才能充分挖掘这些产品的盈利能力的境地。此外，产能短缺的问题并不是由局部的瓶颈环节所导致的；实际上公司的生产设施规划得非常合理。但是，这种情况恰恰意味着在产能上的一点点提高都会要求对整个生产相关领域进行投资。因此，在拨出巨额款项用于现代化和更新换代之外，我们还推出了一个耗资超过6 000万美元、旨在扩充产能的计划。1938年，这个扩张项目终于结束了。

1937年下半年及1938年上半年，整个经济形势急剧恶化，然后又重新以非常快的速度再次攀升。美国汽车的销售情况通常总是和经济变化跟得特别紧。由于欧洲战争的爆发，1939年上半年经济陷入停滞状态，然后于下半年开始在波动中上涨。

整体上看，20世纪30年代公司在新工厂和新设施上的投资达到了3.46亿美元。考虑到20世纪30年代始终以清算为主要特征，这笔资金支出绝对称得上是巨大了；但是，和 20 年代相比，这笔钱又算不上什么了。1930~1939 年间，我们向股东们支付了 11.91 亿美元的红利，占总利润的 91%，相比之下，20 世纪 20 年代的分红总计才 7.79 亿美元。而且，这还是在不损害公司流动资金的情况下取得的。另一方面，公司的净运营资产从 1930 年 1 月 1 日的 2.48 亿美元增长到 1939 年 12 月 31 日的 4.34 亿美元。现金和短期证券总量从 1.27 亿美元增长到 2.90 亿美元，而占用资金的上涨幅度则甚为有限，仅从 9.54 亿美元上升到 10.66 亿美元。

二战时期——1940~1945 年

这六年里，通用汽车面临着巨大的需求。我认为，和当时美国大多数行业一样，公司的表现非常优异。二战开始的时候，通用汽车迅速从国内最大的汽车制造商转变为国内最大的战争物资生产商。战争结束之后，通用汽车又迅速地转入和平时期的生产状态。无论在何种状态下，通用汽车都展示出了良好的管理能力和卓有成效的规划能力。

但是，在国防计划开始从整体上刺激采购力的 1940 年，公司的轿车、卡车销售量实际上只增长了 32%。当年通用汽车针对国防的生产总值仅有 7 500 万美元（相比之下，当年商业销售收入达到了 17 亿美元），但是，当年年底订单开始接踵而来，至 1941 年底，我国政府及同盟国政府的防务合同额累计达到 6.83 亿美元。1941 年国防生产超过了 4 亿美元（当年商业销售收入为 20 亿美元），珍珠港事件之后，国防产品的交货速度达到了每天 200 万美元。

当然，一旦美国成为参战国，我们的任务就变成了竭力满足国防生产的要求。1942 年我们的国防生产总值达到了 19 亿美元，而商业产值只有 3.52 亿美元。1943 年，我们全力开动我们的设计和生产能力，当年的国防生产总值达到了 37 亿美元。1944 年，这一数值稍稍上升了一点，达到战时生产的高峰，即 38 亿美元。产量的增长（15%）甚至比产值的增长（3%）还要高，因为我们在产量增长的同时降低了产品的价格。当然，欧战胜利日之后，由于取消了部分军购合同，公司开始部分向和平时期生产状态转变；日本战争胜利日之后，公司开始全面转向和平时期生产。因此，1945年公司的军品生产下降到25亿美元，而商业收入稍稍上升到5.79亿美元。合计起来，通用汽车一共生产了价值125亿美元的军品。在制造这一巨大数量的军用产品时，我们尽量利用各种现有的设备，并且改造、新建了很多设施，1940~1944年间，公司在这方面共投入了1.30亿美元。我们还负责经营属于政府机构的、价值6.50亿美元的工厂。

战争年代并不是赚取高利润、派发高额红利的年代。尽管我们的销售额从1939年的13.77亿美元增长到1944年的42.62亿美元，我们的利润并没有增长。早在战争之初、利润再协商还没有通过之前，我们就通过了这样一条政策，即尽管仍处于自由竞争市场经济状态，我们仍将我们在军品方面的税前利润限制在1941年民品利润50%的水平上。只要有可能，我们就尽量以固定的价格去签订军品合同，而且，一旦我们能够降低成本，我们就肯定会调低价格。因此，1940年至1945年间，我们从176.69亿美元的销售额中仅赚到了10.70亿美元的利润。我们从这些利润中抽出8.18亿美元作为红利分给了股东。我们在1940年向面值10美元的普通股派发了3.75美元的红利，而1942年和1943年，每股派发红利降到了2美元，到了1944年和1945年，我们为每股派发了3美元的红利。

尽管股东们在1940~1944年间收到了占净利润77%的红利，但是，由于战争时期的短缺以及优先顺序问题，公司无法按照正常的步骤更换设备，因此公司的流动资产大幅增长。我们2.22亿美元的资金支出甚至低于我们这五年来的折旧费用。因此，1940年1月1日至1944年12月31日期间，我们的净运营资金从4.34亿美元增长到9.03亿美元，我们的现金和短期证券从2.90亿美元上升到5.97亿美元。1945年，我们的资本支出达到了创纪录的1.14亿美元，我们的净运营资金和现金及短期证券分别下降到了7.75亿美元和3.78亿美元。

公司财务历史的旧时代——它体现着商业周期和我们的投资决策，这个因素有时单独发挥作用，但是，更多的时候它们会同时出现——已经过去，我们正在开始新一轮伟大的扩张。这是我们所知的二战之后最伟大的扩张，因此，在继续这段文章之前，有必要事先阐述清楚几件事情。

假如你想针对现有的业务做些事情，你在融资方面遇到的战略问题就是如何将这一业务中的诸多因素最优化。在这个问题上，言论非常自由。但是，我认为通常大家都会在原则上认可这样的推论，即债务可以提升股东投资的回报，但是，与此同时也会加重相应的风险。我还认为，大家一致认为杜兰特先生和拉斯科博先生花钱的欲望特别强烈，而且几乎从不抗拒举债。杜兰特先生的这种态度让通用汽车陷入了1918~1920年过度扩张的困境，使得随后的六年里公司一直都在消化上次扩张的结果。尽管如此，如果1918~1920年间公司能够加强运营控制和财务控制，也许公司并不会陷入危机之中。从杜兰特先生个人的角度看，很明显，正是这些债务在1920年的衰退中给他带来了灾难。

同样显然的是，1921~1946年间，公司没有长期债务的负担。可能与我的经历有关，我个人反感借贷。但是，我也不能说当时我们已经制定了反对借贷的政策。事实上，真正的原因是我们当时并不需要借债就能完成我们的目标。直到1926年，我们需要的支出一直都很少；从1926~1926年，在支付了我们认为合理的红利之后，我们的净收益还能支持我们的扩张战略。换句话说，在20世纪20年代，我们还清了债务，得到了成长，并且没有再向银行借债。20世纪30年代是一个收缩的年代，因此也没有出现债务问题。战争时期，我们通过政府从银行获得1亿美元的贷款来支持我们的应收款和库存，但是这种借款也得到了严格的控制。我们的借款额最高才不过10亿美元，而且时间也没有超过一年。

当进入战后时期之后，尽管我们的资产流动性很好，但是我们仍然再次面临着各种财政问题，比如，公司必须提供大量资本支出，必须通过债务和股票发行来获取额外的资金，等等。

战后时期——1946~1963年

从1946~1963年的17年间，我们在工厂上的支出超过了70亿美元。这个数字几乎是1946年前后工厂总资产的7倍。由于通货膨胀引发的设备、建设成本增长在战后支出增长中占了很大比例，因此，这个增长比例并不代表着物理设备的真实增加情况。这 17 年里，公司的净运营资金从 7.75 亿美元增长到 35.38 亿美元，增长了 27.53 亿美元。整个设备支出的 61%即 43 亿美元用在了设备折旧上。其他资金主要来自于增资或新资本的投入。这十七年中，通用汽车的收益达到了 125 亿美元，未分配的利润占 36%，达到了 45 亿美元——由于业务发展的需要，这个比例比我们以往的历史要高。即使提高了未分配利润的比例，为了满足扩张计划的需要，十七年间我们仍然需要通过资本市场——自 20 年代早期以来，除了一些小的例外之外，公司很长时间没有借债了——举债 8.465 亿美元，其中，我们于 1962 年偿还了 2.25 亿美元。另外，1955~1962 年间，为了推行员工计划，公司还发行了 3.50 亿美元的普通股。因此，通过增资和新股票发行，这一时期公司的占用资本从 13.51 亿美元上升到 68.51 亿美元。

我们在战争结束之前很久就开始对战后的增长进行规划。我于 1943 年在向全国制造商协会所做的一个题为《挑战》的演讲中提出了战后计划的概念。在这次演讲中，我认为战争结束之后，整个工业界都将面对着曾被长期压抑的巨大需求，人们将需要大量的产品，基于这一假设，我们做出了一个大胆的计划。在做计划的过程中，我反驳了经济学界的观点，他们预言战后经济将走向毁灭。对我而言，这不仅是一场辩论，更是如何投资的问题。换句话说，我们认识到即将存在迫切的需求，为了满足这些消费者的需求、提供和平时期的工作机会、履行对股东的责任，当战争结束之后，必须尽快将工厂从战时生产状态转换到和平时期生产状态——而这些事情中间，都存在着很多机会。我们也开始让我们的顾问们针对长期需求展开研究，并以经济形势走势、可能的消费需求以及我们满足这些需求的生产能力及财务能力为基础对我们未来的地位进行预测。

在这些研究的基础上，我公布了一个预计耗资 5 亿美元的战后计划。这在当时是一个大数目，引起了很大的反响。这个计划比公司在 20 世纪 20 年代和 30 年代用于设施的支出总和还要多，超出我们 1944 年底工厂总资产的 3/4。

我们在 1944 年的年报中对这个项目是这样总结的：

> ……对用于通用汽车和平时期产品生产的工厂、机器和其他设施进行重组与重新布局。这就要求用新机器取代战时卖给别人的那些设备，并为战时负荷过重的旧设备的更新换代以及整体设施的现代化提供了机会。具体内容包括：增建设施以满足战后的需求以及在短期和长期目标之间取得均衡……

就这样，我们在距离战争结束还有两年的时候就为恢复大规模生产而开始准备。我们针对各个事业部都制定了详细的扩张计划，我们还为与战前成百上千家的供应商和转包商——他们中的大多数在战时仍然与我们关系密切——重续和平时期的供应、转包关系而做好了计划。比如，我们一有机会就会向我们战前的老供应商们提出建议，建议他们一旦战争形势许可，就尽快针对和平时期商品的订单做好计划。通过这种方式，我们使他们提前做好了战后计划，从而缩短了转换所需的时间。

制定战后计划的时候，我们曾认为通用汽车仅仅依靠每年的利润、折旧费用以及其他的储备就可以解决我们的资金需求。比如，在我们转向战时生产的1941年、1942年和1943年，我们就拨出了一笔数额为7 600万美元的储备金以供从战时生产转回商业生产之需，而且，我们还为有朝一日购买新设备和厂房而积累了巨额的流动资产。因此，到了1944年底，我们拥有的净运营资产已经达到了9.03亿美元，其中包括总计为5.97亿美元的现金和短期债券。

考虑到通货膨胀的影响，我们在战时对战后扩张计划的成本需求预测非常准确。我们在转换上实际投入的成本总计8 300万美元，而我们的储备金则是7 600万美元。从1945~1947年的第一次大扩张完成的时候，工厂方面的支出总计达到了5.88亿美元，而我们的估计值则是5亿美元。

但是我们对战后运营成本的估计却偏低。这不仅是我们战后业务规模急剧扩张的结果，还是由于战后出现了显著的通货膨胀。在大战之前的1935~1939年，我们每年年底的净运营资金平均为3.66亿美元，库存则是2.27亿美元，而在1946~1950年这战后5年间，我们的净运营资金平均达到了10.99亿美元，库存7.28亿美元。

1945年底，公司的大部分生产厂都因美国汽车工人大罢工而关闭了，我们的现金和短期证券也降到了3.78亿美元，减少了2.19亿美元。到了1946年3月13日罢工平息的时候，我们的流动资产甚至更低。部分工厂的劳工问题还继续持续了60天，而其他行业的罢工又带来了原材料短缺的问题。尽管已经解决了自身的劳工问题，但是这些问题仍然拖住了我们增长的步伐。于是，尽管存在着巨大的需求，但是公司在经济复苏的前期仍未能获得满意的利润。1946年我们的盈利只有8 750万美元，比我们当年的分红数额还少了2 140万美元。

早在罢工结束之前，公司就已经确信还需要额外的资金投入到公司扩张上来，因此公司要求对可能的融资问题展开研究，并形成报告。1946年中期提出了一个从8家保险公司集团以2.5%的利息借债1.25亿美元20年或30年的方案。当时还提出了其他的备选方案，但是将债券全部售予拥有长期盈余资金的机构投资者似乎是最便捷、最便宜的融资方式。这一过程的谈判进行得非常快，避免了公开销售证券时的等待时间，也省去了填写各种表格的时间。

这笔借款于1946年8月1日拨到了公司的账户，提高了公司处理资金需求时的柔性。但是，财务政策委员会认为公司还需要更多的持久性资金，因此它于1946年8月5日授权布拉德利先生与股票承销商谈判"以争取达成再销售1.25亿美元优先股的意愿"。委员会也考虑过采用其他形式获取资金。我们当时考虑的一个问题就是在特定的情况下我们可以根据自己的意愿收回这些优先股，而不用事先为自己限定一个时间。但是，最后，除了一些我们认为附加条款过于严厉的优先股外，公众市场对其他优先股的消化情况并没有达到我们的期望。公司被迫将融资数额降低到1亿美元，即100万股票面价值为3.75美元的优先股。这些股票最终于1946年11月27日发行，在支付了承销商提成之后为公司带来了9 800万美元的现金。这是公司近20年来首次公开发行股票，而且非常成功。

下面的一些事实可能可以反映出我们公司资源枯竭的情况。尽管我们融资2.23亿美元，但是1946年我们的净运营资金仍然减少了 700 万美元，现金和短期证券减少了 4 200 万美元。如果我们没有求助于资本市场的话，我们当年的净运营资金将会再减少 2.30 亿美元。

有了这些新资金，再加上公司早已开始准备的扩张计划，公司现在已经做好了前进的准备。1948 年我们在美国和加拿大的销售量已经上升到 2 146 000 辆——几乎达到 1941 年的战前最高纪录——净收益也从 1946 年的 8 800 万美元和 1947 年的 2.88 亿美元增长到 4.4 亿美元。尽管宏观经济有所下滑，但公司 1949 年的销售量却达到了历史新高，而且利润率也得到了提高，因此公司的净利润上升到 6.56 亿美元。我们还大幅度地提高了库存周转率：在销售额增加 10 亿美元的同时，库存金额降低了 6 500 万美元。另外，由于扩张计划已经结束，所以我们的工厂支出相对不高——1948 年和 1949 年只有 2.73 亿美元，仅比折旧费用高出 6 400 万美元。我们的资金状况也大有改观，实际上，我们正准备于 1949 年 12 月提前支付那笔 1.25 亿美元的借款，从而消除我们的债务。我们的资产流动性也得到了提高，并且支付了巨额的红利。

我们另一个主要的扩张是朝鲜战争的副产品。我们已经从经验中认识到战争会将无法得到满足的需求累积起来。经过大量的考虑，公司认为汽车市场的长期趋势需要公司进一步扩张产能，因此公司调整了投资重点，将资金重点投向能够转向战后民用的军事生产设施。我在 1950 年 11 月 17 日致财务政策委员会成员的一封信中简要地介绍了我的观点，并提出了一些建议：

  1. 我们应该进行一项调查——实际上，它正在进行中——来定量确定未来十年尤其是未来五年里的需求趋势。重整军备引起的民用产量缩减将抑制人们的需求，应该重点考虑考虑这些需求延期爆发所导致的高峰。

  2. 针对这种预期的产量增长，我们应该做一个大概的总体规划。这个规划应该包括我们推行这次扩张的最佳途径和方法。它还应该涵盖公司当前的所有产品线——而且还应该包括对每个产品线未来发展的分析。这个总体规划将随着计划的进展而不断得到充实。

  3. 重整军备计划将会占用我们的部分生产设施。总体规划中也应该考虑这一需求，从而保证我们能够在环境许可的情况下更迅速、更高效地发展。如果能够对公司的长期地位有所帮助的话，那么我们就应该使用公司基金对这些生产厂进行投资。由于加速折旧和高额税收的存在，这样使用公司资金就显得更为合理。我们应该避免转换。我们的政策就是扩张。

  于是，公司的政策确实转向了扩张。1950~1953 年这 4 年间，我们用于新工厂和新设备的投资达到了 12.79 亿美元，其中的 1/3 用于提高军品生产能力。但是，这一时期我们的收益受到了超额利润税的影响，而且，我们规定军品利润率不可以超过民品，这也影响了我们的收益。综上所述，在将净收入的 65% 即 16 亿美元作为红利派发给股东之后，我们仅能拿出 8.71 亿美元用于再生产投资。未分配的利润和 5.63 亿美元的折旧费用加在一起也不过仅比当年 12.79 亿美元的工厂费用高出 1.55 亿美元。因此，能够用于其他需求——比如，给钢材供应商的预付款及军品生产的装备费用——的就只剩下这 1.55 亿美元了。通货膨胀对成本的影响给公司的财务结构带来了冲击。从 1949 年 12 月 31 日至 1953 年 12 月 31 日期间，尽管我们 46% 的销售额增长要求更多的运营资金，但是，实际上，这段时间里我们的净运营资金却略有下降。

  1954 年初，我们的财务资源已经受到很大压力，因此我们宣布了一项前导计划，该计划要求在两年内对工厂投资 10 亿美元。这一计划的目的在于为我们的汽车事业部扩充产能、更新现代化设备以满足日益增长的市场需求，我们还必须对自动传动设备、动力方向盘、动力刹车和 V—8 发动机追加投资。

  考虑到这项投资计划的巨大规模以及通货膨胀产生的成本压力，很明显，如果我们还想每年都能派发巨额红利的话，就必须再次融资。因此，财务政策委员会于 1953 年底评估了当前的问题，并决定发行债券。但是，与 1946 年的情况有所不同，现在保险公司和其他机构投资者手中也没有余钱，尽管它们此前曾承诺购买公司的债券。

因此，我们只能求助于公众市场，并于1953年12月发行了总计3亿美元的25年期、利息3.25%的债券，净收入（除掉承销商的费用）2.985亿美元。同样，这也是一个巨大的成功。

但是，这还不够。1955年1月，我们前导计划的工厂费用需求从10亿美元增长到15亿美元（后来增长到20亿美元）。因此，分析了我们的财务需求之后，我们决定筹集更多的外部资本。当时的公司总裁柯蒂斯先生在当年3月向美国参议院银行货币委员会这样说道：

> 我们近期决定进一步寻求外部资金，这是我们预期财务需求分析的结果。这一分析的基础是我们对经济形势的预测和对汽车市场激烈竞争形势的判断。这一分析让我们得到这样的结论，即如果我们意图与国家经济共同成长、满足消费者对我们产品的日益增长的需求并维持合理的分红，我们就必须再扩充大约3亿~3.5亿美元的长期股本。

因此，1955年2月我们向普通股持有人提供了优先购买4 380 583股新股（票面价值5美元）的权利（每20股旧股可以购买1股新股）。新股的认购价为每股75美元，到发行结束时，价格已经上涨到了96.875美元。股票由330个承销商组成的团队共同发行，但是他们自己只能购买12.8%的股票。支付了承销商费用之后，公司实际融资近3.25亿美元。这在当时是美国历史上最大的一次股票发行，无疑是一次非同寻常的成功。很多专家曾经认为这么巨额的股票发行无疑是一次巨大的冒险，但是事实证明，我们对市场的估计非常正确。

股票和债券的发行使我们有能力在慷慨分红的同时继续推行我们的扩张计划。在1954~1956这3年扩张期中，我们在新厂房、新设备上投资额总计22.53亿美元，将我们的工厂总资产从29.12亿美元提高到50.73亿美元。总折旧费用达到了8.73亿美元，用净收益的57%即16.2亿美元支付了红利之后，我们还进行了12.22亿美元的增资。由此产生的结果就是，经过了这段超常投资扩张之后，我们的净运营资金增长了5.1亿美元，我们的现金和短期证券（不包括指定用于税务的证券）从3.67亿美元增长到6.72亿美元，几乎翻了一番。由于扩张计划结束之后资本支出下降速度较快，我们在折旧费用持续增长的情况下仍然保持了良好的资产流动性。

这一关键扩张计划基本上就这样结束了，我们的财务状况比以往都要稳健。1957~1962年这段时间里有两年（1958年和1961年）发生了衰退的情况，但是1962年公司销售额和利润再创历史新高。回顾这一段时期所发生的事情，我认为它们以无可非议的事实证明了公司在财务方面的成熟。在经济衰退的1958年，公司的销量比前一年下降了22%。销量的下降通常会在利润上得到放大的体现，但是公司有效地控制了销售量下降对利润的冲击。1958年每股2.22美元的收益仅比1957年每股2.99美元的收益低了25%。能取得这种结果，无疑应该归功于公司有效而及时的财务控制，经过多年的努力，这些制度和政策已经融入了整个公司之中。

1958~1962年包括海外业务扩张在内的工厂支出达到了23亿美元，和1954~1956年间的扩张计划动用的资金基本相同。不过，折旧费用足够美国本土项目的支出，而德国的扩张项目则部分通过当地借款解决。最终的结果就是，这一时期公司共分红33亿美元，达到了总净收益的69%。另外，净运营资金也增长17亿美元。

从整体上看，战后时期公司对股东的回报非常优厚。尽管我们工厂的总资产从1946年1月1日的10.12亿美元增长到1962年12月31日的71.87亿美元，超过了6倍，但是这主要是由利润和折旧费用解决的，在这种情况下，我们仍然为股东们提供了总计79.51亿美元的分红，达到了该时期总净收益的64%。考虑了股票分割之后，我们每股分红从1945年的每股50美分提高到1962年的每股3美元，每股股价从12.58美元上涨到58.13美元。

通用汽车的财务故事就是一个成长的故事——产品和服务的成长，参与人数的增多，物理设施的增加，金融资源的增长。从原来的通用汽车公司于1917年8月1日变为通用汽车有限公司开始，至1962年12月31日结束，其间公司员工人数从2.5万人增长到60万人，公司的股东人数从不到3 000人发展到超过100万人。公司在美国和加拿大生产的轿车和卡车从1918年的20.5万辆增长到1962年的449.1万辆，并且，通用汽车海外集团制造销售的汽车和卡车也达到了74.7万辆。销售收入增长速度更为迅速，从1918年的2.7亿美元增长到1962年的146亿美元，公司总资产从1.34亿美元增长到92亿美元。通用汽车作为一个机构对美国经济生活的重要性，由此可窥一斑。

但是，从商业的角度对商业企业进行的评价不能仅仅局限于销售增长或资产增长上，还应该考虑股东们投资所获得的回报，因为是他们的资本在承担风险，也正是以他们的利益为出发点，通用汽车才一直采取着私营公司的运营方式。我相信，历史表明，我们的工作既值得股东的信任，又没有疏忽对员工、客户、经销商、供应商和社会的责任。

我在1938年的年报中这样描述了我的财务成长理念：

> 在经济需求的牵引下，经过一系列的演进，整个行业的产销量越来越大。产生这种现象的原因正是由于能够以不断降低的价格为消费者提供更有用的商品，所以刺激了市场规模的持续增长。与这一演进过程相伴而行的，是制造过程在不断地向大规模生产的方向发展。这些因素对资本结构的影响就是公司需要的资金越来越多。

通用汽车的财务成长历程就遵循了这样的路线。在没有加重股东债务负担的情况下，公司主要通过增资的方式将业务占用资金总额从1917年的1亿美元提高到69亿美元。在这增加的68亿美元中，大概有8亿美元是通过资本市场取得的。还有6亿美元是通过新股发行取得的，其中2.5亿美元是为了获得现在这个公司的所有权，另外的3.5亿美元则是为了推行员工计划。除此之外所增加的近54亿美元都来自于增资。然而，和某些高速增长的公司有所不同，我们的增资并没有妨碍对股东的分红。这45年间，股东分红总计接近108亿美元，占总利润的67%。

通用汽车占用资金的增长反映了公司的发展。在基于竞争的经济环境下，我们总是试图尽量做一个理性的商人——这也正是我在对我们的管理方法细致描写的过程中所试图展示的事实。最后的结果就是一个高效的企业。应该注意到，像美国这样上升而成功的经济不仅代表着机遇，它还需要那些胸怀壮志的人拥有驾驭机遇的能力。我们不断生产并销售出对社会有益的产品，这一事实不断地证实着我们的成绩。我很高兴通用汽车能够获得这样的成绩。

通用汽车公司
销售量、税前税后净收益、分红

年份	美国和加拿大轿车、卡车销售量（辆）	净销售额（美元）	税前净收入 金额（美元）	税前净收入 百分比	美国及国外所得税（美元）	税后净收入 金额（美元）	税后净收入 百分比
1917#	86,921	96,295,741	17,143,056	17.80	2,848,574	14,294,482	14.84
1918	205,326	269,796,629	34,939,078	12.95	20,113,548	14,825,530	5.50
1919	391,738	509,676,694	90,005,484	17.66	30,000,000	60,005,484	11.77
1920	393,075	567,320,603	41,644,375	7.34	3,894,000	37,750,375	6.65
1921	214,799	304,487,243	(38,680,770)	(12.70)	—	(38,680,770)	(12.70)
1922	456,763	463,706,733	60,724,493	13.10	6,250,000	54,474,493	11.75
1923	798,555	698,038,947	80,143,955	11.48	8,135,000	72,008,955	10.32
1924	587,341	568,007,459	57,350,490	10.10	5,727,000	51,623,490	9.09
1925	835,902	734,592,592	129,928,277	17.69	13,912,000	116,016,277	15.79
1926	1,234,850	1,058,153,338	212,066,121	20.04	25,834,939	186,231,182	17.60
1927	1,562,748	1,269,519,673	269,573,585	21.23	34,468,759	235,104,826	18.52
1928	1,810,806	1,459,762,906	309,817,468	21.22	33,349,360	276,468,108	18.94
1929	1,899,267	1,504,404,472	276,403,176	18.37	28,120,908	248,282,268	16.50
1930	1,158,293	983,375,137	167,227,693	17.01	16,128,701	151,098,992	15.37
1931	1,033,518	808,840,723	111,219,791	13.75	14,342,684	96,877,107	11.98
1932	525,727	432,311,868	449,690	0.10	284,711	164,979	0.04
1933	802,104	569,010,542	95,421,456	16.77	12,217,780	83,213,676	14.62
1934	1,128,326	862,672,670	110,181,088	12.77	15,411,957	94,769,131	10.99
1935	1,564,252	1,155,641,511	196,692,407	17.02	29,465,897	167,226,510	14.47
1936	1,866,589	1,439,289,940	282,090,052	19.60	43,607,627	238,482,425	16.57
1937	1,927,833	1,606,789,941	245,543,733	15.28	49,107,135	196,436,598	12.23
1938	1,108,901	1,066,973,000	130,190,341	12.20	28,000,334	102,190,007	9.58
1939	1,542,545	1,376,828,337	228,142,412	16.57	44,852,190	183,290,222	13.31
1940	2,025,213	1,794,936,642	320,649,462	17.86	125,027,?41	195,621,721	10.90
1941	2,257,018	2,436,800,977	489,644,851	20.09	287,992,343	201,652,508	8.28
1942	301,490	2,250,548,859	260,727,633	11.59	97,076,045	163,651,588	7.27
1943	152,546	3,796,115,800	398,700,782	10.50	248,920,694	149,780,088	3.95
1944	278,539	4,262,249,472	435,409,021	10.22	264,413,156	170,995,865	4.01
1945	275,573	3,127,934,888	212,535,893	6.79	24,267,778	188,268,115	6.02
1946	1,175,448	1,962,502,289	43,300,083	2.21	(44,226,228)	87,526,311	4.46
1947	1,930,918	3,815,159,163	554,005,405	14.52	266,014,032	287,991,373	7.55
1948	2,146,305	4,701,770,340	801,417,975	17.05	360,970,251	440,447,724	9.37
1949	2,764,397	5,700,835,141	1,124,834,936	19.73	468,400,704	656,434,232	11.51
1950	3,812,163	7,531,086,846	1,811,660,763	24.06	977,616,724	834,044,039	11.07
1951	3,016,486	7,465,554,851	1,488,717,641	19.94	982,518,081	506,199,560	6.78
1952	2,434,160	7,549,154,419	1,502,178,604	19.90	943,457,425	558,721,179	7.40
1953	3,495,999	10,027,985,482	1,652,647,924	16.48	1,054,528,446	598,119,478	5.96
1954	3,449,764	9,823,526,291	1,644,959,366	16.75	838,985,469	805,973,897	8.20
1955	4,638,046	12,443,277,420	2,542,827,439	20.44	1,353,350,357	1,189,477,082	9.56
1956	3,692,722	10,796,442,575	1,741,414,610	16.13	894,018,508	847,396,102	7.85
1957	3,418,500	10,989,813,178	1,648,712,588	15.00	805,120,153	843,592,435	7.68
1958	2,712,870	9,521,965,629	1,115,428,076	11.71	461,800,000	833,628,076	6.65
1959	3,140,233	11,233,057,200	1,792,200,149	15.95	919,100,000	873,100,149	7.77
1960	3,889,734	12,735,999,681	2,037,542,489	16.00	1,078,500,000	959,042,489	7.53
1961	3,346,719	11,395,916,826	1,768,021,444	15.51	875,200,000	892,821,444	7.83
1962	4,491,447	14,640,240,799	2,934,477,450	20.04	1,475,400,000	1,459,077,450	9.97

#指的是 1917 年 12 月 31 日之前的五个月的数字。
括号（ ）中的数字指的是赤字。

通用汽车公司
销售量、税前税后净收益、分红（续表）

年份	美国和加拿大轿车、卡车销售量（辆）	净销售额（美元）	税前净收入 金额(美元)	税前净收入 百分比	美国及国外所得税（美元）	税后净收入 金额(美元)	税后净收入 百分比
1917#	491,890	13,802,592	2,294,199	16.6	11,508,393	.15	.02
1918	1,920,467	12,905,063	11,237,310	87.1	1,667,753	.07	.10
1919	4,212,513	55,792,971	17,324,541	31.1	38,468,430	.30	.10
1920	5,620,426	32,129,949	17,893,289	55.7	14,236,660	.14	.09
1921	6,310,010	(44,990,780)	20,468,276	—	(65,459,056)	(.19)	.09
1922	6,429,228	48,045,265	10,177,117	21.2	37,868,148	.21	.04
1923	6,887,371	65,121,584	24,772,026	38.0	40,349,558	.28	.11
1924	7,272,637	44,350,853	25,030,632	56.4	19,320,221	.19	.11
1925	7,639,991	108,376,286	61,935,221	57.1	46,441,065	.47	.27
1926	7,645,287	178,585,895	103,930,993	58.2	74,654,902	.73	.42
1927	9,109,330	225,995,496	134,836,081	59.7	91,159,415	.87	.52
1928	9,404,756	267,063,352	165,300,002	61.9	101,763,350	1.02	.63
1929	9,478,681	238,803,587	156,600,007	65.6	82,203,580	.91	.60
1930	9,538,660	141,560,332	130,500,002	92.2	11,060,330	.54	.50
1931	9,375,899	87,501,208	130,500,001	149.1	(42,998,793)	.34	.50
1932	9,206,387	(9,041,408)	53,993,330	—	(63,034,738)	(.03)	.21
1933	9,178,845	74,034,831	53,826,355	72.7	20,208,476	.29	.21
1934	9,178,220	85,590,911	64,443,490	75.3	21,147,421	.33	.25
1935	9,178,220	158,048,290	96,476,748	61.0	61,571,542	.61	.38
1936	9,178,220	229,304,205	192,903,299	84.1	36,400,906	.89	.75
1937	9,178,220	187,258,378	160,549,861	85.7	26,708,517	.73	.63
1938	9,178,220	93,011,787	64,386,421	69.2	28,625,366	.36	.25
1939	9,943,072	173,347,150	150,319,682	86.7	23,027,468	.67	.58
1940	9,178,220	186,443,501	161,864,924	86.8	24,578,717	.72	.63
1941	9,178,220	192,474,28Q	162,608,296	84.5	29,865,992	.74	.63
1942	9,178,220	154,473,369	86,992,295	56.3	67,481,073	.59	.33
1943	9,178,220	140,601,868	87,106,758	62.0	53,495,110	.54	.33
1944	9,178,220	161,817,645	132,063,371	81.6	29,754,274	.61	.50
1945	9,178,220	179,089,895	132,066,520	73.7	47,023,375	.68	.50
1946	9,782,407	77,743,904	99,158,674	127.5	(21,414,770)	.29	.38
1947	12,928,310	275,063,063	132,167,487	48.0	142,895,576	1.04	.50
1948	12,928,315	427,519,409	197,845,688	46.3	229,673,721	1.62	.75
1949	12,928,316	643,505,916	351,380,264	54.6	292,125,652	2.44	1.33
1950	12,928,315	821,115,724	526,111,783	64.1	295,003,941	3.12	2.00
1951	12,928,313	493,271,247	350,249,851	71.0	143,021,396	1.88	1.33
1952	12,928,313	545,792,866	349,041,039	64.0	196,751,827	2.08	1.33
1953	12,928,312	585,191,166	348,760,514	59.6	236,430,652	2.24	1.33
1954	12,928,309	793,045,588	436,507,196	55.0	356,538,392	3.03	1.67
1955	12,928,305	1,176,548,777	592,245,497	50.3	584,303,280	4.30	2.17
1956	12,928,302	834,467,800	552,853,282	66.3	281,614,518	3.02	2.00
1957	12,928,300	830,664,135	555,453,812	66.9	275,210,323	2.99	2.00
1958	12,928,298	620,699,778	558,940,800	90.1	61,758,978	2.22	2.00
1959	12,928,296	860,171,853	561,838,126	65.3	298,333,727	3.06	2.00
1960	12,928,293	946,114,196	564,190,599	59.6	381,923,597	3.35	2.00
1961	12,928,292	879,893,152	707,383,013	80.4	172,510,139	3.11	2.50
1962	12,928,290	1,446,149,160	850,465,125	58.8	595,684,035	5.10	3.00

#指的是 1917 年 12 月 31 日之前的五个月的数字。

括号（ ）中的数字指的是赤字。

第二部分

第 12 章

汽车的发展史

在汽车工业的早期,工程师和发明家们的直接目标仅仅是可靠性,也就是让一辆汽车可以凭借自身的动力到达某地并返回。很多关于汽车的聪明想法往往终止于一匹马、一根绳和一阵捧腹大笑。尽管进步的代价是昂贵的,然而美国的驾车者们仍然愉快地支付了账单。由于他们对个人交通的狂热,这些人购买了可靠的或是不可靠的汽车,从而为实验和生产提供了很大一部分风险资本。很少有几个产业得到客户如此的厚爱。20 年间,相比当时的道路状况,汽车的可靠性也得到了很大的提高。作为人类进步过程中的伟大成就之一,个人的机械化交通方式已经成为生活中的普遍现象,每个人都可以享受。

尽管 1920 年以来工程技术取得了巨大进步,但我们今天使用的仍是与这个行业最初 20 年所生产的几乎相同的机器。我们仍然使用由汽油发动机驱动的车辆。发动机的心脏仍然是汽缸中的一个活塞,活塞由汽油和空气的混合物燃烧所推动,而混合物则由来自火花塞的电火花以固定间隔点燃。活塞冲力所产生的能量推动机轴,而机轴通过机械传动来带动后轮。弹簧和橡胶轮胎减轻了驾驶员和乘客的颠簸，而刹车则是通过对轮胎施加减速力从而使汽车停止。

然而，自1920年以来，汽车的方方面面也得到了巨大的改进：发动机的效率极大提高，相同的燃料可以更平稳地提供更多的动力，而燃料本身也得到很大的改善。传动系统经历了复杂的进化才终于达到今天的全自动状态。悬吊系统也经过了相似的演化，轮胎也一样，它们一同为我们提供了40年前难以想象的驾驶体验。驾驶员可以使用额外的动力源来提供制动和转向，同时还配有操作车窗、座椅和无线电天线。车身通常完全由钢材料制成，并且配有安全的玻璃，整个车身闪耀在各种色调之中。随着汽车的发展，它在日常生活中日益重要，同时也对道路和公路提出了更高的要求。很难想象今天这样的道路可能会对20年代早期的汽车发展带来怎样的影响。

当然，毫无疑问，今天的驾驶员会觉得20年代的典型汽车不能令人满意。当时的四缸汽车的发动机中机轴、关联的连杆和活塞之间存在固有的不平衡。通常这辆汽车采用两轮刹车，即通过限制后轮的转动来制动；没有独立的前轮减震；通过滑动齿轮来传动；发动机效率很低。这种车经常振动和晃动；制动时往往会转向，有时候还会打滑；离合器抓得过紧；齿轮在移位时经常发生撞击，并且由于可提供的动力很低，在坡度明显的山坡上齿轮需要不停转换。然而这种车经常往返于这种起伏不平的地方；幸运的是，当时的汽车所能行驶的速度和距离都不足以让它的很多缺陷成为致命的障碍。这种汽车基本能够适应当时的环境，并且它的主要部件互相之间能够合理地配合，然而其集成度和效率都相对较低。

汽车发展所面临的问题主要是提高效率水平，而这往往意味着提高汽车的集成度。今天的汽车，不再是五十多年前松散的零部件和机械装置的集合，取而代之的是一部非常复杂而紧密集成的机器。如果不是最近几年机械工艺的发展，我们根本无法将高性能、操作便利性和舒适度有效地结合起来，从而造就今天的汽车。

通用汽车的实验室和工程技术人员在过去五十年的汽车发展

过程中扮演了重要的角色，并且将会继续处于技术进步的前沿。我无法详细讲述通用汽车和这个行业对这个社会的所有贡献，因为这将需要另外一本书。这里我只介绍一些重要并且相关的进步。

乙基汽油和高压缩比发动机

汽车技术的核心问题已经成为如何使燃料和发动机之间的关系更加令人满意的问题。活塞发动机的效率，即其高效使用燃料、从而由一定量的燃料得到最大动力的能力，取决于发动机的压缩比。压缩比的概念非常简单，但是大部分的读者可能需要一些解释。活塞在发动机的汽缸中运动有一个最低位置和一个最高位置。当活塞位于一次往复运动的最底部时，汽缸中充满了燃料——汽油和空气的混合气体。而当活塞到达往复运动的顶部时，燃料被压缩。通过火花塞的作用，燃料开始燃烧，产生的高温气体将会膨胀，同时推动活塞向下运动。然后这个向下的运动推动机轴，从而将动力传送到车轮。压缩比指的就是活塞位于最低位置时汽缸中的体积和活塞运动到最高位置时汽缸中剩余的体积之比。这个比率仅仅比较了燃料供气未压缩时的体积和压缩后的体积之比。在20世纪早期，平均的压缩比是四比一左右。

正如前文所述，要在给定尺寸的限制下设计一个更加高效而强大的发动机，就意味只能提高压缩比。然而这里出现了另一个严重的问题——敲缸。为了将活塞向下推动，汽油和空气混合物应该燃烧得比较慢。如果混合气体被引爆，也就是燃烧得过快，活塞将无法足够迅速地移动来利用所产生的力。并且，敲缸不仅造成了能量的损失，同时，突然的强制力将会给发动机的部件带来严重的张力，从而可能损坏发动机。

获得高压缩比的关键在于寻找减少敲缸的方法。但造成敲缸的原因是什么呢？在汽车使用的早期，人们发现通过调整产生火花的时间可以减少敲缸的发生。在很长时间里，大部分的汽车上都有手动操作的火花调整控制杆，驾驶员可以根据不同的驾驶条件方便地选择最佳的火花设置。人们学会了在上坡驾驶时延缓火花产生时间，从而让发动机在高张力下工作时避免敲缸。

查尔斯·凯特林长期以来对点火、燃料和相关的问题有极大的兴趣，他开始了通用汽车关于敲缸的重要研究，并且在突破性解决这个问题的过程中起到了至关重要的作用。今天每辆行驶着的汽车和每架使用往复式发动机的飞机都离不开凯特林先生所倡导的抗爆燃料的发展所带来的帮助。他将自己对这个问题的早期研究带到了通用汽车，并在他担任通用汽车首席研究员时最终解决了这个问题。这个解决方案概括地说就是采用乙基汽油——可以通过在汽油中添加四乙铅而得到。

一直到第一次世界大战期间，人们都认为，敲缸的产生是由于火花位置过远时的点火过早。第一次世界大战之后不久，人们发现了另外一种敲缸，被称为"燃料敲缸"，因为仅仅通过改变燃料和燃料的参数而不调整火花就能够减少或者消除这种敲缸。在这个问题的研究人员中包括了后来的小托马斯·米德格利（Midgley）。他在代顿工程实验室的工作经历（他在那里担任凯特林先生的助手）使他于20年代早期成了通用汽车研究公司燃料部的主管。米德格利先生的好朋友，前印第安纳标准石油公司的主席罗伯特·威尔逊博士说：

> ……[米德格利先生]已经明确地证实，与人们通常想象的完全相反，敲缸和提前点火是不同的，敲缸是由燃料的化学特性所造成的。他指出，苯和环己烷发生的敲缸现象明显少于汽油，而汽油则远远少于煤油。后来他成功地在代顿实验室制造出了苯和环己烷。
>
> 几乎每次见到汤姆，他都会有一些关于爆炸机制和抗爆行为的新理论，而我对于这些理论则持职业性的怀疑态度。继承的理论往往会被进一步的实验所质疑，同时它们也始终激励着研究人员，并且经常导致重要的发现。最显著的例子出现在他工作的早期，当时他正在尝试理论化地解释为何煤油的敲缸现象比汽油严重。他抓住了两者挥发性的显著不同，然后给出了如下的假设：大部分煤油在开始燃烧之前都保持在小液滴的状态，之后由于过于迅速的爆炸而导致突然蒸发。如果这个解释是正确的，那么他推断出，通过将煤油染色或许可以让煤油小液滴从燃烧室中吸收辐射的热量从而更快地蒸发。

如果汤姆是一个优秀的物理学家,那么他将可以通过计算毫无疑问地发现这个理论是站不住脚的,但是作为一名机械工程师,他幸运地得出实验比计算更加方便的判断。因此,他去储藏室寻找一些可溶于油的染料,而和通常的情况一样,储藏室里你所想要的东西恰好没有了。然而,弗瑞德·蔡斯(Chase)建议他使用碘酒,因为碘酒可以溶于油并且能够给煤油染色,于是汤姆迅速将大量碘酒溶解到煤油中,然后在适度的高压缩比发动机中进行了测试,结果发现了令人高兴的结果:敲缸现象被消除了。

汤姆迅速走遍代顿收集了所有可用的溶于油的染料,并且于当天下午连续测试了很多种不同的样本,然而并未从任何一种那里得到哪怕是最细微的结论。为了确认这一现象,他又把无色的碘酒化合物加到汽油中,结果发现没有发生敲缸。就这样,关于爆炸的第一个理论寿终正寝了,而伴随着这个理论的让位,新生了一个作为化学家的汤姆。在未来的几年中,他成为一名在任何一个化学领域都孜孜不倦的学生,这些努力都是为了帮助他解释他的发现,并且合成新的化合物来尝试充当抗爆试剂……

之后,汤姆对苯胺产生了特别的兴趣,尽管每次他发现一种新的抗爆试剂时似乎都是类似的状况,他必须继续致力于改善这种试剂的生产方法以降低成本,直至这种试剂在经济上可行。他同时还对乙基碘酒抱有希望——这是他的首个乙基化合物,当然前提是他能找到足够的碘酒。

在1922年1月的汽车工程师协会(Society Of Automotive Engineers)年会上,汤姆向我展示了盛放在一个试管中的一点儿四乙铅,他极其兴奋而又神秘,告诉我那个试管就是整个问题的答案。他说,这种试剂的有效性远远高于之前发现的任何一种化合物,并且没有出现之前任何一个解决方案中的问题。当然,那时候他还没有意识到毒性或是沉淀的问题。

于是,经过凯特林先生、米德格利先生和通用汽车研究公司所有这些年的实验,我们有了这项发明。但是完成一项发明和将它推向市场完全是两回事。长话短说，1924年8月，为了向市场推广新的防爆化合物四乙铅，乙基汽油公司成立了。该公司是由通用汽车和新泽西州的标准石油公司分别出资百分之五十合作创办的。最初乙基的液体是由杜邦公司通过合同制造的，一直到1948年乙基公司才开始自行生产所有产品。

四乙铅只是高压缩比发动机发展过程中必经的一步。尽管它改善了燃料的品质，但是在二十世纪初，燃料本身的质量也千差万别。事实上，没有一种已知的方法能够比较出使用在汽油发动机中的两种燃料哪一种性价比更高。

通用汽车研究了这种状况，找出了一种比较汽油防爆性能的方法，或者说比较发动机在等量的燃料条件下能否产生更高的压缩比。这种方法根据燃料的"辛烷值"来衡量其品质。辛烷是一种几乎不发生敲缸现象的燃料；在当时的工艺条件下，实际地讲，辛烷等级100就被认为是完美的燃料。乙基汽油公司的格雷厄姆·埃德加博士于1926年发现了辛烷值，凯特林先生和其他研究人员则制造出了第一台单汽缸、可变压缩比的测试发动机，通过这台发动机可以测试出衡量燃料质量的辛烷值。一台使用了压缩比可变原则的测试发动机后来成为了汽车业和石油业的标准。

当然，加入四乙铅可以提高辛烷值，然而还有另一种方法，就是通过更合理的过程来精炼原油。人们对原油精炼的过程进行了不懈的研究，在如何分裂和重组原油中的碳氢化合物这一领域取得了无数成果。这些成果一方面增加了每桶原油所产出的汽油数量，另一方面则提高了加入四乙铅之前汽油的辛烷值。这本身又是另外一个戏剧性的研究故事，同时也是凯特林先生和他的伙伴们所倡导的研究之一。汽车加油站中所提供的商业汽油的辛烷值从二十世纪初的50和56之间提高到了目前的95以上甚至有些超过了100。（航空汽油的辛烷值甚至更高。）这对燃料经济性产生了深远的影响——燃料经济性是通过给定性能标准下汽车每公里所消耗的燃料加仑数来衡量的，从而极大影响了我们今天使用石油资源的效率。[①]

另一个减少敲缸的因素是发动机自身的设计。今天我们知道，在发动机的燃烧室中燃料的爆炸会引起非常复杂的冲击波环境。这些冲击波会使燃料的温度急剧上升，从而引起爆炸和敲缸。关于各种燃烧室集气装置形态和周线的研究建议了一些特定的形态来获得最少的敲缸现象和最高的压缩比。

这里我需要附带地提到一个关于发动机设计的问题，这和燃料几乎没有关系，但是却对发动机的发展有严重的限制。通用汽车的工程师们对这个问题的解决作出了卓越的贡献。这个问题就是发动机的振动。振动任何时候都是令人不快的，然而随着汽车速度和功率的加大，振动渐渐成为一个更加严重的工程问题。发动机中的不平衡旋转和往复部件成了破坏性振动的源头，并且成了汽车整体发展进步的一个限制因素。

机轴是引起振动的主要源头之一，它是"发动机的中枢"，任何不平衡都会传到发动机和汽车上。通用汽车研究公司于20年代初开始关注发动机平衡的问题，他们制造出了第一台机轴平衡器并于1924年应用于凯迪拉克的发动机上。现在全世界有许许多多这种机器，由于这是通用汽车独家发明制造的机器，所以它使我们在汽车行业的发动机平衡这一领域取得了长期的领先地位。正如我们很多其他领先的技术一样，我们将这个设备卖给其他发动机制造商。良好的平衡是减少整个汽车结构磨损和破裂的一个重要步骤，同时它也推动着整个汽车工业利用我们制造的发动机加速朝功率更大、速度更快的方向发展。

随着我们对敲缸现象的了解越来越深入，高压缩比发动机渐渐成为可能。发动机的压缩比已经由20世纪初的四比一提高到了目前的十比一，甚至更高。燃料和发动机的发展引起了跨越式的进步：高压缩比的发动机需要更好的燃料，更高品质燃料的出现又刺激了更高效率发动机的产生。在汽车工程师们的强烈要求下，石油工业

---

① 通用汽车在乙基公司所扮演的角色结束于1962年，当时通用汽车和标准石油同时将各自在乙基的股份卖给了位于弗吉尼亚州里奇蒙的雅宝造纸公司(Albemarle Paper Manufacturing Company)。通过这次并购业务，通用汽车在其发方针的指导下转让了最后一个拥有部分股份的子公司。目前，通用汽车所有的业务活动都运行在其自身的部门和全资子公司中。

研究人员开发出了能够广泛使用的具有越来越高辛烷值的燃料。通用汽车也为石油业提供了很多高压缩比的试验性发动机,以帮助他们提高燃料的辛烷值。

正是通过四乙铅和高辛烷燃料这种方式的发展,使得内燃发动机长期的进步提高成为可能。

传动技术的发展

在这里,我要首先假设几乎所有人都知道,传动的目的就是将发动机产生的动力传送到汽车的车轮,这将涉及汽车发动机和车轮之间速度关系的变化。发动机产生的动力取决于很多因素,但是基本上主要和发动机机轴的旋转速度相关。驾驶老式低功率汽车的人们通过一次爬坡就能清楚地了解这一点。这样的汽车在爬坡时,发动机往往首先需要强劲的加速,然后将传动装置移动到较低的位置来获得所需的动力。回到20年代,那时候在通常的三速系统中用手动方式将传动装置移位往往会导致相当大的撞击,除非驾驶员拥有相当高超的技艺。

从通用汽车研究公司1920年创立以来,传动就是一个重要的研究讨论课题。由于最初的大部分工程师员工的电力背景,所以开始时我们关注的是各种类型的电传递。我们制造出了一种电力驱动器,并且在当时通用汽车生产的公共汽车上使用了一种这个类型的机器。电传动在汽车发展史的初期就已经出现了(在哥伦比亚和欧文电磁客车中使用),但最终在大型车辆领域才找到了自己主要的商业价值。这种特殊的传动形式今天还在我们的柴油机车中得到使用。

从1923年以来,我们的研究组织在用于客车的电传递上的兴趣渐渐消退了。我们开始广泛研究各种类型的自动传动,包括"无级变速"(即驾驶员可以采用各种连续的速度,而不是像标准自动传动中只能使用几个固定的速度)和分段比率(step-ratio,即驾驶员可以自动选择固定数量的速度)。同时,20年代中期,人们开始研究一种使用叶片涡轮的水力传动。到那时候,制造全自动传动设备所用到的绝大多数基本原理已经为我们所知,并且得到深入的研究,然而至少又过了15年,自动传动才真正在商品汽车中得到使用。

20年代末期,通用汽车开发了同步啮合变速箱,使用了这种装置之后,几乎所有的驾驶员都可以在不撞击齿轮的情况下而从一个速度转换到另一个速度。

这个重大的进步在1928年由凯迪拉克实现成品化。通用汽车其他车辆部门的工程师也应用了这一原理,并且进行了进一步的开发以在我们原来的曼西(Muncie)产品事业部投入大规模的生产。到了1932年,我们已经能够将同步啮合技术延伸到包括雪佛兰客车在内的通用汽车的整个产品线了。

1928年,实验室的研究人员对一种可能满足要求的自动传动形式达成了共识。这就是两种使用了堆叠钢片摩擦推进的无级变速,该装置采用了类似于滚珠轴承的机械原理。鉴于我们那时没有综合的工程人员,别克公司承担了开发此项传动系统的工作。他们制造了很多原型,进行了很多测试,并最终于1932年决定生产这种类型的传动装置。然而,尽管我们付出了最大的努力,我们始终无法克服涉及的所有问题,所以,尽管我们的实验车上测试了很多实验性零部件,这种传动装置也从来没有在任何向公众出售的通用公司的汽车里出现过。当然,关于无级变速传动的问题我们学到了很多,但是事实告诉我们这种特定的堆叠钢片摩擦推进的方式不是解决这个问题的方案。我确信继续下去只不过是再耗费一些人力、物力、财力,于是我决定在我们的汽车中放弃这种系统。

我们的技术研究人员继续从事着对各种类型自动传动的研究。1934年,凯迪拉克公司的一批工程师终于找到了一条通往我们目标的道路——他们研制出了首批用于大规模生产的现代化客车自动传动装置,即液压自动化传动系统(Hydra-Matie)。这个特别设计小组于1934年底转入通用汽车工程设计部,成为传动开发团队。他们所开发的传动系统更接近分段比率传动而不是无级变速;然而它和今天所有自动驱动的汽车一样能够在扭矩的作用下自动切换(扭矩是由发动机向主动轴传递的旋转效果)。这个小组同时还根据大小的区别为这种零件准备了一系列的生产方案,以满足通用汽车全系列中不同动力和负载的需要。

研究人员建造和测试了一系列的试验性模型,并将其移交给奥尔兹的工程师们。在1935年到1936年之间，实验件在美国国土的一端和另一端之间行驶了成千上万公里。1937年，奥尔兹和别克（1938年的车型）发布了这些半自动传动装置（半自动传动装置能够提供一系列分段比率档位，其中一个或几个是由手工选择的，另外一个或几个是自动选择的）。这些车辆由别克事业部制造，但它们仍然需要使用主离合器踏板来起步和停车。我们的工程师们现在发现，主离合器以及它的踏板可以由集成在传动配件中的液压联轴节替代。这一发现，连同全自动控制的发展，导致了液压自动化传动系统的产生，这是由新组建的底特律传动事业部所制造的。它于1939年发布，并于1940年首次出现在奥尔兹的新车上。凯迪拉克是下一个接受这种新传动技术的事业部，他们在1941年的车型中采用了此项创新。

同时，GMC卡车及客车公司的工程设计人员研制了另一种自动传动系统。该系统以闭路、流体涡轮扭矩变换器而知名。这种装置包含了一组装有叶片的叶轮，所有的叶片以一定的角度组合，所以其中的一个由发动机的旋转直接驱动的叶片叶轮能够抽吸大量流体到第二个叶片叶轮，而该叶轮与主动轴相连，因此能够给该机轴带来转动力。这里需要另外一个叶片叶轮来改变流体流动的特性，从而影响发动机和主动轴之间的速度差，即它们的速度比率。在流体扭矩变换器中这个比率的变化是细微渐变的，而不是一系列的飞跃。因此，最终的驱动作用非常平稳。

由通用汽车的工程师们首先设计的流体扭矩变换器在欧洲也得到了发展。他们最终设计出了一种更加符合美国公共汽车操作标准的装置。1937年，我们第一次在我们自己的公共汽车上使用了这种传动器，而该设备也很快得到了广泛的接受。1941年10月，大战前夕，我们的传动技术团队的工程设计人员开始致力于将流体扭矩变换器应用于客车上。

随着美国的参战，我们被迫终止了在客车自动传动系统上的领先研究，但与此同时我们又开辟了一个自动传动的巨大新领域。对于客车驾驶员而言，自动传动的价值在于其便利性和操作简单化，他在驾驶汽车时很少需要考虑其他问题。但当我们面对的是公共汽车、卡车、坦克、拖拉机和现代战争中的巨型交通工具时，自动传动更重要的作用是保证其平稳的运行。早在1938年，军方的工程师们就要求我们考虑为像M—3和M—4坦克那样的大型交通工具设计传动系统的问题。那时候这些车辆是由操纵杆来控制方向的，并且有时候操作员需要放开转向杆来转换齿轮。在这个过程中他暂时放弃了方向的掌控。此外，在更换齿轮时车辆的速度会急剧下降，有时候会因动力不足停转，从而成为敌人的固定目标。

传动技术团队的工程设计人员为这些坦克设计了重型液压自动化传动系统。但是，为了携带更大的炮管和更多的装甲，还需要更重的坦克，我们在这些车辆上探索了应用流体扭矩变换器的可能性。在我们参战后不久，工程师们研制了一个应用流体扭矩变换器的实验性模型，该模型解决了发动机速度和车辆速度之间的比率变化时维持车辆运动的问题。通用汽车各部门在二次大战期间制造了大量的这类传动装置。

我们的传动技术团队还设计了一种特殊的坦克传动、转向系统，被称为"十字"型传动系统。该装置使驾驶员能够相对轻松地精确控制一辆超过50吨的车辆，无论是在驾驶、制动、还是在自动传动等方面。这种十字传动装置广泛应用于炮车、水陆两用和常规运输工具，以及其他巨大重量的车辆。战争结束之后我们在这个领域的研究工作仍然在继续。

随着战争的结束，我们的工程设计人员开始深入研究将流体扭矩变换器应用于客车的课题。这个项目非常成功，其直接成果就是1948年别克的流体动力传动（Dynaflow）系统和1950年雪佛兰的动力滑翔（Powerglide）系统。流体动力传动系统是第一个体积适用于客车的流体扭矩变换器。

就这样，经过很多年的研究和技术发展，到1948年，通用汽车向公众提供了两种不同的全自动传动装置——液压自动化传动系统和流体扭矩变换器，这两种装置具有低成本和高效率的特点，甚至可以用于低价位的汽车上。在上市之初，自动传动装置（现在所有的汽车上都具备了该装置）就得到了大众购车者的认可，他们愿意为之支付额外的费用。其他汽车制造商也纷纷尽快开始在他们的汽车上使用这种装置,当然有些厂商的汽车使用了通用汽车为他们生产的自动传动装置。以1962年为例,当年美国市场上销售的汽车(也包括通用所生产的汽车)中,大约74%都安装了自动传动装置。而在通用汽车生产的汽车中,67%的雪佛兰、91%的庞帝亚克、95%的别克、97%的奥尔兹和100%的凯迪拉克都配有自动传动装置。同样以1962年为例,这一年汽车业共销售了大约500万台自动传动装置,其中大约270万台用在通用汽车的汽车上。就这样,这个可选部件成了美国汽车的一个重要特色。

低压轮胎和前轮悬吊

如何提供更加流畅和柔和的驾驶经历从一开始就是汽车工程技术中最复杂的问题之一。由于汽车的速度比马拉的交通工具要快很多,所以汽车遇到道路表面的不规则部分时就会剧烈地反馈给乘客。内燃机的振动也给汽车自身增加了一个不舒适的来源。因此,改善驾驶员和乘客的缓冲是非常必要的,并且随着汽车速度的不断提高这个需求也在不断增长。

这个问题的一个基本解决手段就是通过轮胎。早期的汽车使用的是硬质橡胶或带孔的硬质橡胶。这些材料很快就被充气轮胎所替代,但是在较早的阶段充气轮胎的橡胶材料和结构都不是很好,所以没完没了地更换轮胎就成了长途旅行中令人沮丧的一个需要。

到20世纪20年代早期,橡胶公司已经投入了很多精力来学习结构方法、化学、橡胶加工和材料的选择。轮胎的品质得到了很大的改善,于是工程师们开始考虑低压轮胎的可能性,因为低压轮胎能够在车轮下面创造一个更加柔软、有弹性的气垫。研究人员遇到了很多问题,尤其是在操纵和行驶的连接上。工程师们需要应付前置不稳定性、轮胎面滑伤、转弯时的尖叫声、急刹车状况下的行驶,以及一种由轮胎和车轮旋转质量的轻微不平衡所引起的特殊情况——车轮偏动。这些现象最初并不明显,但是当驾车者们开始作高速长途旅行时,就成了主要问题。

在现代化低压轮胎的发展过程当中,通用汽车的工程师们做出了巨大的贡献,我们在各种情况下进行了大量公路测试。综合技术委员会从最开始就与轮胎行业保持了紧密的联系,两者在尺寸标准化和最佳类型、轮胎面、部件的确定上都进行了很好的合作。我们基于自己研究而给出的建议每年都在更好和更安全的轮胎中得到了应用。

第二个改善行驶状况的基本方法,也是工程上更加复杂的一种方法,就是通过改变悬挂方式,即连接车轮和底盘的方式。

在我早期的某一次出国旅行途中,我的注意力被欧洲汽车产品中的一项工程进步所吸引,这就是前轮的独立弹性装置。到那时为止,美国汽车厂商所提供的所有产品中都没有使用过独立弹性装置。而使用了该原理将理所当然地显著提高乘坐汽车的舒适性。

在法国,我与一位名叫安德烈·杜本内(Andre Dubonnet)的工程师取得了联系,他对这个问题已经有了相当深入的研究,并且获得了一项关于某种形式独立弹性装置的专利。我把他带到我们的国家,让他和我们的工程师建立了联系。

与此同时,凯迪拉克公司的总经理劳伦斯·费雪也雇用了一位名叫莫里斯·奥利(Maurice Olley)、曾在劳斯莱斯工作过的工程师,这位工程师同样也对乘车舒适性这个问题的研究非常感兴趣。奥利先生在给我的一封信中谈到了他关于独立弹性装置研究发展过程的回忆。这里我将用他的话来继续我的故事:

> 您向我询问起关于通用汽车上独立弹性装置的回忆……请您原谅以下记录中所带有的浓厚个人色彩,它可能会给你这样的印象——独立弹性装置是一场一个人的表演。实际情况与之相去甚远,这项技术很大程度上要归功于亨利·克雷恩(Henry Grane)、欧内斯特·西霍姆(Seaholm,凯迪拉克的首席工程师)、查尔斯·凯特林,以及许许多多凯迪拉克和别克的工程师们。同时还有费雪的容忍和坚决支持,当时他谴责作者是通用汽车中第一个花费25万美元来制造两辆实验车的人!
>
> 你应该能回想起来我是1930年11月从劳斯莱斯来到凯迪拉克的。坦白地说,我很惊讶劳斯莱斯是如此受欢迎。一辆劳斯莱斯汽车刚刚在通用汽车的新试验场里结束了一项异常测试,然后被拆卸检查……

过去几年中，劳斯莱斯一直集中精力致力于提高乘坐质量。这家英国工厂对这项工作发生了极大的兴趣，其原因是在英国道路上可以接受的汽车一旦出口就远远无法满足客户的要求，哪怕是在美国经过改良的道路上。于是我们开始认识到，这并不是因为……美国的道路要差一些，而是因为那里道路的起伏是一种不同的形态。

在劳斯莱斯，人们做了大量的工作，从高架枢轴上沿着摆动着的汽车的线路来测试它们的转动惯量……测量底盘结构和车身设计的硬度……以及测量弹簧安装在实际汽车中之后的悬挂率。这个英国工厂还设计制造了最早的几个实用测震仪之一，这个仪器事实上只是简单地测量了一个敞口容器中的水在不同的速度下行驶同样测试距离时所溢出的数量。

1930年，凯迪拉克也开始进行一些类似的试验。很快我们也有了摆动的汽车，我们也开始测量安装好的弹簧比率，等等。我们还沿着劳斯莱斯的技术线路建立了自己的"颠簸平台"（第一台颠簸平台安装于底特律），并用它在固定的汽车上模拟人造驾驶场景。

在1932年早些时候，我们建立了"K^2平台"……它由一辆完整的七座豪华轿车组成，在这个平台上，我们可以通过移动砝码来产生前后弹性装置和车辆转动惯量等各种必要的变化。没有任何仪器可以对这个乘坐环境进行测量。为了检验我们努力的成果，在亨利·克雷恩的帮助下，我们只是简单地问自己，在什么情况下我们曾获得了最舒适的乘车经历。

这是最好的办法，因为我们那时不知道，现在同样也不知道，究竟怎样才算是好的乘坐环境，但是我们可以在一天的行驶中为乘坐这辆车的经历造成如此多的根本变化，以至于我们的印象始终是新鲜的，只有这样，直接的比较才成为可能。

正是在这个阶段，也就是1932年初，我们开始认识到对独立弹性装置的迫切需要。K^2平台十分明确地告诉我们，如果我们在前轮使用了比后轮更为柔软的弹性装置，就可能获得一种全新的平稳乘车经历。但是你应该记得，所有在传统前车轴上使用极度柔软的前轮弹性装置的尝试都以失败告终,原因是晃动……以及缺乏操作稳定性……

于是,继 K^2 平台之后,我们的下一步走向了两辆凯迪拉克实验车的制造……这两辆车拥有两种不同的独立前轮弹性装置……(其中一种是由杜本内先生设计的,而另一种 Y 字形的则是由我们研制的)我们同时使用了独立后轮弹性装置,因为我们脑海里时刻牢记,一旦可能,我们还是应该尽快抛弃传统的后轮轴(这个变化在我看来现在已经迟到了一些年了)。

公司的很多工程师驾乘了这些汽车。很明显,我们所采用的特殊方法改进了乘坐和操作的感觉。我们还遇到了经常面临的问题。其中最主要的就是,在我们的实验车上——尤其是采用 Y 字形悬挂的那一辆,操控方向时会产生无法避免的晃动。

我们不得不屡次重新设计转向机制……

终于,到 1933 年 3 月,我们做好一切准备迎接盛装表演的到来。3 月初,综合技术委员会在凯迪拉克工程大楼召集会议,来乘坐我们的两辆实验车和一辆没有独立前轮弹性装置但是采用了 L.V. 型 [无级变速] 传动系统的别克轿车……

我记得 [你] 和格兰特先生乘坐的是其中一辆 [Y 字形装置] 汽车,而欧内斯特·西霍姆和我在一辆陪同车中,在红河(River Rouse)的一个红绿灯处我们停在了 [你们] 旁边。我们能够看到 [你] 向后座的狄克·格兰特(Dick Grant) [销售副总裁] 微笑,并且将将你的手掌平面上下 [和] 水平移动。在凯迪拉克工厂出来的两英里之内,平稳的行驶证明了一切!

在到达门罗(Monroe)并且坐在三辆车中返回之后,委员会在凯迪拉克工厂中开始了他们的讨论,而我和西霍姆则在后面焦急地等待,虔诚地期待着在接下来的一年中凯迪拉克可以领先于其他公司单独使用新的悬挂装置。

我记得,亨特(管理工程技术的副主席)开始问格兰特先生他如何看待新的自动悬挂系统。

你应该记得在 1933 年 3 月美国没有任何一家银行开业,而任何拥有一块土地的人都觉得非常幸运,因为至少他有食物。

在这样的环境下，狄克·格兰特的反应并不出人意料。他拒绝了采用（自动）传动系统，从而省去了随之而来的百余美元成本，而这些花销无疑是一个别克的购买者不愿意支付的。"不过"，他说，"如果我可以只支付15美元而享受你们所展示的行驶体验，那我愿意为你们想办法找到这个钱。"

在别克工作的荷兰人巴沃尔（首席工程师）已经表示了他对于新的前轮悬挂技术的支持，同时奥尔兹和庞帝亚克的工程师们也决心要让这种装置于明年11月份出现在纽约。

最终比尔·努森（雪佛兰的总经理）简单明了地说，雪佛兰不会落后。亨特试图劝说他，在美国没有足够的无心磨床来制造加工雪佛兰螺旋弹簧中的金属丝。然而努森非常坚定，他说，机床行业已经有很多年状况不佳了，然而他们马上就要繁忙起来了——至少在接下来的几年中。雪佛兰确实在11月的纽约车展中展示了他们采用了杜本内悬挂系统的1934型。庞帝亚克从雪佛兰那里继承了这个悬挂系统，而另外3个公司则采用了Y字形悬挂系统。

这个会议至今让我记忆犹新，因为它是美国企业运行中的一个巨大范例。在面临接下来出现的问题时，公司所承担的上百万美元的花销带来了一种激励，这在我的职业生涯中是一种全新的经历。我仍然记得凯特的话："这似乎告诉我，我们已经不能负担不做这个项目的成本了。"

我们就这样同时引入了两种不同的独立前轮悬挂系统。然而通过对Y字形悬挂系统的进一步改进之后，这种系统相对于杜本内悬挂系统在造价方面的优势又开始明显起来，并且还更易于制造，同时，操作中出现的问题更少，于是很快我们所有的汽车生产线都采用了这种系统。

迪科漆

今天，从空中俯视美国大地时的一个突出景象就是从每个停车场中散发出来的斑驳闪耀的宝石般颜色。这些颜色种类繁多，并且外表面几乎很难破坏。

所有这些都与 20 世纪 20 年代早期汽车的外观大相径庭，当时福特、道奇、欧弗兰和通用在他们大规模生产的汽车中都只采用黑色的磁漆。汽车的外表面那时成了大众抱怨的话题。马车业的实践不用经过太大变动就延续到了汽车制造领域内；汽车在其出现的第一个 20 年里使用的是马车的油漆和清漆。顾客不能理解为什么马车的外表面能够保持更长的时间，而当他们购买了汽车之后，油漆有时候很快就剥落了。事实是，马车和汽车机械装置的区别是非常大的。汽车经常需要面对更加艰苦的任务；汽车所使用的天气状况更为广泛，发动机所产生的热量使汽车各部分产生温差——其结果是给外表面带来了灾难性的影响。

我们梦想着能有这样一天：不管汽车在什么天气下行驶，其外表面都能始终如一，这该是多么美好的一件事情啊！我们同时开始认识到，一种优质、快干的末道漆可能给我们的时间计划和产品的最终成本带来革命性的变革。

那时候的末道漆工序使用的是油漆和清漆，工艺非常麻烦并且很慢。从一辆汽车即将处理外表面到末道漆工序完全结束，大约需要二到四个星期，具体的时间取决于温度、湿度等外部环境。很容易发现，这给我们带来了严重的库存问题。

很多汽车制造商暂时从油漆和清漆转向了烘干的磁漆，试图解决其中的一些问题。比如道奇兄弟的敞篷车，完全是烘干的，没有使用任何油漆和清漆。这是一种黑色的沥青磁漆，非常持久耐用。然而，烘干外表面只是一个过渡——这个问题还有更好和更加廉价的解决方法。

1920 年 7 月 4 日，我认为这更是一种巧合而非有意的日子，杜邦的一个实验室里记录了一个化学反应，正是这个化学反应导致了硝基纤维漆的发展，最终被命名为迪科。研究人员观察到，以一层硝基漆作为基础可以使悬浮液中负载更多的颜料，并且产生更明亮的颜色。研究人员花了三年的时间用于实验和技术改进以解决新产品中的问题。这个项目由凯特林先生领导的通用汽车研究公司和杜邦实验室合作进行。1921 年，通用汽车内部组建了一个油漆和磁漆委员会（具有讽刺意味的是，很快油漆和磁漆都被取代了），而第一辆使用了硝基纤维漆的整车产品于1923年下线。这是奥克兰德1924年生产的"正蓝（Trute Blue）"。

这种新型硝基漆的品牌叫做迪科（Duco），1925年这种油漆开始面向整个汽车行业供应。当然，这种新技术还存在很多有待解决的问题，而杜邦和通用汽车的实验室仍在继续进行相应的研究。由于最初研制的迪科黏性较差，经常会从金属上剥落，所以这项研发工作中非常重要的一部分就是内层漆技术的开发。迪科还需要使用天然树脂，而这种材料数量有限并且质量不稳定。人工合成材料的及时发明使我们摆脱了对这些易变的天然材料的依赖。

不管是在油漆-清漆时期还是在之后的磁漆时期，汽车的外表面始终有彩色的，但价格相当高，并且种类很有限。迪科降低了彩色外表面的成本，而且增加了很多种颜色，使现代的色彩与外观设计时代成为可能。此外，迪科的快干性解决了大规模生产中的瓶颈问题，使车身生产的速度极大提高。今天，一辆汽车可以在8小时的轮班中完成末道漆工序，而不再是油漆-清漆时代的二至四周。

让我们仅仅考虑一下空间的节省：假如一天之内要生产1 000辆汽车，则在油漆-清漆时代的生产过程中就需要存放18 000辆汽车的空间（因为末道漆工序平均需要3周的时间），也就是20英亩的室内空间。试想一下，对于现在每天15 000辆甚至更多的生产速度，这意味着什么。

从硝基纤维漆在20世纪20年代引入以来，人们一直继续从事关于它的研究以改进硝基纤维漆并降低应用成本。在1958年，通用汽车又引入了一条新的基于丙烯酸树脂的外表面生产线。这同样又是我们在实验室里与树脂制造商八年合作研究的成果。丙烯酸树脂漆比硝基纤维漆更加持久耐用，同时能够生产出更多大众喜欢的颜色。

通用汽车还在很多其他重要的改进中扮演了重要的角色。1920年的曲轴箱通风消除了一个导致发动机磨损的重要原因。通用汽车于1959年倡导的"内部"曲轴箱通风减少了空气污染，并且于1962年成为行业实用技术。四轮制动和液压制动的发展为汽车的安全性能和更有效利用做出了极大贡献。四轮制动不是通用汽车的独家发明，但我们参与了这项技术的改进，帮助它实现了大规模生产，并且创立了一个单独的事业部来为我们的汽车生产这种设备。通用汽车还在助力刹车、助力方向盘、汽车空调装置和无数其他汽车的改进过程中扮演了领导性的角色。这里要感谢的有成千上万的研究人员、工程师和其他所有曾经对高效、舒适的个人交通运输付出了自己专业兴趣的人们，上述的一切成果只是他们不知疲倦的创造性工作所得到结果中的一些精选。

第 13 章
年度车型变化

现在，年度车型在美国人的生活中已经成为非常自然并广为接受的一部分，以至于我认为很少有人会想到这些年度车型的背后蕴含着管理层非常巨大的努力。我们在设计一辆典型的美国乘用车时所遵循的过程与设计国外车型和特定地区车型的过程存在着非常大的差别。

我们每年必须推出一系列具有先进的工艺技术和外观设计的汽车，同时，这些汽车还要在价格上具有竞争力，并且还要能够满足零售客户的需求。这一系列汽车必须有一些共同的外观特点，从而让它们都具有"通用汽车的样子"，但与此同时，这些汽车每一辆之间必须有清晰的区别。所有的车在价格上必须相互补充，这也就意味着，每一辆车的成本因素与其具有竞争力的售价都必须在生产之前就经过很好的评估。

在通用汽车，除了制造工人之外，还有成千上万员工的工作与新车型的研制有关。这些人包括了设计外观风格的艺术家和工程师们、科学家、金融和市场专家、各个部门的技术人员，以及企业管理层和公司的技术人员，还有外部供应商。要协调好所有这些人之间的各种活动无疑是一个非常复杂的难题。

　　一般而言，从我们首次做出决定要研制一个新车型到这种车型出现在经销商的样品陈列室里，中间大约需要两年左右的时间。通常情况下，这两年中所发生的事件序列主要是由车身制造的需要所决定的。车身的变化通常无疑是从前一年到第二年最重要的变化，而车身的相关工作也占据了大部分的时间。底盘的部件当然也有连续的变化，但仅仅是偶尔在某一年我们才会在底盘的所有部件中引入变化，这些部件包括了车架、发动机、传动装置、前后轮的悬挂系统。

　　为了广泛地推广新车型，研发的第一年往往专门用于设计新车型的基本工艺和外观特性；第二年则主要用于解决将这种车型推向全能力生产所遇到的工程问题。要将其中任何一项工作压缩到远远少于一年的时间是非常困难的。如果我们过分压缩确立基本风格概念的时间，那么我们很可能会面临这样的危险，即将我们自己封闭在一个无法获得零售用户认可的产品中。而如果我们压缩工艺－生产的时间，我们就需要付出额外的加班时间，造成库存问题，并且可能会延误我们能够开始生产的时间，而这反过来也可能意味着延误新车型发布的时间，并造成销售上的损失。

　　另一方面，延长制造新车型的时间也是不明智的。当然，并没有原则上的理由说明我们不能提前3年甚至5年来启动车型变化的计划——并且事实上我们确实在这么早的时候就开始进行一些思考，然而这里会遇到非常实际的困难，即计划者们与他们所设计的车型将要发表并接受检验的市场之间的距离过于遥远。甚至是目前采用的两年周期也常常给公司正确评估市场的能力施加了巨大的压力。我们也许可以用这样的方式来看待这个问题：像其他汽车公司一样，通用汽车被迫投入几百万美元来设计新产品，然而这个新产品必须经过很长一段时间才可以销售。在这个过程中，客户的品味、收入和消费习惯都有可能发生根本的变化。而在这个问题上，我们甚至不能确定这种新车型在最早构思的时候是否是"正确的"。对草图和调查问卷的回应通常是不可信赖的。一个市场研究的公理告诉我们，在看到摆在面前的实物之前，汽车消费者们从来都无法知道他们是否足够喜欢这辆车以至于会购买它。然而当我们有一个可以向他们展示的产品时，我们必须坚定地将这辆车销售掉，因为将这辆车推向市场已经耗费了巨大的投资。每个汽车制造商都有因受到消费者的打击而遭遇严重失败的可能。然而，理所当然地，我们必须计划并且努力协作来将新车型推向市场。

这种特别的合作方式是从很多年的计划经验中进化而来的。我已经讲述了1921~1922年期间通用汽车遇到的、几乎是灾难性的经历，而引起这种灾难的原因正是由于没有建立起一种合作方式来保证几个不同的管理部门为一个新车型项目共同合作。在那之后，我们逐渐把系统和方法加入到公司开发新车型的过程中。1935年，我们（我认为是）首次制定了书面规范来管理新车型生产的过程。这是一个手册，其设计的目的是"为获取所需的核心数据提供一种确定和有序的方法，从而能够正确地评估所提出新产品的经济、金融、工程和商业状况；第二，建立新产品从通过计划到生产的整个过程中所涉及的所有信息"。这个产品的批准过程在1946年进行了重要的修订，并且它的具体内容在一定程度上也在持续变化。这里需要强调的是，这些书面的规范并不完全是规定我们的车型开发必须遵循的"时间表"。

尽管我刚才提到，我们的新车型开发过程平均需要的时间是两年，但我的意思并非说我们的每个车型从出现设计草图到制造出来的平均时间是两年。举个例子，负责外观风格的设计人员们始终在为未来较远时期的车型进行试验性的新设计，因此在任意一个时间点上我们都会拥有数目可观的新外观样式设计的储备，其中有一些比较传统而有一些则是比较革命性的。同时每个汽车事业部也在不断地设计一些新的零部件，尤其是底盘。其中一些零部件可能是直接来自于实验室和工程技术人员或来自于零件部门，然后经过车辆部门的推敲加工使它可以在合适的时候成为新车型的一部分；另一些零部件可能完全是由车辆部门自己的生产车间和实验室来研制开发的。

通常，关于一个新车型的首次正式会议之前会有很多非正式的讨论。例如，汽车部门的管理层和外观设计人员会回顾过去生产项目的优势和劣势，研究客户调研报告和市场分析，并且讨论一系列新车型通用尺寸和外观风格概念的组合方案。这其中的一些问题可能会提交给中心办公室的工程技术人员和费雪车身公司以及通用汽车的主要管理层。

尽管关于未来车型的一些重要工作始终都是在公司内进行的，我们中的大多数人仍然会把一个由工程设计政策组所召集的会议看做是每个新车型项目的"开端"。读者可以回忆起这个小组是直接向执行委员会汇报的，它的成员包括公司的总裁、主席和主要的核心管理层。工程设计政策组的主席是负责工程设计的副总裁。由于这个小组给自己的定位是对整个公司的设计政策方针进行关注，所以小组成员并不包括各个车辆事业部和费雪车身事业部的总经理们，尽管这些人和这些事业部的主要工程师们经常受到邀请来参加这个小组的会议，来参与对他们所涉及项目的评价讨论。

首次会议的主要工作是确定新车型项目外观风格和工艺技术的大纲，也就是说，确定这些汽车的大致外观和尺寸特性，并且简要指明进一步的外观设计和各事业部开发工作的方向。我们所希望的座椅宽度、头部和腿部的空间，同时还有整车外部的高度、宽度和长度，都需要考虑。外观设计人员会展示全尺寸外观样式草图，这样在场的人可以对车辆的外观、尺寸和宽敞特性有一个感性认识。我们通常还会与草图一起来展示全尺寸模拟座椅排列，这个东西往往被称为"座椅构架"，这是为了模拟这辆建议中汽车的内部情况。这个"构架"允许我们检查进门空间的状况、视线、宽敞程度和座椅位置。你可以说，小组的成员仔细查看了外观设计人员必须提供的所有信息。

在这次"启动"会议所通过的一致认识的指导下，外观设计人员逐渐为我们这一产品线中的每一种汽车设计出一系列的全尺寸外观草图、全尺寸黏土模型和座椅构架。为了实现项目所期望的目标，同时保证与加工和制造同步，在首次会议之后，外观设计部门必须与车辆事业部和费雪车身事业部进行紧密的合作。一般而言，为每种汽车确定基本外观是外观设计人员的职责。换句话说，外观设计人员为通用汽车公司所有的轿车、小汽车、金属顶盖式汽车、旅行车和敞篷车设计出外观，而且通常就是以这种顺序来进行设计的。每个事业部在外观设计部门中都有自己的工作室，这些工作室的职责是为每种系列的汽车设计各自独特的面貌，比如，区别雪佛兰和庞帝亚克系列的特点。

在项目开始的最初几个月里，各种黏土模型在不断变化和修改；在每个阶段中，为了符合由黏土模型所提出的外观要求，座椅排列必须进行相应的修改。很多这种变化都是在草图和小比例黏土模型的帮助下来设计的，而这些草图和模型都是由外观部门设计完成的，他们试图通过实验得到更新、更吸引人的概念。

其间，车辆事业部和费雪车身的工程设计部门与外观设计人员继续进行合作研究，以期在底盘尺寸——包括了车轮支架、离地距离、轮胎面，以及发动机和驱动机构所需要的空间——上达成共识。对外观设计部门而言，在这些基本数据上达成共识是他们"坚定"新车型设计概念的一个必需条件。

在首次会议之后大约两个月，外观设计部门会向工程设计政策组提交一个为轿车所设计的外观设计建议方案，同时提交的还有一个全长的黏土模型和座椅构架（这个方案应该已经得到了感兴趣的车辆事业部和费雪车身公司的认可）。在工程设计政策组后续的、至少一月一次的会议中，还将陆续提交其他类型车身的设计方案。然而按照规定顺序提交并不意味着最后也将按照规定的顺序通过这些方案。比如说，经过一定时间的讨论和修改——这个阶段可能持续4~5个月——很有可能小汽车的方案会在轿车方案之前得到全面的认可。然而，至少在开始生产18个月之前，工程设计政策组需要通过轿车的黏土模型，从而外观设计部门可以开始向费雪车身公司发放外观设计图纸。

在黏土模型得到通过之后，外观部门再制作廉价的塑料外部模型。塑料模型对于检查外观概念非常有用。黏土模型不可避免会比真车的实际样子要笨拙，而塑料模型经过油漆之后可以得到与真车一样的光线反射效果，同时，在安装了玻璃窗和模拟的铬合金之后，塑料模型看上去确实与成品车几乎相同。

在生产开始前大约18个月左右，新车型的一些成本计算具备了可行性。汽车的尺寸和估计重量在那时候已经成为已知条件，费雪车身也开始计算生产工艺成本，也就是冲模、夹具加工、工件夹具等工艺工序的成本。费雪通常的做法是在工程设计政策组批准该黏土模型之前就开始估算这些成本。在这个阶段，就可以对特定工艺或外观特点的销售吸引力及其成本进行权衡取舍，同时，如果需要，就对设计进行一定的修改。近些年来，汽车的加工成本已经得到了降低，这在一定程度上是由于通用汽车的生产能力得到了提高，从而能够在很多不同的车身上应用相同的结构特点和内部面板。

当工艺设计政策组、费雪车身公司和车辆事业部批准了黏土模型和初步的塑料模型（经常是经过一些修改的）之后，外观设计部门的工程人员就开始制造更为精细的新塑料模型，这些模型从里到外都与将要离开生产线的新车型完全相同。这些强化了功能的塑料模型最初被用于快速、经济地建造为车展准备的汽车和其他的实验用车。后来，我们开始使用这些塑料模型来让我们自己"最后看一眼"即将投入生产的汽车。在强化塑料模型发展起来之前，我们不得不使用木头和金属的外观模型来达到这个目的，而制作一个这样的老式模型需要长达 12~14 个星期。与之相对应的强化塑料模型只需要 4~5 个星期就能制作完成，这给了我们更多的时间来准备加工和模具。

在接下来 6 个月左右的时间里，围绕新车型的协同工作问题变得十分复杂。在最终塑料模型的制作过程中，外观设计部门将主要的金属板表面图纸以及一些诸如门把手、成型部件之类的细节描述送到车辆事业部和费雪车身。得到这些信息之后，费雪车身以最快的速度开始生产加工工艺的设计，而这将从一些比较大并且复杂的部件开始——例如外壳罩、门板、底面、车顶等，然后从这些部件出发向更小、更简单的部件推进。

生产开始前的 12 个月左右，工程设计政策组必须对最终的强化塑料模型给予一个决定性批示。然后费雪车身公司才能够对加工工序的设计最终定稿，并且开始准备生产。

工程设计政策组此次的认可表明公司已经全部接受了这一系列汽车的设计。此后，车辆事业部开始与外观设计部门直接合作来协商一些特定的细节，例如车身成型、装饰、仪器面板，当然还包括车前部、侧面和后部的处理方案——这些将由独立的外观设计工作室来设计完成。这些细节同样也会提交给工程设计政策组来获得他们的批准。与此同时，车辆事业部将开始手工加工测试用试验底盘，并向费雪公司提供底盘的具体设计图纸。

换句话说，新车型出现在经销商陈列室中大约一年之前，关于这些车辆政策中的绝大部分都已经决定了——至少如果一切顺利的话应该是这样的。工程设计政策组和费雪车身的代表、外观设计部门和车辆事业部都已经仔细研究了完成的塑料模型。这个模型得到了通过。从这时候开始，任何对模型的具体改动都将涉及重新设计制作昂贵的冲模、一些附加的加工成本，还有严重的时间损失，这将意味着额外的准备和生产费用。然而有时候，这些修改是不可避免的，因为虽然经过了第一年的仔细研究，计划方案中的建议车型仍然可能存在很多严重的缺陷。各车辆事业部的管理层和公司的主要官员现在要把整个系列的汽车看做是出现在样品陈列室中，将这些汽车与通用汽车现有的汽车系列、目前市场上能与之竞争的汽车系列相比较。有些车身设计在图纸上看来非常好，并且黏土模型和首次的塑料模型继续给人很好的印象，然而现在却需要修改，这种情况可能性也很大。尽管这一阶段的设计改动可能代价昂贵，但是与最终上市后由于车型不够吸引人而造成的销售损失相比，还是非常值得的。很多时候我们不得不面临这种严峻的选择。

这时候我们大体站在了什么位置呢？是这一系列车型开始付诸设计的一年之后，还是新车型向公众发布的一年之前？外观设计部门已经完成了他们在新车型中的基本工作。现在已经存在了许多看上去与最终的成品车完全相同的强化塑料模型。当然外观部门仍在进行新座椅、仪表面板、内部装饰和新材料的设计工作。然而，外观设计部门可以暂时推迟一些关于车内装饰材料、颜色以及相关的决定，从而使设计更符合新产品推向市场时消费者品味的潮流。此时，费雪车身正在迅速推进关于工艺设计图纸和冲模及其他生产加工工具设计的工作。各事业部对新车型底盘的工艺设计工作基本完工，底盘的原型也做好接受测试的准备了。此后，费雪车身和车辆事业部的工程人员必须在工作中紧密合作，以保证车身和底盘工作的良好协调。

产品加工阶段现在已经一切准备就绪了。车辆事业部的总经理会通过工程设计政策组向通用公司的总裁提交最终的"产品规划"。这些规划描述了新车型的一系列特色：新车型的动态特性、车辆的尺寸、预计重量、估计成本（其中包括车间重新布置所需的费用、加工费用和设备成本）。工程设计政策组进一步将车辆的详细规格与目前竞争者的车型做一个比较，同时，权衡新产品的吸引力和生产所需的成本。总裁和其他工程设计政策组的成员们需要整体研究整个新车型的规划。当他们通过了这个规划时，每个部门都会提交拨款要求，请负责该部门的小组成员批准，请主管制造的副总裁审查，然后请执行副总裁、总裁、行政委员会、执行委员会和财务委员会批准。然后，开始制造产品加工工具。

车辆事业部的工艺设计部门现在开始大量发布新车型的零部件图纸。这些图纸被送到熟练技工的部门，由他们决定这些零部件应该自己生产还是购买（在某些事业部中，这将由一个"购买或生产"委员会来决定）；同时送到生产部门，让他们准备工艺流程计划表，这个表详细说明了该零部件加工的操作顺序；还要送到标准化部门，由他们决定每项操作的直接工时定额；另外还有成本部门，他们要为所有零部件建立包括人工和材料成本的成本计划表。制造部门和熟练技工、现场工程部门一起，决定如何设置生产线（也就是需要一些什么样的新设备和新机器以及将它们安置在哪儿）和需要怎样对工厂车间进行重新布局。

也是在这个时候，外部供应商和公司内部的实际生产加工也同时开始了。一旦我们最终通过了新车型的方案，我们会跟很多的供应商(包括车轮、车架、橡胶产品以及其他) 商议，以推动他们的工艺和设计工作，并且帮助他们制定生产计划。

在新车型上市前7~8个月的时候，费雪车身公司应该已经完成了第一个原型车身，其中包括了很多手工制作的零件。我们现在可以组装出完整的原型汽车来进行测试了。生产之前的3个月，我们通常会在费雪车身的一条试验线上为每个车型制作很多车身。这些车身是为生产冲模而制造的，因此试验线为车身生产的冲模和加工提供了一个测试，同时也锻炼了生产管理者。很多这种在试验线上制造的车身被安装在原型底盘上，用于在试验厂和车辆事业部的工程部门进行附加测试。最终，来自试验线的汽车可以由销售和广告部门用于推广，例如用于向我们经销商的提前展示。

直到新车开始出售前的6个星期左右，真正的生产线才投入运转。在正式向大众推出我们的新车型那天，我们的工厂当然在高速满负荷生产，而成千上万辆新型汽车也已经到了经销商手中了。新车型项目结束了，而我们也已经准备将更多的精力集中于此后一两年会出现在经销商手中的新车型上。

完整的新车型项目就这样包括了三个阶段。外观设计阶段主导了项目的第一年；工艺设计阶段几乎延续了整整两年，直到大规模生产开始前才结束；设备和加工阶段开始于外观设计部门结束工作前，这个阶段包含了制造一辆汽车真正需要的各式各样具体的步骤。这里的关键点或许在于整个过程的中途，也就是在第一年结束时，当时新设计得到了批准，而我们则在生产阶段开始时"将自己封锁了"。

这就是我们研制推出新车型的步骤和过程。然而，一旦我们为实际情况"绘制了蓝图"，我们立刻就开始改变这个计划。近年来，竞争环境有时需要我们设计生产新车型的时间比两年更短一些。与此同时，逐渐加快的竞争步伐已经要求通用汽车和其他制造商提高新设计和新工艺开发的速度。自然地，如果一个新车型更多的部分是"新的"，那么必然会为设计过程和产品准备带来更大的压力。

我们始终处于制造更新更好的汽车的过程中。尽管新车型项目从概念到实施这整个过程中有很多复杂步骤都需要付出很高的代价，但这些都是值得的。现在，年度车型变化已经成为汽车工业发展中非常理所当然的一部分。从最初的那一刻起——这要远远早于使用"年度车型"这个词的时间——创造、研制新车型的过程就已经推动了汽车的进步。

第14章
技术部门

　　通用汽车是一个工程组织。我们的工作是切削金属并通过这个过程来使之增值。公司里大约有19 000名工程师和科学家,其中17 000人工作在分公司中,其余2 000人则工作在总体设计部门。通用的很多领导层管理者,包括我本人,都拥有工程技术背景。这很自然,因为我们始终应该了解,我们的进步是与技术进步紧密相关的,我们想要获得进步,就必须永不停息地付出努力。1923年,我在建立综合技术委员会时提出了一个方针:在通用汽车,研究和工程技术与公司业务应该处于同一个组织层次上。

　　汽车行业研究与工程的永久驱动力就是加速技术进步,使科学技术的进步与产品和制造一体化,缩短研发和制造之间的时间。为了实现这些最终目标,我们很久以前就从运营功能中区分了一部分员工的职责。我们于1920年组建了一个研究部门,并且在十年之后又组成了一个工程技术部门。今天,在通用汽车,除了生产运作以外,我们有四个技术部门:研究实验室、工程技术部门、制造技术

---

① 此处和其余地方所论述到的组织结构图见本书的末尾。

部门和外观设计部门①。他们互相之间以自然的接近度进行组织，以一种现代化大学的氛围共同存在于底特律附近占用 1.25 亿美元投资的通用汽车技术中心。

将这些部门在地理上集结起来有逻辑上的原因。他们之间有着一定的相似性——工作都具有创造性并且都涵盖了广泛的科学和技术问题，同时他们之间有着兴趣和活动的重叠区域，这就需要很好的合作。

研究实验室

现在通用汽车的研究方法是长期演化发展的结果。公司中这样或那样的研究大约出现在 50 年以前。1911 年，亚瑟·利特尔（Arthur D. Little）公司为通用汽车组建了一个实验室，其职责主要是指导材料分析与测试。而通用汽车研究的主流则来自于由查尔斯·凯特林（和迪兹一起）于 1909 年单独组建的代顿设计实验室公司（在他来通用汽车之前），其目的是在汽车领域的发展中发挥作用。

凯特林先生毫无疑问是通用汽车研究工作演化过程中非常杰出的一个人。与我自己类似，他在很多年中都是公司技术活动的领袖。1912 年，在他与通用汽车有联系之前，他就研制了第一台实用的电动式启动装置，从而创造了汽车工业的历史。作为他的公司之一，代顿技术实验室负责购买了启动装置所需要的零部件并且开始组装，从而使这个研究性的实验室同时也成了一个成功的制造商。3 年之后就有了 18 家能够生产电动式启动装置的公司。由凯特林先生公司的名称首字母组成了一个现在鼎鼎大名的注册商标德尔考（Delco）。当德尔考于 1916 年和我的公司海厄特一起加入联合汽车公司时，我开始与凯特林先生有了密切的接触。

凯特林先生是一名工程师、一个世界闻名的发明家、一位社会哲学家，同时我可以说他也是一名超级商人，他投入了大量的时间和精力来进行各种领域内的研究，这些领域毫无疑问吸引了他的兴趣和想象力。在他于 1919 年加入通用汽车之前，他的实验室已经开始了他们在燃烧方面非常伟大的研究工作。他的企业被通用汽车收购，并且于 1920 年与其他设计部门结合成立了通用汽车研究公司，这个公司位于俄亥俄州的默瑞，凯特林先生是公司的总裁。1925年，我们将研究公司迁到了底特律，并且将所有通用汽车的整体研究工作都归结到凯特林先生麾下。凯特林先生于1947年退休，由来自奥尔兹公司的杰出工程师查尔斯·麦克库恩（Mecuen）接替了他的工作。麦克库恩先生延续了先进的工程技术方法，并且在通用汽车很多的重要领域里取得了很好的研究成果，并将这种干劲一直持续到他50年代退休。

1955年，通用汽车的研究工作进入了一个新阶段，这始于杰出的核能科学家劳伦斯·海福斯坦德（Hafstad）成为公司负责研发的副总裁。当然，海福斯坦德博士所接受的专业训练并不是以汽车工程师为目标的，而且，他在此之前从来没有跟任何一家汽车公司有过接触，他的上任反映了一个事实，这就是，通用汽车研究实验室的工作重心正逐渐朝着更新、更广的方向迈进。

今天，研究实验室的活动主要有三个方面。首先，他们负责为整个公司的各个部门解决各类问题。研究人员可能随时受到召唤去帮助任何需要他们专业知识的地方，例如消除齿轮噪音、材料铸件的缺陷检测、减少振动等。其次，他们通过解决问题实现了对公司产品和生产的创造性改善。这些问题的范围十分广泛，包括了从传动流体、油漆、轴承、燃料等类型，到高层次的应用研究，比如对燃烧的研究、高压缩比发动机、制冷系统、柴油发动机、燃气涡轮、无活塞发动机、铝制发动机、金属材料和合金钢、空气污染以及类似的问题。第三，他们也鼓励一些热点基础研究。

近些年来，科学的飞速进步已经俘获了每个人的想象力，从而让整个工业界进入了一个"研究时代"。"研究"这个词以很多不同的方式应用于工业界：可以表示科学发现、先进技术，甚至传统和日常的产品改进，最后一种明显是对这个名词的不恰当使用。要定义一种方式来区别基础研究和应用研究是件非常困难的事情。客观地说，没有一种严格且得到普遍认可的标准来规定什么样的研究才能称为"基础研究"。而目前似乎得到广泛认可的定义是，基础研究就是出于自己的兴趣来追求知识。从这个意义上来说，我们这个国家做得还很不够。

解决这个问题的主要手段在于大学和政府行为,但是近些年来,私有工业在这个问题上的地位已经开始上升。显然,这个责任的主要部分应该由各个大学来承担。他们拥有学术观点、意图、传统、氛围和以自己的兴趣来追求知识的人才。我的个人观点可以用艾尔弗雷德·斯隆基金来表述——这项基金用于支持各个大学中物理科学的基础研究项目。考察这是否是一个基础研究项目的标准不仅仅是项目本身,同时还包括研究人员本身,即该研究人员是否根据自己的个人兴趣、意愿和能力来选择他的研究项目。

同样明显的是,有些基础研究所需要的独特而昂贵的设备已经超出了大学的资源能力,显然这种研究由政府的相关部门来组织更为恰当,例如标准局,以及近几年的原子能委员会和国家航空宇航局。

至于工业界在基础研究中的参与问题,主要在于两方面:工业组织内部的研究和在组织外部进行但是由工业组织资助的研究。首先,我认为,由于基础研究的成果正是工业界所需知识的基础,工业界将基础研究委托给外部的大学是非常恰当的,同时也是启蒙利己主义的一种写照。换句话说,工业界应该这么做,因为从长远角度看这将对工业界自身有帮助。我相信原则上股东和管理层会同意我在这一点上的看法。

工业界应该在怎样的范围内进行内部基础研究是一个非常复杂的问题,同时,从某种程度上讲,这个问题还有待解决。我无法了解工业界如何能够适当地将注意力从自己的实际项目中转移出来。从基础研究是出于自身的兴趣来追求知识这个观点出发,很明显,基础研究不应该属于工业界。

然而,这并不能说明工业界完全不应该参与基础研究。在一定的范围内,我认为这是应该的。这里需要一个折中。科学家主要以自己的兴趣来追求知识;工业界则为了最终的应用来追求知识。然而,工业界在某些特定领域内参与基础研究也是合乎情理的,因为在这些领域内的任何进展——虽然这只是一种投机行为——都可能会转化为工业界的最终用途;从某种意义上讲,这是一种科学复兴。换句话说,工业界可能会正当地雇用科学家来进行基础研究,而这些研究领域与科学家们的兴趣领域一致，尽管两者各自的出发点不同。

举个例子，一个科学家可能会说："我的主要研究兴趣在于金属个体性质与合金性质的关系。我并不在乎这将应用在哪里。我只是想知道为什么是这样。"合金的制造商可能很难给予这个科学家帮助，但是对他的研究结果却非常有兴趣。只要科学家和工业界的目的没有偏见，在他们之间建立一种工作关系是合情合理的。折中并不在于目的，而是在于感兴趣的目标领域之间的重叠。科学家的"基础研究"领域可能恰好是工业界的"探索性研究"领域。我认为这就是工业界应当参与的基础研究的种类，因为虽然科学家的研究目的是无私的，但是对某些应用的期待是合理的。为了避免任何对研究行为可能的限制，我们同时既需要工业的方法，又需要学术的方法。

因此，总而言之，我的观点是：基础研究的定义是出于自身兴趣而对知识的追求，基础研究工作主要属于各个大学；工业界应该支持各个大学的基础研究；工业界对于在其组织自身内进行某些有着广阔前景的基础研究有着特别的兴趣。迄今为止，来自于基础研究的有用成果出现的速度更快了，所以，在工业企业内部的基础研究小组成了物理科学领域中非常有价值的智能团体。与此同时，以基础科学研究而著称的科学家加入工业企业通常会显著提高工业企业的实验室与企业本身的士气和声望。

工程技术部门

工程技术部门在研究实验室和各事业部的设计研究活动之间起到了一个中间联系媒介的作用。他们主要研究新的工程概念和设计，并且鼓励将其推向商业应用。

1931年之前，通用汽车里并没有任何一个部门的名称叫做"工程技术部门"。但是组成这个部门的各种职能和人员已经存在。其中的一些可以追溯到二十年代早期。比如，1924年和1925年，亨特先生和克雷恩先生在雪佛兰事业部内逐步创建了全新的庞帝亚克车型，这是一种为了一个特殊的目标而临时组织特定人员的运作方式。

1923年成立的综合技术委员会是向工程技术部门这一概念迈出的另一步。公司相应部门的研究工作从此以后就发生了重大变化，同时发生变化的还有设计研究工作的质量。我们的一些产品设计得非常好，而另一些则不是那么好。我已经提到，当时通用汽车的事业部之间缺乏广泛的信息交换，或者是能够保证这种交换顺利运行的方式，也不知道综合技术委员会怎样才能将研究部门、事业部的工程师以及总部的管理层整合起来为这个目标服务。随着我们在研制铜冷发动机过程中所得到的经验的增长而成长起来的综合技术委员会，是通用汽车所有的设计研究协作的开始。从这个委员会开始，通用汽车有了第一个常规的检测项目。此后，通用汽车所制造的所有汽车都会在公共道路上进行测试，而之前一直没有什么方便的办法来判定是否测试的驾驶员曾经在路边停车小憩片刻，然后以超过测试计划的速度来行驶从而达到测试计划所需要的里程数。曾经有一次，我们的一个工程师在一家舞厅的门口发现了一辆测试车，而这辆车的发动机处于运转状态——这种做法可以使里程表上的里程数达到需要。

在我们标准化和改善测试过程中，最重要的一个步骤就是1924年建立的通用汽车试验场，而这个试验场在整个汽车工业中是第一个。我们的想法是，我们应当有一片宽阔的场地，这个场地应当受到恰当的保护，并且对公众完全封闭。试验场中应该能够提供各种类型的道路以代表各种汽车的需要——从高速、各种等级的斜坡、平坦的道路、粗糙的路面，到汽车的涉水能力（这在剧烈的暴风雨中往往是必需的），以及类似的情况。在试验场里，我们能够保证我们所生产的汽车在受控的情况下——不管是生产前还是生产后，都具有良好的性能，同时，我们还能对竞争对手的汽车进行综合测试。

这个想法得到了认可，所需的资金也到位了。下一个问题是为我们的试验场寻找这样一个合适的场地。我们所需要的是一个多样化的地形，同时要位于我们在兰辛、弗林特、庞帝亚克和底特律的制造场地的中心位置。密歇根的土地有些平坦，于是最初我们很难找到一片足够大的土地来满足我们的各种级别的需要。然而，美国几乎每一英尺的土地都经过了地形学家的测量，并且所有的记录在华盛顿都可以查询到。我们去了华盛顿,从那里能够得到的地质勘测地图中我们发现了一个地方,看上去可以满足我们的需要。然后,高层管理者们和各个部门的工程师们一起,还有我自己,在这个预期的地方度过了一天。我们走遍了这片地方,中午在树下野餐,并且最终得出结论:这片位于密歇根州米尔福德、占地面积 1 125 英亩的土地——现在是 4 010 英亩,将满足我们头脑中的所有需要。

我委派了我的一个执行助理,戴维森,来负责建立试验场的工作,他又任命了海尔丁为第一位常驻经理。此后不久,海尔丁先生自己要求去了奥克兰德,(人称"Pop")科鲁瑟先生接替了他在试验场的职位。这三个人都对这个项目的成功做出了巨大的贡献。

我们对土地进行了严格的测量;我们建立了直线跑道以用于检测不同风速下车辆受到的影响;我们还建立了一条轨道并为其设置了围栏以保证车辆在时速达到甚至超过一百公里时还有可能安全运行。工程师们的办公楼拔地而起,从而保证了与室外测试相关的室内测试的进行。我们还为工程师们提供了自己的总部大楼以及各种设备。各个事业部工程技术部门最终都配备了独立的工程技术中心和维修等相关设备,从而使他们能够保持测试过程中的部门自治性。比如,在公司的测试之外,雪佛兰还可以根据自己的需要来进行相应的测试。由于试验场本身离任何能够提供相关物资设施的市镇还很远,所以我们还在那里建成了一个俱乐部会所,为那些需要在试验场工作的人们提供食宿等条件。

在那段时间里,我习惯于每隔一个星期就要在试验场度过一天一夜,有时候甚至更长。我会仔细检查通用汽车和它的竞争对手的汽车的工程设计。我会检查未来产品的测试方式有什么改进。因而,试验场给了我和我的同事们一个很好的机会,让我们可以从工程的角度来认识汽车工业中正在发生什么。在最初那个试验场的基础上,我们又在亚利桑那州的梅瑟增加了一个特殊的沙漠试验场、在科罗拉多州的曼尼托(派克山顶)增加了一个山地驾驶试验场,并建造了修车场以及商场设施来为我们在当地的车辆测试提供服务。

这时我们应该记起综合技术委员会,由于它所拥有的协调职能,以及在整个通用公司内部对工程过程标准化的职能，综合技术委员会在 20 年代的试验场中扮演了一个董事会的角色。委员会还负责一些其他总部部门活动的管理工作，比如专利部门、新设备部门（主要负责评估由外部人员向公司递交的新设备），以及一个国外设计研究工程联络部门。

然而，综合技术委员会没有自己的工程设计人员。在 20 年代，影响整个公司更大范围利益的先进设计研究工程是由研究实验室或独立运行事业部的工程技术部门具体负责的。经过一些年的实践，我们形成了一种由每个事业部、子公司负责研究一些长期重要问题的机制。这些 20 年代位于各个事业部、子公司的工程技术部门就是公司现在的工程技术部门的先驱。然而这并不是最好的安排方式，因为事业部主要负责的是该事业部主制的产品。每个事业部每年都要负责推出一个新车型系列，因此经常会遇到一些不属于它主要职责的新问题。当你要将一个长期研究和开发项目纳入这个轨道中时，你相当于给一个已经排满任务的组织又添加了新的负担，而这个新任务可能并不能恰当地吸引它的注意力。对这一点的认识导致了对公司总部负责的工程技术部门的建立。

这个设计研究领域的巨大进步开始于 1929 年，当时雪佛兰的亨特成了通用汽车负责工程设计的副总裁。亨特先生后来接替了我的职务，成了综合技术委员会主席，并且接受了协调组织整个公司内部先进设计研究工作的任务。在亨特先生的指导下，各个事业部的先进设计研究转变为公司一个部门的职责。原先属于综合技术委员会的职能逐渐被公司其他的部门所吸收。比如，特殊产品研究小组就是为了解决特定的主要问题而建立的。产品研究小组是一个由分配到特定任务的工程师们组成的"特别工作组"。尽管大多数情况下这个小组会实际上位于公司一个特定的事业部，但一个产品研究小组是一个公司的活动，并得到公司预算直接资助。顶层运行团队将会努力为汽车的设计研究发展确立方向。就这样，我们可以确定一名有能力的工程师，并且以他为中心建立一个小组来对一个经过选择的问题进行研究。1929 年，我们为了配合雪佛兰使用英国的沃克斯豪，建立了第一个产品研究小组；这个小组同时也为德国的欧宝和其他一些小型汽车制造商设计汽车。之后，我们在凯迪拉克事业部（后来还涉及奥尔兹事业部和 CMC 卡车及客车事业部）建立了悬挂产品研究小组和传动产品研究小组，在别克事业部建立了发动机产品研究小组。其中第一个小组负责研制独立前轮悬挂系统；第二个小组为客车和大型商务车辆的相关部件研制了全自动液压传动系统；第三个小组负责对汽车的发动机提出很多改进意见。随着时间的流逝，我们将产品研究小组从来自公司任务工作但却实际上位于某个独立运行事业部内的形式转变为在四个重大领域内从事连续研究和测试过程的永久性独立组织，这四个领域分别为：动力系统研究、传动系统研究、结构和悬挂系统研究，以及新车型设计开发。最终，我们将它们从各个事业部中分离出来并在工程技术部门中组织在一起，称它们为研发小组。这几个小组就是今天的工程技术部门的核心。

工程技术部门与工程设计政策组之间通过负责工程设计的副总裁紧密联系，他既主管工程技术部门，又是工程设计政策组的主席。由于这个工程设计政策组负责制定新车型研制过程中的主要步骤，并确定对现有工程设计实践的方向改动，他与各事业部的工程设计工作有密切的接触。因此，工程技术部门最好的想法能够直接对事业部的研发工作造成影响。我坚信，目前的组织结构保证了最快地发现新的工程设计理念，并将其转化到目前运行的汽车中去。

制造技术部门

按照逻辑的观点，我们的整个制造工作可以分为两个领域：第一个以产品为中心，另一个则以产品制造过程为中心。制造技术部门的工作包括推测、实验和模型制造这些概念；当解决了问题，并证明了这些概念的成功之后，它们就以改进的制造加工工具、设备和方法的形式，融入我们的常规制造流程中。制造技术部门原则上需要处理生产制造的各个方面，包括从原材料进入工厂到成品被运走的整个过程。这个过程涵盖了机器和工具的设计、车间布置、原材料处理、工厂维护、设备维护、工作标准、方法研究、材料利用，以及制作过程和设备的研制、最终装配和产品检验[1]。这个部门的主要目标是改善产品质量、提高生产力和降低制造成本。

将这些活动集中于一个单独的公司部门是我们的一个管理人员康克尔的想法，他在1945年时感到，在制造领域需要一个部门来扮演与产品研究小组在产品设计开发领域中所扮演角色相类似的部门。汽车的制造正在迅速变成一个越来越棘手的过程，这个过程需要对新材料、新机器和新方法的持续研究。因此，设计过程中采用专家意见的方法应该同样用于制造过程中。而按照逻辑，这应该是一个部门的职能，并且这个职能如果由一个属于公司的团队来承担可能会比由单独的事业部来承担效果更好。

制造技术部门的技术工作主要集中于其中制造开发部门的工艺研究活动，这里出现了自动化的问题。工艺设计中包括了必要的自动操作。在半自动和自动的机器基础之上出现了半自动和自动工厂的远景——这整个模糊的领域可以用一个词来概括，那就是"自动化"，而且这种描述往往难以区分科幻小说和现实制造可能性之间的差异。在通用汽车，制造技术部门在这个领域中扮演了一个非常重要的角色。自动化应该达到什么样的程度是一个非常困难的问题，这将不得不由公司的最高政策层来决定。在这个领域，通用汽车和制造技术部门希望能够比其他制造商表现得更为谨慎。有一种非常普遍的看法认为"自动化的就一定是好的"，但是我们的经验告诉我们，这并不适用于所有的情况。

1958年，在通用汽车公司为工程技术和科学教育家们召开的一次会议之前，当时掌管公司工艺研究的罗伯特·科里奇菲尔德（Critchfield）提交了一篇论文，其中很好地阐述了对这个问题的平衡观点。他说：

> 近些年以来，我们都听到了很多关于自动化的讨论。在我看来，绝大部分讨论所起到的作用仅仅是使很大一部分人——

---

[1] 制造部门还有一些其他职能，包括房地产所有权管理、工业摄影、产品控制，以及物资供应。

包括一些职业的工程技术人员——混淆了这个词的含义。正如你们所知道的那样，自动化并不是什么新东西；它仅仅是一个相对较新的词汇，而描述的则是制造业中已经运行了半个多世纪的过程，这个过程甚至可以追溯到伊利·惠特尼（Eli Whitney）试图为欧洲军队大量生产步枪的时候。我记得通用汽车35年前就已经拥有了一些自动传送机和其他自动化生产设备，而这些都远远早于"自动化"这个词开始使用的时候。我们的误解似乎来源于这样一个事实，即近些年的文献中充斥着太多这样的观点：自动化显然是大规模生产，它涉及大量高度重复手工劳动的特定部件或产品的解决方案。没有什么比这个观点更远离事实了。要决定一个产品的生产工艺或某个操作是否应该采用机械化，相关联的问题远远多于重复操作的数目；它涉及很多经济基础……

我们说要通过经济手段来解决，指的是要解决如何为我们的资本投资提供最大的回报这个问题。并且毫无疑问，生产一件产品需要遵循一定的规范和所需的质量要求。这种表达方式——对手工劳动和机械元件最有效的利用，希望能够传递这样一种想法，当一个生产过程或一个操作要实行机械化时，手工劳动并不需要完全消失。

在整体的自动化工厂成为一种非常有趣的可能性的同时，在降低生产成本、建造更好的机器、改善工厂布局和设计更好的工厂这些方面仍然有许多实际工作要做，而所有这些领域正是制造技术部门做出主要贡献的地方。

技术中心

通用汽车技术中心完成于1956年，它因优雅建筑和惊人街景而著名；毫无疑问，其设计者艾利尔·萨里南和艾洛·萨里南创造了一些独特的东西。技术中心位于底特律的东北，占地面积900英亩，离通用汽车大厦大约12英里。场地的中心是一个22英亩的人工湖，周围三边都环绕着建筑群。人工湖的北边是研究实验室；东边是制造技术部门和工程技术部门的大楼；南边是外观设计部门的大楼，包括了一个与众不同的圆顶礼堂，礼堂里可以容纳相当人数的小组，聚在一起来展示员工的工作。技术中心现在总共有27幢大楼，其中大约容纳了5 000名科学家、工程师、设计师和其他专家。南边和西边树木繁茂的区域保护了技术中心不受其他房地产发展商影响而保持自己特色；所有这一切使得通用汽车技术中心有些类似于"校园风光"的氛围。

但是，毫无疑问，与所有通用汽车的机构一样，技术中心的主要职能是为了让工作能够完成；而技术中心真正的不寻常之处在于，它既提供了良好的运行功能，又不失优雅。为了理解为什么说它是通用汽车公司一项很有价值的投资——公司轻易挣回了为其所投入的1.25亿美元——读者就需要了解一些它的起源。

甚至早在第二次世界大战结束之前，我们早期设备的不足就已经显而易见了。那时候，公司不同部门的员工分散在整个底特律地区各种勉强凑合的地方。外观设计部门的不幸状况尤其令我震惊，该部门的加工车间位于古老的费雪车身大楼内，离部门总部有好几英里。这个大楼靠近我们的重型机器——尤其是柴油发动机——制造场所，厄尔先生的部下们受到了噪音的迫害。而且，无论如何，他们都没有足够的空间。

在战争期间，不同的部门开始为各自在战后年代的设施制定计划。在考虑研究和工程之间关系的过程中，出现了这样一种想法，也就是为所有的技术部门专门设立并建设一个区域"这当然意味着一些组织结构的调整"。我在1944年3月29日写给凯特林先生的一封信中与他探讨了这些变化，并第一次提出了一个类似于新的部门中心的想法：

> 亲爱的凯特：
> 我一直在思考一些能够影响公司长远发展和地位的问题，如果可以，我希望能够征求你在我所看到的一个问题上的意见。
> 我并不是要向你提出一个关于技术进步重要性的观点。我们都已经认识到，这是我们未来地位的基石。在公司这些年来的研究活动中，我们在科学和工程之间找到了不可思议的平衡……我感兴趣的是，是否我们现在拥有的这种不可思

议的平衡能够并将会得到保持……如果要我大胆提出一个观点，那么我倾向于认为，从现在开始的十年到二十年中，通用汽车的研究将会比现在更加注重于科学领域……对于这个"科学领域"，我……[指的是] 直接 [与我们感兴趣的领域] 相关的问题，或者并非直接的，但是也与工程这个词通常所代表的意义完全没有关系。

现在我脑子里出现的是你经常向我提出的一点——当然我也赞同——也就是在缩短产品研究开发和工程设计的结合时间这一过程中所遇到的困难以及这一过程的重要性……

这些年以来，以加快我们产品的设计研究开发进程为目的，我已经尝试了很多不同的方法。首先，将一种特定前向装置（例如同步啮合传动）的开发全权交给某个事业部的工程设计部门……你知道，其结果是我们建立了在总部工程设计部门领导下的产品 [研究] 小组……通过这样的方式，我们可以使公司的工程设计达到实用的程度，此后，产品就可以由工艺或生产的方式来处理，具体的情况会决定……

我相信，我们应该在公司副总裁中设立专人来负责设计研究开发……有一个适当、可信任的核心工程活动来对汽车整体进行研究……

让我来将这项活动的实际发展表述得更形象化一点：这个组织将位于底特律的附近，但是将在其外围。试验场①……可能会距离太远，不便联系……我相信这样一个组织……将会有助于缩短我们用于研制产品和进行前沿研究工作的时间……

……这里不需要以任何方式更改工程与科学领域的合作，这正是……现在正在进行的研究工作……而如果未来我们研究工作的趋势是更重视科学领域，那么我们应该有一个组织来弥补这一过失……

凯特林先生用一个具体的计划对这个建议做出了回应，该计划扩张了研究设施，并将所有这些设施（除了机床、模型车间）都搬

---

① 位于米尔福德，密歇根州，底特律西北 42 英里。

迁到一个新的场所。1944年4月13日，我给亨特先生送去了一封信，其中包括了这些要点：

> 首先，我认为我们都同意……不管我们可能需要付出多大的代价，与我们将会从中收获的相比，都将是微不足道的……毕竟，增加设备的需要也应该算是我所称之为的终极需求了……我们只能出售……健全的、顾客需要的，并且技术上领先的产品。
>
> 第二，我确信我们的研究工作需要增加设备[同时]……目前的设备不仅不足，而且，与我们想要的结果相比，这一分布很不合理。我绝对反对将更多的钱花在与现在相同类型的事情上……因此，我相信这个计划是可行并且需要的，也就是建立一个全新的场所，在那里，运转情况将会变得更加协调有序……当我们展望明天的时候。

我总结了这封信的内容，为凯特林先生的建议提出了一个修改意见，并且建议：

> 让我们建立这样一个组织，可以称之为：
>
> **通用汽车技术中心**
>
> ……我提到的这个技术中心将会包含凯特林先生提出的扩展的研究活动；还应该包括哈利·厄尔的车身设计以及其他与扩大的产品活动相关的、类似于我们现在正在底特律所进行的……

到1944年底，我认为这个建议已经到了可以提交给行政委员会讨论并通过的时候了。我引用了1944年12月13日委员会会议的记录：

> 斯隆先生向小组提议，应该形成一个计划，根据这个计划，公司将在底特律的邻近地区建立一个技术中心，这与公司提高技术地位的政策是一致的。他指出，这个计划目前处于试验性

阶段，完整的数据将会在稍后提交。他建议，这个中心应该包括现在由研究部门和艺术色彩部门所进行的活动；同时还为工程设计研究提供设备，这个工程设计研究与目前由中心办公室的工程技术部门所进行的产品研究类似，而现在这些研究工作既不是由专门的研究部门来开展，也不是各个事业部的工程研究小组所开展的独立研究工作。

委员会主席征求意见时，出席会议的相关人员都表达了自己对这个建议中的技术中心的支持和浓厚兴趣。

而当时还存在一个相当大的问题，即这个技术中心的选址。经过一些讨论，大家达成了共识，技术中心应该在高度拥塞地区之外、靠近铁路、离通用汽车大楼大约25~30分钟车程，并且邻近住宅区。同时达成的共识还有，每种活动应该保留各自独立的个性。到1944年12月中旬，我们已经在研究中心现在的位置上找到了一块满足我们各种要求的合适面积的土地，同时，我们继续选择底特律东北沃伦镇9号地区的西边一半。所有相关的人员都同意在这个地方建设技术中心。

这时还存在一个问题，就是我们应该采取什么样的建筑和审美标准。哈利·厄尔一开始就主张我们应该建造一座标志着成功的建筑，并且该建筑还应该拥有与众不同的特色。很多其他的设计者认为，任何对高审美标准的强调都有可能会对中心的实际运作有害，所以他们希望通用汽车自己来设计和计划这个项目。大约在这个争论的进行过程中，我恰好参观了刚刚完工的底特律乙基公司实验室。这些漂亮的建筑给我留下了深刻的印象，于是我开始更多地倾向于厄尔先生的观点。

很多人对一个面向美学观点的技术中心表示了关注，其中也包括拉马特·杜邦先生。他的看法非常恰当，他说，除非自己对特定的观点表示满意，否则他将无法完成作为一个董事的责任。我于1945年5月8日写信给他，阐述了保留外观建筑的好处，5月17日他回信给我，对这个观点表示满意。他在信中这么说：

完整的布局和对准备工作的阐述给我的印象是，美学处理的问题，或者我想将其称为"装扮这个地方"，从一开始就是一个非常重要的因素。我对另一种观点有了疑问，即在这样一个项目中，唯一的目标是得到技术结果，那么外观的事情就不重要了。正是由于有了这种想法，在给予评论时我支持了建筑公司提出的布局规划设计方案，尽管根据我的思维方式，将这个规划设计交给一家工程公司或通用汽车的工程师会更为合适。

我从你的信中推断，公司并没有允许外观方案影响技术或者为整个项目增加可观成本的目的。有了这两个保证，关于这个项目我所剩下的唯一问题也得到了回答。

我们请厄尔先生本人为我们的技术中心设计合适的建筑。他参观了很多先进的建筑学院，吸收了在这个领域内其他知识渊博人士的意见，最后发现，事实上每个人都给出了同样的推荐。选择萨里南来设计技术中心并不是一个困难的抉择。

到1945年7月，我们已经拥有了建筑物的初步方案、详细的比例模型，以及建筑家对各个大楼的透视图。7月24日，我们公开宣布了这个项目，并得到了新闻界广泛、良好的评价。到10月份，各种建设物资已经大致完成了等级划分工作并得到了完全的防护。有两个原因影响了大楼的建设，造成了延期：首先是从1945年秋天一直延续到1946年3月的战后大罢工；其次，由于战后市场的繁荣，我们发现当时最需要进行的工作是扩张生产设施，这一需求远比建设任何其他大楼——甚至是技术中心——都要迫切。1949年建筑工程继续进行，1956年技术中心正式投入使用。我很满意于当初的这个合理而令人高兴的决定，正是这个决定为我们的技术天才们提供了这个既美观又功能齐全的技术中心。

第15章
外　观

年度车型的演变以及汽车设计的高度艺术化造就了近年来外观在汽车市场上的显著地位。在汽车工业里，是通用汽车率先于20世纪20年代末期将外观设计作为一项有组织的活动开展起来的。1928年以来，公司的外观设计和工程设计在持续的互动中逐渐融合，并造就了现代通用汽车的风格。

直到20年代晚期，在汽车工业的起始30年间，工程设计主导了整个汽车的设计过程。亨特在给我的一封信中总结了这种背景：

最初的时候连舒适性都只能位居第二位，而样式、经济性等因素即使得到了考虑，也没有多少……工程设计吸引了全部的注意力，工程师通常居于主导地位，甚至会固执到要求不许更改他们的一字一句的地步。他们毫不顾及制造的可行性及维修的方便程度，毫不关心这些活动所需要的时间和金钱。甚至广告和销售部门都大声要求工程师们考虑一下汽车上的什么特色能够成为卖点……

20世纪20年代之初，我们一共有两种工程师：产品工程师和生产工程师，他们彼此之间的关系有些紧张。生产工程师在为大规模生产创造技术时所面临的问题使他非常希望阻止产品的设计变动。这些设计变动让他非常头疼。但是，到了20年代中期，产品工程师开始感觉到销售部门的影响，从那时起，尽管仍然主要从纯粹的工程设计出发，但是他也开始考虑市场相关的因素。随着时间的推进，产品工程师们将他们的技术水平提高到了如此高的地步，以至于他们生产出的东西不仅仅是一种上好的作品，而且还非常成熟——相对于现在的汽油机汽车而言。于是，他就开始将他的大部分技能运用到外观设计上去。今天的消费者已经认识到了这一点，他们理所当然地认为不同的汽车在不同地方上会有自己独特的优势，因此他们在购买的过程中会受到外观差异的强烈影响。当时，汽车设计并不是单纯的时尚，但是，说巴黎裁缝的"金科玉律"已经成为汽车业中的一个重要考虑因素则一点儿都不为过，忽视了这一点的企业都惨遭不幸。

作为一个生产者，通用汽车和这种产业趋势以及消费者期望保持了一致。二战结束的时候，我们预测，一段时期之内产品吸引力将主要来自于外观、自动传动和高压缩比发动机，并且吸引力的大小顺序也是如此。尽管当时我们无法估计这个时期有多长，但是后来的情形验证了我们的判断。

决定每种车型应该进行多大程度的外观变动是一件非常棘手的事情。新车型的变动应该足够新颖、有吸引力，从而能够创造出需求，为公司带来新价值。换句话说，新车型的引入要达到能够让消费者对旧车型产生一定程度的不满，但是，与此同时，又要保证当前车型和旧车型在二手市场上能够具有足够的吸引力。通用汽车的每条产品线都应该拥有独特的外观，从而使每个人一眼就能分辨出雪佛兰、庞帝亚克、奥尔兹、别克和凯迪拉克。每条产品线的车型设计都必须在各自的细分市场上具有足够的竞争力。为了满足这些复杂的外观设计要求，需要精湛的技术和敏锐的艺术感觉作为后盾。通用汽车拥有超过1 400名从事这一领域工作的外观设计部门的员工。

大规模生产为外观设计带来了一些限制。向市场导入新车型的巨额成本——有几年这一成本甚至超过了6亿美元——迫使我们必须对每个车型变更建议所涉及的成本权衡再三。通用汽车在同一基本车身上采用通用件作为主要结构件的方式在一定程度上降低了机械重新整备的成本。我们还尽量将车型的主要设计变动频率限制在两到三年一次的程度，这进一步降低了工装成本。

外型设计人员对设计的控制力度可以根据几个因素进行衡量。他们和汽车制造事业部、费雪车身事业部以及工程师们之间存在着互动关系；他们的工作必须和工程设计政策组的决策保持良好的协调。尽管过去的新设计必须服从汽车制造事业部所制定的工程限制，但是现在对他们的评价更多的是从吸引眼球的角度给出的。在外观设计必须遵从大规模生产要求的同时，工程设计和生产也需要遵循外观的需求。

在美国早期的汽车中，各种各样的零部件之间存在着一些固定的关系，而且制造商们多年来一直墨守这些陈规。比如，散热器必须和前轴保持一致，后座椅必须恰恰安置在后轴的正上方，这些关系决定了那个时期的汽车的高度，因此那个时候的老式汽车必然非常高。但是，直到20年代中期之前，当敞篷车还是汽车业的主流时，这些关系都还无足轻重。

敞篷车是一个非常令人满意的设计方案。1919年里制造的汽车有90%都是旅行车或跑车。旅行车看起来非常干净利落，它的车身表面非常光滑，车门齐整，有着高耸的加长引擎罩，这些都是旅行车最显著的特点。它所代表的时期，正是将汽车主要用于运动和娱乐的时期，而不是用于日用和交通的时期。当然，它所面临的主要问题就是天气问题。最近20年的时间里，我们使用橡胶雨衣、帽子、围毯和其他临时代用品来保护自己免受天气的侵害，但是，不知道出于什么原因，我们花了很长时间才认识到保持车内干燥的方法就是将天气的威胁拒之车外这一事实。随着封闭型轿车的发展，外观设计逐渐得到了人们的重视。

通用汽车1921年的产品计划项目强调了"外观在销售中极其重要的意义"。但是，直到1926年轿车日渐成为行业的主流时，我才首次务实地考虑外观设计的问题。当时轿车的外观与消费者的需求还有相当大的差距。汽车在发展的初期是一种优雅的代表，当时的汽车由手工制造，并且还遗留着马车的风韵。这一时期早已过去，几乎已经被人们所遗忘。发展成熟的敞篷车已经过时了。新型的封闭轿车车身较高，模样笨拙，车门很窄，而且在已经很高的车篷上还有一道带状线（位于窗子和车身下部之间）。通用汽车1926年的车型大概有70~75英寸高，或者更高一些，而1963年的车型则只有51~57英寸高；而且，由于车身和框架并不重合，因此它们显得非常狭窄——1926年的车型只有65~71英寸宽，而1964年的车身则大概有80英寸宽。尽管做工精良，但是它们的高度却不具有吸引力。同时，由于发动机效率的提高，汽车的速度也越来越快，因此，车辆重心越高，危险就越大。

这些汽车之所以笨拙，部分原因来自于设计过程。当时车辆生产主要分成完全独立的两块，一块是车身的生产，一块是包括部分影响外观的零部件在内的底盘生产。通用汽车的汽车制造事业部就是将底盘的设计制造与外壳罩、挡泥板、踏板、引擎罩等完全分离开来。费雪车身公司当时设计、制造的车身包括车身、车门、窗户、座椅和车顶，它们也都是独立制造装配的。这两部分的相互独立在成车的最终外观上也得到了体现。

我于1926年7月8日给别克总经理巴塞特先生的信中就外型项目的必要性表达了我的总体观点：

亲爱的哈利：

……对于我的第一辆凯迪拉克……为了让车子和地面的距离尽量低，我选择了小型金属轮。作为一名汽车人，我一直都不明白为什么我们会这么明确地不愿意从增加车型外观吸引力角度出发做一些事情。克莱斯勒在推出原型车的时候显然充分发挥了这一理念，我认为他的巨大成功……就是因为做了这件事。尽管缓慢，但是我们肯定正在……逐渐降低我们的车辆距地面的高度……当然，在一定程度上这是个机械问题，但是，无论如何，它也涉及外观问题。

我确信我们都已经认识到……外观和销售的关系；在所有车辆的机械状况都很不错的情况下，外观就成为决定购买意愿的最关键因素。像我们这种个人意愿对最终选择起很大作用的产品，就意味着对产品特点的巨大影响。谈起车身设计，我相信无论从哪个方面，我们都对费雪车身公司的质量、工艺和构造非常认可。它们的优势不言自明……

但是，尽管如此，仍然出现了问题——从设计美观、线条和谐、配色方案魅力、设备整体轮廓等方面来看，我们是否足够先进？我们在这些方面的优势能否和我们在工艺以及其他机械成分偏多的产品上的优势一样明显？这就是我提出的问题，我相信这是一个非常基础性的问题……

为了美化外观，我们已经从车身上去掉了一道非常重要的线……

我在这封信最后一行所提到的举动开创了外型设计的历史。凯迪拉克当时的总裁劳伦斯·费雪和我在外观的重要性方面观点一致。他在国内四处走访了一些经销商和分销商，加州洛杉矶的堂·李就是其中一位。除了销售汽车之外，他还拥有一家定制车身的商店，这个商店为好莱坞明星们和其他加州富人们提供特制车身，并安装到各种美国产和外国制造的底盘上去。费雪先生被这些加州制造的车身外型深深地震撼了，并专门拜访了这个定制车身的商店。他在那里遇到了年轻的首席设计师和总监哈利·厄尔先生。

哈利·厄尔是个马车制造商的儿子，曾在斯坦福学习；他在他父亲的马车商店里接受了训练，后来堂·李收购了这家商店。费雪先生从没见过他那种做事方式。首先，他使用黏土铸模而不是传统的木模来制造各种汽车零部件，并手工打制各种金属件。他还自己设计整个汽车——他处理车身、引擎罩、挡泥板、前灯、踏板的造型，并将它们组装成一辆漂亮的汽车。这也是一种新颖的技术。费雪先生看到厄尔先生通过截断车轮基座并插入一段材料而延长了前后轮间的距离，最终得到的又长又低的定制车身取悦了很多明星。

这是一次非常重要的见面，因为费雪先生对这位年轻人才能的兴趣最终影响了从20世纪20年代晚期至60年代期间汽车的外观——这一影响超过了50年。费雪先生邀请厄尔先生东行底特律加入凯迪拉克事业部。费雪先生构思了一个项目：设计一种在质量上与凯迪拉克家族基本一致但是价格便宜一些的车。我们认为针对这种车存在着不断增长的市场。我们的办法就是采用新理念进行设计：即从美化外观、减少车身上明显的拐角、降低车身高度的角度出发来统一处理各种零件。我们希望得到一种与当时定制的汽车一样漂亮的量产车型。

哈利·厄尔签订了特殊的合同，并于1926年初来到底特律成了费雪先生和凯迪拉克事业部的顾问。他和凯迪拉克的车身工程师共同努力设计新车。这就是我在给巴塞特先生的信中提到的那款车，当时它还处于设计阶段。这款名为拉萨利（La Sally）的车在1927年3月初次公开就引起了轰动，并成了美国汽车工业史上一款重要的车型。拉萨利是在大规模生产中取得成功的第一款由外观设计人员主导设计的车型。通过与1926年别克轿车的对比可以看出这次新设计的效果。拉萨利看起来更长更低，它的"飞翼"挡泥板比以往的挡泥板都要深；边窗的比例得到了重新分配，侧线也换了一种造型，各种直角和锐角也得到了圆滑过渡，再加上其他的设计细节，最终我们发现它的整体风格正是我们所追求的。

厄尔先生的工作给我留下了深刻的印象，以至于我决定请厄尔先生也在通用汽车的其他事业部中发挥他的才智。1927年7月23日，我采纳了执行委员会关于建立一个专门部门来研究通用汽车产品中艺术和色彩组合问题的计划。这个部门将由50个人组成，其中10个是设计师，其他人是工人、职员和行政助理。我邀请厄尔先生负责这个被我们称之为艺术及色彩部的新部门。厄尔先生的职责就是指导量产车身的设计工作并管理特殊车身设计的研发项目。尽管这个部门从费雪车身事业部获取资金，但是我们仍然将它看做是总部的一部分。我当时很关心这个部门和各个事业部之间的关系，并且感到厄尔先生需要得到支持和威信——就像凯迪拉克事业部总经理费雪先生曾经给予他的那样的支持与威信。于是，作为公司首席执行官，我向厄尔先生提供了我的个人支持。他曾经向我讲过一件往事，当他在通用汽车开始工作时，我对他说："哈利，我认为在我能够看出他们怎么与你合作之前，你最好先为我工作一段时间。"我希望，在费雪先生和我的支持下，这个部门能够很快得到各个汽车制造事业部的认可。

厄尔先生必须处理的第一个问题就是寻找这一计划中所需的设计师。1927年的时候还是有一些汽车外观设计人员的，比如纽约拉巴伦有限公司的雷·达特里奇（Dietrich）和拉尔夫·罗伯茨，20年代晚期分别就职于美国默里有限公司和布里格斯（Briggs）制造公司。还有康涅狄格州布里奇伯特（Bridgeport）自力机车(Locomobile) 制造公司的威廉姆斯和理查德·伯克，还有一些其他的设计师。但是，当时并没有固定设计师职业来吸引年轻人去从事高级汽车设计的工作。

费雪先生和厄尔先生在艺术及色彩部成立后不久就准备动身去欧洲考察那里的汽车设计。当时很多欧洲车在外观和机械性能上都比美国车要好；但是，它们的产量相对较小。我突然想到吸收外国工程师可以提高我们这个新部门的水平。我于1927年9月9日给费雪先生写了一封信，建议他考虑这个措施的可能性：

  考虑到您和哈利·厄尔即将出国考察，不知道和大洋彼岸那些能够为我们的艺术和色彩工作做出贡献的人们建立联系是不是一个建设性的想法？起初我觉得这个想法不可行，因为我认识到不同地方的人可能会有不同的出发点，或者其他的差异。但是，我进一步想到，未来的一个重要问题就是让我们的车型互不相同，并且每年都有所变化。尽管我们已经认识到哈利·厄尔在这方面的天才，但是，必须承认，即使如此，考虑到我们业务范围的广泛以及各种可能性之多，我们还会需要更多的有才能的人加入我们的工作……

厄尔先生不断将一些汽车设计师从欧洲带到他位于底特律的工作室。与此同时，通过多年的努力，他设立了一所美国汽车设计师学校。设计外国车和设计美国家用车是两个不同的问题。欧洲车的行李厢通常很小，甚至没有行李厢，通常是两座或四座，对经济性的要求也不一样。马力税和燃油税之高，导致欧洲车型设计倾向于小功率发动机以及燃油方面的高经济性。而美国市场则要求更大、更强的发动机，能够容纳更多的乘客，行李厢也要尽量大，要足够长途驾车旅行之需。效用方面的根本差异导致了欧美车型外观设计的极大不同。

尽管1927年拉萨利车型的公众认可程度很高，但是通用汽车内部接受艺术和色彩部的速度却仍然很慢。汽车外观设计师提倡的变革如此之大，以至于起初的时候让一些负责生产和设计的管理人员都大吃一惊。销售部门也有自己的担心。难道汽车的外观看起来就要差不多了吗？1927年12月5日，销售部总监科瑟这样写道："有几个人向我表示过一定的担忧，即如果公司产品的艺术和色彩都交给一个人来负责，那么，未来通用汽车的产品多多少少都会彼此相似……"我给科瑟先生回了一封信：

……新部门的建立工作还没有彻底完成，但是，如果有办法，我将尽我所能来影响这个项目。这个项目将会为我们提供一个具有艺术设计能力的部门，它的运营将由一个人来负责，与此同时，它还将拥有足够的设计人员来保证艺术的多样性。厄尔先生对他所面临问题的评价非常客观，他认为以该部门现有的能力，几乎不可能保证公司的八九种车型每年的设计修改工作并保证能够修改得更好、更有艺术性，而且还能保证造型的差异性——至少他自己一个人无法完成这些事情。在我们看来，这个部门还应该承担配色设计和装饰的责任。但是，过去的一段时间里……很多事情还没来得及做。

另外，我个人认为还应该或多或少地设立一些规模较小、功能类似的单位，从而保证公司内部的竞争气氛……

实践证明，这种事业部式的做法是不可行的。但是，我们坚持认为需要在外观设计部门中再设立一个工作室以为各事业部提供服务。

销售是关系到艺术及色彩部取得认可程度的另一个决定因素。市场反应已经逐步清晰。配色在克莱斯勒的销售中已经取得了好成绩，而且，在其他采用了这一理念的地方，反响也很好。而且，我们启动艺术及色彩部的那一年，也就是1927年，同时也是福特T型车结束其职业生涯的一年。作为一个时代结束、另一个时代来临的标志，外观设计就这样踏上了历史的舞台。

第15章 外　　观

我在1927年9月26日给当时的费雪车身事业部总裁威廉·费雪先生的信中这样写道：

> 总的来说，我认为，车身的奢华程度、在外观和配色上的赏心悦目程度以及与其竞争对手的差异程度将构成汽车的主要吸引力。通用汽车的未来就完全取决于这些吸引力。

公司内部在利用"美丽业务室"——有时他们这样称呼艺术及色彩部——方面的犹豫正逐渐得到克服。艺术及色彩部第一份凯迪拉克事业部之外的工作来自于雪佛兰的亨特——帮助艺术及色彩部在公司内部建立起威信方面，他也提供了很多帮助——工作内容是对1928年的雪佛兰进行整形翻新。

从公众的角度看，第一辆完全由艺术及色彩部完成外观设计的车型是一个巨大的失败。这就是1929年的别克，该车于1928年7月引入市场，很快就被公众戏称为"怀孕的别克"。这辆车上有很多当时的其他车上还见不到的先进设计。过低的销售数字表明这种设计还未能得到公众的认可，因此，在公司准备好替代产品之后，这种车型就立刻停产了。这个车型设计上的争议之处就在于紧贴着侧线下方有一个轻微的突起，或者说，一个小卷，并从引擎盖开始绕车一周。实际测量表明，这一弯曲部分使车身扩大了一又四分之一英寸。这一外观设计的失败表明，那种品味仅和那个特定的时代相关。现在我们通常允许车身上留有三英寸至五英寸半的突起。1929年款的"怀孕的别克"是一个经典的例子，它表明，公众通常倾向于接受逐渐的变化，而不是激烈的变化。

对于此次事件，厄尔先生有一种艺术家的解释。他在1954年这样说道：

> ……我设计的1929年款别克在侧线最突出的地方有一圈轻微的突出。不幸的是，在投产时由于操作的原因，工厂将这块侧镶板的位置后移了一段位置，而且，在高度上也移动了五英寸，其结果就是我原来设计的弧线在两个方向上都被移动了，这道线的位置非常别扭，效果也很差。
>
> 当时的外观部与其他事业部的关系还没有像现在这样配合

紧密，因此，直到我后来看到成品汽车的时候，我才知道发生了什么。当然，我像一只文图拉海狮那样大声咆哮，但是这已经太晚了，根本不能阻止买主们将它命名为"怀孕的别克"。

长期以来，艺术及色彩部在底特律通用汽车大楼附属建筑中占据着四分之一的面积。工作区的关键就是黑板厅。费雪车身以及各个车辆事业部的高级管理人员们都来过这间黑板厅。高级管理人员和设计师、工程师、木工、黏土模工等讨论得非常活跃，并对黑板上的设计方案指指划划，做出比较。黑板周围环绕着黑色的天鹅绒幕帘，与黑板上白色的车身线条构成了强烈的对比。

在20世纪20年代这种催人奋进的气氛中，你会发现很多人围绕在黑板的周围，比如，雪佛兰的努森先生，奥克兰德（庞帝亚克）的阿尔佛雷德·戈兰西或者欧文·路透，奥尔兹的丹·艾丁斯，别克的爱德华·斯特朗，凯迪拉克的费雪先生，或者他的一两位来自于费雪车身的兄弟们。

在艺术及色彩事业部的"销售"厅里，我们都是橱窗浏览者。他们提出新设计，展示新概念的草稿，推销他们的进展。随着时间的流逝，这些计划的可行性日益增强。随着公司内部赞同这些理念的人日益增多，新的事业部客户也逐渐成熟起来。而且，我们还更进一步雇用了一些女性汽车造型设计师来表达女性的观点。我相信我们是最先采取这种做法的，而且今天我们的女设计师人数在业内也是最多的。

哈利·厄尔和他的部门的主要问题之一就是要先将他们的工作范围固定到几个特定的汽车造型项目上。如果当时有人了解汽车外型将如何演变或者应该如何演变，我们就会随着年度车型项目的要求而逐年地对车型进行连续的改进了；同样地，也就可以引导消费者们为更加激烈的造型做好准备，这样就有可能避免发生在1929年的别克、1934年的克莱斯勒（"气流"型）——这辆车的造型过于流线型了——身上的巨大失误了。

哈利·厄尔对汽车外观设计走向非常有信心。他在1954年这样说道:"我这二十八年来的主要目的就是加长和降低美国汽车的外型——有时确实降低了它的高度,或者至少让它看起来比较低。为什么?因为我关于比例的感觉告诉我长方形远比正方形更具吸引力……"

在这个造型发展的主线之外,还有一条副线,即将车身上的凸出物整合到车身内部去。自艺术及色彩部建立以来,厄尔先生和他的事业部的主要成就都是围绕这两条线取得的。1930 年我将艺术及色彩部更名为外观设计部。在汽车业的术语中,现在大家逐渐都把车型的样子称之为"外观",相应的设计师就是外观设计师。

1933 年的车型是最初被称之为雪佛兰 A 型车身的代表,其中融入了一些重要的改进。车身在各个方向上都有所扩大以包纳所有难看的突出部分以及底盘的露出部分。被设计工程师们称之为"海狸尾"的东西盖住了油箱,散热器被包在了隔栅后面。1932 年的车型用弧线风挡代替了传统的外置遮护装置,而在 1933 年的车型中,挡板———从门底到踏板之间的面板,只是起到遮盖车架的作用——的高度得到了缩减。最后一步就是添加了挡泥板皮垂,它可以避免挡泥板下部的混凝固结壳。

厄尔先生降低车身高度的工作引起了工程设计问题。正如我所指出的,20 世纪早期的车身并没有像现在这样降低到前后轮之间,而是安装在车轴上面的,因其非常高,所以必须要有挡泥板或踏板才能上车。厄尔先生试图扩长前后轮距,并将发动机放到前轮前面,从而可以降低车身框架和车身的高度,直接让乘客们坐在后轮的前面,而不是正上方。但是,如果车身降低到这种程度,就引出了一个如何放置传动系统的问题。工程师们持有不同意见,他们认为加长车身将增加重量,而且改变发动机的位置将改变传统的配重方式,从而引发一些新难题。

解决这些问题的方法有很多种。其中一种就是"降低框架",即将框架插入到车轴之间。艺术及色彩部就"降低框架"将如何降低车身的高度进行了一次生动的演示。有一次他们在我们面前的一个台子上用传统的方式组装了凯迪拉克车身和底盘。然后,几个工人将车身从底盘上抬下来,并用乙炔焰将底盘框架切成了几块。继而,他们按照某种方式将框架焊到一起，并降低了3英寸！最后，他们将车身又装回到改装后的底盘上去——不仅车身降低了，而且看起来更漂亮了。

车顶也引起了外观设计师的注意。通用汽车的车身仍然使用木质主体框架配以薄金属包裹各表面，但是车顶除外。车顶的中心位置是一块合成橡胶，它与周围的金属板连在一起。但是，这种结构所积聚的雨水、灰尘以及其他东西会导致车顶逐渐损坏。在含盐量高的地方，这一过程会被加速。费雪车身当时正承受着寻找可靠替代品的压力。而且，外观设计师们从心里压根就厌恶这种"一半对一半"的车顶造型。

当钢铁工业的现代高速带状轧钢技术成熟并出现了第一批8英寸宽的钢板之后，我们才具备了制造单片车顶的能力。公司中很多人极力反对这项革新。有些是汽车界的老前辈，他们还记着当前全钢车顶所带来的鼓点般的噪音。但是老式的车顶是方盒子型的，而新设计方案则是大方的王冠型，并且其弧形的侧边有助于降低"鼓点"噪音。就这样，汽车外观发展史上又掀开了新的一页。

但是，新车顶在公司一些主要高级执行人员之间引发了一些激烈的讨论。当一个事业部的总工程师谴责新设计带来了噪音时，另外一位高级执行人员就会说这个问题不是这项设计引发的，噪音的根源来自于发动机的振动。但是，改进车顶的思想占据了上风，1934年，公司的1935年款车型登场时就已经配上了全钢的车顶，这就是现在大名鼎鼎的"炮塔顶"。这是一项非常有建设性的行动，是汽车设计、汽车安全、制造技术等方面的巨大前进。它使得我们能够以一种不可阻挡的气势去解决所有的车顶问题。

30年代早期艺术及色彩部建议整体制造行李厢与车身，这和当时广为接受的分离制造方式大相径庭。这种理念最初在1932年款的凯迪拉克和其他奢侈车型上得到了实验，随后于1933年在大量生产的雪佛兰上得到了采纳。这种内置行李厢以及固定它们的舱板的意义非常重大，因为它们改变了汽车的整体外观，并显著地加长、降低了车身。行李厢中还为备用轮胎提供了空间，从而消除了另一个突起物。这还是一个外观变化引起某些人抵触的例子，因为这些改进意味着行李厢架、轮胎盖以及其他类似附件提供商的明显损失，而在当时，附件是一项非常盈利的业务。但是，这就是进步的代价。

第一辆使用了扩展舱板的轿车就是1938年款的60特别款凯迪拉克。这个车型在汽车外观发展史上占有重要地位。这是第一辆"特殊"轿车，目的在于引入这些新特色并在较高的价位上销售。后来相继出现了福特的林肯大陆型以及其他特殊车型，这也是通用汽车以及整个现代大规模制造史上第一辆没有踏板的汽车。至于其他突出物的处理，由于消除了踏板，就可以将基本车身扩宽到整个轮距的宽度了，因此标准轿车就可以容纳6位乘客了。这是第一辆造型类似敞篷车的轿车，也是后来被别克、奥尔兹、凯迪拉克于1949年成功引入的"金属顶盖"型的前驱。这种车型的市场反响非常良好，证明了外观设计的价值，因为为了购买这种车型，消费者愿意将旧车的价格折得更低一些。

哈利·厄尔于1940年9月3日就任公司副总裁标志着外观设计日益增长的重要性。他是第一位得到这个职位的外观设计师——实际上，我相信，在任何主要行业，他都可能是第一位成为副总裁的设计师。

二战期间，由于没有生产新车型，因此汽车外观设计中断了，外观部一段时间内都在从事军用伪装的设计。正如我所述，在战争快结束的时候，我们断定战后消费者将把外观排在第一位，自动传动排在第二位，高压缩比发动机排在第三位。但是，在紧随二战之后的一段时间里，汽车设计上并没有出现很广泛的变化，因为所有制造商都只是在那里填补战争遗留下来的、滞后的需求缺口。但是，这一期间里通用汽车战前长期积累下来的外观设计优势开始获得了回报。通用汽车率先拥有了外观设计部门，并且长期以来只有通用汽车拥有这样的部门。战后福特和克莱斯勒开始建立外观设计系统，并将外观设计与生产整合起来，这和通用汽车的做法一致。他们还招聘了很多曾跟随哈利·厄尔学习的人组成新的外观设计部门。草图、全尺寸图、不同大小的缩小模型、全尺寸黏土模型、玻璃纤维加强塑料模型等由厄尔先生和外观设计部首创的方法现在已经成为行业的标准做法。

随着竞争的重新开始，外观设计在行业中的角色变得越来越重要。直到20世纪40年代晚期，隔4年甚至是5年更换一次车身并顺便做一做翻新还是很平常的事情。但是，随着对新车身外观的需求日益明显，这一周期逐渐变得更短。

对这种日渐缩短的外观变化节奏颇有贡献的一个因素就是实验车。第一辆实验车"Y-工作"由外观设计部和别克事业部于1937年制成。实验车的思想就是在全新的车上测试外观设计及工程设计的新思想。战后我们制造了很多实验车并向公众展示以测试他们对这些车中所包容的先进理念的反应。无数"梦之车"观众的反应表明，公众希望并且正积极准备接受外观设计和工程设计等方面更大胆的做法。

外观设计人员也制造一些设计先进但是并不打算影响近期汽车生产的实验车。XP-21火鸟I型就是其中之一。这是美国历史上的第一辆燃气涡轮客车，是在1954年与研究实验室合作制造的。

实际上，在很多人看来，40年代晚期以及50年代外观设计方面的迅速发展似乎有些过于极端，出现了很多根本没有功能性可言的外观特点，但是它们似乎确实抓住了公众的胃口。战后汽车中最能体现这一点的就是"尾鳍"，最初出现在1948年款的凯迪拉克车上，后来几乎每种车上都能找得到它的踪迹。关于尾鳍的故事开始于二战期间哈利·厄尔的一位朋友邀请他去参观一些新型飞机，其中就有P-38，这种飞机使用埃里森（Allison）双发动机，拥有双机身，还有两个尾鳍。厄尔先生看到这种飞机之后就问能否让他的设计师也来看看这架飞机。在接受了安全调查之后，他们参观了这架飞机。他们也和厄尔先生一样对此印象深刻，几个月后，他们的草图上就出现了尾鳍的影子。

一个重要的新发展就是日益强调特殊用车——跑车、客货两用车、金属顶盖车和其他价格较贵的特殊车型——的重要性。多年的繁荣使得很多家庭都能够拥有两辆车，甚至是三辆车，因此第二辆或第三辆车不选择轿车也就很合理了。出于这样那样的原因，对小型车的需求也开始抬头——因此整个市场的低端和高端同时得到了拓宽。对休闲活动的日益重视导致人们对旅行车的需求越来越大，这一点和汽车业最初的日子比较相似。就像哈利·厄尔所说的那样："你可以设计一辆汽车，这样每次你进入里面的时候，就会是一种放松——每次你都能享受到一个小小的度假时光。"与此同时，在美国，汽车已经脱离了原来那个主要作为地面交通工具的时代。

第 16 章

分销和经销商

一旦汽车市场从买方市场转变成卖方市场，或者由卖方市场变为买方市场，整个行业里就会发生激烈的变化，同时也扰乱了生产商和经销商。为了应对这种变化的形势，必须采取一定的调节措施。一些调节措施已经司空见惯，但是，历史从不会完整地重复自身，因此总是会有一些新鲜的事情发生。当今的经销商分销系统以及该系统的整个发展史都证明了这一点。

在我担任通用汽车首席执行官期间，我将我的大部分注意力都放在了经销商关系上，又是几乎达到了专业的地步。我之所以这样做，主要是因为20世纪20年代这段现代汽车分销问题逐渐形成的时期中的经历，它告诉我，在这样一种行业里，为了企业的稳定和发展，必须拥有稳定的经销商组织。

与此相反的是，20年代早期汽车业的主流就是制造商全程处理产品、定价、广告和促销等各项事务，其余的分销任务留给经销商承担。还有一些人尽量缩减了经销商的责任。他们认为在消费者进入经销商的销售大厅之前就已经基本上确定了购买意向，因此他们忽视了对稳定的经销商组织的开发。制造商并没有考虑个体经销商地位的合理性及其内部组织与市场问题的复杂性。

在我看来，超过 13700 家美国通用汽车经销商的幸福以及他们约 20 亿美元的投资必须成为公司的主要考虑因素之一。只有你拥有一群健全、繁荣的经销商作为业务伙伴，你的分销专卖系统才能发挥作用。我从不对无论从什么方面都不能为我带来好处的业务关系感兴趣。我一直认为，在这种关系中，每个人都应该站在自己的位置上，并得到相应的回报。

汽车分销中经销商的重要性可以从两方面来看。首先，和很多行业一样，经销商和客户直接打交道，是他在与顾客做生意。另一方面，生产商是在和经销商做生意，而不是和消费者——除非生产商通过广告、车展或其他形式直接向消费者传递信息——我还应该加上一句，大街上和高速公路上跑着的产品对消费者而言也是一种劝诱。

其次，汽车行业里经销商拥有专卖权。什么是专卖经销商？想象一下美国零售的情况。先考虑一种情况，比如，一个街拐角的杂货店通常经营很多品种的产品，这些不同厂商制造的产品之间通常总会构成竞争关系，对任何一个制造商而言，杂货店都只是一个传统的购买者。再考虑一种相反的情况，比如，加油站，它是某一个制造商或者该制造商的子公司或分公司的代理机构。专卖汽车销售商和制造商之间的关系介于这两个极端之间。从法律的角度看，他不是某一个制造商的代理，但是，在他所在的群体里，他已经挂上了他的产品所对应的制造商的标签。一般说来，制造商会将某一地区的销售权分配给他。但是，并没有限制他不能到其他地方去销售，同样，别的经销商也可以到他的区域来销售。

每个经销商在他所在的社区通常都是声名显赫的商人，他们和客户——通常是他们的邻居——接触、交易，并为所售出的产品提供服务。经销商作为本地商人的人格、交际圈以及声望对专卖分销的类型都有影响。我们整个的销售方式就依赖于这种自筹资金的商人，我们以我们通用汽车的专卖权为基础向他们提供有赢利可能的机会。

经销商和制造商在彼此的关系中都拥有特定的权利，并承担相应的义务。他们会签订一份包括各种条件的销售协议；换句话说，经销商和生产商的关系就通过这种专卖权来管理。经销商同意提供资金、场地、适当的销售人员、服务机制以及其他类似条件。他需要培养该地区的市场，储存、销售多余的零部件。根据专卖协议的规定，制造商主要通过该专卖经销商完成几乎全部的销售。作为一个整体，经销商取得了销售制造完毕、打好商标的产品的权利，并且可以得到制造商对销售活动的一般性支持。制造商在为年度车型变化而做的加工准备以及在相应的研发与工程设计上进行巨额投资来保证他的车拥有良好的销路。这种专卖体系的一个特色就是制造商向经销商所提供帮助的数量和种类。这其中包括技术支持和对经销商交易各阶段——比如，销售、服务、广告、业务管理、特殊工厂推出的培训项目——所提供的各种项目，从而帮助经销商处理好自己的业务。

汽车并不像消费者通常购买的现货供应类商品那样不需定制。它是一种高度复杂的机械产品，对于一般购买者而言，它是一笔巨大的投资。购买者可能希望每天都能驾驶它，然而他只拥有很少的机械知识，甚至根本就一无所知，这时，他就只能依靠他的经销商来为他服务，帮他维护车辆。

因此，经销商绝对不能仅仅对展示和销售商品的设施及组织——这只是普通零售商所具备的单一功能——进行巨额投资，它还必须为产品售后服务和终生维护相关的设施和组织进行投资。除此之外，他还必须做好收购旧车、修理复原，以及平均销售一辆新车就需要卖掉一辆或两辆旧车的准备，因为他可能需要在贸易的基础上完成旧车的转售。

制造商和专卖经销商都要承担道德和相关的经营风险，对于经销商而言，是对销售和服务设施的投资，对于制造商来说，是对生产设施的投资——包括工程设计开发费用以及年度加工成本。双方都依赖于制造商赋予产品的吸引力以及专卖经销商销售以及服务的效率。

我们在分销方面的两个目标——产品的经济性和稳定的专卖经

销商组织——多年来一直是我们思考和工作的重点，因为它们过于复杂，在某种程度上会随着环境的变动而变化，而解决方案通常并没有立竿见影的效果。一段时间内的最佳政策与实践可能在后来就不再是最好的解决方案了。可以说，在经销商关系方面还需要一种"新模型"。

1920年以前，汽车的分销主要依赖于分销批发商，他们再根据自己的判断将汽车分包给各个经销商。但是，随着时间的演进，制造商逐渐接管了分销批发商的职能，而经销商仍然维持了他们的零售职能。

有人可能会问为什么汽车业会采取这种分销方式。我认为，答案部分在于汽车制造商不可能在不引起太大困难的情况下就承担起零售自己产品的职能。当旧车于20世纪20年代大规模地以折价物的形式出现之后，汽车的买卖就更像是一种交易而不是一种销售了。对于制造商而言，组织并监督成千上万的交易所非常困难；作为一种技巧，交易并不是能够非常容易地融入管理控制的传统组织架构中的。因此，随着专卖经销商这种组织的发展，汽车的零售业务也在蓬勃发展。

1923~1929年间，新车需求进入平台期，整个行业自然就必须将重点从生产转向分销。从销售这一端看，这就意味着销售的难度增大。全新的经销商问题开始出现了。

为了应对这种形势，我在20世纪20年代以及30年代早期对经销商进行了个人访问。我以一个私人轨道车作为办公室，和公司的几位助手几乎跑遍了美国所有的城市，每天拜访四五位经销商，在他们的"交易结束厅"与他们隔着桌子会谈，并请他们就与公司的关系、产品的特点、公司的政策、消费者需求的趋势、他们对未来的看法等很多和业务相关的问题发表意见和建议。我对出现的每个问题都仔细记录，并在回去之后仔细研究。之所以这样做，是因为我认识到无论我们常规组织方式的效率如何，个人会谈总是有它特殊的价值；而且，作为公司的首席执行官，我的兴趣就在于这些总体政策。这种耗时耗力的方式在当时的情况下非常有效。我们所认识到的很多东西后来都在我们的经销商协议中得到了反映，特别是通过各种讨论会建立起了沟通的渠道。其他的方式也部分满足了这种需求。

从我们的现场调查中，我发现了 20 年代中晚期时正在发生的历史性变革，即经销商们的经济地位不如原来那么令人满意，而且我们的专卖商的需求在降低。很明显，不仅需要针对我们危如累卵的经销商们采取行动以保护他们的利益，而且还需要从公司的整体利益着手采取行动。我们必须在健全而经济的基础上完成公司产品的分销。

我于 1927 年 9 月 28 日在密歇根州米尔福德测试场的一个会议上对《美国时报》的汽车编辑所作的演讲中提到了经销商们对这一变化环境的预言。从整体上谈起这个行业过去的实践时，我做了如下评论：

> 唯一的想法就是尽工厂所能制造出尽量多的汽车来，然后销售部门就会强迫经销商们进货并付款，而毫不考虑这种做法的经济性——我的意思是，不考虑经销商们销售这种车型的能力。这当然是错误的，而且，不仅在我们这个行业里是错误的，在其他行业也一样是错误的。从原料到最终消费者的销售过程可以变得更快，而这种效率更高、稳定性更好的行业中所包含的最低销售量……这绝对违背了通用汽车关于要求经销商购入量要高于他们应该采购数量的政策。一旦我们停止了某种车型的生产，经销商们自然就必须帮助我们。他们非常清楚自己的责任，并且从未反对这样做……

这一于 1927 年发表的声明为通用汽车提供了一种新的经销商-制造商关系，这种关系主要基于公司和销售商对双方分担和独立承担的义务的清楚认识。

汽车分销中的关键而又悬而未决的问题最早出现于 20 年代和 30 年代，并且和业务的本质密切相关。这些问题就是：市场的渗透、车型生命周期结束后的库存清算、经销商经济性以及制造商和经销商之间就双方业务进行双向沟通的难度。

我们的目的就自然地放到了尽量有效地进行市场渗透上了。由于这一计划最终必须由我们的经销商负责实施，因此必须找到一些地段和规模都很合适的经销商。问题的难点在于决定他们的位置。20世纪20年代我们对汽车市场的了解并没有现在这么多，因此，我们开始对市场及其潜力展开了经济学研究，并采用人口、收入、过去的性能、商业周期以及其他内容来进行市场的经济性研究。

结合这类信息，我们就可以根据相应的市场潜力来处理经销商的地理分布问题。比如，在一个拥有几千名居民的地区，这个问题相对就比较简单。只要一个经销商就可以完成全部市场渗透所必需的工作，我们和经销商就可以以我们的研究为基础判断应该为他设定怎样的目标，并以此目标为基础衡量他的绩效。但是，在那些人口超过百万的城区，这个问题就变得复杂起来。

因此，我们首先必须从整体上研究这个地区来确定每条产品线在该地区的市场潜力。然后我们将其按照相邻的原则分解开来。结合这些信息，我们就可以在邻近地区市场潜力的基础上布置经销商了。当然，经销商必须拥有与该地区规模相适应的资金、场地、日常开支以及相应的组织。

这种理性化的分销问题解决思路是我突然之间想到的。它为经销商和制造商提供了最基本的好处。正如我所说，经销商在他的范围之内是一位专家，他比任何其他人都更了解该地区及居民的特点。同样，对于客户而言，从很多方面来看，他们都更愿意与本地商人进行交易，包括服务。这种方式还为制造商提供了一种从微观视角了解他的分销问题的途径。我们很自然地希望经销商能够把他的直接市场放在他所考虑的第一位，并尽力做好。

除非是处于典型的卖方市场，否则关于为新车清道而清空旧车库存——并且最小化损失——的问题永远都是经营人员的难题。这个问题最早于20世纪20年代晚期表现出它的重要性。由于经销商必须提前三个礼拜基于预期市场需求来估计他们的需求，这个问题就出现了。在制定最终生产计划时，公司考虑这些需求预测。因此，生产计划的提前量是以月为单位计算的，如果因为环境变化导致预期市场需求发生了变动，当前车型的库存清理工作就会发生异常。但是，无论正常还是异常，最终这都是一个必然需要面对的问题。

20年代早期，发布新车型时经销商们必须自己掏钱清空自己手中的旧款库存。经过大量的研究，我们认为，唯一的公平方式就是公司也承担部分责任。我的记忆就是早在20世纪20年代中期我们就开始于每个车型年结束的时候向经销商提供清算补贴。1930年，我们形成了在每个车型年结束时帮助经销商处理多余存货的政策。对于那些"完成了合同"的经销商，我们对他未售出的库存新车提供补贴。只有库存新车数量超出经销商预计新车数量——这在销售合同中有明确的记录——3%的部分才可以享受补贴。补贴款项的多少由通用汽车决定。随着时间的变动，补贴的计算基准也会变化。当前的政策是对新车型发布时库存的老车型以及停产车型的新车库存提供5%的折扣。

我相信在汽车业里我们是率先实行这一政策的。它反映了我们保护经销商免受不合理的产品换代损失的愿望，也反映了我们希望各事业部的管理层在车型年末期提高生产计划合理性的愿望。无论出于什么原因，一旦在车型年中出现了过度供应的情况，这一机制就会自动对工厂进行惩罚。

有人可能会认为，年度生产、销售周期问题的理论解决方案应该是在新车型发布的时候让经销商手里没有旧款的新车。但是，从经销商和制造商双方来看，出于若干个原因，这一想法都既不可能实现，又不受欢迎。我们在全年中的每个月都应该尽量多做生意，而每个车型年结束的时候，应该清空分销渠道以保证新车的通畅流入。而且，通常在新车型年刚开始的时候还需要一些旧款车库存来保证业务的延续性。基于这些原因，这个问题就成了一个永恒的问题，并成了我们工作的重点。

尽管20世纪20年代通用汽车的经济状况得到了很大的改善，但是并没有事实能够证明我们经销商的经济状况也得到了相应的提高，因此我们在考虑经销商问题时就遇到了障碍。当一位经销商的盈利下滑时，我们无法确定这究竟是因为新车的问题，还是旧车的问题，或者是服务问题、配件问题，还是其他问题。缺乏这些事实依据，就很难制定正确的分销政策并收到效果。

在我前文提到的测试场演讲里，我就这一问题发表了如下评论：

……我想向你们简要描述一下我所认为的当前汽车业中所存在的巨大问题,以及通用汽车为纠正这一问题所正要采取的措施。

在几乎所有的美国城市里,我都向我们的经销商非常坦诚地承认,我非常关注他们中的很多人——甚至是那些以非常合理的效率完成任务的人——都没有得到他们应得的投资回报这一事实。在这里,请允许我宣布:就我目前掌握的事实而言,我认为在过去的两到三年里,情况已经得到了很大改善,但是作为通用汽车的管理人员,我必须关心从原材料到最终客户的所有环节。我认识到这整个链条的强度不会高于它最薄弱的环节。我从整体上对我们的经销商组织运营情况的不确定性表示担心。我希望这种关于不确定性的担心是没有根据的。我相信,肩负着如此的重任,我们必然能够消除所有这些不确定性,我们的经销商将清楚、科学地了解他们的运营情况——就像我们了解通用汽车的运营情况一样。

这又让我们回到了……两个词——正确核算。我们的很多经销商——这也同样适用于其他组织的经销商——都拥有良好的会计核算系统。还有很多经销商的会计系统平平常常。我很遗憾地说大部分经销商实际上并没有会计系统。很多经销商并没有有效地利用会计系统。换句话说,这些会计系统还没有达到为经销商提供能够反映经营状况的事实的地步:什么地方有漏洞,他应该如何改善自己的状况?正如我前面所说的那样,必须消除不确定性。不确定性和效率之间的距离就像南北极那样遥远。如果我对着我们的经销商组织挥舞魔杖就能够让每个经销商都拥有正确的会计系统,就能让他们知道自己业务的所有事实并以一种睿智的方式来处理所有偶发事件,我愿意为此付出巨大的代价,而且大家也都会认为这一举动非常合理。它将成为通用汽车曾经做过的最好的投资。

相应地,我们于1927年创建了一个名为汽车会计公司的组织。我们开发了一种适用于所有经销商的标准会计系统并派出一名高级职员去帮助该公司实施这一系统,还建立了审计系统。后来,随着经销商们财务问题处理经验的不断积累,并且当时也处在经济衰退的压力之下,我们对审查政策做了修订。我们开发了一种抽样审计系统,借助于此可以进行跨部门分析。我们对大约1300位汽车经销商(占经销商数量大约10%,占通用汽车销售额的30%)的会计记录进行了定期分析,而且这部分的费用由通用汽车自己承担。另外,通用汽车还每月从占经销商总数达83%、销售额达96%的经销商那里获取财务报告。这是一项庞大而昂贵的工作,但是它可以让通用汽车的每个事业部和总部都能够对整个分销系统进行检查——即可按照经销商进行检查,也可以按照分组进行检查——并确定问题的所在,找出解决问题的方法。而且,经销商本人不仅能够对他自己的业务进行睿智的判断,还可以将自己的情况与整体平均情况进行比较。采用这种方式之后,就可以在危害出现之前将隐患消除掉。

当然,偶尔隐患也会自己暴露出来。20年代晚期,通用汽车投入了可观的资金用于挽救几家战略经销商脱离破产的境地,因此承受了20万美元的损失。但是,我们总结了这个思路之后,发现我们的目的不应该是通过稳定特许经销商来降低经销商的调整率,而应该是进一步帮助那些有能力但缺乏资金的人成为能够带来利润的通用汽车经销商。当时的通用汽车承兑公司副总裁阿尔伯特·迪恩和唐纳森·布朗负责将这个想法变成可行的计划。我们于1929年6月采取了措施:我们组建了通用汽车控股有限公司,迪恩先生出任首任总裁。1936年,这家子公司变成了汽车控股事业部。这个事业部的职能就是为经销商提供资金,并临时享受相应的股东权利与义务。我们投入了250万美元用于启动这个子公司。当我们度过了试验阶段之后,我们发现这实在是我们在分销领域所能想到的最佳办法。我们还认识到它的真正价值并不在于最初的拯救破产经销商的目的,而在于以优惠的条件向有能力的人提供帮助——不仅是资金帮助,还包括提供管理建议以及对他们进行正确的经销培训。

汽车控股公司开发了一些管理技巧供经销商使用,这确实帮助经销商提高了盈利的可能性。它发现了一些合格的经销商,并为他们提供了适当的资金支持,帮助他们盈利以返还汽车控股公司的利息,并最终获得独立。

在我那个时代,事情就是这样处理的,而现在,尽管某些财务细节发生了一些变动,但是事情的处理方式仍然没有多少变化:潜在的经销商将他可用的资金投入到专卖权上去。汽车控股公司则提供不足的部分(现在经销商通常要至少提供总投资额的25%)。当经销关系确立之后,经销商将获得一份工资,外加一定的分红——这是由汽车控股公司放弃一部分投资利润做出的让步。这份红利相当于汽车控股50%的利润(汽车控股将首先从经销商的收入中拿去投资额的8%作为资金成本)。直到汽车控股的投资都被经销商赎回之前,他都一直保留着股份控制权。

后来红利分配方案发生了一些变化。现在的红利直接由经销公司派发到经营者,因此成了经销公司的直接费用,这大概等于扣除15%资金成本之后利润的三分之一。最初要求经销商必须将他的全部红利都用来赎回汽车控股的投资,但是后来发现经销商的个人所得税使他无法执行这一规定,因此现在无论经销商是否愿意将他的全部红利都用于赎买汽车控股的股权,但是公司规定他只可以将红利的50%用于赎买股权。这种方式的结果就是随着收入的积累,经销商就可以逐渐成为自己公司股权的全部所有者。后来的事实表明,通用汽车所提供的帮助得到了经销商的高度评价,以至于他们经常拒绝赎买汽车控股的最后一份股权。

从建立之初到1962年12月31日,汽车控股在美国和加拿大共投资了1 850家经销公司,总投资超过1.5亿美元。在这些经销商中,1 393家赎买了汽车控股的投资,截至1962年底,汽车控股在剩下的457家经销商处的投资额仍达到接近3 200万美元。大约565家完成赎买工作的经销商在1962年仍然在经营,并且其中有很多已经跻身美国和加拿大最杰出经销商的行列。也有一些各方面能力都足够但仅仅达不到最低资金额度要求的人借助于汽车控股的力量拥有了自己的公司。有些人从很微薄的投资起步,最终成了百万富翁。这项计划也让通用汽车受益匪浅。

无论是从销量还是从净利润的角度看,汽车控股所管理的经销商和通用汽车其他具有相似潜力的经销商的成绩基本相同,因此,这一计划基本实现了最初的目标。

汽车控股在美国和加拿大所投资的1 850家经销公司中，只有198家因运营失常而遭清算，其中62家在1929~1935年的大萧条中关闭，其余的136家则是此后关闭的。

尽管汽车控股经销商的新车销售额从未达到过通用汽车总销售额的6%，但是，自1929年汽车控股公司成立以来，他们共销售了超过300万辆新车，经销公司分红前收入超过了1.5亿美元。

公司授权增加汽车控股在美国和加拿大的投资基金数额，1957年5月，汽车控股可动用的投资资金上限达到了4 700万美元，其中700万美元可以用于投资房地产。

借助于汽车控股和经销商的紧密接触，通用汽车现在对经销商问题的了解更加清晰、更加全面了。汽车控股也为公司更好地了解零售市场及消费者偏好提供了帮助。但是，最重要的是，它对于发展和维持牢固、管理有序并有适当金融联系的经销商体系非常有帮助。

我相信通用汽车肯定是在美国和加拿大的汽车业中最早采用这种看人下菜式的股本注入方式向小商人提供帮助的企业，并且最早认识到经济发展中的最重要需求之一就是为小企业提供风险基金。通用汽车的两个竞争对手现在也在开展类似的计划——福特自1950年开始，克莱斯勒自1954年开始。汽车控股前任总经理赫伯特·古尔德（Gould）这样说道："当你的竞争对手开始仿效你的时候，这就是最好的勋章。"

20世纪20年代末期制造商和经销商最需要的东西就是更好的沟通途径和可靠的契约关系。当然，我们也拥有大区和地区高级执行人员，他们和经销商就日常工作保持定期的联系。但是，公司的政策还存在一定的问题，需要更深入的合同以及更深入的信息来促成某些具体的合作。正如我所说，其他总部官员们会经常和我一起现场拜访经销商。这些拜访让我明白了经销商非常希望在与区域经理建立联系的同时也能够与公司保持联系。同样清晰的还有一个事实，即和这些偶尔的拜访相比，还需要一些更具体的方式。因此，以这些早期的实地考察旅行为引子，我们又得到了一个想法，就是让经销商代表参加公司的会议。这个想法促成了通用汽车内一个特殊机构即通用汽车经销商顾问委员会的建立。

通用汽车经销商顾问委员会最初拥有48名成员，分成四组，每组12人，他们可以和公司的高层管理人员会面。之所以成立这个顾问委员会，就是为了能够保证持续的系列圆桌会议来讨论分销问题。多年以来，我每年都会变动这个顾问委员会的人选，使其能够代表所有的汽车制造事业部、国内所有的单位、各种类型的地区、不同的资本构成方式。他们为顾问委员会带来了各种各样的经销商问题，并提供了不同的思路。

作为公司的总裁，我成了这个顾问委员会的主席。负责分销的副总裁以及一些其他高级管理人员也成了该顾问委员会的成员。顾问委员会的第一项任务就是制定出能够改善经销商关系的政策。我们的会议主要是处理政策问题，而不是政策的行政管理问题。

顾问委员会具体负责的主要工作就是讨论，这些讨论能够有助于构建平等的经销商销售协定的基础政策。这种销售协定开发出来以后，对通用汽车的专卖权提供了增值的效果，并支撑了近年来的零售业务，平均每年销售额高达180亿美元。

在1937年9月15日与经销商顾问委员会的交流中，我回顾了我与这个委员会打交道的经历：

> 过去三年里各种各样的顾问委员会成为了我运营经历中的亮点。我也高度重视这一过程中的个人交往和友情。从我个人的观点来看，仅仅如此就足够有价值了，而且讨论这种有趣问题的机会也很难得。它可以激发我们的思维，并且我确信它确实起到了加速这一过程的效果。委员会成员从多种角度剖析这些问题的方式给我留下了尤为深刻的印象。我也被大家这种希望从根本上解决问题而不是治标不治本的愿望所深深鼓舞。非常有趣的是，一段时期以来治标不治本曾经是我们这个国家的思维模式，因此第一次会议上提到的从根本上解决问题的概念让我印象深刻。我们刚刚从大萧条中走了出来，几乎每个从业者都遭受了重大损失，经销商系统也不例外。焦虑混合着对未来盈利可能性的期望自然就成了顾问委员会面前的主导话题。大家提出并分析、讨论了很多建议。非常令人欣慰的事情就是

大家一致认为我们应该处理盈利的本质问题——不是从通货膨胀的角度找原因，而是从让我们的业务有序、找出使我们的预测更为准确的方法——换句话说，就是追求更高的效率，而不是简单地将我们的低效用更高的价格转嫁到消费者头上。实际经验已经证实了这类决策的正确性——借助于分析，也可以肯定它总是正确的。

作为顾问委员会的主席，在我们所有的会议上我都尽力向与会成员们传递这样一种信息，即公司诚挚地希望能够积极主动地推进经销商关系，并且公司希望这些举措能够尽快实施、长期实施。当然，在像通用汽车这样的大企业里，需要征求、调和很多方面的意见，因此决策的制定必然比较慢。我相信，有些不熟悉情况的顾问委员会成员以及经销商可能会认为我们应该行动得更快些；当然，他们会那样想是非常自然的。在纸面上写下一条政策是件非常简单的事情，但是在美国这么大的地方、在我们这种从事复杂业务的公司里，采用行政管理的手段推行这种政策必然是一个循序渐进的演进过程——而不可能是一个革命的过程——耐心是非常必要的，这一点无论怎么强调都不过分。在这些困难之上，还有一件更困难的事情，即改变一个大组织在用某种特定的方式去处理某件特定的事情上的观点。我们都知道人类思想的惰性有多么大。

在协作业务方面，经销商销售协议无疑是一项开创性的工作。多年来它的技术细节发生了不少演变，甚至某些地方已经变得非常复杂了。协议中有些部分是专门针对汽车业的特点制定的。

无论对于经销商还是制造商而言，取消合同都是一件非常严重的事情。如果一位负责某个区域的经销商没有做他该做的工作，没有完成应该完成的销售额，或者由于某些原因而效率低下，应该如何采取措施？首先应该记住，通常他在这项业务中也投入了大量的资金。他拥有旧车，他还有展厅和产品标志。

在汽车业的早期，遇到这种情况就简简单单地停止那个经销商的专卖权并再指定一个新专卖商，清算销售公司的事情就留给了原来那个经销商。20 世纪 30 年代期间，行业里通用的合同通常规定制造商提前 90 天通知或经销商提前 30 天通知就可以解除合同关系。同样还规定了制造商可以基于一些原因取消这种专卖权——当然，这些原因成立与否就依赖于法庭的裁决了。

考虑这个问题时，必须认识到，正如我前文所述，经销商可以卖掉他所拥有的一切资产，但是他不能卖掉专卖权，因为他并不拥有它。因此，需要为经销商提供明确、自由的政策来保护他们在取消合同时不会遭受大量的资金损失——即使是因为它自身的低效导致了合同的取消。我们采纳了这样一条政策，并将它写到协议里面：公司会以经销商付出的价格收回经销商手中的新车库存。公司还会收回一定的产品标志以及某些特殊工具。公司还将收回他们手中的零件——只要距相应车型推出期不超过一定年限。如果经销商因租用的某些物品无法移交给新经销商而造成损失，公司可以承担一部分。公司会向经销商提供一张支票来弥补他没有抵押等负担的资产，并承担部分因租约带来的债务。

1940 年，我们认识到，如果经销商在热销季节正要开始的时候放弃自己的专卖资格仍然会引起一些抱怨。其结果就是即将退出的经销商在销售合同结束之前的很长一段时间里只能以微利甚至不赚钱的方式经营，而新指定的经销商则一开始就遇上了容易赚钱的销售旺季。因此，我们在销售协议中加了这样一条，即终止合同必须提前三个月给出书面通知，而且这个通知必须在 4 月、5 月或 6 月给出，从而保证最终的交接发生在 7 月、8 月和 9 月。1944 年通用汽车引入了一种针对特定时期的新销售协议，它允许暂时中断该协议，并且直至战后恢复生产两年之后这种销售协议才自动作废（实际上这一时间超过了三年）。后来这一时间被设定为一年。现在的经销商可以选择一年、五年或者无限期的合同期。尽管并没有做出在这些合同到期之后接着续签的保证，但是双方可以根据情况决定终止合同。

另一个非同寻常的通用汽车经销商组织——经销商关系理事会——创建于 1938 年，它起到了检查评估的作用，可以让心有怨言的经销商直接向公司高层执行人员面对面诉苦。我是这个理事会的第一任主席，当时还有三个高层执行人员加入了这个委员会。有时候我们会整天都在听一个案例。在得到了经销商和事业部的完整报告之后，我们为通用汽车制定了一个决策必须遵守的规则。这个理事会的主要作用就是阻止作用。各事业部必须确信他们的行为非常正确、可靠，并且不断寻找以改正他们在处理经销商问题上的不当之处，因为现在事业部以及经销商都已经进入了高层执行人员的审查范围。

我是带着深刻的感情以及某种程度的自豪来讲述这个故事的。1948年，当我从首席执行官的位置上退下来之后，三位通用汽车经销商来到我的办公室，告诉我，作为一个集体，经销商们想向我表达一下谢意，感谢我为经销商们创造了很多的机会。他们说他们了解到我对癌症研究的兴趣，愿意帮助我在这个领域建立一项基金。一年后，他们又来了，还带来了一张价值152.5万美元的支票供我建立艾尔弗雷德·斯隆基金，并且此后经销商们还不断为该基金捐款。后来这项基金就演变成了著名的支持癌症及医疗研究的通用汽车经销商感谢基金。我主要使用通用汽车的普通股对这一基金进行投资。现在这项基金已经增长到875万美元，并且每年都能带来超过25万美元的收入。

我想在这里将几个思路整理到一起并用它们来分析当代面临的问题。1939~1941年间，通用汽车和它的经销商们分享了飞速增长的繁荣时期。然后战争就到来了，这让我们体味了一种新的生活方式。战争期间美国没有制造汽车，根据政府管制的要求，我们将库存的新车全部销售了出去。一些经销商自愿清算了他们的业务，很多人加入了军队。一小部分人在从事军品分包业务，但是，对于大多数仍然活跃在汽车业务领域的人而言，他们的主要工作就是服务以及旧车交易。随着人们对保持战争期间车辆状态重要性的认识不断提高，经销商的服务工作就开始大幅度增长。于是我们就在政府管制许可的范围内为经销商制造功能性的零配件，这就为经销商维持美国汽车运输系统的正常运转提供了保证。

美国宣战导致了一波关于取消所有经销商关系的恐惧。在我们参战后不久，我专门向经销商传递了一个消息，简单介绍了公司所采取的力图维持经销商体系和经销商士气的政策决定。这些政策包括：

(1) 在满足一定限制条件的情况下，公司可以回购新车和零配件。这是为了保护那些可能被征入伍的经销商以及出于任何原因希望终止销售协议的经销商的利益。

(2) 如果经销商和事业部能够在彼此满意的情况下终止销售协议，则战后重新指定经销商时可以优先考虑他们。

(3) 对于在战争期间仍然从事经销业务的人，我们会为他们做好一个在战后两年内的特别分配计划。

战争期间，通用汽车经销商的数量从1941年7月的17 360家下降到1944年2月的13 791家，净减少了3 569家。减少的这部分经销商中大部分规模都偏小。有些坚持下来的经销商的区域分布也不再非常符合战后的人口分布——当时出现了从城市到郊区以及从东部和中部的州到东南、西南以及太平洋海岸各地的人口迁徙。我们沿袭我们的分销政策对局部地区进行了调研。我们发现某些地区可以支持超过一家经销商。直到1956年宣布暂停为止，我们一直在持续扩展经销商。这一暂停一直持续到1957年末。但是，由于都市里经销商的减少以及其他原因的存在，尽管汽车市场在增长，但是直到1962年通用汽车的经销商也只达到了13 700家，和1944年的水平差不多。

在经销商数量降低的同时，通用汽车乘用车的保有量却不断增加，从1941年的1 170万辆增加到1958年的2 460万辆，增长了1 300万辆，增幅达111%；1962年增长到2 870万辆，比1941年增长了1 700万辆，增幅达145%。因此，经销商的平均业务水平也得到了提高。

战前高峰时期的1941年间，通用汽车经销商平均销售107辆新车。1955年销售222辆新车，增长了107%，而到了1962年，则销售了269辆新车，比1941年增长了151%。

1941年使用中的通用汽车产品平均起来是每个经销商710辆，这就是他所提供的服务的全部潜在市场。到了1958年，这一潜在市场增长到了1 601辆,增长了125%。到了1962年,这一潜在市场增长到了2095辆,增长了195%。以不变价计算,1960年以来经销商的平均业务量是1939~1941年间平均值的2.5倍①。他们的净收入超过了20亿美元,是1941年相应数字的2.7倍,这表明,通用汽车经销商保持了与通用汽车以及整个经济相同的增长速度。

　　战后市场形势立即发生了剧烈的变化。我们必须面对因为战时停产而抑制很久的巨大需求,而现存车辆的磨损老化也是一个必须面对的问题。当前生产的瓶颈环节是原料短缺。但是,通用汽车认识到真正的问题是积累顾客、经销商和工厂。客户的问题就是需要交通工具。他通常愿意为此支付一定的额外费用,在大多数情况下,他会自主选择适合自己的交货方式。制造商的问题就是如何组建经销商网络,而经销商的问题就是如何将他的定额推销出去。

　　通用汽车于1942年3月2日制定了一个向经销商分配汽车的计划。由于该计划是由我公布的,因此人们将这个计划称之为"斯隆计划"。我们于1945年10月至1947年10月31日期间执行了该计划,事实证明它不仅公平,而且令人满意。它保证了经销商们能够在1941年绩效的基础上得到一个公平的分配数额,并尽量降低了流

---

① 现在通用汽车的客车、卡车经销商雇用了27.5万名机械技工、推销员和其他人员,相比之下,1941年的相应数据为19万名。他们的设施包括销售厅、办公室、零件和服务区域,占据了2.27亿平方英尺的面积,而战前只有1.17亿平方英尺的面积。经销商们所拥有的场地不仅扩大了,而且也已经现代化了,或者得到了改善以处理我们战后不断复杂的车型。

　　战后汽车拥有量以及产品中技术含量的不断提高——比如,自动传动、高压缩比发动机、助力转向、助力刹车以及空调系统——要求经销商更新技工结构。当我们于1953年建立一个永久的服务培训中心以帮助经销商培训人手的时候,我们还通过了一项非常重要的政策以帮助我们务实地处理好经销商关系。培训中心配备了经受过特别训练的指导教师,提供了对我们的产品进行维修和服务时所需的最新信息。技工的最高工资得到了提高。为了满足新形势的要求,服务质量也得到了改善。培训中心还为销售人员提供培训以迎合经销商的要求。1962年一年间,超过18.7万人在中心就各种主题接受了超过250万人小时的技术培训,约26万人参加了销售培训以及其他非技术培训。

露出偏爱某些经销商的可能性。在这种处理不慎就会导致失控的局面下，它为我们提供了一个规则。

短缺时代里并不存在自由竞争的市场条件。我们建议的市场销售价格远远低于消费者愿意支付的价格，因此我们的经销商经常自己制定零售价格。但是，面对着这种紧迫的需求，不可避免的事情即第二市场或者说"灰色"市场出现了。经常发生这样的事情，当一位顾客驾着新车离开经销商的销售大厅后，他通常还没有走出第一个红绿灯就会被某些人——可能是一位旧车经销商——拦下，并用比他刚刚支付的价格高得多的价格将车辆买下。这就是战后出现的一些新分销问题之一。

最困难的问题之一就是"违规偷运"问题，即专卖经销商将新车批发给旧车经销商。这种现象在供给充足以及像二战后这种供给短缺的时候都发生过。随着形势的发展，直到1953年某些产品线才开始逐渐填补了消费者的需求鸿沟。我之所以强调"开始"，是因为很多产品线的供应短缺情况一直持续到1954年，像凯迪拉克，一直延续到了1957年。

大约1950年开始，一些销售方面的不好现象开始大面积出现。有些情况战前也有，但是直到40年代才开始成气候。还有一些则代表了战后初期的反常环境。比如，违规偷运问题战前在某些地区也存在，但是，现在在新法律环境的鼓励下，它开始流行起来，并且影响越来越坏。

我所谓的新法律环境产生于20世纪40年代晚期，是法院司法解释的结果，司法部对这些解释还进行了扩展。这些法律变化告诉我们，我们在销售协议中关于违规偷运和划片销售的条款可能会被认为是不当地限制了经销商的行为自由。1949年，在法律顾问的坚持下，我们非常不情愿地从销售协议中去掉了这些条款。我们很早就预见到了这种由于经销商布局不合理所带来的危害，尽管当时因为经销商所得到的供货补充还无法充分满足自己销售范围内的需求而使得这种危害表现得并不明显。

违规偷运在20世纪50年代前期开始变得严重起来。通用汽车新车型在违规偷运市场上出现的时间甚至还会在通用汽车能够为经销商提供必要的库存以供展示和销售之前。公司敦促经销商不要让新车流入违规偷运市场。公司还提请司法部考虑一项新销售协议条款，即要求经销商必须在将新车送人违规偷运渠道之前交由通用汽车回购。司法部长的回复大意上就是"对于这种合同条款，司法部无法放弃司法处理的权利。我们决定，如果通用汽车计划采用这种销售协议，我们就要审查它的合法性，因为它们向反托拉斯法提出了一个重要的问题"。

这就打破了我们回购经销商手中多余车辆的希望。通用汽车只好建议经销商为了保持1955车型年的平衡，公司"准备由其他地方的其他经销商按照原经销商的价格再次收购任何被认为是多余的新车和未使用过的车"。这一举措的目的在于通过得到授权的渠道来清理多余的库存。只有少量经销商没有利用这一措施，其原因或者是因为没有多余的库存，或者是因为他们愿意将汽车转卖到违规偷运市场以获取少量的利润。大多数人没有出于个人的私利而拒绝这一措施，这确实出乎我的意料。正是专卖经销商供应并支持了违规偷运者，因为后者只能从前者手中得到汽车。我们的努力仍然只能局限在尽力调整我们的生产计划使其能够更加如实地反映市场和竞争形势。

我们多年来的各种消除违规偷运的努力受到了各种超出我们控制的力量的牵制。但是，20世纪50年代后半段违规偷运现象确实降低了不少。我们相信专卖分销系统，并且尽量提供机会让优秀经销商能够茁壮成长，但是专卖经销商和公司都必须支持这些机会才能持续繁荣。"通用汽车优秀经销商计划"这一概念正是以地域分析基础上的经销商合理分布为前提的。这一概念可以追溯到20世纪20年代，是通用汽车的伟大销售执行官理查德·格兰特和威廉·霍勒(Holler)最早提出来的。但是，基于这一概念的政策似乎有些过于理想化。一些正确的政策通常会因为外部不可控因素的影响而被迫修订。

另一个周期性的、曾一度影响经销商取得优异成绩的问题就是"价格打包"问题，这个问题对消费者也很不公平。价格打包指的是在制造商的建议零售价上再加上一些东西。这就让经销商能够在旧车折价时提供过多的补贴。一旦经销商能够随意为新车定价，他就可以将旧车随意折价。这种行为既不正确，也不令人满意，我在和经销商的沟通中也经常强调这一点。但是，谴责并不能让这种行为消失，尤其是在失去控制力量的时候更是如此。我们试图打击这种打包行为，但是阻力非常之大。最后我们得到这样一条结论，即除非个体经销商能够自愿采取行动，否则这种有害的行为永远都不会消失。

1958年国会要求制造商在向经销商交付新车之前必须在窗玻璃上贴上一个标签。这个标签上包含了经销商建议零售价构成的详细信息。事实证明，这项法令的实施最终彻底消除了价格打包这种有害行为。

从卖方市场到买方市场的转变以及与之相伴的"闪电战"或者说高压销售使1954~1958年间的市场进一步复杂化，否则这一过渡可能会和缓得多。或许公开的责难和舆论对于寻求注意力以调整当时的形势确实有所助益，但是，在我看来，经销商和制造商之间的公平合作关系不应该通过立法的方式来解决。这是一个经销商和制造商之间共同的责任。我们在从事着一种竞争激烈的业务，一旦落后就意味着困难重重，并且有时就再也无法东山再起了。

1955年通用汽车就新形势发展进行了研究，并制定了一份新销售协议，于1956年3月1日开始使用。这里我只介绍其中的几个重点：可以选择五年、一年或者无限期的合同（99.2%的经销商选择了五年合同）；容许经销商指定一位合格的继任人以在他去世后或失去经营能力后接管他的业务；清楚地说明了评价经销商销售业绩的基础；部分地方也有所变动以在当时的情况下提高经销商的经济水平。

尽管存在着因业绩不良而提前90天通知解除合同的可能，但是，这种五年期的长期销售协议必须考虑很多重要分销因素——比如，人口变动，产品潜力，经销商效率，经济趋势，竞争，等等，它们都有可能发生变化——的限制。这种政策对经销商组织的效率及积极性的影响需要时间和经历的检验。

通用汽车分销政策调整中还有一个非常重要的变化就是任命一个外部中立仲裁人——一位美国联邦地方法院退休法官——代替经

销商关系理事会来处理经销商对事业部决定的投诉。在事业部经销商关系理事会的选举方式上也发生了一些变化。经销商首先按地域进行选举，然后由选举出来的经销商按照地区选举代表从而组成全国性的理事会。

构成通用汽车理事会（现在叫作总裁经销商顾问理事会）的经销商分组都是由通用汽车指派而不是通过选举得出的。我们认为，由于通用汽车的构成特殊——五个轿车事业部，一个卡车事业部——因此如果以选举为基础来形成理事会，就需要非常复杂的协调和安排。理事会中不同组别成员人数反映了相应经销商和经销商群体的规模、地域分布以及与各事业部的对应关系。

尽管已经做了很多事情，但是还遗留着很多事情没有得到解决。如果我们所了解到的这些问题迟迟不能解决，或许就可能意味着通用汽车专卖经销体系的崩溃。那么，有什么替代方案吗？就我所知，只有两条道可走：或者是制造商所有、经理们管理的经销系统，或者像香烟那样任何人都可经销，而制造商则必须继续承担服务的职能。我对这两种方案都不屑一顾。我相信长期占据汽车业主流地位的专卖系统是最好的解决方案——无论是对制造商、经销商，还是消费者。

第 17 章
通用汽车承兑公司

一个对汽车业历史感到陌生的人可能会疑惑为什么通用汽车拥有美国一家最重要的金融机构——通用汽车通过这个机构为消费者提供消费金融服务。

首先回顾一下历史事实。通用汽车的子公司通用汽车承兑公司（General Motors Acceptance Corporation,GMAC）在过去的几年里在美国汽车信用消费方面扩张了 16%~18%。通用汽车承兑公司仅在通用汽车的经销商中寻找业务，并且还需要与银行、其他自筹经费的公司、信用卡联盟以及地方借贷机构展开竞争。之所以说"展开竞争"，是因为这并不是一个封闭的业务；通用汽车的经销商们可以自由选择服务提供方，他的客户也拥有同样的权利。现在通用汽车承兑公司在零售信贷消费方面的年业务量达到了 40 亿美元，在支持经销商从通用汽车购车的批发信贷消费方面年业务量达到了 90 亿美元。

我们大概在 40 多年前为汽车分销商提供金融服务的需求首次出现时就开始介入这一领域了。大规模生产带来了提供多种消费金融模式的需求，而当时的银行并不乐意从事这些业务。他们忽视了——或者说他们拒绝——去满足这一需求；因此，为了大量销售汽车，汽车业必须寻找一些其他方法。当通用汽车承兑公司于1919年成立之后，在全国范围内为消费者提供信贷消费的设施还没有建立起来。根据我的记忆——以及别人告诉我的更早的情况——商人们很早就为大多数使用现金购买住房、家具、缝纫机、钢琴和其他昂贵物品的人提供贷款；我认为银行肯定会在审核之后对那些向他们寻求帮助的人中的一部分提供贷款。

因此，在原则上，消费金融并不是一个新概念。我认为莫里斯·普兰（Morris Plan）银行大概于1910年前后就开始提供汽车消费金融服务，这种业务最初就发端于此。但是，在1915年，将消费金融作为汽车业的常规方式应用仍然是一件新鲜事。那一年我的朋友、当时威利斯–奥佛兰德（Willys-Overland）公司的总裁、当时最成功的汽车制造商之一约翰·威利斯劝我成为担保抵押公司——该公司为威利斯和其他品牌汽车的销售提供消费金融支持——的董事。即使不是第一，它也肯定是汽车史上最初的几家汽车消费金融机构之一。它填补了常规金融机构所留下的空白，也是我和分期付款计划的第一次接触。当时由于我还在海厄特，自己并不生产或经销汽车，因此对这一计划兴趣寥寥。作为通用汽车财务委员会的主席，约翰·拉斯科博对通用汽车承兑公司的创建发挥了重大作用。当我成为执行委员会成员之后，我也开始支持这一概念了。

在一封标明写于1919年3月15日的信中公开声明了通用汽车承兑公司的成立。这封信由杜兰特先生写给通用汽车承兑公司第一任总裁阿莫利·海斯克尔。杜兰特先生说了这样一段话：

> 业务规模的增长为金融带来了新问题，银行似乎没有足够的弹性来解决这些问题。
>
> 对我们的产品——尤其是客车和商用运输工具——需求的持续增长相应地加大了我们的经销商在最需要资金支持的季节从银行获取适度资金的难度。他们需要解决由他们的销售能力和我们产品的优点所造成的与销售规模相关的金融问题。
>
> 这一事实让我们得出如下结论，即通用汽车有限公司应该

第17章 通用汽车承兑公司

帮助解决这些问题。为此，公司创建了通用汽车承兑公司。公司的职能就是为地方金融机构提供补充，以保证当地经销商业务的充分发展。

就当时银行和制造商心理状态的差异说几句。我猜测当时银行家的注意力肯定都放在了巴尼油田和在礼拜天乘坐车顶折叠式轿车沿着林荫大道郊游上了；也就是说，他们认为汽车只是一项运动和乐趣，而不是自铁路之后交通运输史上最伟大的变革。他们认为将信贷消费扩展到普通消费者身上的风险太大。而且，由于相信任何鼓励了消费的行为都将破坏节俭的美德，因此他们从道义上就反对在奢侈品上消费。所以，汽车通常都是以现金交易的方式交付到消费者手中的。

分销商和经销商也必须开发自主的金融方式，资金来源主要以自有资金为主，还要依靠客户现金订货和银行信用对他们的支持程度。在汽车行业的早期，当时分销商掌握着较大的区域性专卖权并采用现款销售，这种情况下这种方式运行得还不错，因为这时候他们处理资本需求的难度还不算大。但是，随着业务的增长，制造商继续要求货到付款，而经销商却没有足够的资金来维持库存，更不用说用于支持零售的分期付款了。

就这样，1915年，就在汽车业正要成为美国销售额最大的行业之前，它的分销系统还仍然没拥有常规的零售信用机构——除了正常的银行渠道之外，而这些渠道服务的面还非常窄。汽车业必须发展自己的信用机构。

现在经销商的存货大部分都得到了金融服务的支持，整个美国大约2/3的新车和旧车都是通过分期付款销售出去的。那些对消费信用的怀疑现在被证明是毫无根据的。

对于通用汽车承兑公司，1919~1929年分期付款零售赔付率大概是零售总规模的0.33%。这个数据仅限于通用汽车承兑公司，不包括经销商在处理因购车人未付已到期的分期付款而重新占有车辆后的情况。1930年这个比例上升到0.5%，1931年为0.6%，1932年为0.83%。到了1933年，这个比例为0.2%。就这样，在衰退最严重的时候，这个比例也从未到达过1%——一个标志着系统安全性和购买者诚信与否的关键分水岭。

  当我们第一次系统地对通用汽车产品的分销和销售提供金融服务时，我们从未想到过这个系统将会遭受像大萧条这样严峻的考验。但是，我们相信，如果我们对其中的风险加以适度的注意，则为我们产品的批发、零售和销售提供金融服务以解决因缺乏信贷消费所带来的限制，促进对我们汽车的需求。

  现在的通用汽车承兑公司在美国和加拿大以及其他几个海外国家或者直接操作，或者通过子公司操作。通用汽车承兑公司的设立目的及存在目的在于满足通用汽车经销商和分销商的信贷消费需求，它一直将自己的活动限定在为经销商分销和销售通用汽车的新车和旧车提供金融服务的范围内。

  通用汽车承兑公司同时为批发和零售业务提供金融支持。它的批发金融计划为通用汽车经销商提供支持，从而使他们能够使用信托收据或其他担保来建立通用汽车产品的库存。经销商在支付了相应的债权之后就获得了产品的权利，然后就可以零售这些产品了。如果他无法按要求支付债务或无法遵循其他事先商定的协议或条件，通用汽车承兑公司有权收回产品。

  从 1919~1963 年，通用汽车承兑公司一直为分销商和经销商提供金融支持，共支持了 4 300 万辆新车以及其他通用汽车产品的销售。与此同时，通用汽车承兑公司为消费者 4 600 万辆汽车的交易提供了金融服务，其中 2 100 万辆是新车，2 500 万辆是旧车。

  通用汽车承兑公司的零售金融服务被称之为"通用汽车承兑公司分期支付计划"，其内容就是在通用汽车经销商与零售客户达成协议之后从经销商那里购买得到双方认可的分期销售零售合同。但是，通用汽车承兑公司并没有将所有经销商提交给它的合同都买下来的义务，同样，经销商也没有义务将合同都卖给通用汽车承兑公司。这一交易对于双方而言都是自愿的，通用汽车承兑公司有权利拒绝它所不愿意承担的风险。经销商将合同提交给通用汽车承兑公司之后，如果所有的信用因素都令人满意，通用汽车承兑公司就会购买下这些债权，然后就由通用汽车承兑公司而不是经销商承担起向消费者收取月供的责任。

在美国之外的地区,由于法律的差异,通用汽车承兑公司支付计划的技术细节可能也会有所不同,除此之外的其他部分都与美国本土基本相同。我们的经验表明,针对我们产品的谨慎的批发、零售与分销金融支持计划在海外取得了与在美国一样的效果。记录表明,国内外汽车信贷业务的风险水平都很低。

1919~1925年期间,通用汽车形成并完善了自己的基本政策。起初我们有两个出发点,首先是确立系统的有效性,然后是追求合理的利率。我们对有回报的业务非常感兴趣,同时,保护好客户,避免因利率过高而影响客户对我们的长期好感更是我们的兴趣点。

消费信贷的风险主要集中在不履行责任、收回违约汽车、旧车市场这三个因素上。因此,预付定金和还款期限就变得非常重要,消费者的还贷能力、信贷机构对收回违约旧车的处理的重要性也逐渐提高。对于经销商而言,作为消费者债务的背书人,最重要的事情就是获得一定的抵押物品。如果没有抵押,经销商的金融负担就变得非常沉重。

我们曾资助杰出的经济学家塞利格曼教授沿着这些思路对消费信贷进行调查研究。塞利格曼教授的报告让我们受到了很大的鼓舞。他的两卷著作《分期付款销售的经济学》于1927年出版,成为这一领域的权威著作。我认为,他的工作极大地影响了银行家、商人和公众对分期付款的接受程度。

塞利格曼教授得出了一些结论。尽管这些结论现在已经作为公理得到了人们的认可,但在当时还是非常新颖的。他指出,分期付款的信贷消费不仅加强了个人的储蓄动机,还提高了个人的储蓄能力。它不仅促成了提前消费,还通过与经济的互动进而促进了购买力的实质性提高。它稳定了生产,而且还提高了生产水平。因此,信贷消费利大于弊。

早期我们必须解决的一个问题就是经销商应该承担多重的金融负担。经销商们对消费者的债务毫无节制地背书,而我们对这种风险的评价毫无经验。除了再次出售收回汽车所需承受的价差损失之外,还存在着作为抵押品的汽车可能会因消费者的改装、政府的没收或是撞车事故而消失的风险。

1925年，当时通用汽车承兑公司副总裁迪恩的一份详尽的研究报告导致了我们对协议进行修订以约束经销商的风险。根据修订案，在客户第一次不履行合约后的90天内，如果因某些合理的问题导致经销商无法取得抵押品，则全部损失由通用汽车承兑公司承担。另外，还决定通用汽车承兑公司拿出一定比例的财务支出设立准备金以弥补由于这种情况引起的损失。就这样，经销商的销售利润就基本上不受信贷消费的影响了。

与此同时，通用汽车的另一个子公司即通用汽车交易保险有限公司也开始提供火险、盗险和撞车事故险。这家公司根据客户的要求为车辆的物理损坏提供保险（但是不包括公共责任及财产损失险）。这对于经销商非常重要，因为当时为汽车提供保险的公司都非常挑剔，不是所有的消费者都能购买保险的。由金融公司提供物理损害险的做法后来得到了一致的认可，并且成了金融公司与经销商间关系的标准模式。现在为分期付款消费者提供物理损害险的公司是汽车保险公司——通用汽车承兑公司的一家子公司。

当时这些金融公司将经销商从因消费者不履约所带来的责任中解脱了出来。这种无追索权的系统具有一个缺点，即经销商缺乏足够的兴趣去审查分期付款申请。而且，很明显，这种运作方式相对比较昂贵——至少在销售收回的汽车时，金融公司的情况就肯定不如专卖经销商。消费者最终还是要为因金融费用稍高导致的成本增加而支付费用。

出于几个原因，通用汽车承兑公司起初并不希望走无追索权的路线。其中一个原因就是增加了消费者成本。通用汽车承兑公司认为，解除经销商在分期付款业务中的所有责任是不可取的。它认为，在得到了抵押品的保证之后，它就可以在有效保护经销商利益的同时尽量降低消费者成本了。经验证明，这一论断是正确的。但是，由于竞争的压力，通用汽车承兑公司还是在它的计划中加上了无追索权条款。

金融费用本身就是车辆售价中很重要的一部分，多年来通用汽车和通用汽车承兑公司一直在强调这一事实。通用汽车承兑公司指出，如果消费者在没有必要的情况下延长还款时间或降低首付比例，

第 17 章　通用汽车承兑公司

就会带来不必要的额外开销。通用汽车承兑公司一直都在打击超额金融收费——我认为，还是称之为争取在这件事上取得领袖地位比较直接。和通用汽车承兑公司关联最大的名字就是小约翰·斯库曼，他于 1919 年进入通用汽车承兑公司，并从 1929~1954 年一直担任总裁长达 25 年。他是一个倡导实践的领导人，他的行为为这个公司打下了深深的烙印。他以经受了时间考验的诚实和公平交易的原则为指导发展了政策与实践，并添加了一些非妥协条款。

在通用汽车 1937 年的年报中，我写下了如下支持斯库曼政策的话：

> ……向消费者收费超出合理公平水平的做法并不符合通用汽车争取让公众以最低的合理价格从经销商那里得到合理的服务的目的。

在这一点上，历史有时也会有趣地重现。1935 年，通用汽车承兑公司宣布了所谓的"6%计划"，这一计划宣称公众可以为期初未支付的余额——计算金融收费的传统方式，也是比较不同金融机构收费的基础——申请每年 6% 的金融支持。当然，按照实际发生的利息计算之后，实际利率稍高于这个数字；但是，通用汽车承兑公司的做法符合行业惯例，并以此为名进行了宣传。通用汽车承兑公司相信"6%计划"为消费者提供了一个透明度很高的对比指标以对多家金融机构进行衡量。但是，有人向联邦贸易委员会投诉说这是一种"不公平的贸易方式"，它误导了公众，使公众相信金融收费只是一个简单的利率问题。我认为在我们的广告中就已经指出了这个"6%"是一个乘数（即不是利息率），但是委员会裁定通用汽车承兑公司必须停止继续使用"6%"这种说法，我认为，这种做法保护了高费用率金融公司的利益，却损害了消费者的利益。

1938 年政府攻击通用汽车和通用汽车承兑公司，指责通用汽车的经销商被强迫使用通用汽车承兑公司的业务。通用汽车驳斥了这一指控，并强调我们的兴趣点仅在于保护消费者的利益，仅仅基于这一出发点，我们才劝导我们的经销商遵循我们的降低客户费用率的政策。

但是，政府在印地安纳州的南本德（South Bend）对通用汽车、通用汽车承兑公司、两个子公司、18名执行人员进行刑事诉讼。审判于1939年秋举行，达成了一个非同寻常、前后矛盾的判决：宣布所有执行人员无罪，而四个公司有罪。此后，政府又开始了针对通用汽车、通用汽车承兑公司和上述两家子公司的民事诉讼，起诉的罪名同样是通用汽车的经销商被强迫使用通用汽车承兑公司的业务。在经过了与司法部反托拉斯局多年的抗辩之后，1952年双方都接纳了为通用汽车和通用汽车承兑公司之间的关系设置章程的做法。我们在这些章程之下运转得很好，而且通用汽车承兑公司仍然独立地与其他金融机构进行着激烈的竞争。

1955年年底，我与一些通用汽车执行人员被要求出现在一场由参议院反托拉斯、反垄断分委员会所主持的听证会上。在这次围绕"大"而展开的听证会中，通用汽车承兑公司的形势得到了详尽的讨论。有些人认为通用汽车承兑公司应该脱离通用汽车。我对这个委员会报告的结论很感兴趣，它声称，由于拥有一家销售与金融合二为一的公司，通用汽车比其他汽车制造商更有竞争优势，因此应该将汽车的销售与金融分开。

但是，为什么要这样做？其他汽车销售商赚的钱已经够多的了。通用汽车承兑公司为通用汽车带来的优势在于为消费者提供了一种公平且综合的关系。我很高兴我能够宣布通用汽车承兑公司在为消费者和经销商提供了经济服务的同时，还为通用汽车拓展了一项盈利的业务。

在其他多少有些相似之处的行业里，很多人也意识到了这种销售—金融子公司的价值，比如，通用电气公司和通用电气信用有限公司，国际收割机公司和国际收割机信用有限公司。这项将为消费者谋利的分销和销售工具从通用汽车和其他公司中剥离出去的提案让我非常震惊，因这与我们的预期相去太远了。在我看来，正是以这些遭受攻击的因素为基础，才得以发展出通用汽车承兑公司早期充满远见、关注公众利益的政策和措施，公众必须在服务及服务的成本上得到公平的对待。

我赞成通用汽车承兑公司当时的总裁查尔斯·斯特拉迪拉

(Stradella) 于 1955 年向这个分委员会所陈述的事实。他指出：

> 通用汽车承兑公司可能借助于通用汽车的关系取得了一定的优势。确实有一些经销商很有可能会受到服务的连续性、利益的一致性、公平的待遇或其他因素——这些因素都是这种关系带来的——的影响。适度资本化的保证、健全的管理、保守的金融政策及实践则对 [通用汽车承兑公司的] 贷方产生了一定的影响。另一方面，除非这些优势得到了通用汽车承兑公司历史业绩的支持，否则，在相关团体的眼里，这种关系也没有什么作用。

在汽车业的初期，通用汽车承兑公司帮助汽车消费金融走上了历史的舞台。它在保证首付比例及保守的还款期限方面具有一定的影响。它有组织地追求合理费用的努力逐渐影响了立法：超过一半的州现在都已经设定了最高费用率。我相信，所有州都对费率立法的日子已经不远了。在我个人看来，由政府设定合理的低费用率上限正是保护消费者的正确方式。

尽管立法对于有效控制公众在享受分期付款的好处时所需支付的最高费率非常有帮助，但是，我从未认为经销商和消费者交易过程中的其他因素也需要法律的调节。比如，除非国家出现紧急情况，否则首付比例和还款期限不应需要法律的调节。这并不意味着我和某些人一样没有意识到消费信贷泛滥的危害。很明显，通用汽车承兑公司一直都不主张过低的首付比例和不合理的还款期限，这已经表明了我的态度。我认为我还应该加上一条，即保守的金融服务对汽车业的健康发展非常关键。那些首付过低、还款期限过长的人是不可能很快就拥有再买一辆新车的钱的。

1955 年末期，很多群体对消费信贷过度膨胀及首付比例与还款期限控制过松表现出极大的关注。在我看来，这一结论并没有得到事实的支持。实际上，当时以致有人在煽动通过立法控制消费信贷来抑制通货膨胀。在 1956 年的经济形势报告中，总统先生提出了一个问题，即对于其他稳定措施而言，永久性地授权政府机构对消费信贷进行应急控制是否是一个有益的补充。总统先生将这一问题的研究任务通过经济顾问委员会交给了联邦储备系统。和其他人一样，我们也积极填写了这一研究过程中的调查问卷，并陈述了我们认为没有必要采用这种做法的原因。我们认为，除非国会规定了某些例外情况或国家发生了紧急情况，否则一般情况下消费信贷的控制还是应该交给消费者和贷方来处理。联邦储备委员会于1957年发布的声明指出"消费性分期付款的涨落并没有超出迅速增长、充满活力的经济所能够容许的范围"，并且"不建议在和平时期设立一个机构来调控消费性分期付款业务"，"如果通过一般性的货币措施和应用正确的公共或私人财务政策对消费信贷的潜在不稳定发展势头进行调控，更符合大众的利益"。我同意这些观念。

简而言之，我认为通用汽车承兑公司遵循着保护消费者利益的原则，提供了一种和产品相关的服务。非常明显，它的存在为消费者、经销商和公司带来了不少好处。

第 18 章
海外公司

在美国和加拿大之外的自由世界于 1962 年消化了超过 750 万辆轿车和卡车，1963 年，这个数字超过了 800 万辆。通用汽车在海外市场占据了重要的地位，1962 年销售的车辆总计达 85.5 万辆，1963 年的预测销售量预计将达 110 万辆。我们的海外运营事业部现在已经成为一个大型的国际组织，拥有资产超过 130 亿美元，员工超过 13.5 万，负责 22 个国家汽车的制造、装配和仓储，负责美国和加拿大的汽车出口，负责美国和加拿大之外的自由世界——大概 150 个国家——的分销和服务。1963 年该事业部的销售额预计将达 230 亿美元。

回顾这一事业部在过去四十年中的迅速成长历程，人们会认为我们在海外的发展是我们在国内发展的自然而不可避免的延续。实际上，没有什么事情是不可避免的。我回顾了几份与通用汽车海外政策形成相关的文件。这些文件又让我回想起这些政策漫长而又复杂的历史，它们还让我想起了制定影响了我们发展进程的决策时的艰难——因为海外市场并不仅仅是美国国内市场的扩展。在组建海外运营事业部时，我们几乎在一开始就遇上了几个重大的基本问题：我们必须判断海外是否存在着美国车的市场，以及该市场容量有多大——并且，如果存在的话，哪种美国车的成长潜力最大。我们还必须明确我们是否希望成为出口商或在海外建立制造基地。当我们必须在国外从事一定的生产这一判断日渐明确之后，接下来的问题就是建立起我们自己的公司还是买下现存的公司。我们被迫在一些严格的法规和义务的约束下发展出生存的方法。我们必须开发出适合海外形势的组织形式。当基本政策制定以后，我们于20世纪20年代的几年中，一直在对这些问题进行详尽的考虑。

现在的通用汽车采取两种方式参与海外市场：作为美国轿车、卡车的出口商，作为在海外从事小型车辆生产的生产商。比如，1962年从美国和加拿大以整车出口（Single-Unit Pack, SUP）的形式出口了5.9万辆轿车、卡车。这意味着，这些车辆在外运的时候就已经完成了装配，只需要少量的调节就可以上路行驶了。还有4.6万辆以零配件出口组装（Completely Knocked Down, CKD）的方式出口，即它们必须在通用汽车位于国外的十个装配厂之一完成装配（通常CKD并不包括某些可在本地得到供应的零件，比如车辆装饰、轮胎等）。总的来说，通用汽车每年从美国和加拿大出口的轿车和卡车超过10.5万辆；它们包括了通用汽车各事业部在美国国内供应的各种车型。

另外，1962年大约有75万辆车在海外设计并生产，1963年预期将达到100万辆。1963年的收益反映了欧宝新引入的一种小型车的优异销售业绩。通用汽车海外三个主要轿车制造子公司分别为德国的亚当·欧宝、英国的沃克斯豪、澳大利亚的通用汽车——海尔丁。按照美国的标准来看，这些公司制造的车型都比较小，当时这些小型车主宰了整个海外市场。近年来在巴西建立了一个制造厂，1962年生产了1.9万辆卡车和商用车辆；我们还在阿根廷创建了一家制造厂，负责发动机整机制造以及冲压工作。

公司的海外业务主要依靠我们的海外生产设施。1962年通用汽车约88%的海外销量都是在海外制造的。海外产量不断在增长，并且近年里仍将得到显著增长，因为我们的海外生产厂已经完成了一些重要的扩张计划。另一方面，公司从美国、加拿大的出口量并不比20世纪30年代高，实际上，这一数字比20年代晚期要低（1928年公司出口达到高峰，公司从美国和加拿大出口了29万辆车）。

美国人很容易就忘记了这个市场仍未充分发育的问题。它的成长潜力近乎无限，在世界上的大部分地区，摩托时代才刚刚露出曙光。在使用机动车问题上，即使是西欧这种工业国家也远远落后于美国的进程。欧洲共同市场总体上平均每9个人拥有一辆机动车，而美国则是每3人拥有一辆车。通用汽车现在的海外销售量已经达到了它于1926年在美国本土的销售量。

在我们早期海外业务的探索中，我们很快就清醒地认识到因经济国家主义而产生的问题。从汽车工业早期开始，美元储备少的国家就对进口美国汽车（以及其他美国产品）征收极高的关税，并进行严格的配额管制。这种国家主义导致很多国家迫切要求国内生产相应的产品，甚至在国内市场规模不足以维持汽车工业的效率和完整性的情况下仍然这样做。

1920年，整个海外市场消化了42万辆轿车和卡车，其中大约半数都是在西欧的四个工业国家销售的：大不列颠、法国、德国和意大利。西欧的市场最为富有，但是也最难渗透，因为这四个国家所购买的机动车中大约四分之三都是他们国内自己制造的，而且他们已经下定决心要拒绝美国的竞争。另外一半的销售量分布在全球各地相对不够发达的地区。在这些"第二市场"，美国制造商通常都可以自由进入。

尽管我们采用不同的方式处理不同的国家，但是，20世纪20年代我们也逐渐从海外业务的运营中提炼出了一些经营模式。我们逐渐认识到了海外市场上的两种主要情况。第一种主要局限于西欧。表面看来，我们向欧洲大陆的出口似乎非常繁荣。但是，从长期上看，我们在欧洲的出口及分销体系受到国家主义威胁的趋势越来越明显。我们继续尽力做好我们在这些国家的出口业务，并且通过在几个欧洲国家建立装配厂来巩固这种优势。组建装配厂使我们可以利用当地的管理和劳工，从而尽量与当地经济相融合。而且，随着我们对当地供应经验的积累，我们也可以更好地利用当地的资源，比如轮胎、玻璃、装饰和类似的东西。换句话说，我们从美国出口的零件可以不再包括这些零件，然后在本地采购这些材料并组装。和出口整车相比，这样做还有一个优点，就是可以降低部分税率（现在美国汽车主要由比利时、丹麦、瑞士的通用汽车组装。）但是，我们相信公司在欧洲的未来就依靠在将汽车生产本地化了。我们出口公司的负责人詹姆士·穆尼对欧洲的生产形势进行了激情而坚定的陈述，但是，直到20世纪20年代快要结束的时候，以我为首的公司执行委员会仍然对在海外设厂生产是否明智持怀疑态度。

在欧洲以外工业不够发达的地区，则是另外一种市场形势占了主流。这些地区长期以来一直不能完成制造工作。相应地，我们在这些地区的工作也只能以出口——整车出口和零配件出口组装——为主。我们现在在欧洲以外地区的装配业务主要存在于南非共和国、秘鲁、墨西哥、委内瑞拉、澳大利亚、新西兰和乌拉圭。

尽管自1925年来我们的海外销量增长了8倍，但是我仍然认为我们的运营特点及基本战略都是在20世纪20年代确立的。

在巩固欧洲生产基地方面，我们首先考虑了法国的雪铁龙公司。关于收购雪铁龙一半股份的谈判持续了1919年的整个夏天和早秋，长达几个礼拜。前文已经提到，那年杜兰特先生曾派出一群高级执行人员到欧洲考察欧洲汽车工业状况，正是这个小组——海斯克尔先生担任组长，成员包括凯特林先生、莫特先生、克莱斯勒先生、尚普兰先生和我——负责了实际的谈判工作。安德烈·雪铁龙先生是一个积极进取、想象力丰富的商人，谈判之初他曾对出售他的公司非常感兴趣。直到我们临离开法国的时候，我们还无法确定收购这笔资产是否明智。我记得，在我们准备乘船回国之前的那个晚上，我们在克利隆（Crillon）饭店一直坐到了第二天早上，围绕这一问题展开了详尽的辩论。总的来说，我们支持收购，但是还是有一些具体问题。比如，法国政府并不愿意由美国资本接管一家对战争做出重大贡献的企业。还有，雪铁龙的生产设施对我们的吸引力也不大，很明显，接管雪铁龙所需的投资远超我们原来预计的成本。而且，雪铁龙当时的管理还存在一定的问题。晚上讨论中我们还曾一度讨论过如果接管这家企业，可能就需要派克莱斯勒先生或我长期驻守此地以经营雪铁龙。我个人对这个提议不感兴趣，并辩解说我们本土的管理也不够稳健，无法向雪铁龙派出高层管理人员。

我有时也会想，如果克莱斯勒先生或我同意为通用汽车经营雪铁龙，历史会变成什么样子。当时这个行业还很新，正在爆炸般地膨胀，它的未来正取决于一部分处于领先位置的人；通常情况下，总是资本流向这些人才，而不是这些人去迁就资本。无论如何，在我们起锚前的几个小时，我们决定不收购雪铁龙。这家公司后来被米奇林公司收购，经营得非常好。通用汽车从未在法国建立过一家生产厂；不知道为什么，总是没有合适的时间和机会。无论如何，我们在法国的电冰箱业务量很大，我们还是三家主要火花塞提供商之一，并且还为法国汽车工业提供一些其他的零配件。

我们另一项保证公司在国外汽车制造中地位的行动发生在英格兰。20世纪20年代早期，美国车在大不列颠的市场前景似乎非常黯淡。所谓的麦肯纳税为所有进口车辆构筑了可怕的关税壁垒。另外，汽车牌照的费用也以发动机的马力数为基础进行计算。计算马力数的公式很明显倾向于小缸径、长冲程的高速发动机，这对美国车非常不利，因为美国车气缸的直径与冲程的长度基本相等。由于保险费通常和牌照费相关联，因此拥有美国车的人遭受了双重损失。总的来说，雪佛兰旅行车相关的税费、保险、油钱大约为每周一英镑（约每年250美元）——这都是以平均标准为基础进行的计算。相对而言，一个英国产奥斯汀的车主每周只需支付大约11先令（约每年138美元），而且，他的购置成本也较低。

在这些环境阻碍美国车向英国出口的同时，英国的制造商也面临着一些困难。20世纪20年代中期，英国涌现出大量汽车制造商，但是他们的规模总量仅达年产轿、卡车16万辆的规模，并且各自的设计、价格相差甚多。所以，英国生产商缺乏美国大规模制造所带来的各种优势，因此长期以来，他们的价格都始终遭到美国车的压制。如果要获得一个制造基地，我们就必须长远考虑，不可能很快就取得较大的收益。

我们的第一项努力就是争取收购奥斯汀公司。该公司于1924年生产了将近12 000辆汽车，这在当时的英国是相当巨大的产量。从1924年到1925年间，当时的通用汽车出口公司（今天的海外运营部）副总裁穆尼先生就收购奥斯汀公司的前景，与我及其他人在公司讨论了多次。我们看到，即使是在保护性的麦肯纳税被暂时延缓的情况下，奥斯汀公司的销量和利润仍然得到了增长（他们于1924年8月1日搬迁，于1925年7月1日重建）。穆尼先生于1925年春考察了奥斯汀公司的资产状况，并写了一份报告建议我们收购。于是，7月份公司组成了一个委员会赴英格兰深入考察。这个委员会成员包括佛瑞德·费雪、唐纳森·布朗、约翰·普拉蒂，当然还包括穆尼先生。8月里考察团给我发来如下的电报：

> 委员会一致认为这个英国公司将为通用汽车出口公司带来好处。我们认为我们可以耗资100万英镑买下奥斯汀所有的普通股，而留下已公开发行的160万英镑的优先股——后者需要支付133 000英镑（合5 495 050美元）的红利。我们认为通过这次投资，我们不仅能够保护并改善我们制造公司的盈利状况，还能够获得至少20%的回报。保守估计，扣除债务后公司净资产可达200万英镑，其余的60万英镑则是善意支付（总计1 261万美元）。我们能否得到授权以执行委员会这项一致认可的结论呢？

当天我就给他们回了一封电报：

> 财务委员会在6月18日的会议上声明他们将批准执行委员会的任何建议。如果你们委员会能够就收购的愿望和公平的价格毫无保留地达成一致，我们就授权给你们自行判断，我们不可能在这里对收购的优先顺序及支付的价格进行判断。收购成功后请回电报，以便我们发布相应的声明。这边情况很好。致礼！

这一交易一直没有成功。除了在奥斯汀资产评估方式上的主要分歧之外，这里我不想再提起谈判中出现的各种阻碍了。9月11日，穆尼先生打电报告诉我，他们决定取消这项计划。

回想起这件事时，我想起当时听到这个消息后我松了一口气。因为在我看来奥斯汀有着和六年前困扰着我的雪铁龙相似的问题。

它的设施状态很差，管理也很糟糕。而且，我还怀疑我们的管理是否已经强到能够补足奥斯汀的不足。实际上，我们的管理能力随着海外扩张及国内扩张而不断稀释正是我们在 20 世纪 20 年代所面临的主要问题之一。

读者们可能会疑惑为什么在这种情况下我仍然会授权我们在英国的考察团来完成对奥斯汀的收购。答案实际上是，我总是试图以调和的方式来经营通用汽车，而不是采取高压的方式；当大多数人反对我的想法的时候，我通常都会决定放弃原来的想法。而且，当时涉及此事的通用汽车高层管理人员都是天资很高、信念很强的人，作为总裁，我认为我应该尊重他们的判断。但是，请注意，在我给英国考察团的电报中，我将是否进行交易的责权压在了他们的肩上。他们必须证明自己决策的正确性。

在奥斯汀交易失败后不久，我们就开始了收购沃克斯豪汽车有限责任公司的谈判。这家公司在英国名不见经传。这场于 1925 年下半年完成的收购在通用汽车内部没有引发太大的争议。沃克斯豪制造一种相对昂贵的汽车，大小和我们的别克差不多，年产量只有 1 500 辆左右。它绝不是奥斯汀的替代品；实际上，我只把它看做是一场海外制造的试验。然而，这场试验似乎非常有吸引力；它所需的投资仅有 2 575 291 美元。

我们接管沃克斯豪的最初几年中一直在赔钱。我们逐渐达成一个清晰的认识，即如果希望在英国市场上得到更大的市场份额，就需要开发出一种更小的车型。穆尼先生急切地希望尽快开始开发新车。在他的眼里，沃克斯豪还是我们的产品运营在其他国家扩张的前奏。和他相比，我自己对我们海外运营前景的看法就模糊多了。随后几年里，我的思路基本就是在我们为海外运营制定出一个明晰的政策之前，应该小心谨慎地缓慢行动。

事情奇怪就奇怪在尽管我们在争取海外生产方面已经做出了上述表示，并且接管了沃克斯豪，执行委员会却仍没有形成明确的海外政策。公司内部就这个问题的关键辩论起始于 1928 年。1928 年 1 月，当时我还在考虑如何保持我们的柔性，我向执行委员会提出了如下要求：

考虑到公司利用外部资金提高公司盈利水平、发展业务的愿望，执行委员会原则上欢迎在执行海外制造计划的国家中适当利用外部资金。这种外部资金利用方式既可以是独资，也可以是外国制造商一起合资。

就这样，我在原则上表达了对海外制造的希望。执行委员会于1月26日充分考虑了我的这一建议，但是，没有提出任何具体的措施。很明显，我们仍然处于探索政策的过程中。这一次，关于政策的宽泛讨论终于逐渐集中到几个具体问题上：我们是应该继续扩大沃克斯豪，还是应该将它作为一笔失败的投资而放弃掉？是否真的有必要在欧洲制造汽车？还是应该将改良后的雪佛兰从美国出口到欧洲参与欧洲市场的竞争？我们尤其拿不准在德国应该如何行动。如果我们决定在那里制造，我们是应该将柏林的装配厂扩建成一个制造基地，还是应该和其他生产商联合起来？我们的海外运营人员，尤其是穆尼先生，倾向于扩建现有设施，而我则倾向于与一家德国厂商联合经营。当然，这两种观点的背后都有大量的事实作为支撑。

执行委员会于3月29日和4月12日又讨论了海外制造的问题；在第二次会议上，我们特别讨论了是否应该在英国和德国专门制造一种小车型的问题。事实上，执行委员会1928年整年都在讨论这个问题。当时一种认为应该将我们出口部门的职责限定在将美国车销售到海外，而不应从事海外制造的情绪非常强烈。与此同时，有人建议在美国国内创建一个部门以设计一种小块头的雪佛兰———一种能够避开英国和德国的马力税的车型；我对此非常感兴趣。我认为，如果此事可行，就不需要为沃克斯豪或德国再开发一种新的小型车了；即使以后证明不需要在国外生产这种车，我们至少还能得到一种新车型。无论采取什么方式，我都希望在海外采取行动之前尽量多掌握一些能够使各方都满意的事实。

1928年6月4日执行委员会的一次会议上，怀着通过讨论以使我们的思路更加清晰的希望，我让每个人都与穆尼先生进行一次个人谈话。7月份穆尼先生给我写了一份很长的备忘录，详细阐述了他对于所有问题的看法。几个礼拜后，我将这份备忘录以及我对穆尼先生所提出问题的评论都转交给执行委员会。描述这些激烈争论并重塑当时气氛的最简单方式，可能就是从他的备忘录中摘抄一些内容。

穆尼先生的首要观点之一主要和出口公司对外持续扩张的愿望相关。他指出，"在过去的五年里，出口部使出口额从 2 亿美元增长到 2.5 亿美元……我们的主要问题……就是要尽快将出口额从当前的 2.7 亿美元增长到 5 亿美元，并寻找出保证未来持续增长的方法……"

穆尼先生更进一步地指出："……我们现在在世界市场上所能提供的最低价位的车型——雪佛兰——比美国国内购买价格要高出大约 75%，而世界市场用户的支付能力却仅有美国国内用户的 60% 左右。市场上，相反地，它还属于一种高价车。"

顺着这个思路，穆尼先生为沃克斯豪的扩张计划做出了辩护：

（1）我们已经启动了一个制造计划，在这个计划中，我们建议通过增加一种新车型以实现扩张。

（2）我们在英国拥有一个庞大而不断增长的分销体系，并且在沃克斯豪也拥有一些投资，这些投资需要得到保护。

（3）在将英国作为一个出口对象考虑的时候，必须考虑大英帝国的市场容量在除美国和加拿大之外的世界市场上约占 38% 的这一事实。

然后，讨论开始转向未来在德国的后续工作这一问题。穆尼先生就这一问题从几个重点上做出了回答：

（1）我们在柏林已经以通用汽车装配厂的形式创立了一个分支机构。

（2）我们建议在这个厂制造一种车型，而不是获取欧宝汽车公司的股份。

（3）由于德国的汽车工业还处于形成期，这个阶段正适合成功建立制造运营基地。

（4）我们现有的投资必须得到保护。

（5）德国不仅国内市场增长潜力巨大，而且在向邻近国家出口方面也占据优势。

我对他的一些主要观点非常赞同，但是，对于其他的观点，我仍然犹豫不决。我和穆尼先生对于在德国应该采取什么政策上差异明显。我认为这个问题简单地说基本就是这个意思：如果打算造一种非常小的车，一种比雪佛兰小得多的车——假设这仍然有利可图——那么我们还不如直接和欧宝合作。我认为这样我们将会获得一个良好的开端，而不必在一个我们都不熟悉的国家里完全依靠自己去单打独斗。

随后的六个月里，我们终于确定了我们在德国的政策。1928年10月，我在查尔斯·费雪以及通用汽车法律顾问约翰·托马斯·史密斯的陪同下前往欧洲视察。我们视察了公司在欧洲的出口部门及装配运营部门，还拜访了亚当·欧宝汽车公司。这次访问进一步鼓励了我收购欧宝的兴趣，因此我与欧宝协商为通用汽车争取到了排他性收购权。这个排他性收购权将于1929年4月1日过期。双方达成一致意见，即我们可以支付3000万美元收购欧宝，具体收购价格可根据后续对欧宝公司的审查再作调整。

我于1928年11月9日向公司汇报了这次协商的情况。委员会基本上同意收购欧宝的建议，但是认为需要对欧宝进行进一步的审查。1928年11月22日的委员会会议上，我们决定派遣一个考察组去做这件事。委员会最后批准的考察组成员包括史密斯先生，财务副主管阿尔伯特·布拉德利先生，别克制造部门负责人达拉谟先生，工厂布局及物流规划专家温纳伦德（Winnerlund）先生，并以史密斯先生为首。在考察组启程之前，我将一份正式的、讲述我对整个形势认识的备忘录交给了史密斯先生。我要求他时刻记住如下问题：

1. 各种加诸我们身上的限制将导致美国出口的车被限于高价位市场；从规模的角度看，真正的市场将在很大程度上转向本地制造的汽车，并在不断的发展中将由此产生的影响约束在较高价位的细分市场中。这种看法是否正确？

2. 无论是在欧洲大陆、英国或海外国家，对于比现在的雪佛兰简朴一些的车型，如果通过适当的设计和开发使其能够以比现在的雪佛兰低得足够多的价格出售，是否存在着机会？

3. 假如上面的第二点是正确的——即使现在还不正确……则随着德国工业的发展，成本方面的差异将低于关税和进口费用，尤其是考虑到马力税的问题，将导致从国外进口越来越受到限制。这种看法是否合理？

4. 通过在欧洲大陆和英国的运作，公司是否有机会保护自己庞大的组织、巨大的销量和巨大的利润？或者在为了保护海外业务而在国外投资于制造业的时候，公司是否拥有足够的资金并能在投资过程中获得可观的回报？

我用如下的警告结束了这份备忘录：

> ……作为主席，我特别想告诉委员会中的每个人，特别是你，你们心中不应预设任何倾向——必须用开放的心态去研究、处理每件事，不要带有偏见，唯一的目的就是掌握事实，而不要考虑它们将把我们引向何处。事实上，从投资的角度来看，这是最重要的步骤之一，也是公司现任管理层上任以来一直遵循的原则。无论在工业圈，还是在政府领域，通用汽车进入国外制造领域这件事注定要引发很多争论，因此必须用我们做一件建设性的事情以及以一种建设性的方式做事情的名声与其取得平衡。在分析这个问题上，委员会肩负着很大的责任——不仅是对自己，还要对整个公司负责。

考察组大约于 1929 年 1 月 1 日出发，我于 18 日向财务委员会提出了欧宝提案——事实上也是公司整个海外生产提案。财务委员会总体上默契地处理了欧宝的交易，并一致通过了如下决议：

> 决议：对执行委员会派遣出国考察是否可以投资，并结束或延长通用汽车有限公司用 1.25 亿马克收购欧宝汽车公司的优先权期限问题的分委员会而言，公司授予他们在保证通用汽车利益最大化的前提下全权负责处理与此案相关的事宜；公司认为，在欧宝管理层拥有欧宝公司部分所有权的情况下，保留这种关系对公司较为有利（未来在欧洲扩张时，公司可能还会需要这种形式的关系），并且公司也可以在最初价格的基础上加上累积利润完成全部收购。

上述记录表明，执行委员会和财务委员会现在取得了一致。得到完成欧宝交易授权的分委员会成员包括佛瑞德·费雪，一位公司董事，一位财务委员会和执行委员会的成员，还有我自己。3月初我们启程前往欧洲并与考察组在巴黎会合。考察组向我们提交了一份阐述他们对欧宝的调查结论的报告，报告上标明的日期是1929年3月8日。报告非常完整，相应的建议干脆而具体。作为公司总裁，我收到了考察组给我的一份简报。考察组指出："我们强烈建议行使优先收购权并根据修订后的条款完成收购。"报告中的相关发现总结如下：

(1) 德国国内市场的发育情况大概与1911年的美国相近。

(2) 德国煤炭、钢铁供应情况很好，熟练工人很多，是一个天然的制造型国家。为了发展国内经济，德国必须生产并出口过剩的产品，而且还必须维持低廉的制造成本。显然，如果想在德国汽车市场取得成功，就必须在当地制造。

(3) 亚当·欧宝公司是德国最大的汽车制造商；它引领着低价位市场，并于1928年在德国制造、德国销售的汽车中占据着44%的份额，占德国市场的26%。

(4) 亚当·欧宝公司位于罗素海姆的制造厂设备很不错，建筑设计得很好。该厂70%的机器都是过去四年中于精挑细选后采购的。基本上所有的特殊工具都已经注销了。工厂的柔性很强，随时可以上马新车型。高级工人储备充足。

(5) 欧宝拥有736家经销店，形成了德国最好的经销商组织。

(6) 在该公司1800万美元净有形资产的基础上再支付1200万美元的善意费用是合理的。对于我们来说，如果想在德国建设一个新工厂，至少需要两到三年的时间才能让效率和利润走上正轨，这么长的时间足够把向欧宝支付的溢价费用赚回来了。

(7) 这次收购将会让通用汽车拥有欧宝的经销商组织，我们将拥有"德国背景"，而不再是以外国人的身份进行经营。

考察组的建议得到了综合考察报告的支持，这一点对于费雪先生和我来说是非常清晰的。因此我们决定批准这次收购，并前往亚当·欧宝的基地罗素海姆。接下来我们达成了一项协议，其内容与我上次取得优先收购权时的协议只有细微的不同。最终协议的结果是我们以 2 596.7 万美元收购了欧宝 80%的股份，另外，我们还获得了以 739.5 万美元的价格优先收购剩余股份的权利，欧宝家族可以在后续的 5 年中将剩余的 20%股权按照一定的价格逐步卖给我们。欧宝家族最终于 1931 年 10 月行使了这一权力，通用汽车就这样以 3 336.2 万美元的总价获得了亚当·欧宝公司的全部所有权。

尽管欧宝是一家经营状况良好的公司，但是仍然存在着管理问题，尤其是在最高政策层。就我们所见，他们和经销商之间也存在着一些问题。经销商中有很多人都建立了自有的、过于复杂的机器店，从而可以制造所需的备件。亚当·欧宝公司还没有开发出互换件系统。一旦客户需要某种备件，经销商就必须为那辆车专门制作零部件；即使他能从工厂取得一些零件，他也要对它进行再加工。对于已经以互换件为基础、大规模制造的美国生产商而言，这一点没有什么意义，于是我们开始着手处理此事。

收购欧宝公司使我们在德国占据了有利的位置。以美国的标准来看，欧宝公司 1928 年大约生产 43 000 辆轿车、卡车的产量还是偏低，但是我们也没有对我们准备急剧增产的计划进行保密。交易完成后不久，欧宝公司总裁格海姆拉特·威尔海姆·冯·欧宝将所有的经销商和分销商召集起来在法兰克福开了一个大会；总共有大约五六百家代表到场，他们来自德国各地以及邻近的出口区域。我向他们陈述了通用汽车的政策。我指出，尽管德国是一个高度工业化的国家，但是以美国的标准来看，它的汽车产量仍然非常低，我预测欧宝的年产量有一天可能会高达 15 万辆。当时我被视为一个不务实的空想家。但是，当我写到这一段的时候，欧宝的年产量已经达到了 65 万辆。

接管欧宝后不久，我们派路透先生担任管理总监。路透先生曾担任我们奥尔兹事业部的总经理。他是一位运作管理人员，拥有设计背景，还具有生产和销售经验；他还拥有德国血统，德语说得比较流利。我花费了很大工夫才劝动路透先生接受这一工作。1929 年 9 月，我和他以及几个选作他助手的人一起前往罗素海姆，并举行了正式的就职仪式。

我的观点在德国运作政策中占据主导地位的同时，穆尼先生关于英国运作政策的建议也得到了采纳。已经清晰的是，到1929年为止，我们要么扩建沃克斯豪，要么就放弃英国的市场。穆尼先生在主张沃克斯豪应该开发一种形体较小的轿车方面取得了成功。1930年增加了一种价格较低的六缸车型。这一年也因沃克斯豪首次进入商用车市场而值得瞩目。公司在卡车业务领域优势明显，但是在客车领域仍然令人失望。因此，我于1932年初任命了一个委员会前往英格兰，让他们就产品计划写一份报告并提交相关的推荐建议。在当时任财务副总裁的阿尔伯特·布拉德利的领导下，这个委员会建议沃克斯豪应该停掉当前的客车生产线，并生产一种更小、更轻的六缸乘用车，然后再开一条四缸生产线。新"轻六缸"型于1933年引入市场，而马力更小的四缸车则于1937年引入市场。委员会的建议对沃克斯豪的影响持续了很长时间。现在沃克斯豪客车和卡车的年产量已经达到了39.5万辆。

在收购欧宝及扩建沃克斯豪的过程中，通用汽车也经历了一场非常重要的挑战。它从一家国内制造商转变为一家国际制造商，并时刻为自己的产品寻找市场，并在环境许可的情况下在制造、装配设施方面尽量为这些市场提供保证。公司终于在较高的层次上确定了自己的战略。

我们在20年代晚期收购沃克斯豪及欧宝真是一件非常幸运的事。因为当世界范围的大萧条于1929年爆发之后，我们的出口业务和其他美国生产商一样急剧下滑。通用汽车在美国和加拿大的出口量从1928年的29万辆下滑到1932年的4万辆。此后出口量开始增长，但是我们的海外产量增长得更快。1933年沃克斯豪和欧宝的销量第一次超出了通用汽车美国造的汽车在海外的销量。战前所有海外销售——既包括海外造的车，也包括美国造的车——的高峰出现于1937年，那一年我们从美国和加拿大出口了18万辆车，并销售了海外造的18.8万辆车。

当然，二战爆发后我们整个海外业务的前景就非常值得怀疑。即使最终失败的是轴心国，我们也仍然很难判断战后在世界上的大部分地区盛行的政治经济环境会变成什么样子。在我的建议下，我们于1942年在公司内部组建了一个战后规划政策组,并要求他们承担起预测战后政治形势的重任,还要求他们对通用汽车未来的国外政策提出建议。我是这个政策组的主席,通用汽车副总裁、海外运营事业部总经理爱德华·赖利负责为我和政策组就战后海外各地区政治经济形势的思考提供详细的总结。一封日期为1943年2月23日的信中包含了这些发现中的绝大部分。由于它是我们在战争时期对未来海外业务思考的指导原则,因此这里我将稍微详细地引述其中的一些内容:

……这是我们的信念,我很乐于把它们提出来[赖利先生写道]……美国在战后将取得比一战结束后更强大的地位和姿态,而且,这一点不会受到国内政治发展的影响……在过去四分之一世纪经验的指引下,美国不会再在世界问题上退回到以往的孤立状态——离开美国的指导、干预和支持,这些国家的发展将再次转向有损我们利益的方向……

在英国……我们相信我们已经确认了一些能够暗示未来发展的事件。

在我们看来,其中之一就是英国重要人士已经决定以低成本、高效率的生产为基础,以世界性贸易国家的身份参与国际竞争,而不再继续以战前那种卡特尔保护的方式来保护它的基础工业。那种方式导致了高昂的生产成本,并且进而需要对市场进行保护。

另一个可以看得清的趋势就是英国正在逐渐无可置疑地认识到,保护大不列颠未来的兴旺与安全的最佳方式就是在政治上与美国紧密合作。

……就现有的信息来看,我们感到俄国政治思想的主线将继续保持在和平发展领域,而不会采取类似战争的侵略行为以实现外部征服……

俄国的影响不仅向西扩散到欧洲,还直指南方和东方。波斯、印度、中国,甚至日本过去都曾感受过这种影响……战后俄国将继续努力在各个方向上维持这些影响。

> 我们感到……俄国的政治社会哲学……将超越俄国的国境线而继续在那些适于接受并发展这种哲学的国度里传播……对抗这种扩散的最佳方式就是破坏或缓和那些适于它传播的环境，并向人们展示我们还可以向他们提供一种美国、英国的生活方式……
>
> 总的来说，未来的总体趋势……就是可能会在苏联的西方、南方和东方形成一条线，这条线里面的地方俄国的思想占主流，而线之外则是美国和英国的观点占主流。
>
> ……根据过去的经验判断，战后强大的俄国所影响的区域基本上不会是我们这种生意的沃土。

尽管这些预测是以临时性"经验猜测"的方式给出的，但是后来的事实证明它们总体上还是非常正确的。我认为我们对于战时的预测结果可以被看做是某种形式的冷战预言；但是，与此同时，我们相信战后我们的海外业务将在全球广大地区繁荣兴旺。

在研究了赖利先生的资料和其他大量材料之后，我们海外政策组在主席阿尔伯特·布拉德利的领导下于1943年6月采纳了一项处理公司海外扩张计划的纲要。政策组所面临的一个大问题就是战后我们是否应该再收购一些制造厂。该纲要注意到了世界范围内的工业化趋势，并认为这种趋势将继续下去，并且还会得到加强。纲要继续指出，通用汽车希望，能够在公司海外业务涉及的地区参与并支持这些趋势。"但是"，纲要指出，"对于那些战前不具备整车生产条件的地区，通用汽车不相信它们在战后能够具备支撑完整的汽车制造所需的基本条件。澳大利亚是上述论断的一个例外……"换句话说，战争结束后，除了澳大利亚，我们不准备再收购其他的制造基地了。

战后我们所面临的最紧迫、最重大的问题就是欧宝的财产问题。战争开始后德国政府控制了欧宝。1942年我们在欧宝的累计总投资达到了3 500万美元，根据财政部制定的针对敌控资产的规定，我们这段时期可以不用缴纳收入税。但是这项规定并没有终止我们对欧宝的兴趣和责任。随着战争结束的日子越来越近，我们逐渐认识

第18章 海外公司

到我们仍然被视为欧宝的所有者,并且,作为所有者,我们有义务继续承担相应的责任。

当时,我们在是否继续控制欧宝问题上悬而未决。我们不知道欧宝的状况究竟如何,而且我们的纳税地位也还不明朗。一个旨在研究这些问题的委员会于1945年7月6日向海外政策组提交了如下的报告:

1. 由于缺乏关于该公司状况的信息,因此,关于应否处理掉这批投资,我们没有结论……

2. 认为现在以象征性的价钱卖出这部分股票就可以避免因恢复对欧宝资产的控制而引发的进一步纳税问题是不正确的。

3. 就现有的战争损失恢复法规而言,目前在恢复税、税收限制、恢复日期、评估方法等方面仍然还不清晰……

俄国要求接管欧宝以作为对他们的赔偿,而且一度显得似乎即将成为事实,这让整个形势变得更加复杂了。但是,到了1945年后半年,战争结束后,美国政府在这个问题上采取了强硬的反对态度。也许我应该指出,通用汽车在这个过程中没有采取任何行动。实际上,我认为当时我们并不认为欧宝是一个赚钱的生意。在1946年3月1日给赖利先生的信中,我这样写道:

无论正确或是错误,我个人始终认为在现在这种情况下……就我们目前的认识,从盈利的观点来看,无论通用汽车担负起怎样的运营责任,都很难达到战前的水平……在我看来,对于这个您所认为的有限市场,我们似乎并不需要一定闯过去……

恐怕我的悲观结论代表了公司里大多数人对战争及其由之而来的灾难的情绪,而且欧宝里面的很多的未知因素也加剧了我的紧张情绪。随着这些未知领域的逐渐揭开,这种感觉逐渐发生了变化。通用汽车和位于美国控制区的同盟国军政府之间的谈判持续了两年。美国军政府总督卢修斯·克莱将军明确向我们表示他支持我们尽快收回欧宝的资产。他强调,如果我们不确定下来收回欧宝的时间,那么德国将组织人员对它监管。

1947年11月20日，运营政策委员会向财务政策委员会建议通用汽车应该恢复对亚当·欧宝公司的控制。这一建议和海外政策组的发现完全一致——他们也建议恢复对欧宝的控制。

1947年12月1日，财务政策委员会考虑了这项提议，并指派一个研究组来评估当时所能收集到的、和亚当·欧宝公司相关的事实。这个小组是由当时公司的总裁威尔逊任命的。公司一位经验丰富、能力出众的运营执行官康克尔（Kunkle）担任小组主席，小组成员包括：霍格朗德（Hoglund），来自海外运营部门；弗雷德里克·唐纳（Donner），当时负责财务的副总裁；亨利·霍根，当时公司的法律顾问；埃文斯，公司副总裁，一位拥有着丰富工程设计及生产经验的执行官，而且曾多年从事海外业务。

小组于2月11日离开纽约，3月18日返回。在此期间，他们仔细检查了欧宝的财务状况，并与柏林、法兰克福以及威斯巴登的军政府代表举行了会晤。他们还会见了很多德国人，包括欧宝的执行官、重要的供应商、德国政府的当地代表、欧宝工会的官员等。他们还联系了英国、荷兰、比利时以及瑞士的实业家、银行家、政府官员以及华盛顿的国务院及美军代表。

研究小组的结论最后于1948年3月26日提交给了公司总裁。这个小组报告的组织形式类似于资产负债表，既列举了支持继续控制欧宝的理由，也列举了反对的理由。他们自己的建议则是继续控制欧宝。但是，1948年4月5日财务政策委员会在一次会议上质疑在当时恢复对欧宝的控制的正当性。会议纪要如下：

委员会已收到标注日期为1948年3月26日的报告（编号：580）。该报告是由公司总裁所任命的、旨在考察是否适于恢复在西德的业务的特别小组所撰写的。

[财务政策]委员会认为，考虑到与这项资产的运作相关的各种不确定性，公司当前并不适宜恢复对欧宝的控制……

海外政策组于1948年4月6日举行了一次会议，讨论了4月5日执行委员会的结论。仔细研究了特别研究小组的报告之后，海外政策组认为，财务政策委员会之所以不支持恢复对欧宝的控制权，主要是因为委员会中不同成员在考虑到当前形势的某些方面时心中充满了不确定性。海外政策组进一步认为,这些不确定性可以精炼成几个基本的问题。在讨论中,我强烈地指出,如果我们能够将这些不确定性中的大部分因素都在一份简明的备忘录中清晰地阐述出来,或许会让财务政策委员会重新考虑恢复对欧宝的控制。我建议由赖利先生负责起草这份备忘录,并声称如果完成后能够得到财务政策委员会的认可,我愿意再提交一份更深入的报告并请求财务政策委员会重新考虑整件事。

威尔逊先生在1948年4月9日给我的一封信中曾提到,自从财务政策委员会采取了那样的行动之后,他就一直惦记着欧宝的情况了。他在信中这样说道:

　　……礼拜一的时候,我很惊讶地发现,除了唐纳先生赞成并支持特派组——他也是其中一员——的一致建议外,[财务政策]委员会中只有我一个人愿意继续在德国的运营……

　　但是,对于我来说,很明显,我不能让事情一直停留在现在这种状态,财务政策委员会必须再次考虑这个问题。直到意大利大选以及沃尔特·卡彭特和阿尔伯特·布拉德利加入讨论并愿意承担最终决策所赋予的责任制前,我不相信他们会开始重新考虑此事……

在1948年4月14日给威尔逊先生的回信中,我这样写道:

　　……你说礼拜一的时候,你发现你是除了唐纳先生及布拉德利先生(可能)之外唯一支持继续在德国的业务的委员会成员。这种说法并不正确。就我的想法而言,我一直都支持继续在德国的业务。而且,我仍将赞成这种观点……

　　我参与财务政策委员会的会议,主要是希望我们能够沿着你的假设明确地确定一些原则。我要求他们考虑这一点。由于他们缺席,我被迫代表他们的意见而违背我的意愿,并采取了反对的态度……

　　我同意你关于现在的状况非常令人不满的判断。在礼拜一会议结束的时候，我也有这种感觉，而在礼拜二后续的讨论中，这种感觉更加强烈了。正是出于同一原因，我在礼拜二继续催促他们考虑我礼拜一的提议，即就各种不确定性提出具体的提案，从而使我们能够继续工作。我相信如果能够做到这一点，财务政策委员会还是有可能转变态度的。

随后，我和赖利先生从运营的角度对各种不确定性以及建立海外运营部能够接受的实际限制进行了系列讨论。作为观点交流的成果，我草拟了一份报告，并于1948年4月26日将它呈交给财务政策委员会。在报告中，我强调了如下几点：

1. 必须认识到，这次所面临的问题和1928年当时的财务委员会所面临的问题不同。这并不是我们是否要在运营的层面上进入德国的问题，事实上，我们已经在那里开展运营工作了。最初的问题主要涉及一个我将在后文中详加剖析的一个重要原则。说得更具体一点，就是1928年的问题主要是：需要向境外进行可观的资本输出、我们在外国组织完整而高技术的制造过程所面临的不确定性、一个尽管类似但却存在些微不同的产品的市场潜力、盈利的可能以及其他考虑。而现在的问题则不涉及任何资本输出……

2. 毫无疑问，这份报告反映了任何建设性的企业都会考虑到的、与当前的经济停滞密切相关的形势。但是，如果我们不这样做，又会怎么样呢？战争结束之后整个德国的经济一直都处于现在这种状态，必须考虑一种深具建设性而又主动的方式来重建德国经济……

3. 通用汽车是否仍应保持为一家国内企业而在国内制造，然后将产品出口到有市场的地方？还是注定会扩张成一个国际性组织，在出现机会的地方制造产品，以作为美国国内生产的补充甚至独立于美国国内生产？这个问题在20年代后期已经有了定论……我深信通用汽车必须——无论它是否愿意——积极主动地遵循这一政策。我相信，考虑任何问题的唯一出发点都应该是从长期的观点看，这一机会所带来的利润值得我们去冒这个险。

我还特别写下了如下建议：

1. 建议委员会重新考虑4月5日的会议上所达成的决定，并进一步考虑这一报告。

2. 建议委员会授权尝试性地恢复对欧宝的控制，两年之后再根据届时的情况进行评定。

3. 我们恢复对欧宝管理的条件，将在后文进行界定。制定这些条件的目的并不是为了让某些权威来保证这些条件，而只是为了设定在这两年试验期内的退出条件，从而使我们可以在因业务管理或运营情况变动而无以为继的时候退出来。

我的第四点指出了第三点里面所提到的条件：通用汽车不再向欧宝继续投资；应可以方便地获得信用贷款；在人事政策和行政管理上应享有充分的自由；亚当·欧宝公司所生产产品的种类完全由管理者决定；如果政府对产品价格进行管制，则必须保证合理的利润回报。

1948年3月3日举行的会议上，财务政策委员会评估了欧宝的情况。会议纪要这样写道：

委员会从小艾尔弗雷德·斯隆那里接到了日期标明为1948年4月26日的报告（编号：606），该报告建议委员会授权在一定的情况下恢复对欧宝的管理。委员会一致认为，委员会将以以下事实作为判断的基础：（1）通用汽车有限公司将不再向欧宝公司投资，也不会给出任何形式的投资保证；（2）恢复对欧宝的控制不可以改变通用汽车有限公司在美国所得税问题上的处境。

接下来讨论了通用汽车有限公司的税务问题。霍根先生和唐纳先生指出，现在恢复对欧宝的管理不会改变公司在美国国内所得税问题上的处境。

至于第二个讨论的问题，委员会一致通过了如下的决议：

尽管财务政策委员会认为恢复对亚当·欧宝公司的控制并不

需要通用汽车对欧宝公司进行投资，或者提供任何形式的投资保证，尽管委员会并不认为通用汽车有限公司在美国所得税问题上的处境并不会因为现在恢复对欧宝的控制而受到不利的影响；

因此，达成

决议：财务政策委员会建议运营政策委员会，基于上述原因，财务政策委员会不会反对恢复对亚当.欧宝公司的控制；并且，进一步达成

决议：考虑到这些因素，恢复对欧宝的控制和管理这件事必须要在运营政策委员会认为可取的条件下进行；并且，进一步达成

决议：将小艾尔弗雷德·斯隆于1948年4月26日以亚当·欧宝公司冠名的报告（编号：606）抄送运营政策委员会，以供其参考。

公司的态度现在已经明确下来了。公司的目的就是在遵循财务政策委员会所设定限制的框架下恢复对亚当·欧宝公司的控制，并在与美国军政府就转交欧宝资产的协商中维护住数不清的细节。这些工作最终于1948年11月1日完成，并由通用汽车有限公司发布了一则声明：

通用汽车宣布，今天它已经恢复了对德国亚当·欧宝汽车公司的管理，该公司位于法兰克福美因河附近的罗素海姆。前任通用汽车海外运营部欧洲区经理爱德华·齐当尼克被任命为公司常务董事。本周选出的董事会由九位美国通用汽车公司的代表组成，通用汽车海外运营部副总经理伊利斯·霍格朗德担任董事会主席。

到1949年为止，欧宝公司轿车和卡车的销售量累计达到了4万辆，而且，和德国其他产业的迅速恢复相似，欧宝公司的后续增长也非常迅速。1954年，欧宝的销量接近16.5万辆，已经超过了战前的最高水平。

当我们战后初期还在就欧宝问题进行协商的时候，我们也从澳大利亚收购了一处新制造基地，巩固了我们20年代初在这个国家里的落脚点。后来澳大利亚热烈欢迎美国汽车，市场占有率一度超过90%。但是，澳大利亚政府为进口美国车身设置了很多困难，每辆旅行车车身需纳税60英镑——依照当时汇率，约合300美元。这项税赋起源于第一次世界大战，当时的运输空间非常宝贵，但是后来这项税赋也没有取消，而且还被冠以一个熟悉的理由——鼓励国内产业。由于高额税赋，1929年通用汽车决定从位于阿德莱德的海尔丁汽车车身制造厂——该厂以往制造皮革制品，一战之后开始制造车身——采购车身。我们与这家公司保持着紧密的联系，在20年代后期几乎消化了它的全部产量。1926年，我们组建了通用汽车（澳大利亚）有限公司，并开始在澳大利亚建立装配厂，构建我们自己的经销商组织。1931年我们完全收购了海尔丁公司，并将它与通用汽车（澳大利亚）有限公司合并起来，组成了通用汽车——海尔丁有限公司，并开始制造一些零部件。这样，到了二战结束的时候，我们在澳大利亚已经不仅拥有制造经验，而且还拥有自己的经销商组织，并且还对当地市场比较熟悉了。

我们决定将海尔丁扩建成一个完整的制造基地的决定是在战争进行期间做出的。我在本章前面的部分已经提到过，以布拉德利先生为主席的海外政策组的声明指出，直到1943年6月，澳大利亚可能是我们愿意建设海外制造基地的唯一选择。1944年9月，海外政策组进一步决定将在澳大利亚建设一个完整的汽车制造厂。后来证明，这是一个非常及时的决策，因为当年10月澳大利亚政府正式邀请通用汽车及其他感兴趣的公司就在澳大利亚制造汽车提出提案。由于我们在这一方面的思路已经基本成型，因此我们在接受这一邀请的时候反应相对更为迅速。在1944年11月1日提交给行政委员会的报告陈述了在澳大利亚进行制造的情况。该报告得到了海外政策组的批准。报告中指出：

(1) 在一定程度上，我们已经开始在那里进行制造了，现在所讨论的问题只是一个程度的问题。

(2) 对于汽车生产商而言，澳大利亚拥有熟练的工人、低成本的钢材，以及其他有利的经济因素，而且气候也很好。

(3) 其他制造方案毫无疑问将降低我们在这个受保护市场中的市场份额。

1945年3月，澳大利亚官方对通用汽车–海尔丁的情况表示赞同。从那时起到1946年，通用汽车在底特律组建了一个由30名美国工程师、生产工人及澳大利亚学徒组成的团队，并对他们简要地进行了如何启动新制造业务的培训。该团队离开美国之前，他们制造了三种原型车。1946年秋，这些人和他们的家人——共75人——乘坐加拿大太平洋火车公司的专列离开底特律前往范库弗峰。他们携带的东西包括测试车、所有必需的工程数据、几吨重的图纸以及底特律精神。1946年12月，一艘汽轮将他们从范库弗峰送到了澳大利亚。他们于1948年在澳大利亚投放了第一批产品，并售出了112辆。1950年，他们的年产量已经达到了2万辆，1962年年产量达到了13.3万辆，并且正在准备将产能扩充到17.5万辆。

第 19 章

非汽车产业：柴油电力机车、家电和航空

通用汽车不仅制造轿车和卡车，还制造柴油电力机车、家用电器、航空发动机、运土设备以及其他各种耐用品；总的来说，汽车之外的业务约占民品销售额的 10%。但是，产品的多样化总是受到各种限制。除了"耐用品"之外，通用从未制造过其他物品，而且，除了少量的例外，其产品都和发动机紧密相关。即使是杜兰特先生，在他所有的扩张和多元化经历中也从未涉足过公司的名字——通用汽车（General Motors，Motors 既有汽车之意，也有发动机之意）——所暗示的界限。

这里并不打算详细介绍我们所有非汽车产品的历史。我们在柴油机方面的开创性工作，我们福瑞芝达及电冰箱产品线的发展，以及我们的航空工业才是这一章的主题。

如果追溯往事时能够发现通用汽车在汽车业之外的历程曾采取了一种连贯的方式，会是一件非常美妙的事情，但是，这其中穿插的其他因素以及机会的作用导致现实并不符合我们的期望。当然，我们在多元化投资方面抱有天然的兴趣，因为这可以增强我们抵御汽车业销售下滑冲击的能力。但是，对于汽车以外的行业，我们从

来都没有形成一个总体规划；我们从来都是出于各种不同的原因才涉足这些行业的，并且在某些关键点上，我们也非常幸运。比如，我们之所以进入柴油机领域，完全是因为凯特林先生对柴油机的特殊兴趣。早在1913年，当时他还在为了给农场照明系统寻找一种发电机的时候，他就开始试验柴油机了。杜兰特先生让通用汽车从事电冰箱业务也是出自个人原因；但是，正如我将要指出的那样，很明显，如果不是因为连续发生了一些古怪的事情，我们可能会在早期就放弃电冰箱领域了。而我们之所以涉足航空业，也只是因为我们曾认为小型飞机会成为汽车的竞争对手。

需要指出的是，我相信，在我们开始对这些领域投资的时候，当时相应的新产品相对而言都还非常少。美国铁路系统中还没有能够提供主干路服务的柴油机车；电冰箱还只是一种不现实的新发明，航空业的未来还只是个别人的猜想。换句话说，我们并不是简单地利用我们的财力和工程设计力量来"接管"汽车业外的某种新发明。我们在早期介入——在四十五年前——并帮助它们发展。我们在这些领域的业务得到了扩张，但是，除了1953年收购欧几里得道路机械公司（掘、运土工具制造商）、进入战争和国防工业之外，我们并不进入那些完全陌生的行业。

柴油电力机车

通用汽车于20世纪30年代早期低姿态地进入了机车行业。当时，除了调车机车外，美国铁路业对柴油机车基本没有兴趣。然而，不到十年间，柴油机车的销量已经超过了蒸汽机车，而通用汽车的柴油电力机车销量也超过了其他机车制造商的销量总和。由于我们领导了这场柴油机车革命，并且帮助铁路业实现了巨大的节约，因此，现在电力动力事业部在机车市场上占据了显著的市场份额。

我认为，有两个主要的原因推动了这一壮观的进程：第一个原因就是在生产适用于全美铁路的轻自重高速柴油发动机方面，我们表现得更为顽强；第二个原因就是我们为机车行业带来了一些汽车制造业中的制造、工程设计、市场营销理念。直到我们开始制造柴油机的时候，机车仍然是采取定制的形式，通常铁路部门必须以冗长的细节来描述他们的需求,因而导致美国铁路上运行的机车中,基本不存在两辆相同的机车。但是,几乎从一开始我们就向美国铁路提供标准的机车——一种我们能够以相对的低价格进行量产的机车。另外,我们还保证我们的机车每吨公里的净成本要低于蒸汽机车,并且,我们构建了服务组织,还提供标准的替换零件。这一行动在机车业中引起了一场革命,并巩固了我们的地位。

当然,在通用汽车刚开始对柴油机产生兴趣的时候,也没有提出什么新的原理。德国发明家鲁道夫·狄赛尔于1892年申请了这种发动机的专利,并于1897年成功地制造出一台单缸25马力的柴油机。1898年,美国制造出双缸60马力的柴油机。和现代柴油机相比,这些早期的设备身上所体现的压缩点火原理并没有发生变化。

四循环柴油发动机工作方式如下:活塞第一次抽吸时,发动机仅吸入空气,活塞第二次推出时,将空气压缩,使其产生每平方英寸500磅的压力,温度达到约1000华氏度。在压缩临近结束的时候,柴油会在极高的压力下喷射到燃烧室,高温空气引燃柴油。活塞的第三、第四次运动就是做功和排气过程——和汽油机一样。但是,柴油机既不需要汽化器,也不需要电子点火装置,因此,和汽油机相比,它相对简单得多。

就像这段描述所暗示的那样,柴油机直接将燃油转变成能量来源。从这一点来看,它和蒸汽机不一样,后者的燃料被用来产生蒸汽;它和汽油机也有所不同,后者在点火之前必须将燃料汽化。和柴油机相比,这两种机器都会损失效率——实际上,柴油机是日常使用中热效率最高的热机。现代柴油机使用精炼过的石油燃料,但是过去也曾使用过其他燃油。鲁道夫本人坚持使用炭粉,但是他的助手开始的时候曾劝他使用石油以避免擦伤。后来一些实验项目还遵循鲁道夫的路线使用过炭粉,并还尝试过其他燃料。但是,最后石油成了柴油机的标准燃料。

尽管效率很高,多年来柴油机的实际用途仍然非常有限。除了少量例外之外,柴油机通常都个头庞大,非常沉重,而且运行缓慢,因此它们的最大应用领域就在电站、泵、船舶等领域。平均下来每马力的柴油机约重200~300磅,而这正是问题的核心——必须制造一种功率强大的高速柴油发动机，而且个头还要相对较小。

前面已经提到，柴油机的原理并没有什么创新。我还应该加上一句，即通用汽车所发明的柴油机并没有应用某些非公开的原理。当时所欠缺的，仅仅是在处理实用性问题上的想象力、主动性和才智。

在20世纪的第二个十年中，欧洲人已经在这一方面取得了一定的进展。到1920年，他们已经将一些柴油机车投入了运行。到了1933年，一些美国柴油机制造商已经成功制造出一些柴油机车，并用于调车服务。由于重量对于调车机车而言是一种优势，而且它们展现出了比蒸汽机车更高的经济性，因此它们取得了一定的成功。但是，制造适合美国主干线上客运、货运的柴油机车的尝试一直都没有成功，因为对于这两种情况，重量、功率和大小都非常重要。将柴油发动机各项指标合理化，降低重量与马力的比值，就成了我们工程师的首要考虑。

在通用汽车这种大型组织里，通常很难将功劳或过失归到某个人的头上。但是，在柴油机这件事上，查尔斯·凯特林几乎就代表了整个故事。我们现在研究实验室的前身——通用汽车研究公司，早在1921年就在凯特林先生的紧密领导下试制柴油机了。在凯特林先生于1928年4月购买了一艘游艇之后，这种发动机就吸引了他的大部分注意力。每个认识他的人都曾猜测，当他在游艇上的时候，他可能更多是待在发动机舱里，而不是在甲板上休息。他早就相信柴油机没有必要那么大，那么重了。

大约在同一时期，我也开始逐渐为通用汽车对柴油机的可能发展而感兴趣了。如果我的记忆正确的话，我记得有一天我曾顺便来到底特律的研究实验室并和凯特林先生说："凯特，为什么人们在认识到柴油机的高效率之后仍未普遍使用它呢？"他以他的典型方式说，原因在于发动机没有按照设计者所希望的方式运转。然后我又和他说："很好——我们现在已经涉足柴油机业务。你告诉我柴油机应该怎样运转，然后我来看看我们可以将什么制造设施投入进来以资助这项计划。"当然，说我们已经涉足柴油机业务只是一种说话的方式，我的意思是我将在公司里支持他。

第19章 非汽车产业：柴油电力机车、家电和航空

1928年，凯特林先生和一个研究团队开始在实验室里针对柴油机进行一系列的实验，并且随后将这种柴油机提供给了各个制造商。经过对实验结果以及当时各种研究文献的分析，团队在凯特林先生的领导下得出结论：对他的问题的解决方案就是采用双循环柴油机。实际上，凯特林先生的结论中最精彩的部分就是他深信双循环原理最适合制造小型柴油机。尽管当时这一技术已经得到了充分研究，但是，由于在大型低速柴油机外基本无法应用而被业界所舍弃。

在双循环柴油机中，吸入新鲜空气和排出燃烧后的气体同时发生。活塞每运动两次就做功一次，而不是像在四循环柴油机中那样每四次运动才做功一次。由此产生的结果就是，在同等马力输出的情况下，双循环柴油机的重量只有四循环柴油机的五分之一，体积只有六分之一。但是，它也带来了一些令人望而生畏的工程难题。至少凯特林先生所设计的双循环柴油机在油料喷射系统上就需要高得多的精度。特别是研究实验室要求生产——并且最终也生产出来了——的油料喷射器，这种零件的安装间隙只有一英寸的三千万至六千万分之一，而喷射泵每平方英寸所承受的压力则高达3万磅，这样它才可以迫使油料从直径大约千分之十至十三英寸的小孔中喷射出去。双循环柴油机必须配备一个外部空气泵。这成了另一个问题，但是最后研究人员取得了需要的结果：一个轻巧紧凑的设备，它能够以300~600磅的压力抽吸空气。

1930年底，双循环柴油机的实用前景已经非常清晰了，凯特林先生也在柴油机技术上取得了重大突破。同样，我也需要按照先前的承诺为他提供制造设施了。我们四处寻找所需的特殊设备。我们主要通过两家公司——温顿发动机公司和电力动力工程设计公司——完成了这部分工作，这两家公司都位于俄亥俄州的克利夫兰。

温顿是一家柴油机制造商，产品主要用于船舶（凯特林先生第二套游艇发动机就是他们制造的）。他们也制造一些大型汽油发动机。电力动力是一家工程、设计、销售公司，自己并不拥有制造设施。两家公司之间已经保持了近十年的紧密关系。在此期间，它们已经在铁路气电机车方面建立了一定的声誉，并在短程运输机车市场占有巨大的份额。制造这些铁路机车是温顿公司自20世纪20年

代以来的主要业务。但是，和蒸汽机车相比，气电机车的经济优势正在逐渐消失，临近 20 年代结束的时候，电力动力公司发现很难继续销售气电机车了，这继而影响了温顿公司。

针对这种情况，温顿和电力动力公司于 1928~1929 年间开始认真地探索将柴油机引入铁路机车业的可能性。电力动力公司当时的总裁哈罗德·汉密尔顿也遇上了凯特林先生正在努力的油料喷射问题。汉密尔顿当时也在致力于开发一种小型柴油机。获得了凯特林先生所提供的技术之后，他所制造的最小的柴油机每马力只需 60 磅的重量。他认为，一台机车所需要的柴油机每马力的自重不能超过 20 磅，而曲柄旋转的速度不能低于每分钟 800 转。尽管当时有几款发动机已经非常接近他的要求，但是汉密尔顿先生认为，它们还无法达到铁路应用所需的性能和可靠性。汉密尔顿先生进一步认识到他所需要的柴油机将需要使用金属管和金属接头，这样才能在承受每平方英寸 6 000~7 000 磅压力的情况下保持更长的寿命。温顿无法实现这种工艺要求，汉密尔顿先生也不知道该到什么地方去寻找相应的加工工艺。最终他得出结论，为了解决他和温顿的问题，需要寻找 1 000 万美元的风险投资——大约 500 万美元用于克服技术障碍，另外的 500 万美元用于提供制造所需的设备和工厂。

很快汉密尔顿先生和温顿总裁乔治·考德瑞顿（Codrington）就认识到，他们无法从银行借到这么大一笔钱，铁路工业也无法为他们提供这么大的风险投资（铁路运营方和制造商都缺乏对柴油机的兴趣，不愿承担必要的研究费用）。大约正是这个时候，凯特林先生由于订购第二套游艇发动机认识了考德瑞顿先生。他之所以购买这种发动机，只是因为考德瑞顿先生答应——尽管很不情愿——为这个发动机装上一种他们的设计人员正在开发的燃油喷射装置，而凯特林先生认为这种装置非常有前途。我不知道是谁首先建议温顿加入通用汽车的，但是，1929 年晚夏，我们开始正式与温顿谈判。直到当年 10 月巨大的市场崩溃模糊了市场前景时，才最终达成收购协议。

但是，我们始终都认为收购温顿是一笔很好的交易。至少我们当时对美国汽车市场的前景非常不确定，因为它在 20 世纪 20 年代

第19章 非汽车产业：柴油电力机车、家电和航空

晚期始终没有增长。所以，我们对任何处于其他领域能够为我们带来合理的多元化的机会都会自然而然地产生兴趣。

公司副总裁约翰·普拉蒂于1929年10月21日在一份提交给运营委员会和财务委员会的备忘录中陈述了收购温顿的提案：

> 我们在过去的一段时间里考虑了收购位于克利夫兰的温顿发动机公司的可能，这个话题也成了前一段会议里大家的非正式话题。
>
> 据信我国柴油发动机的发展已经达到了可商业化的地步，并且很有可能就处于大规模膨胀的临界点。毫无疑问，温顿发动机公司是美国杰出的柴油发动机制造商……
>
> 温顿公司管理层能力出众，暂时不需另外派遣人员参与管理。如果业务持续扩张——我们相信会如此——我们可能会考虑为他们增派一名好执行官，或者是副总经理，或者是销售经理……
>
> ……收购这家公司将使我们充分利用我们的研究部门在发动机领域的研究成果，并使我们能够紧跟柴油发动机的发展。这样业务的营利性也很好，如果扩张能够得以持续——我们大多数工程设计人员都这样认为——我们最终会从收购温顿所需的投资上获取大量的回报……

最后，1930年6月，温顿公司成为通用汽车的一部分，考德瑞顿先生继续担任总裁。温顿的主要市场仍然是船舶发动机[①]。收购温顿五个月后，我们又收购了电力动力公司，而且仍然由原公司管理层负责公司的运营。在收购电力动力的协商中，汉密尔顿先生和凯特林先生继续就轻自重柴油机展开了漫长的讨论。1955年在参议院一个分委员会的听证会上，汉密尔顿先生描述了凯特林先生对开发

---

① 1937年温顿的名字改为克利夫兰柴油发动机事业部，并于1962年与电力动力事业部合并。也是在1937年，我们成立了底特律柴油机事业部以制造小型柴油机供船舶及工业用。尽管多年来它们的产品有些重叠，但是，总的说来，底特律柴油机事业部更擅长于制造小型柴油机。

柴油机的巨大热情："……就像响铃刺激一匹马。"他这样回忆。

事实上，汉密尔顿先生很清楚，吸引他加入通用汽车的力量并不仅仅是公司强大的经济实力。"……我们从通用汽车所得到的远不止这些，"他说，"……在我当时了解的公司里，很多都拥有足够的金融资源，但是，他们中没有一家拥有能够解决这个问题的思路，也缺乏将柴油机推向成功的勇气。至少我们在这个问题上是这个态度。"

温顿和电力动力的运营方式曾一度照旧。汉密尔顿先生和凯特林先生都认为制造铁路上可接受的商用柴油机还需要很长时间。与此同时，凯特林先生将他大部分的精力都投入到了改善双循环柴油机上。到了1932年，凯特林先生认为他能够制造一种功率达600马力的双循环八缸发动机。由于凯特林先生的新发动机与当时的四缸600马力发动机相比优势很明显，尤其是在每马力所需承担的自重上优势很明显，所以他的发动机看起来很值得投入制造。

当时我们正在准备参加世界世纪发展博览会，该博览会预定于1933年在芝加哥举行。我们计划推出一项生动的展览——展出一条生产雪佛兰客车的装配线的实际运作过程。

我们需要为该生产线提供动力，因此我们决定选择凯特林先生推荐的两台600马力柴油机。

当我们刚开始想到用新型柴油机为我们的世博会项目供电的时候，我们当时所考虑的是检验一下发动机在实际操作环境下的长时间性能。我们认为凯特林先生的基本设计非常实用，但是我们并不认为柴油机很快就能投入商业运用。但是，在这次展览还没有结束的时候，我们对这件事的看法就已经发生了戏剧性的转变。

引起这种变化的最主要原因就是一位铁路公司总裁——伯灵顿的鲁道夫·巴德（Budd）——对柴油机突然表现出了浓厚的兴趣。巴德先生当时希望能够建造一种全新的流线型轻自重客车，并希望在外观和运营经济性上得到显著改善。1932年秋，他中途路过雪佛兰，前来拜访汉密尔顿先生，后者向他介绍了通用汽车的柴油机实验进展，并帮助他和凯特林先生建立了联系。巴德先生对未来的前景非常激动。

第 19 章 非汽车产业：柴油电力机车、家电和航空

继而他前往底特律拜访了通用汽车研究实验室。凯特林先生向他展示了双循环发动机的试验样品，但是警告他，八缸发动机还需要很多的开发工作才能真正用到机车上。巴德先生也了解到通用汽车将在世界博览会上测试这种发动机。

当博览会最终开幕之后，每位关注柴油机发展的人就都可以透过玻璃墙看到我们的柴油机了。但是，我们仍然有些担心，并要求宣传人员不许发布与这两台柴油机相关的信息——尽管在某种意义上，它们才是我们在这次展览上最引人注目的东西。尽管当时没有采取宣传行动，但是巴德先生仍然对此非常关心。

他非常了解我们在制造这两台发动机上所面临的困难。他也知道每天晚上都有一两名工程师去维护这两台柴油机以保证它们第二天仍然能够正常工作。他知道凯特林先生的儿子尤金——负责维护工作的人——的意见。尤金后来曾评价道："发动机上唯一好用的零件就是量油计。"

但是，巴德先生继续要求我们为他提供一种能够在伯灵顿西风列车使用的柴油发动机。他比以往表现得更为坚持——1933年，联合太平洋公司公开宣布了建造一种流线型列车的计划。联合太平洋公司正规划的列车是一种只有三个车厢、不需用机车牵引的小型列车——也就是说，动力部分与三个车厢融为一体了。列车动力由一个12缸600马力的汽油发动机提供，该发动机由温顿制造。联合太平洋的列车在技术上没有什么创新；但是，它的图片广为传播，并得到了公众的高度评价，整个国家突然之间对流线型列车爆发出了巨大的兴趣。这一切更坚定甚至刺激了巴德先生将流线型列车投入自己的业务运营的愿望。但是，他仍然希望采用柴油机动力。

我们本希望能够再花费一到两年的时间来消除凯特林先生所制造的发动机上存在的缺陷，但是巴德先生的坚持最终占了上风。1933年6月，我们同意制造一台八缸600马力的柴油发动机以供他们的先锋西风列车使用。当它于1934年4月投入试运行之后就不断发生故障，这正是我们所担心的事。但是，我们逐渐消除了这些缺陷，而巴德先生于1934年6月又订购了两台201A型通用汽车柴油发动机以供他们所谓的双生子西风列车之用。与此同时，联合太平

洋并没有坐等流线型列车的交付。在此之前，他们于1933年6月向温顿下了一个新订单，这次他们订购了一台16缸900马力的柴油机以供他们的六节卧车之用；1934年，联合太平洋又订购了六台1200马力的柴油机以供他们的"城市"系列之用。

这些早期的柴油动力流线型列车取得了巨大的成功。在最值得纪念的、从丹佛到芝加哥的试运行中，伯灵顿西风达到了每小时78英里的时速，全程仅用了13小时10分钟。联合太平洋公司的"城市"将从西海岸到芝加哥原本所需的60多小时缩短到了不到40小时。在铁路部门运营成本下降的同时，客源却不断增长。我们的客户立刻要求我们提供更大功率的发动机，从而可以加长列车的长度。1935年5月，我们向联合太平洋公司提供了1200马力的柴油机；我们还为伯灵顿公司提供了两台各1200马力的柴油机。这些柴油机能够牵引12节车厢。

1934年初的一天，凯特林先生和汉密尔顿先生前来拜访我，我们讨论了柴油机的问题。一直与铁路行业人士保持密切联系的汉密尔顿先生告诉我们，那些人认为我们的柴油机是一项巨大的成功。但是，他进一步告诉我，他们希望我们提供通用的柴油机，而不仅仅是用作列车动力的柴油机。

凯特林先生暗示他愿意承担这项开发试验性柴油机机车的工作。我问他大概需要多少钱，他认为大约需花费50万美元。我告诉他，根据我自己的新产品开发项目经验，我认为他很难用这样相对不多的资金来完成这样一个项目。"我知道，"他回答得很温和，"但是我想指出的是，如果我们花了那么多钱，后续工作中你就会很顺利。"他就这样取得了这笔拨款。

实际上，当时我们和机车工业的距离非常大。我们唯一相关的生产设施就是温顿工厂里那些相对过时的发动机制造设备；在制造电力传输设备和机车车身方面，我们没有任何基础。因此，我们于1935年早期决定在伊利诺伊州的拉格兰其建设我们自己的工厂。这家工厂最初仅制造列车车身——车厢和转向架，而发动机则来自温顿，其他部件仍然来自原有的供应商。但是，拉格兰其工厂的设计使它可以将业务扩展到整个机车零部件的制造领域。工厂建设完毕之后我们很快就开始了这一扩张进程。到了1938年，拉格兰其已经成了一个完整的机车制造厂。

正如我所表示的，我们在柴油机方面的早期经历仅限于客车机车领域。但是，到了20世纪30年代中期，汉密尔顿先生和他的团队认为，在柴油动力调车机车市场存在着巨大的经济机遇。当时我们的一个竞争对手正在提供一种重达100吨、售价高达8万美元的柴油动力调车机车。机车在很大程度上都是根据客户的要求定制的。汉密尔顿先生认为，如果客户愿意接受一种现货供应的标准柴油动力调车机车，我们就可以以7.2万美元的价格向客户提供。在他的推动下，我们开始制造调车机车。实际上，在没有确定订单的情况下，我们就开始生产50台调车机车了。

我们对这一新政策重要性的认识在一份1935年12月12日的备忘录上得到了体现。这是普拉蒂先生写给我的一份备忘录，其中有这样一段：

有一条我们认为必须维持下去的基本政策，就是电力动力有限公司将制造一种标准化产品，而不是根据每家铁路公司的不同要求来制作不同标准、不同规格的机车。我们建议，在我们做出让步，接受各铁路公司自己的规格要求之前，至少为我们建造标准铁路机车的工作提供一个相对公正的尝试机会。

这一问题后来很快得到了解决。我们的第一批调车机车从1936年5月开始销售，很轻松地就全部销售出去了。尽管起初的利润率很低，但仍然极大地改变了电力动力有限公司的盈利前景。汉密尔顿先生向铁路部门承诺，随着我们调车机车规模的增长，我们会用降低价格的方式同他们分享因规模经济所带来的好处。到1943年战争生产委员会将通用汽车从调车机车领域带出来，并完全集中到货运机车领域之前，我们已经制造了768辆调车机车；到了1940年10月，我们600马力调车机车的售价已经降低到了59 750美元。与此同时，我们的客运机车业务也得到了迅速增长。到了1940年，我们在运行的客运机车共130辆。我们于1939年开始制造货运机车。二战早期这段业务曾一度中断，当时我们的工厂忙于为海军制造 LST 发动机，几乎完全脱离了机车行业。

当读者看到这里的时候，可能会疑惑当我们正抓紧进行我们的柴油机项目时，机车工业的其他厂商都在做些什么，答案就是，除了少数例外之外，机车工业的其他厂商都在忙于蒸汽机。尽管 1940 年之前在美国和加拿大也出现了一些柴油客运机车的尝试，但始终没有脱离原型机的范畴（1940 年一家竞争对手制造的柴油动力客运机车终于投入运营）。

除了一群营运商曾于 20 年代末期有过一次尝试之外，除了我们，在二战之前，这个国家中再也没有别的制造商曾经推出过柴油动力货运机车了。可以说，除了调车机车，在这个国家里，我们是首家柴油动力产品遍铁路的公司了。就像 1955 年参议院一个分委员会曾指出的那样，将我们推进机车行业的主要动力就是我们完全无视其他制造商不认为柴油机有发展前途的事实。正如凯特林先生在一次国会调查中所指出的那样，当时我们在机车行业最大的优势就是我们的竞争对手认为我们都已经疯了。

但是，柴油动力从一开始就显示出比蒸汽动力好得多的优势。鲁道夫·狄赛尔于 1894 年首次指出了这种优越性，并在后来多次强调这一点。20 世纪 20 年代晚期，工程期刊和铁路期刊上充满了大量关于柴油机车的详细报告和运营成本数据，然后就是关于在欧洲的运营情况报告。对于任何乐意了解的人，我们都可以向他们证明柴油机能够提供更平滑、更快速、更清洁的服务，并且能够大量节约燃料和各种运营成本；而在整个 20 世纪 30 年代一直都急于从各方面削减运营成本的铁路业则一直都非常关注这些进展。其他的机车制造商仍然认为柴油机只是在短暂的流行。这就解释了为什么一群历史悠久、客户关系牢固、经济力量雄厚的机车制造商却被一个新入行的通用汽车很快超越的现象。

直到 20 世纪 50 年代中期，制造蒸汽机车的工作才在这个国家彻底消失。彻底消失前的几年里出产的蒸汽机车基本上全都出口了。现在美国大概还有 100 辆蒸汽机车仍然运行于铁道线上。除了在电气轨道上使用电力机车外，柴油机车已经成为美国铁路业的唯一选择。推动美国铁路业这项伟大革命的主要力量正是通用汽车。

第 19 章　非汽车产业：柴油电力机车、家电和航空　　329

很难对柴油机车的前景进行精确的预测，但是，在美国，未来这个市场似乎会稍有萎缩。国内很多地方的铁路客运已经停开了，即使是货运，近年来也有一定程度的下降 20 世纪 30 年代服役的蒸汽机车数量比现在的柴油机车要多出 60%。当然，这一事实反映出现在的柴油机在功率和可用性方面的巨大提高，但是，这也反映了铁路业衰退的状况。

海外大概还有 10 万台蒸汽机车仍在服役。它们最终都会换成柴油动力机车、柴油水压机车或电力机车。海外柴油电力机车的市场容量大约仍有约 4 万台。电力动力事业部已经开发了一系列的轻自重、限制净空的机车来满足出口需求。这种标准的国内机车已经出口到了那些能够使用的地区了。现在，在美国之外的 37 个国家共有超过 4 000 台——西半球包括加拿大在内共有 9 个国家，东半球共有 28 个国家。

现在的美国市场是一个替代品出现、更新换代、重新调整的市场，而不是一个新用户市场。所谓的更新换代市场现在越来越重要。而且，美国铁路工业现在已经实现了柴油机化，这场革命已经结束了。与此同时，海外市场的革命却正在进行之中。

福瑞芝达牌家电

尽管公司高层早期兴趣不高，但是，四十五年来，福瑞芝达事业部仍然得到了稳定的成长，并在家电业中占据了重要地位。现在的福瑞芝达产品线包括家用电冰箱、食品冷藏装置、热水器、洗碗机、废弃食物处理机、空调设备、商用洗衣干洗设备。现在，美国销售福瑞芝达牌家电的商店超过万家。

通用汽车如何进入电冰箱业务领域的奇怪故事起始于 1918 年 6 月，当时的公司总裁杜兰特先生收购了底特律的嘉典电冰箱公司。杜兰特先生个人出资，以个人的名义完成了对该公司的收购，最终收购价格为 56 366.50 美元。这家公司于 1919 年 5 月以同样的价格从杜兰特先生的手中转给了通用汽车。当时它仍然是一家小公司，没有什么地位。他很快就将这家公司改名为福瑞芝达有限公司，并用福瑞芝达这个名字作为该公司开发的仍显粗糙简单的唯一产品的商标。

我并不了解杜兰特先生此项交易的动机。当然,他是一个充满好奇、积极性十足的人;很容易理解,嘉典公司所宣传的"不用冰的冰箱"必然会刺激到他的这两个特点。对他理解和把握该领域及汽车工业未来发展的天资,我只有敬佩的份。

杜兰特先生处理该项交易的时候我对此一无所知。约翰·普拉蒂曾告诉我,在他看来,支撑这一交易的基本因素并不仅仅是一种积极性。他说,杜兰特先生考虑到一战动员工作中曾宣布汽车业不是一个必需的产业,因此正在寻找一种"必需"的产业以取代民用车辆产业。考虑到一战期间整个国家在储备食品方面的巨大问题,他认为一家冰箱公司或许是非常必要的。但是,政府也没有采取任何行动去停止汽车生产;而且,到了11月,也就是他收购这家冰箱公司之后的第五个月,战争结束了。

最初的嘉典电冰箱是由代顿一位名为阿尔弗雷德·梅乐斯(Mellows)的机械工程师于1915年制造出来的。后来他在底特律组建了嘉典冰箱公司并开始制造、销售他的设备。1916年4月1日至1918年2月28日期间嘉典公司共制造并销售了34台冰箱,而且全部安装在底特律的家庭中。1917年嘉典公司的设施只有2台机床、1台钻床、1台铣床、1台电锯和1台手工真空泵。除了制造冰箱之外,梅乐斯先生还为客户提供个人服务;他和那些买主保持了紧密联系,每两三周就会走访一次。我们可以确定的是,在我们收购这家公司的时候,所有的客户对公司的产品都非常满意。事实上,尽管存在大量的服务问题,很多客户还是对梅乐斯先生的公司进行了投资。但是,他们作为投资者的满意程度比作为消费者的满意程度要低。嘉典公司在最初的23个月中亏损了19 582美元,就在杜兰特先生购买这家公司之前的3个月,嘉典公司又亏损了14 580美元,亏损总计34 162美元。整个期间总共制造和销售了不到40台冰箱。这就不难理解为什么原来的股东会愉快地出售这项投资了。

当福瑞芝达并入通用汽车之后,我们开始在底特律的诺斯威工厂制造福瑞芝达A型冰箱——除了一些小的机械变化之外,这种冰箱和以往的机器并没有大的变化。我们很快就认识到我们最初关于

第19章 非汽车产业：柴油电力机车、家电和航空

即将迎来电冰箱大规模消费时代的判断是错误的。

福瑞芝达 A 型冰箱以及后来几年里的后续型号都还一直是一种奢侈品。更麻烦的是，我们一直都未能彻底消除产品中重复出现的缺陷。我们试图在底特律之外的城市里引入销售和售后服务组织的尝试也基本上失败了。似乎这种产品确实需要像梅乐斯先生那样的为一小群客户提供的个人服务；但是，这种服务模式显然不适合针对大规模市场的产品。大约一年半之后，我们开始认真考虑是否应该放弃这项业务。1921 年 2 月 9 日在我的办公室里所开的一场会议或许能够反映出我们的思路。我的会议纪要中有这样一段话：

> 福瑞芝达有限公司：位于密歇根州底特律，制造冰箱。至今为止一直失败。为了创造需求，曾不断更改型号，但是都没有成功。曾在很多地方设立分支机构，但后来都关闭了……至今为止亏损了约 152 万美元。库存约 110 万美元——总损失估计将超过 250 万美元。

那一年通用汽车正急需运营资金，无法承受这种持续损失及高额库存。如果不是因为发生了一件事情，很可能我们就已经放弃了福瑞芝达。这又是另外一个故事了。

在前面的章节中，我曾谈到通用汽车于 1919 年取得凯特林先生的代顿资产的过程。在这些资产中，就包括了家用工程公司和代顿金属制品公司。

家用工程公司——后来命名为德尔考照明公司——是一家家用照明设备工厂，主要面向农场主销售。

代顿金属制品公司是一家武器制造公司，他们于 1918 年早期就开始在制冷领域开展研究，以寻找一种产品维持公司战后军品业务结束后的生存。

从某种程度上看，这两家公司——家用工程公司和代顿金属制品公司——都在从事家用设备业务。通用汽车还收购了凯特林先生相关的制冷研究成果。这个非正式的研究小组将这项研究一直坚持到 1920 年的 6 月 12 日，即通用汽车研究公司这一通用汽车子公司正式成立的日子。就这样，通用汽车在获得了一些杰出工程师的同

时，还得到了理查德·格兰特先生在管理和销售方面的杰出能力。在20世纪20年代早期和中期，格兰特先生对公司冰箱业务的发展居功甚伟。

1921年大衰退期间，综合考虑这些因素，我们决定继续经营福瑞芝达。很明显，我们在代顿的研究背景及研发组织有力地支持了福瑞芝达的发展。德尔考照明则提供了遍布全国大部分地区的优秀销售队伍，而且一些未利用的生产能力也适于改为冰箱制造之用。因此我们将福瑞芝达迁到了代顿，并将它的运营与德尔考照明的相应部分结合起来，从而在比以往更大的规模上开始了冰箱工业的新一页。

这个决策后来证明非常正确1921年福瑞芝达的沉重损失在后续的两年内稳步降低，1924年，福瑞芝达首次赢利。与此同时，福瑞芝达的产量也得到了迅速提高。1921年诺斯威工厂只生产了不到1 000台；1922年销售了2 100台，第一次实现了代顿工厂的满负荷运转。1923年，销售量上升到2 300台，到了1924年猛增到20 204台，1925年猛增到63 500台。到了去年，福瑞芝达已经成为新型冰箱产业的领头羊；我相信它已经占领了超过50%的市场份额。到了1927年，很显然，随着福瑞芝达的发展，它的规模已经不适合继续放在德尔考照明下面运作了。1928年1月，福瑞芝达从德尔考照明中撤出来，它的部分运营已经转移到俄亥俄州的默瑞（Moraine），我们原来在那里就有一个工厂。1933年12月，福瑞芝达成为通用汽车的一个事业部。

在我们决定开发福瑞芝达之后，我们就在机器的设计、制造方面取得了重大的突破性进展。如果没有这些成果，可以肯定地说，冰箱得到大众的接受肯定还需要经过相当长的一段时间。

正如我所暗示的那样，最初嘉典公司除了梅乐斯先生之外并没有其他的研究人员。即使到了将福瑞芝达转到德尔考照明的1921年，它也只拥有二十多名工程师、模型师、测试人员等在从事这项工作。

我们认识到，福瑞芝达的前途完全依赖于我们解决若干技术问题并开发出安全、经济、可信赖的冰箱的能力；因此，我们在研发上投入了很大精力。我们很快就设法去掉了最初的福瑞芝达冰箱上使用的浪费空间的盐水箱和水冷压缩机；我们应用直冷螺旋管和双缸风冷压缩机替代了这些冰箱中的重要部件。这些早期的冰箱面临的一个问题就是潮气有时会渗到冰箱中去，感染了食物；我们通过引入沥青——软木密封条解决了这个问题。

1927年引入全瓷内箱体的过程中，我们减轻了冰箱的重量，并极大地改善了它的外观。所有这些改善对20世纪20年代福瑞芝达市场的大扩张具有根本性的作用。这种大扩张的另一个重要基础是我们降低价格的能力。1922年，带有盐水箱和水冷压缩机的B-6型冰箱净重834磅，售价714美元。与之形成对比的是，1926年采用钢质内箱体、风冷压缩机和直冷螺旋管的M-9型福瑞芝达冰箱，净重则为362磅，售价仅为368美元。

1919~1926年间，在冰箱的研究、工程开发、大规模制造方法、分销和服务技巧等方面，其他制造商和公司并没有做出什么实用的贡献。我们在福瑞芝达上的最大问题，也是公司的终极贡献，就是制冷剂本身。

事实上，整个20世纪20年代福瑞芝达和其他行业内领先公司所使用的制冷剂都或多或少影响健康。冷媒中逸出的粉末带有毒性，并且确实发生了一些吸入后导致死亡的情况。出于健康原因的考虑，这些早期的冰箱有时都是安装在后门廊而不是厨房中；通常医院根本就不能使用冰箱。我们相信我们最初使用的冷媒硫黄尽管具有毒性，但是却是所有冰箱冷媒中毒性最小的一种——主要是因为它刺鼻的气味具有警告的作用。然而，尽管如此，还是必须找出更好的制冷剂。

1928年，当时通用汽车研究实验室的董事凯特林先生对制冷剂问题展开了一场攻坚战。他委托他的前任助手小托马斯·米德格利（Midgley）——开发了四乙铅的人——去寻找一种新的制冷剂。米德格利先生、凯特林先生和福瑞芝达的执行层在经过了系列会议之后认为，他们所寻找的制冷剂应该满足如下的条件：

主要考虑因素：

(1) 沸点合适；

(2) 无毒；

(3) 不易燃；

(4) 气味独特，但是不令人讨厌。

次要考虑因素：

(5) 不能溶于润滑油；

(6) 相对便宜。

这些"次要"考虑不可以与主要考虑产生冲突。但是，只有全部满足头四个条件，才能认为电冰箱取得了完整的成功。研究实验室在凯特林先生的指导下对相关文献进行了研究以争取发现符合这些条件的物质。这项研究指出了应用含氟碳水化合物的可能性。整个1928年米德格利先生和他的几个助手——尤其是海因博士——一直在代顿的私人实验室中致力于发现一种合适的制冷剂。很快他们就认为甲烷的氯氟化合物可以完成这一任务。

到了年底，米德格利先生已经确认一种叫做氟利昂-12的氯氟甲烷可以满足这四个主要考虑因素的要求。它虽然无法满足任何一条次要考虑因素，但是无疑它是我们所能得到的最好的制冷剂，因此米德格利先生和他的助手们就开始开发这种化合物的制造工艺。1929~1930年间的秋冬两季，我们在代顿设计和投产了一家实验工厂。

1929年秋，我们对氟利昂-12的研究已经尽可能丰富了。福瑞芝达的化学家们已经就这种化合物的物理性质进行了详尽的研究。他们研究了氟利昂-12对高碳钢、低碳钢、铝、铜、铜镍合金、锡、锌、锡铅焊料以及制冷系统中使用的其他金属和合金的腐蚀作用。他们还检验了氟利昂-12对各种食物、花草和皮草的影响。实验结果令我们非常满意。在美国化学协会1930年的会议上，米德格利先生宣读了一篇关于氟利昂-12的论文，并公开证明了它的不易燃性；他还亲自吸入了一些氟利昂-12以证明它的无毒性。

正如我所暗示的那样，氟利昂-12并不满足米德格利先生的两项次要考虑因素。实际上，氟利昂-12非常昂贵。二氧化硫每磅只需6美分，而1931年氟利昂-12的最初价格却是每磅61美分，即使到了现在，它的成本也比当时二氧化硫的成本要高——但是国家

第 19 章 非汽车产业：柴油电力机车、家电和航空

健康部的规范不允许使用二氧化硫。

由于我们认为这种新化合物是最安全的制冷剂，我们从一开始就向我们的竞争对手提供这一产品，到了 20 世纪 30 年代中期，氟利昂-12 已经在电冰箱领域得到了广泛应用。即使是今天，也还没有发现更好的制冷剂。

大约到了 1932 年，我们确信，我们在福瑞芝达的投资具有巨大的增长潜力。1929 年，我们制造了我们的第 100 万台福瑞芝达冰箱，三年后，我们的总制造量已经达到了 225 万台。我们在开发氟利昂-12 上取得的成就搬开了冰箱工业成长道路上最后一块拦路石。但是，很明显，福瑞芝达的市场规模和整个市场容量都将得到增长，而福瑞芝达在这个巨大市场中的份额却不可避免地会发生一定程度的下降。

到 20 世纪 20 年代末将会出现几家新冰箱企业。当然，凯尔文奈特（Kelvinator）是其中的先行者。凯尔文奈特有限公司最早于 1914 年进入电冰箱领域，并成为第一家在商用层次上制造家用机械冰箱的企业。通用电气和诺奇（Norge）于 1927 年进入这一领域，西屋公司则于 1930 年进入。到了战前商业生产不受管制的最后一年即 1940 年，福瑞芝达在冰箱市场的份额从 20 世纪 20 年代超过 50% 下滑到 20%~25% 左右。但是，尽管市场份额少，绝对产量却不少。我们电冰箱的出货量从 1929 年的 30 万台增长到 1940 年的 62 万台。

在 1926~1936 年期间，福瑞芝达的一些竞争者在销售领域的收益和优势已经超过了我们。他们开始制造和销售收音机、电炉、洗衣机、电熨斗和洗碗机，然而福瑞芝达仍然集中在制冷机上。在 1937 年，我们开始在福瑞芝达生产线上生产厨房电炉，过了几年，又开始在福瑞芝达生产线上生产窗式室内空调设备。然而这对于克服福瑞芝达的竞争劣势几乎没什么作用。很明显，想购买整套家用设备的家庭和住宅建设商会选择从一个能够提供完整产品线的制造商那里购买。

我们没能够在二战开始前扩展福瑞芝达的产品线。比如，早在 1935 年，普拉蒂先生已经建议让福瑞芝达更积极地进入空调领域；但他的建议并没有引起我们的注意，并且最终也没有采纳这个提议。

在战争期间,我们展望了福瑞芝达的前景,并得出一个结论,即在有限的基础上对电器领域进行运作是不可行的。在战争结束前对福瑞芝达冰箱销售商的调查加深了对这个理论的认识。对于"福瑞芝达是否应该制造其他的家用设备"这一问题,99%的被调查经销商回答"是"。经销商们表示,他们主要需要自动洗碗机、冷藏-冷冻冰箱、传统洗衣机、食物冷藏器、煤气炉和熨衣服的机器——顺序也是如此。

这些设备中的大多数以及一些其他设备在战后加入了福瑞芝达的产品线。下面的表格显示了我们引入新的家用设备的年份:

家用食物冷藏器	1947 年
自动洗衣机	1947 年
干衣机	1947 年
自动制冰块机	1950 年
洗碗机	1955 年
壁炉	1955 年
折叠式烹调设备	1955 年
固定式烹调设备	1956 年

与此同时,我们最初的产品——电冰箱——也在逐渐地扩大、改善,后来几乎变成了一种新设备。在 20 世纪 30 年代早期出售的典型的电冰箱大约 5 立方英尺见方,样子非常可怕,与其实际冷冻空间相比非常笨重。今天销售的电冰箱通常有 10~19 立方英尺的储藏空间。它们样子好看,不需要除霜,并且有相当大的冷藏空间。相对于早期产品而言,毫无疑问现代的冰箱销路更好。西北大学博斯坦(Burstein)先生的研究提供了很多详细数据,令我受益匪浅。他已经计算出,"1955 年制冷服务的实际价格是其在 1931 年的 23%"。仔细想想就会发现,这句话中的意思非常接近于发展一词的本质。

航 空

通用汽车参与航空业务的方式有好几种。当然,大多数的航空

第19章 非汽车产业：柴油电力机车、家电和航空

业务是军用业务，并且都是根据联邦政府的合同所完成的工作——基本上都是在第二次世界大战及其相继的冷战时期完成的。但是，这不是这个故事的全部。

我怀疑，许多读者在知道通用汽车很久以前就想努力进入商业飞行领域时都会感到惊讶。邦迪克斯有限公司（Bendix Corporation）、北美航空公司（North American Aviation）、环球航空公司（Trans Word Airlines）和东方航空公司（Eastern Air lanes），它们都与通用汽车有关。

我们于1929年开始在商业飞行领域展开探索。那年，我们在航空领域进行了两项大型投资和一项小型投资。我们购买了新成立的邦迪克斯有限公司24%的股份和美国福克（Fokker）飞行器公司40%的股份。这两项投资共花费了我们2 300万美元。另外，我们还购买了埃里森工程公司的全部股份。这项投资仅花费了59.2万美元，而且，这项投资在我们进入航空工业领域的计划中也没有扮演什么重要的角色。

我们1929年进入航空的决策的背景非常有趣。我应该指出，当时通用汽车对航空工业并不是一无所知。在第一次世界大战中，别克和凯迪拉克已经联合起来，和福特、帕卡德、林肯以及玛蒙（Marmon）一起为政府制造著名的独立号飞机的引擎。实际上我们制造的这种引擎超过了2 500台，并且，到1918年休战前，我们的订单已经超过了10 000台。从工程的角度看，当时的飞机引擎与汽车引擎之间并没有很大的不同，因此我们可以很好地利用我们汽车制造的经验来建立在飞机引擎领域的口碑。另外，通用汽车在1919年收购了代顿制造者航空公司，这个公司在战争期间已经生产了3 300架飞机。费雪车身在被通用汽车收购以前，也是一个著名的军用飞机制造商。

到了20世纪20年代，航空将成为美国重大成长性行业的情况更加清晰，并且在1927年林德伯格的戏剧性飞行后，公众中出现了对航空的极大热情，并且出现了一种流传广泛的信念——认为它将会完成更多的"奇迹"——我们也有这个信念。作为汽车制造商，我们特别关心飞机的一种可能应用。

在20世纪20年代末期,有很多关于发展"福利佛(flivver)"飞机的讨论——也就是家庭日用小型飞机。我们当然知道,任何这样的飞机将必须要比已有的型号更加安全,并且也要更便宜。但是,一个飞行奇迹接着一个飞行奇迹的成功出现坚定了我们的信念,使我们认为至少福利佛飞机是个可能。

这种飞机的发展将会对汽车工业带来巨大的、不可预见的影响,因此我们感到,我们不得不通过在航空工业"声明自己的存在"以得到一些保护。在1929年,我们没有计划将邦迪克斯或福克作为通用汽车的事业部去运营;我们将这些投资作为一种保持与航空发展直接接触并持续接触的方法。我们1929年给股东的年度报告总结了我们在这个问题上的想法:

……通用汽车在形成这个联合(与航空工业一起)的过程中感到,考虑到飞机和汽车在工程设计上或多或少的密切关系,它的运营组织、技术机构和其他机构应放置在有机会接触在航空运输方面特定问题的位置。现在没有人能够说出未来飞机可能会是什么样子。通过这个联合,通用汽车将能够评估航空工业的发展,并结合这些事实的具体知识来决定我们未来的政策。

上面的话表明,汽车和飞机工业的工程技术在1929年仍然很相近——比它们现在要相近。这样当我们得到航空公司股份时,我们也得到了一些与我们汽车业务直接相关的有用技术信息。特别地,邦迪克斯拥有并控制了一些可应用到汽车设备上的重要专利。实际上,它的零件产品线就包括了一些汽车零部件,比如刹车、汽化器和发动机的启动器。公司拥有极好的技术人员——这使我们的投资更加吸引人。除了我们对这些公司的投资,我们对邦迪克斯和福克的主要贡献就是在公司组织和管理的领域。

我们在福克40%的股份花掉了我们7 782 000美元。在我们进行投资时,这个公司有两个租借的小工厂:一个在新泽西州的哈斯布洛克海兹(Hasbrouck Heights);另一个在西弗吉尼亚州的格雷代尔(Glen Dale)。安东尼福克是一个天才的德国飞机制造者,他起初建立这个公司是为了给他自己的作品寻找在美国制造的权利。他的飞行器在早期航空史上就已声名显赫，它们的身影曾出现在多次历史性的事件中，比如，首次横跨美国的不中断飞行，波德穿越北极的飞行，从美国本土到夏威夷的第一次飞行，等等。

当我们买进福克公司时，这个公司主要在为美国政府制造飞机，并且也为商业运输经营者制造飞机。在我们投资不久以后，公司遭受了一些严重的运营损失。我们感到，这些损失反映了公司管理的弱点。我们将这件事告诉了福克先生。他不同意我们的观点，但是在一系列交流之后，他退出了公司并回到了德国，然后，我们开始了一系列完全改变了该公司组织特征的行动。

下面的关系非常复杂，我无法找到一种简明的方法来描述它。首先，我们将美国福克飞机有限公司更名为通用航空制造有限公司（General Aviation Manufacturing Corporation），并且巩固了马里兰州邓达尔克租借工厂的业务。1933年4月，我们采取了另一个重要的措施。我们将通用航空与北美航空合并；通用航空的所有资产全部转换为大约150万股北美航空普通股。随后完成了对通用航空的清算，将它在北美航空所持的股份分发给原股东。分发行动和在公开市场收购的结果就是，到1933年底，通用汽车在北美航空的资产净值已经增加到接近已发行股份的30%。

1928年，北美航空已经组建成一个控股公司。虽然即便在与通用航空联合之前，它在航空制造工业领域颇有一些投资，但是它的重点还是定期航线业务。它拥有东方航空运输（Eastern Air Transport，后来更名为东方航空公司）的全部股份，跨陆航空运输（Western Air Transport）26.7%的股份和西部航空快递有限公司（Western Air Express Corporation）5.3%的股份。通用航空还拥有西部航空快递36.6%的股份。所以，合并后，北美航空拥有西部航空快递41.9%的股份。此外，西部航空快递和跨陆航空运输分别拥有跨陆-西部航空有限公司（现在的环球航空公司）47.5%的股份。所以，调整的结果就是通用汽车掌握了北美航空30%的股份，并且北美航空掌握了环球航空公司（TWA）30%的股份。因此，北美航空就能够在环球航空公司的跨大陆业务和它自己东海岸系统的东方航空公司之间进行协调。

1934年的航空邮件法（the AirMail Act）禁止从事直接或辅助飞机制造的公司拥有固定航线公司的股份。因此北美航空公司将它在环球航空公司所持有的股份分发给了股东。作为北美航空的股东，通用航空得到了环球航空公司13%的股份，我们将这些股份在1935年卖出。

一段时间内，北美航空将东方航空公司作为一个事业部来运作，后来于1938年3月放弃了这项业务。北美航空的最大的单一股东——通用汽车——在它的董事会有几个代表。

在北美航空与华尔街商议出售东方航空公司时，有一天，我接到了来自埃迪·里肯拜克的电话，他是第一次世界大战期间美国的王牌飞行员。他活跃在东方航空的管理上，并且现在有兴趣投标购买这条固定航线的控制权。然而他抱怨没有给他一个机会，并且问我是否可以帮助他过问此事。

我一直认为埃迪是一个有能力的经营者，并且我当然愿意他有同样的机会去投标东方航空；我感到依靠他可以开发出一项高效率的业务。我告诉他我会看看我能做点什么。第二天早上，我询问了这件事并发现东方航空的股份还没有被卖掉。我帮埃迪提出了申请，结果他得到了30天的时间以争取支持者。

然而，得到支持者却没那么容易；在截止日期到达前，他对事情的结果变得非常紧张，当然，这可以理解。最后期限的前一天是个星期六。埃迪在我准备睡觉前给我的公寓打电话，并询问他是否可以在几分钟后过来。当他到我这里时，他表示他筹资的前景非常乐观，但是他可能需要更多的时间。他想知道他是否可以得到几天的宽限期。我告诉他不要担心，然后他高兴地离开了。但结果是，他并不需要这个宽限期。他的支持者第二天早上给他打电话，并且告诉他他们已经做好了完成这次交易的准备。北美航空对东方航空公司业务的处理是一个令我们所有人都非常满意的交易。

1934年的航空邮件法案（Air Mail Act）颁布后，北美航空进行了重组，变成了一个营业公司。它的制造业务得以巩固并移至在加拿大英格伍德（lnglewood）的一个新工厂。随后的几年里，公司将重点放在军用飞机的发展上，并在这个方向上取得显著的突破。20

第19章 非汽车产业：柴油电力机车、家电和航空

世纪30年代末期，公司在一些军用设计竞争中获胜，而这些胜利使公司成了国家主要的飞机制造商之一。

在这次早期开发工作中涉及的许多飞机在第二次世界大战中都发挥了重要的作用。其中，P-51野马战斗机（P-51Mustang Fighter）是北美航空较为著名的一种飞机，并可能是这次战争中评价最高的盟军战斗机；B-25米切尔轰炸机（B-25Mitchell bomber），曾被杜里特将军用于对东京历史性的轰炸；而无处不在的AT-6得克萨斯训练机实际上变成了航空公司和海军训练基地的标准配备，并在其他盟军国家得到了广泛使用。

另外，AT-6反映了通用汽车对北美航空的影响。作为一个汽车人，我们自然会根据"标准化"产品型号来思考，因为只有标准化才可以实现因大批量生产而带来的规模经济。北美航空开始寻找一种满足这一考虑的飞机，并很快认定，一架优秀的基础训练机将会是最好的赌注。即便是在战争前，AT-6也已经成了它的生命线。

从1933年起，直到我们最终于1948年出售掉我们的股份，通用汽车不断地在北美航空的董事会中发挥作用。在这段时间里（尤其是在早期阶段），我们通过我们在董事会的代表，提供了相当多的政策和行政指导，并且我相信，在发展一种有效和有系统的公司管理方法上，我们对它是有帮助的。北美航空的组织结构和它的财政、生产和价格控制都是我们的特别贡献。历史表明，1939年，北美航空是唯一具有与汽车业类似的产品与质量控制系统的飞机制造公司。

将通用汽车管理技术引入北美航空和邦迪克斯的主要荣誉应归功于欧内斯特·布里奇（Breech）。布里奇先生一开始是通用汽车的一个财务人员（他是1929~1933年的财政主管总助理），但是当他到北美航空后，他很快显示出了在业务上的极高天赋。他是1933~1942年北美航空董事会的主席，在此期间，北美航空成功地完成了从控股公司到大型制造企业的转型。此外，他还于1937年成为了邦迪克斯的董事。

我一直认为布里奇先生在高层管理上会有美好的前景，并曾经争取将他介绍到通用汽车的一个不错的管理位置上。但是，当时担任通用汽车的行政副总裁，后来成为总裁的威廉·努森先生反对我的

提议。但最终于 1937 年，我为布里奇先生找到了一个负责通用汽车家用电器的集群执行官职位。他在这个岗位上表现得非常出色，而且还继续担任了北美航空的主席和邦迪克斯的董事。

1942 年，他成了邦迪克斯的总裁，并放弃了其他的职务。再次回到邦迪克斯后，他在战争年代表现得很出色，甚至远超我的想象。但是，众所周知，他的事业出现了一个讽刺性的转折。他在通用汽车所有职务上的出色表现引起了亨利·福特二世的注意，他想找个人来负责重建福特汽车公司的计划。

布里奇先生于 1946 年得到了这份工作，并将通用汽车管理和财务技术引入新的现代福特组织中。

在布里奇先生担任北美航空的主席时，他引进了道格拉斯飞机的总工程师肯德伯格（Kindelberger）来主持业务。肯德伯格先生于 1934 年末当选北美航空的总裁和首席执行官。他是一个非常有能力的工程师．他在飞机设计和制造领域的不凡才能得到了人们的认可。他后来成为了一个很好的行政管理人员，并被认为是一个可以以低成本生产优异军用飞机的人。但是，在他来到北美航空之前，没有什么一般管理经验，他认识到了自己的局限性，并在初期依赖通用汽车董事来获取建议和忠告。布里奇先生、肯德伯格先生和亨利·霍根先生，还有通用汽车的助理总辩护律师组成了一种非正式的执行委员会，并且定期商议董事会会议中出现的重要问题。接着，布里奇先生和霍根先生向阿尔伯特·布拉德利和威尔逊报告，布拉德利和威尔逊除了他们在通用汽车作为执行官的职责之外，还要负责我们在相关公司中的投资业务。

我们与邦迪克斯的关系和与北美航空的关系非常相似。1929~1937 年间，威尔逊先生和布拉德利先生是我们在邦迪克斯的董事会的代表；后者在这段时间里也是邦迪克斯财政委员会的主席。到了 1937 年，其他责任上的压力迫使这两个人放弃了他们在邦迪克斯的管理职位，布里奇先生和通用汽车主管会计安德森接替了他们在董事会中的位置。我们在邦迪克斯董事会的代表直接介入邦迪克斯的内部管理，我相信这对于改善管理效率是有帮助的。他们负责一些组织调整，并负责在半自治的事业部之间建立一种有效协调的新系

第19章　非汽车产业：柴油电力机车、家电和航空

统。我们的代表也直接插手了马尔科姆·福古森（Malcolm Ferguson）的提升，当时他被提升到南本德自动化零件工厂的总经理职位。后来，他成了邦迪克斯的总裁。

到20世纪30年代末，我们对北美航空和邦迪克斯的看法有了相当大的变化。我们原来投资航空工业的动机（感觉航空工业可能以某种方式生产出可与汽车竞争的小飞机），在这些年过去后变得似乎没那么明显了。适合于"家用"的飞机从来都没有生产出来过；实际上，在萧条时期，整个商用航空领域的规模一直都很小。北美航空和邦迪克斯继续成长，但是。两个公司都发现他们的最大机会存在于军用领域。1940年，两个公司的年销售额大约都在4000万美元左右，并且其中很大一部分在根据政府合同完成的国防工程上。在1944年军工生产的顶峰时期，北美航空的销售额大约是7亿美元，而邦迪克斯的销售额超过了8亿。这些巨大的数字表明。我们起初对小飞机的关注后来给我们带来了深远的影响。

我们在1929年收购的埃里森工程公司（Allison Engineering Company）有着不亚于北美航空和邦迪克斯的惊人成长历史。前面我已经介绍过，我们只花了592万美元就全部购买了埃里森。按照我们的标准，这是个小业务：这个公司在1929年只有不到200名雇员，并且它的制造工厂只有5万平方英尺的建筑面积。我们认为它在我们进入航空工业的计划中只能起到很小的作用。然而后来的结果却是，我们准备让埃里森成为我们与航空工业的主要接口。

在我们于1929年收购埃里森公司时，这个公司已经存在了14年。在它发展的早期，它的业务并不在航空领域；它是个主要为印第安纳波利斯竞技场（lndianapolis Speedway）的赛车服务的机械配件制造厂。它的创始人詹姆斯·埃里森（JamesAllison）逐渐创建了一个机修工、机械师、工程师的组织，并开始为船舶和飞机生产一些船舶发动机和飞机、船舶用减速齿轮。

20世纪20年代早期，埃里森接到了修改第一次世界大战自由式飞机引擎的合同。常年来存在于机轴和连接杆轴承上的故障严重限制了这些发动机的耐久性。但是埃里森开发了一种能够支持更大马力负载且不出现故障的钢套铅铜机轴主轴承。

这个公司还开发了一种在钢壳的内外表面浇铸铅铜的独创性的方法，该方法可用于制造强耐久性的连接杆轴承。这些进展成了广受好评的埃里森轴承的基础——这些轴承在全球的大马力发动机上得到了广泛的应用。生产这种轴承以及修改自由式发动机成了这个公司20年代的主要业务。

埃里森先生于1928年去世，这个公司随即就被拍卖了，拍卖的条件之一就是必须继续在印第安纳波利斯运营。几个有远见的购买者想买，可是都不愿意接受这个条件。幸运的是，威尔森在他担任位于印第安纳安德森的德尔考-瑞密公司总经理时对埃里森的企业就很熟悉。他知道这个组织拥有我们可以利用的有价值的机械技术。我们不反对在印第安纳波利斯继续运作，并且经威尔森先生的介绍，我们同意于1929年初购买埃里森公司。埃里森先生在世时担任总裁和总工程师的诺曼·吉尔曼，在我们收购后继续担任总经理。

20世纪30年代早期，埃里森开始从事一项后来表现出巨大军事价值的项目。这就是由吉尔曼先生提出的V-1710发动机项目。经过对当时存在的军用飞机发动机的仔细调查，吉尔曼先生推断，陆海空三军将会需要一种1000马力的往复式发动机；他还认为这种发动机应该是液冷式的（这样在形状上可以比气冷式发动机的体积更小）。

在20世纪30年代早期，军队为这种项目提供的资金非常少，但是吉尔曼先生仍然得到了一个小合同，于是埃里森公司开始设计这种发动机。1935年取得了部分成功，开发出了可正常工作50小时的1 000马力发动机，但是我们的工程师未能使发动机的正常工作时间达到军方规范要求的150小时。为了加快发动机的发展工作，我们从通用汽车研究实验室调派过去一位杰出的工程师罗纳德·黑森（Ronald Hazen）到埃里森工作。黑森先生的工作非常成功。1937年4月，V-1710通过了空军要求的所有测试。它是美国第一个合格的1 000马力飞机发动机，也是美国第一台真正成功的高温液冷式发动机。

在开发出V-1710之前，空军部队理所当然地认为气冷式发动机非常优越。但是埃里森发动机很快证明了自己的价值：1939年3月，

第 19 章　非汽车产业：柴油电力机车、家电和航空　　**345**

一架以 V-1710 发动机为动力的库尔提斯 P-40 赢得了空军战斗机比赛的胜利，它比上一届的获胜者每小时快 40 英里，速度优势十分明显。当然，在此之后，对埃里森发动机的兴趣突然高涨。不仅美国空军部队，英国和法国的军队也开始密切关注我们的产品了。

埃里森现在有一个严重的问题。虽然我们从 1929 年收购它之后也稍微扩张了它的规模，可是它本质上还是个小工程公司，只适合做试验工作而没有成批生产的设备。但是，在 20 世纪 30 年代末，批量生产正是政府的迫切要求。

战争部助理部长路易斯·约翰逊 (Louis Johnson) 亲自会见了通用汽车董事长努森先生，想看看要怎样做才能促进埃里森发动机的生产。当时公司只有 836 台发动机的订单；并且约翰逊先生承认他不能肯定能否接到更多的订单。

如果仅仅将其视为一个商业建议，那么建立一座工厂来生产 836 台发动机似乎是非常冒险的；实际上存在着这样的风险：国际形势的新变化或技术上的新突破可能在我们的工厂建设好之前就将这一点小小的需求扼杀掉。然而，仔细研究了这件事情后，我们决定在印第安纳波利斯建立一个埃里森工厂。做出这个决定也是因为我们感觉将可能对 V-1710 发动机的巨大需求。而且，人们不能轻易地拒绝政府为了国家安全而提出的要求。

这样，1939 年 5 月 30 日，我们在印第安纳波利斯竞技场附近破土建立一个新的工厂以生产埃里森发动机。后来的事实证明，公司确实接到了很多 V-1710 订单：法国政府在 1940 年 2 月订了 700 台发动机，几个月后英国又订了 3 500 台。到了 1941 年 12 月，埃里森已经在以每月 1 100 台的速度制造发动机了。战争期间，我们进一步强迫提高了这个速度——尽管发动机在最终达到 2 250 马力的战斗水平之前一直在不断地进行设计方面的修改并提高动力。到了 1947 年 12 月前，在我们停止生产 V-1710 发动机之前，我们总共生产了 7 万台发动机。它们在战争期间都发挥得很出色，并在很多著名的战斗机上得到了应用，如柯蒂斯 P-40 战隼、贝尔 P-39 空中眼镜蛇、贝尔 P-63 眼镜王蛇、洛克希德 P-38 闪电。

很明显，战争初期，我们卷入航空业的程度是如此之深以至于我们发现有必要考虑在航空工业中的长远位置问题。因此，我们开始重新定义我们关于航空的思路和我们应该扮演的角色。我在1942年写给通用汽车战后计划组（Postwar Planning Group）的一份报告体现了公司对这个重要问题的主要态度。这份报告中的建议最终得到了公司政策委员会的采纳，并成为我们战后航空工业规划的基础。

在这份报告中，我指出战后飞机行业中将存在三个主要的市场——军用、商业航空运输和私人民用飞行。然后我提出了一个问题，即我们是否要作为整机制造商参与其中某些细分市场或全面参与整个市场。我指出，军用飞机制造业务方面将会随着单件小批量机型的不断修改而引入大量的工程设计和开发工作。另外，毫无疑问，行业里将出现生产力过剩现象，从而即使边际利润非常微薄，也会在业内引起严重的竞争。

在商业运输领域，我预见到包括客运和货运在内的航空运输速度都将迅速提高。然而，即便在这个扩张的市场中，一个制造商所能得到的潜在销售量仍然会受到限制。我假设未来的订单数量会增长到当前服役运输飞机数量的10倍。粗略算下来总共有4 000架飞机。但是，考虑到每架飞机的平均正常运行时间大约为5年，每个生产商在任意一年所能得到的潜在销售量都不会太大。

我还怀疑我们制造小型私人飞机的行为是否明智。在我相信这种飞机（为生意或个人使用）的市场在战后会有所扩张时．我同时还认为，除非技术已经发展到了能够保证足够安全的高水平，否则这个部分的增长必将受到限制。我指出，除非在安全方面出现了革命性的突破，在可预见的时间里，私人飞机不会对我们的业务构成严重的竞争。

简而言之，三个飞机市场中，没有一个能诱惑通用汽车。另外，我还指出，如果通用汽车从事制造整机的业务，就可能会危害公司的其他航空业务。我们的埃里森事业部过去是并且将来仍然会是一个飞机发动机和某些飞机部件的主要生产者。一般而言，这些在工程设计和制造特性上具有细微差异的零件可以应用到许多种飞机上去，并可能通常占据整个飞机成本的40%~45%。

这个市场领域的销售潜力是相当大的。但为了实现这一可能，零件制造商需要工程设计部门的配合，并且需要得到它的客户也就是飞机制造商的信任。如果我们自己生产整个飞机，我们将很难与我们的客户建立这种关系。我们怎么能够指望一个投身于新飞机开发的机身制造商来向一个可能成为对手的零件生产商泄露它后续的设计呢？简而言之，对我来说似乎不可理解的是，我们既能够成功地售出我们制造的零件，又能同时与那些购买了我们的零件的制造商围绕着一种类型或更多类型的机身的生产展开竞争。

关于这个问题的讨论持续了一段时间，最后，1943年8月17日，公司政策委员会的决议规定了我们的战后航空政策：

> 第一，公司不应企图在军用或运输领域生产整个飞机。
> 第二，公司应尽其产能和物质环境的可能，来全面发展在零件制造上的有利地位。

读者会注意到，我们在这个时期并没有明确排除制造私人商务用飞机和个人小型飞机的可能性。我们还是怀疑这种飞机的量产规模能否吸引通用汽车的兴趣；然而，我们感到我们不能完全忽视这个可能性。在我的报告中我忠告说，我们应该建立计划来跟上在小型飞机业务上的技术发展，但是我们后来放弃了这个想法，因为它不可行。然而，北美航空没有继续设计和制造用于个人运输的耐威型飞机。

我们战后航空政策的形成当然与我们对在北美航空和邦迪克斯的投资的态度密切相关。战争期间，北美航空成为了美国最主要的机身制造商之一，并且我们得出结论，即在这个公司继续的投资对通用汽车飞机零部件业务的影响不会低于公司自己制造机身。

另外，通用汽车不能在机身工业上有效应用它的大规模生产技术这一事实变得日益清晰。所以，我们确信，通用汽车和北美航空双方利益的最好结合点就在于在适当的时候处理掉我们在这个公司的股份。

邦迪克斯的情形稍有不同。这个公司已经在航空零件领域占据了牢固的位置；并且它的行动非常符合我们自己的运营方案以及战后的政策目标。有一段时间我们曾对邦迪克斯进行了认真的研究，然后才决定完全收购邦迪克斯，并将它作为统一的通用汽车的事业部或子公司来运营。但是，最后的决定是不那样做。我们逐渐形成了一个卖掉少数股份的政策，并于1948年卖掉了我们在北美航空和邦迪克斯的股份。得到的资本主要用于我们汽车业务的快速扩张。

我们在联合期间对邦迪克斯和北美航空的贡献不在工程和技术领域，而是在商业管理这种更无形的地方。总的说来，我认为，我们的管理哲学已经植入到了这些公司和整个航空工业之中，这才是我们对这个行业最直接的贡献。

第20章
人事和劳工关系

在我写这本书的时候，通用汽车内因国家问题引发的大规模罢工已经是17年以前的事情了。当我们这些人回忆起20世纪30年代中期激烈而充满危机的气氛，或者1945~1946年战后大罢工带来的痛苦经历，都会觉得过去的17年简直令人难以置信。我们已经在没有牺牲任何基本管理职责的前提下走过了这段岁月。经常引起争议的是，有人指责我们只是通过刺激通货膨胀的劳资协议才保持了劳资关系的和谐。这是一个过于复杂的问题，在这里无法展开讨论，但是，我认为我并不认可这一观点。

在开始介绍我们与劳工组织的关系之前，我认为应该首先提醒读者，我们的很多人事政策和劳资谈判没有什么关系。1963年初，通用汽车在全世界拥有的员工总计63.5万人，其中约16万是拿月薪的员工，他们中只有极少数人是劳工组织的成员。另外，公司里大约有近35万工会会员在合同条款之外还取得了一笔不小的福利，并且其中一部分人甚至是在现代劳工组织出现之前就已经享受这些福利了。我们工厂里的娱乐设施、我们对员工建议的报酬、我们对员工的培训、我们对雇用残疾人的规定——这些都已经超出了合同的范畴。早在20世纪20年代，通用汽车就开始为员工提供很多福利了。有些福利体现为各种设施——比如，我们为员工提供的一流医疗服务，精致的自助餐厅，衣帽间、淋浴和停车场。

早在1926年我们就为员工提供了一组寿险项目。1919年，约翰·拉斯科博先生就设立了储蓄投资计划。1929年，参与这一计划的员工总计18.5万人，占当时全部员工总数的93%；他们在储蓄投资计划的储备金总计达到了9000万美元。当银行于1933年歇业的时候，我们预计我们的员工会将他们的存款从储蓄和投资计划中撤出来。但是，他们几乎一致坚持让我们继续掌管这笔钱——这充分体现了员工对公司稳定发展的信心。1933年的《社会保障法》和《证券法》开始执行之后，我们最终于1935年底中断了这一计划。

现在，对美国和加拿大拿月薪的职员而言，他们可以参与通用汽车的储蓄-股票购买计划。根据这一计划，他们最多可以将他们基本工资的10%存入一种特殊的基金。他们每存入两美元，公司就会相应地在他们的账户中存入一美元。这笔基金的一半被用于购买政府公债，另外一半则用于通用汽车普通股的投资。所有的利息和分红都被用于再投资。参与这一计划的员工已经超过了有资格的月薪员工总数的85%。在1955年的合同谈判中，我们还向领取计时工资的工人开放了这项计划，但是后来因为补充失业福利计划——这一计划将在后文讨论——的效果更好，他们选择了后者。

储蓄-股票购买计划只是现在领取月薪职员所享受的额外福利之一。绝大多数人都和领取计时工资的工人一样享受生活津贴。领取月薪的职员享受的福利包括：多种寿险项目、医疗保险、健康事故险、养老金和遣散费等。领取计时工资的工人在这些领域也享有相应的福利。

当然，我们的人事部门的职责并不仅限于员工福利。人事部门也负责员工的招聘、聘用和培训。比如，我们的工长培训计划就是我们引以为豪的项目之一。我们采取了各种办法来争取将工长的士气始终保持在最高的水平上。1934年，我们为这些工长提供了月薪；1941年，我们开始实施一条新规则，即保证这些工长的工资比他下辖工人的最高工资高出25%。另外，从二战早期，这些构成我们一线监督队伍的工长就开始享受加班津贴——尽管联邦工资工时法并没有要求为督工提供加班津贴。但是，或许我们工长士气高昂的最重要原因是我们在纪律和工作标准上给他们的强力支持，他们知道，我们认为他们也是管理层的一分子。

前面的事实表明，我们的人事部门除了众所周知的与汽车工人联合会谈判的职责之外，还有许多其他职责。尽管1931年就首次在公司的层次上正规地确立了人事管理的职责，但是，直到1937年我们才将所有人事项目都统一到公司的层次上。从那之后，人事部门主要采取两种方式为公司提供服务，一种方式是作为专家为公司提供建议和咨询，另外一种方式是作为一群在公司的授权下与工会谈判并管理合同的高级行政人员。顺便说一句，我们的人事部门通常并不介入我们的四步员工投诉处理程序；只有当该处理程序进入第四步，也就是进入仲裁程序之后才需要公司人事部门介入。从1948年至1962年，平均每年根据这一程序进行处理的投诉总计达76 000件。大约有60%左右的投诉都在第一阶段就通过工长和工会委员会的处理解决掉了；在第二阶段，由工会的车间委员会和由工厂自己的人事部门组成的管理委员会之间进行的协商所解决的投诉约占30%；还有约10%则进入第三阶段，这时的仲裁机构是一个四人委员会，其中两个人来自工会的地区性办公室，另外两个人则是部门管理层的代表。每年平均只有63件进入第四阶段——不到全年投诉数量的0.1%——即由一个中立仲裁机构来处理。

很显然，人事部门的责任非常沉重，尤其是在处理和工会相关的问题时更为沉重。因为在处理这些事情的过程中总是存在着对公司造成巨大伤害——并进而对公司员工造成严重伤害——的可能性。一方面，我们必须尽可能地避免各种规模的罢工；另一方面，我们决不可以屈从于不合理的经济要求或放弃基本管理职责。同时避免这两种情形绝不是件容易的事，然而，在过去的15年中，我们在这个问题上已经取得了不错的成效。

战后早期，我们和工人的关系似乎有段距离。1945年至1946年大罢工结束的时候，汽车工人联合会已经成为当时国内两三个最大的工人组织之一，拥有会员数近百万人。该组织的很多代表都对私有企业抱有敌意。无论是在内部，还是在与其他工会的关系上，汽车工人联合会都陷入了各种朋党冲突之中。对于我们而言，这种冲突的主要结果就是各方面都比着拉开与公司的距离。

更糟的是，似乎在每次大型危机中，汽车工人联合会都能争取到政府的支持。政府的态度又倒退到了1937年静坐抗议时的情形。当时工会强占了我们的财产，而我们并不打算与他们谈判。静坐抗议是违法的，后来最高法院的裁决肯定了这一点。但是，富兰克林·罗斯福总统、劳工部长弗朗西斯·伯金斯和密歇根州州长弗兰克·墨菲持续向公司施加压力，并对我个人施加了压力，要求我们和那些强占了我们财产的罢工者举行谈判，这种压力直到我们被迫答应与那些人谈判才消失。后来在1945~1946年长达117天的大罢工中，杜鲁门总统再次正式支持工会充满矛盾的要求。工会认为应该根据我们的支付能力来决定工资增长的幅度。我们成功地抵制了这一不合理提议，但是，我认为总统的声明强化了工会的公众地位，从而延长了罢工时间。

战后早期还有一个因素对劳工问题产生了影响，即当时存在着严重的通货膨胀。1946年取消价格控制后，零售价格上升了17%，1947~1948年的增长幅度也超出了10%。工会在通货膨胀时期的自然倾向就是要求提高工资，并且提高的幅度要能够弥补预期的通货膨胀，这种方式进一步推进了物价的上涨。战后年复一年的工资和物价轮番上涨正是这种通货膨胀恶性循环的范例。汽车工人联合会认为自己是劳工运动的带头人——这一点可能是正确的——因此，一旦它支持某种要求，这一要求就很有可能成为新一轮通货膨胀所引发的需求中最显著的一种。通用汽车经常面临着这种境况。

1947年，我们并没有遇上大规模的罢工，但是，这并不能消除我们对战后劳工关系的恐惧。事实上，这一年的谈判过程中发生的一些事情使我们所面临的问题更加尖锐起来。4月中旬，当我们还在进行谈判的时候，我们就已经听说汽车工人联合会正在计划争取让底特律地区的工人停工，去参加一个工会组织的反塔夫脱-哈特利法的示威，国会当时正在考虑是否通过这一立法。当然，这场计划于底特律举行的示威是汽车工人联合会自己的事，但是，工作中断却对我们直接产生了影响。我们向谈判代表指出，在三种情况下停止工作去参加集会将明显违反合同中罢工和停工部分的条款，凡是走出工厂的工人都将违反合同（经历了1937年的静坐抗议之后，我们就坚持在未来的合同条款中必须对停工行为进行惩罚）。工会代表温和地告诉我们，这次罢工得到了国际执行委员会的批准，但是，他们也会将我们对此事的观点反映到该委员会。

1947年4月24日下午2点，就在新合同签订的当天，罢工开始了。这次罢工只取得了部分成功，因为公司在底特律地区的七个工厂中，总计有19000位领取计时工资的工人并没有参加。但是，还是有13000位工人参加了这次罢工，并且，在此期间，他们做出了无数胁迫性甚至是违法的举动。在我们看来，这次事件似乎表明汽车工人联合会已经改变了他们早期随意违反合同的态度。我们和以往一样对此表示了充分的肯定。出于严肃纪律的考虑，我们解雇了15名工人，并长期暂停了与25名工人的合同。这40个人中有4个人是地区工会的负责人，6个是车间委员会的负责人，22个是车间和地区委员会成员。另外，还临时暂停了与401位员工的工作合同。

当然，工会拥有向最高仲裁机构申诉的权利。但是，它选择了与公司进行谈判，并最终承认它违反了规定。在最终于5月8日签署的正式谅解备忘录中，工会明确表明这种停工确属违规。作为回应，公司将解雇名单中的15个人转到了长期暂停合同的名单中去，并对最初的惩罚决定进行了修改。

随后的几年里，我们的劳工关系显著好转起来，并且，工会内部也逐渐开始稳定起来。

改善劳工关系的关键之一就是1948年的集体合同谈判，但是其中的主要条款则是在后续的合同中解决。由于这些条款在通用汽车后来的事务中发挥了重要的影响，所以我将在本章的剩余部分详细讨论这些条款以及它们的背景。

在处理与领取计时工资工人的劳工关系上，1948年的合同为我们带来了两个主要的创新。首先，它取消了与工会每年进行的经济条件谈判，取而代之的是长期合同。合同时间跨度为两年，1950年又续签了一个五年合同，然后又续签了三个三年合同。这种长期合同为公司制定长期计划提供了保证，同时也为公司高级执行人员节约了宝贵的时间，因为劳资谈判总是要耗费公司最高行政人员的大量时间。长期合同还减轻了我们的员工对年度合同的顾虑，使其不用再为可能的罢工而忧心忡忡，从而使他们可以以更大的信心去规划自己未来的事情。

1948年合同中的另一创新就是所谓的通用汽车工资公式。这一公式有两个特点：一个是"自动条款"，它根据生活费用的变化为员工提供工资补贴；另一个是"年度改善因子"，它保证了员工能够分享由于技术进步所带来的效益。整个公式反映了公司在工资计划中引入理智和可预测性的努力；特别是，其目标在于至少部分结束我们在过去制定工资时各方力量的冲突。

我们早20世纪30年代就展开了对这类合理工资计划的探索，特别是1935年，我们开始对将工资与生活费用变化联系起来的做法产生了兴趣。最初，我们曾考虑过使用劳工统计局的地区生活费用指数，而不是采用他们的全国的指数。1935年，劳工统计局发布了一份反映32个城市生活费用变化的报告。通用汽车在包括底特律的12个城市中拥有工厂。但是，通用汽车还有很多工厂的所在城市并没有在该报告中得到反映。这个现实问题也是我们当时没有实行这项计划的原因之一。另一个原因就是1935年消费者价格指数相对稳定，而且实际上这种稳定一直保持到了1940年。在这几年中，物价的波动对我们的工资调整并没有真正的影响。

但是，1941年间国防计划的推行导致物价急剧上涨，我们和我们的员工开始面临通货膨胀的考验。1941年4月1日，我给国家工业会议委员会主席维吉尔·乔丹写了一封信以征求他对建立与生活费用指数挂钩的工资计算公式的想法：

> 你认为我们建立一个工资调整的经济学公式有必要吗？建立这个公式的基础是，我们假定实际工资在未来肯定会增长，就像在过去的25年一直在增长那样。而且，我们认识到这种公式的一个事实，即当生活费用增长时，名义工资率就会增长，而且名义工资增长的比率能够弥补生活费用的上涨；但是，在生活费用下降时，名义工资率降低的比率应该低于其增长的比率。

这将保证在数年中实际工资的增长,而且,我也相信,工人们有权利分享这种由于技术效率的提高所带来的益处,而且产业界也有义务使之成为现实。

乔丹先生对这一非正式建议的反应很悲观。他在回信中说他怀疑我们能否让工会与我们在这一工资计算公式上保持一致的态度;他认为,工会领袖们通常愿意在工资制定的过程中扮演更为主动的角色。然而,这些信件往来起到了激发我们把工资与生活费用挂钩的兴趣。

1941年,当时通用汽车的总裁查尔斯·威尔逊将我们在这一问题上的思考更深入地推进了一步。他因髋关节骨折而被迫待在医院里,并在那里对工资公式进行了深入的思考。出院的时候,他在工资调整方面得到了两点心得。其中一点心得就是基于生活费用的工资变化必须与全国消费物价指数相挂钩,否则公司将陷入不停为某些人加薪而不考虑其他人的境况——尽管从某种意义上这将完全符合相应的公式,但是却将带来实际的心理问题。

威尔逊先生所提出的第二点就是如何让工人分享由技术进步所带来的效益提高。他认为,解决这一问题的唯一途径就是为每一位工人确定一个固定的年度加薪百分比。这项建议就是通用汽车工资公式中"年度改善因子"的起源。

尽管工资公式中的基本因素是由威尔逊先生于1941年提出来的,但是,直到1948年的谈判开始的时候,我们才有机会在集体合同谈判中引入这一公式。二战期间政府的工资冻结政策使我们很难在工资变动上有所行动。到了1945年,很明显我们的员工只会对基本工资的大幅增长感兴趣,因为只有如此才能让他们赶上战时生活费用的飞升。而且,工会在1945~1946年的长期罢工中一直坚持我们应该按照支付能力的增长状况来确定工人工资的增长速率, 并且坚持我们应该有效提高我们的产品价格。我们认为,在采纳任何工资计划之前,我们必须解决这一问题。到了1947年,我们再次感到我们员工的主要需求就是大幅增加基本工资。

1948年的劳资谈判开始于3月12日。起初似乎它也将遵循往年的模式，只不过工会的要求比往年更加极端。实际上，他们的要求几乎相当于将前几年艰难协商后达成的协议完全推倒重来。他们的要求包括：将小时工资提高25美分、养老金计划、社会保险计划、每周工作44小时，还有很多其他经济方面的条件。我们认为这些要求不可理喻，并且担心如果汽车工人联合会坚持这些要求，我们就要遭受一场类似于1945~1946年那样的大罢工。实际上，从1948年春的情形来看，似乎整个国家所面临的罢工形势是前所未有的严峻。钢铁和电力行业的谈判大多都陷入了僵局。5月21日，汽车工人联合会在克莱斯勒制造了一场罢工，与此同时，他们也在通用汽车其他地区的工厂里策划罢工。

但是，对于1948年的谈判而言，还是存在一些有利因素的，这就是我们与汽车工人联合会达成了一项协议，即我们之间的谈判应在相对保密的情况下进行。以往我们的集体合同谈判通常都会演变成一个政治论坛，工会借此机会向新闻界发表很多激烈的言论，我们被迫公开对此作出回答。对1948年的谈判过程的适度保密使工会的要求从一开始就比以往现实得多。

然而，谈判进展缓慢，到了5月，似乎一场罢工马上就要开始了。于是我们决定在集体谈判中引入我们的工资计算公式。5月21日，我们以书面形式向汽车工人联合会提交了这个公式。事先没有任何预兆表明工会会对我们的这一合同提案表示肯定，但是，工会在原则上接受了这一提案，然后我们就开始讨论它的细节。为了加快这一进程，我们提议通用汽车和工会组建一个四人小组来仔细商讨这一问题。

经过近三天不停歇的谈判，终于确定了新公式的各种细节。合同为期两年；由于它过于新颖，导致工会不愿冒险将合同期签订得太长。每个签约工人的年度改善因子确定为小时工资每年提高3美分。最终确定用于计算生活费用的基准日期为1940年，这是美国物价稳定的最后一年，此后物价开始飞涨。

关于通用汽车工资公式，有几点需要说明的地方。首先是关于一些熟悉劳工问题的人也会误解的年度改善因子。合同条款中的101(a)主要处理年度改善因子问题，它指出，"员工生活标准的持续改善依赖于技术进步，依赖于更好的工具、方法、工艺和设备，依赖以合作的态度对待这一过程中的各参与方……以同样的人工制造更多的产品是非常正确的经济、社会目标……"工会完全接受了这些睿智的判断，这显然是劳资关系发展史上的一大里程碑。

但是，与大多数人的认知不同，改善因子并没有和通用汽车生产力的改善直接挂钩。在我看来，通用汽车里面并没有能够令人满意的、用于度量生产力的工具，甚至在所有制造不断变化的产品的公司里，都没有这种工具。即使在某种程度上提供了一种工业生产力的量测手段，也仍然难以将小时工资的提高与生产力的提高直接挂钩。因为，一旦在整个经济领域推广这种挂钩计算方式，必然将在技术迅速发展的行业和技术发展有限的行业——比如，服务业——之间在工资方面引发出不可调和的矛盾。我相信，改善因子的发展变化确实反映了美国经济整体上的长期变化。

据估计，多年来美国生产力提高速度一直维持在2%。这种估计有多准确，我并不清楚。但是，通用汽车将年度改善因子规定小时工资每年提高3美分，折合下来就是每年工时工资将提高2%，也就是说，3美分是1.49美元——通用汽车的工时工资为每小时1.49美元——的2%。在后来的谈判中，改善因子还提高了几次。需要指出的是，通用汽车在签订合同时只指出在合同期内，公司每年都会按照相应的改善因子提高工时工资，并没有将美国工业整体生产力的变动与工人的工资改善关联起来。即使美国或通用汽车的生产力下降了，按照合同的要求，我们仍然需要支付因年度改善因子而增长的工资。

我总是认为，在表述的时候将年度改善因子同"生产力提高"放在一起是引发混淆的根源。我倾向于认为这是一种组合激励措施，但是，我怀疑通用汽车中的大多数员工是否也这样认为。

最后一点，就是工人效率提高只是生产力提高的原因之一，而且还是次要原因。生产力提高的主要原因在于更为有效的管理和对节约人力的设备的投资。一些工会代表总是将生产力的提高完全归功于劳动力方面的改善。我不相信这一论调。新机器需要花钱，而新增的投资则必须从投资回报率的角度对其进行考核。如果将生产力提高所带来的效益都用于降低产品价格,则从整体上消费者和整个经济都将从中受益。但是,人类的天性决定了人们更愿意在一定的激励之下工作,而且讨价还价本身也是人类的天性之一,因此,有些事情可供讨价还价也是一件好事。因此,我认为,生产力提高所带来的回报应该在消费者(降低产品价格或提供更好的产品)、工人(更高的工资)和股东(更高的投资回报率)之间均衡分配。

通用汽车首次应用改善因子的时候曾出现了一个奇怪的现象。根据1948年和1950年的协议,所有工人——扫地工人、高级技工、高级模具制造工等——的改善因子都是一样的。以工人的平均小时工资为基准并每年提高2%即3美分的决定显然具有平均主义的倾向。于是,高级技工和高级模具制造工的每小时工资增长率并没有达到2%,而扫地工人的工时工资增长幅度却超出了3%。因此,从1948~1955年,公司的工资差异呈现出逐渐缩小的趋势。1955年的合同对这一趋势进行了纠正。这一次的合同规定,所有工人的工时工资年度改善因子都是2.5%,并且实际增长不得低于6美分。

年度改善因子不断发展的同时,自动条款方面却一直没有什么变动——尽管它也具有使工资随着时间的演进而逐渐趋同的作用。同样的,这里也没有什么理论能够指出为什么这一条款没有指出在生活费用增长1%的时候公司会将工时工资提高1%。实际上,这一条款规定,一旦生活费用上升,公司的所有工人都将得到一份数额相同的补贴。生活费用计划的计算方式如下:首先确定相对于1940年这一基准时间而言,生活费用已经上升69%,而与此同时,通用公司工人的工资只提高了60%。为了弥补这一9%的差距,我们将工时工资提高了8美分。但是,对于低工时工资的工人而言,他的工时工资增长明显超过了9%;而对于高工时工资的工人而言,这又低于9%。在设定未来工资增长方面,这一自动条款也具有类似的平均效果。我们采用了平均工时工资和当时最新的1948年4月的消费物价指数来确定它们之间的关系。用平均工时工资1.49美元除以消费物价指数169.3,就得到消费物价指数每提高1.14,工时工资就将提高一美分,这就是我们用以计算所有工人物价补贴的依据。但是,再次注意,我们享受最高工时工资的工人实际上是最需要迅速提高工资以适应当前生活费用的人群,而在1948年,一个每小时收入1.20美元的看门人,他的工资就足以应付任何物价变动了。在考虑通用汽车工资公式中生活费用这一块内容时,需要记住的是,物价补贴完全是和价格指数关联起来的,自动条款的应用倾向于将所有人的工时工资拉向平均水平。这种方式从长期来看究竟是好是坏,我现在还没有考虑清楚。有趣的是,所有其他工会仿照我们的计划所使用的工资计算公式中几乎都一成不变地保留了这一部分内容。我们曾专门给熟练员工加了几次薪。这有助于打破这种趋向平均化的局面。从1950~1962年熟练员工的工时工资总计提高了31美分。

另外,由于集体合同制定过程中工会过于苛求,最初支撑工资公式的基本概念也在某种程度上被扭曲了。现在经常发生的一个问题就是生活费用条款中的最低保障问题。在我最初给乔丹先生的信中,我曾说到即使是在严重的经济危机期间,工人们仍然希望工资的降低幅度能够有个限度。1948年的合同规定,无论生活费用下降到什么程度,最多都只能将最初8美分的生活费用降低到3美分。1953年、1958年和1961年,生活费用的底线又有所上升。关于伸缩条款的逻辑显然不能扩展到通货紧缩时期,因为工人们总是不愿降低工资的。

1953年的谈判中偶然出现了一个有趣的现象,该现象充分体现了公众对通用汽车工资公式持之以恒的压力,并且使我们难以按照威尔逊先生的最初设想来推行这一工资公式。原则上是不应该存在1953年的谈判的,因为1950年合同的有效期应该为五年。但是,到了1952年底,汽车工人联合会开始对该合同中的生活费用条款感到不满。和当时的大多数人一样,工会对朝鲜战争后爆发的通货膨胀感到害怕。如果生活费用下降了,工会成员将部分甚至是失去他们正在依据自动条款所享受的特殊补贴。更糟的是,工资稳定委员会已经决定为包括钢铁、电力及其他一些行业的员工的生活费用补贴纳入了基本工资。换句话说,一旦出现通货紧缩,汽车工人联合会的会员们的工资将会降低,而其他行业的工人却不会受到影响。我们保证在通用汽车工作的工会会员所领取的工资不会落后于相关行业。因此,我们重新编制了合同,并将生活费用补贴提高到19美分。这个小插曲充分说明了坚持自己的最初信念是多么的困难。

总是有人攻击我们的工资公式是在为通货膨胀推波助澜。在这个问题上，我同意威尔逊先生的最初出发点，就是要保护我们的员工免受通货膨胀的影响。但是，这一公式绝不是我们劳工合同的全部。由于我们还提供了很多额外福利，因此一些批评家认为成本的增加超出了生产力提高的速度，因此这一公式以及这些额外福利合在一起就具有引发通货膨胀的可能性。

还有一个必须考虑的重要因素。正如我前面所说的那样，在我看来，改善因子更应该看做是一种激励措施。基于这一认识，我认为我们的工人以这种明确的方式从公司的发展中受益，并由此提高了生活水平这一事实使我们在引入降低人工的设备以及其他技术进步所产生的设备时能够得到更好的合作，从而在提高公司总体运营效率上产生了健康的影响。

无可否认的是，通用汽车工资公式在缓和、稳定、融洽劳资关系上起到了重要作用。自从该公式于1948年付诸实施以来，我们公司里就没有发生过较大的罢工。

过去几年里通用汽车劳工合同中知名度最高的条款就是失业福利补偿条款——该条款大概可以理解为某种形式的年度工资保证。所有主要汽车公司相继启动了1955年劳工合同谈判，工会显然认为如能全面达成这一条款将是其历史上的一个重要里程碑，因此准备不计代价地解决这一问题。工会显然在1954~1955年就已提出了这一计划背后的理念——由雇方为失业工人提供资助。但是，最终福特汽车公司提出并得到采纳的计划与工会的目标尚有很大距离——这是一个非常保守的资助计划。继福特之后，我们很快就接受了这一条款，尽管我们对其中的几个方面持有异议。最后，整个汽车行业接受了这一条款。

实际上，通用汽车考虑类似替代方案的时间已经差不多20年了。在1934年12月国家失业保险法正式颁布之前，我们就已经提出了一个针对公司内部员工的保险计划。我们对这个计划中的如下几点建议非常赞同：

第 20 章 人事和劳工关系

通用汽车同意为处于非自愿失业期的员工提供报酬而建立储备金的原则;

我们还同意由雇主和合格的雇员共同出资建立这一储备金的原则;

我们相信,任何员工都需要经过试用期的检验才能知道他是否适合该岗位。

这些条款的意义非常重大,我相信我的同事们也是这样认为的。但是,20世纪30年代中期联邦和各州失业保险计划的急剧增长改变了我们在这个问题上的看法。配合失业保险的推行,我们还开发了一项旨在缓和由于我们的轮班工作所带来的问题。总的来说,它的工作内容如下:任何拥有五年以上工龄的工人,当他被临时停工时——比如,车型转换时期——或者每周工作不足24小时的时候,可以向公司借款,借款额度为他的收入和24小时对应工资的差价,并且该项借款不收取任何利息。当他每周工作超过24小时,他必须用超出部分报酬的1/2用于偿还该项借款。如果员工的资历介于两年到五年之间,公司可以提前支付16小时的工资,但是总提前支付款项不得超过72小时的工资。换句话说,工人的工资在时间上得到了平均。这项计划一直执行到战时生产使它没有必要存在为止。

除了这一免息借款项目之外,我们还开始考虑是否应该保证相当一部分的工人的最少工作时间。1935年的《社会保障法》中有部分条款要求提供一定的激励以鼓励雇主推行类似的计划。根据这些条款,每年保证工人工作至少1200小时的可以免除3%的工资税。1938年我们认真考虑了为工人提供类似保证的问题。但是,当时的董事会副主席唐纳森·布朗提出了非常具有说服力的反对意见。在1938年7月18日给我的备忘录中,布朗先生认为这种保证不能应用到太多的工人身上——如果覆盖面过广,就难以保证足够多的工时。他进一步指出:

为部分工人提供年度最少工时安排的保证将不可避免地将平均工时固定到一个水平上。人们在这样的计划中包含着这样的企图——在业务下滑的情况下——尽量将工作拖长,从而保证每个人的最低工时。在该问题上,工会必然会施加压力。

我们所有人都对在通用汽车这样复杂而庞大的企业里均分工作的可行性持怀疑态度。我个人认为,在较低的工时水平上长期平均安排工作在经济和社会上都是非常不合理的。但是,在战后初期,我认为推出类似的计划是非常有必要的。1946年5月15日,我就失业补偿金问题提出了我的观点:

> 如果我们能够确定我们在应对即将到来的压力时的极限究竟是什么,并且能够以我们自己的方式确定它的影响究竟有多大,这就可能帮助我们与工人建立更好的关系而不必为未完成的工作付钱。

经过平衡之后,这一计划终于写入了合同之中。在我看来,最终取得的创新并没有它的倡议者起初宣扬的那么大。很多经济学家指出,这项计划只是失业保险另一种形式的扩展,只是将失业保险的时限延宽了20年,并且争取到了雇主的支持。我怀疑这项新计划在萧条时期为工人们带来的福利可能只有程度的差异;毕竟符合这一计划要求的工人实在太多了,很多的工人只能拿到很少的一点钱。但是,这项计划大大地减少了我们的工人在经济上的后顾之忧;从长期来看,只这一项好处就已经足够了。

1933年之前,除了少量制造领域的工艺行会之外,通用汽车和工会没有什么来往。发生这种情况的主要原因是我们还未为1933年开始的政治气候变化和工会主义成长做好准备。人们总是容易忘记,当时美国大型行业里面建立工会还没有成为惯例,因此,当时工会主义的大规模发展并没有引起我们充分的注意。我们知道,一些激进分子认为工会是获取权利的一种工具。但是,在我们看来,即使是正统的"经济工会主义"也会妨碍管理。作为一个生意人,我对这个概念还不习惯。我们与汽车行业某些工会组织的早期接触并不愉快。他们认为他们代表着所有的工人,而无视那些不愿接受他们作为代表的工人的意愿。我们和美国产业工会联合会的早期接触更加令人不快,因为他们试图通过暴力取得认可,并且最终在1937年的大罢工中通过静坐抗议攫取了我们的资产。我没有任何兴趣去回顾与这些劳工组织早期接触的痛苦经历。之所以提到这些事情,也只是为了解释为什么我们起初会对劳工组织持有负面情绪而已。

　　早年间最令我们感到前途暗淡的事情就是工会不停地试图进犯基本管理权力。我们决定生产计划、制定工作标准、约束工人的权力突然之间就遭到了质疑。与此同时，工会反复地对工资政策表示出极大的兴趣，因此就很容易理解为什么公司的一些官员会认为工会总有一天会成为公司运营的实际控制者。

　　最终，我们成功地击退了这些对管理权的挑战。现在，工资制定属于管理的范围，而不是工会的职能这一理念已经深入人心。就我们的业务管理而言，我们已经将某些做法编制成企业制度，也已经和工会代表围绕工人的投诉展开讨论，并将一些处理起来有争议的投诉提交仲裁机构。但是，总体上我们还是保留了基本的管理权力。

　　通用汽车的工会主义问题在很早以前就已经得到了很好的处置。我们已经和所有代表我们的工人的工会形成了良好的关系。

第 21 章
激励性报酬

　　自 1918 年以来,通用汽车红利计划就成为我们管理理念和组织的一个组成部分,并且我相信,这个计划是公司不断前进发展过程中的关键要素。正如公司于 1942 年正式发表的年报中所说的那样,我们的管理政策"已经从这样一种信仰中演变过来了,即公司业务的有效成就以及最大的进步与稳定是通过让管理者把工作当成自己的事情而实现的。这种方式为个人通过主动的发挥而实现自我价值提供了机会,为保证个人经济状况与工作业绩的同步提高提供了可能。通过这种方式,公司才能吸引并留住管理人才"。

　　红利计划和分权管理是相关的,因为分权管理给管理层提供了一个自我实现的机会,同时,红利计划使每个管理者有可能获得与他自身工作业绩相当的报酬,这样也就给了管理者一直在工作中尽最大努力的机会。

　　通用汽车红利计划最早采用于 1918 年 8 月 27 日,从此之后,这个计划的基本原则就从来没有改变过——这就是,要最好地服务于公司和股东的利益,就需要使关键员工成为追逐公司繁荣兴盛的同伴,每一个这样的人都应该获得与他为事业部和整个公司所做出的贡献相对应的奖励。当然,有时候我们也进行一些改变,例如1957年,奖励计划有了一些扩展,新增了一个为一批高级管理者提供的员工优先认股权计划。在目前的情况下,只有在公司赢利超过其净投入资产6%的情况下才能从净收益中拿出钱来进行奖励。留给年度红利的最大总额限制在税后净收益(扣除6%的利润)的12%,由红利薪金委员会决定一个低于该上限的总额。1962年,共有大约14 000名员工获得了总额价值为94 102 089美元的通用汽车股份和现金奖励。另外,员工优先认股权计划中条件账户中的金额总计为7 337 239美元。这些红利,以及用于四个海外制造子公司的3 550 085美元的单独红利计划,都来自1962年预留的1.05亿美元的红利储备金——这笔储备金比当年允许的上限少了3 800万美元。

尽管奖励金额依赖于利润,但红利制度并不是一个利润分享计划,这个计划并不是将公司或其事业部的收入均匀分配给每个员工,红利薪金委员会每年确定的红利总额可能(并且有时确实如此)少于可利用的红利总额。更为重要的是,每个人都必须通过自身的努力才能赢得进入红利授予机构考虑范围的资格。由于员工的工作每年都要接受评价,因此他所得到的红利可能随着年份出现较大波动——当然,这要以他每年都能获得红利为前提。每个人对公司的贡献都将定期得到衡量,并且还有明码标价,这一事实对每个员工任何时候的工作都是一个激励。

红利计划还有另一个重要的作用,该计划通过建立一个所有者-管理层团队形成了管理层和股东之间利益的一致:大多数情况下,员工所获红利部分或全部体现为通用汽车的股份。这种做法的结果是,通用汽车始终有一部分高层管理者拥有公司大额的股份利益——这里的大额是站在管理者个人的总资产角度看,而不是与公司发行的总股份相比较。由于其个人资产中往往包含通用汽车的股份,通用汽车的管理者们往往更加意识到个人利益与股东利益的一致性,而如果他们仅仅是职业经理人则很难达到如此的程度。

然而,红利计划的作用已经不仅局限在激励和奖励个人的努力工作这一个方面;在启动之初,这个计划在鼓励管理者将其自身的个人努力与整个公司的财富联系起来这方面做出了极大的贡献。事实上,红利计划几乎扮演了与我们的协作系统——它保证了分权管理组织的有效工作——同样重要的角色。亨特在给我的一封信中这么说:

> 分权管理为我们提供了机遇;[红利计划]……提供了激励;两者结合,保证了公司的高层管理者能够形成一个协作、建设性的团队,同时不需要牺牲个人的理想和主动性。

我们将红利计划推广到整个公司之前,要整合各个分权管理事业部的主要障碍之一就是核心管理者缺乏站在整个公司利益的角度进行思考的动机。与之相反,绝大部分管理者得到的鼓励是要求他们主要考虑自己所在部门的利益。在1918年以前的激励制度下,一小部分事业部经理通过契约能够得到他们所在事业部的部分利润,而与公司整体的经营效益无关。这一制度不可避免地夸大了每个部门自身的利益,而损害了公司整体的利益。部门经理甚至可以为了自己部门利益的最大化而做出与整个公司利益背道而驰的决定。

红利计划用公司利润的概念取代了部门利润,而后者只是公司净收入的一部分。这个改动非常恰当地将红利奖金分配给了那些"用自己的发明、能力、勤奋、忠诚或是特殊的工作为其[通用汽车的]成功做出了特殊贡献"的员工。最初,总的红利数额被限制在税后净收入扣除6%的利润之后剩下数额的10%。1918年,超过2 000名员工获得了公司的红利,而在1919年和1920年,获得红利的员工数超过了6 000人。1921年,经济衰退和财产清算使公司利润显著下降,当年没有发放任何红利。

对红利计划的第一个重大修订是在1922年,这一年我们继续发放红利奖励,不过在发放红利奖励之前的资本最小税后回报率从6%上升到了7%。这个比率一直保持到了1947年,那年最小资本回报率降低到了5%,而税后净收入中超过最小回报部分可用于红利的比率增加到了12%。1962年,最小资本回报率又恢复到了6%。

1922年的修订还将员工职责级别与他获得红利的资格进行了关联。由于对员工职责级别最简单的度量就是他的收入,因此奖励资格就设立在这个基础之上：在1922年之后的很多年中，符合获得红利资格的员工最小年收入必须在5 000美元以上。这个变动带来的后果就是1922年我们总共只发放了550份红利奖励。

经理证券公司

另一个重要的变化发生在1923年11月，这一年成立了经理证券公司。成立经理证券公司主要目的是为公司的高层管理者们提供一个机会来增加他们在通用汽车的所有者权益。我们认为这将会带来进一步的激励。杜邦公司提供了一部分股份以供那些被选中参加这个计划的管理者以当时的市场价格购买。通过参加经理证券计划，这些管理者最开始用现金的形式部分支付了股票的价格，并且同意在今后的很长时间内通过追加补偿来支付剩余部分。这意味着，如果公司的业务很成功，那么他们就可以成为重要的股份拥有者。受益于这个计划的人们必须感谢皮埃尔·杜邦先生和约翰·拉斯科博先生，正是他们协商决定将通用汽车的部分股份用于这个计划；人们还需要感谢唐纳德·布朗先生，正是他制定了一个非常高效的计划才使得这个想法有机会成为现实。以下就是布朗先生所制定计划的核心部分。

经理证券公司由3 380万美元的法定股本组织而成，其中包括以下几部分：2 880万美元是股息为7%的累积无表决权可转换优先股；400万美元是每股面值100美元的A级股；100万美元是每股面值25美元的B级股。

经理证券公司组建时购买了通用汽车证券公司一部分的股份，这部分股份相当于2 250 000股通用汽车普通股。通用汽车证券公司是一家控股公司，它控制着杜邦公司在通用汽车中的股份。经理证券公司完成这笔股份收购意味着它持有了通用汽车证券公司中30%的股份。

杜邦公司之所以愿意在市场上出售它所拥有的通用汽车股份的30%，有双重目的。首先，杜邦坚信这一举动将会因此建立起通用汽车经理层与杜邦公司之间的合作关系。杜邦相信，这种对通用汽车管理层的激励机制将会反映到股份红利的上升上，进而提升杜邦公司所拥有的通用汽车股票的价值，从而最终实现对杜邦公司的补偿。其次，杜邦所出售的这部分股份实际上是最初因杜兰特先生财务状况不善而被迫追加投资的结果。这些情况致使皮埃尔·杜邦先生要求布朗先生提出一种能够实现杜邦目标的方案。

经理证券公司以每股 15 美元的价格向通用汽车证券公司购买了 225 万股的股份，合计购买金额为 3 375 万美元。这宗股份购买分成两部分，其中 2 880 万美元由股息为 7% 的可转换优先股支付，剩余部分 495 万美元用现金支付。而经理证券公司募集这部分现金的方式是将其拥有的全部 A 级股和 B 级股出售给通用汽车公司，合计金额为 500 万美元。通用汽车承诺每年向经理证券公司支付相当于其扣除不高于 7% 的资本收益后的税后净收入的 5%。该项支付相当于每年总红利金额的一半，这项协议持续了 8 年，始于 1923 年，终止于 1930 年。

通用汽车进一步同意，如果按照上述协议向经理证券公司每年的支付金额少于 200 万美元，那么，通用汽车将通过向经理证券公司提供无担保贷款的形式补齐差额，贷款利率为 6%（通用汽车根据这一条款于 1923 年和 1924 年履行了支付义务）。

通用汽车又将 A 级股和 B 级股转卖给了约占其高级管理层 80% 的管理者，具体的分配方式主要依据我向一个由通用汽车董事会委任的特别委员会提出的建议，员工的支付价格是 A 级股每股 100 美元，B 级股每股 25 美元，与通用汽车支付给经理证券公司的价格相同。

大体上，管理者通过分配得到的股份数依赖于他在公司内的职位。我私下拜访了每个可能符合该计划要求的管理人员，与他商谈他目前的状况，询问他是否愿意参加这个计划，以及他能否为他分配到的股份支付足够的现金。我试图笼统地将每个管理者的投资限制在低于他年薪的金额上。经理证券公司的股份并不是一下子就全部分配出去的。有一部分股份被预留下来以用于未来的分配：首先，公司需要为将来可能出现的合格管理者预留一部分；其次，随着职位的提升，可分配的股份也会增多，公司也需要对此做好准备。

通用汽车保留了一个特权，那就是在任何管理者退休或是他在公司中的职位和业绩发生变化时，公司可以回购属于该管理者的全部或部分股份。为了在即时的基础上保持经理证券公司的作用，我们需要一份年度总结来评价经理证券计划中的每一位管理者在一年中的表现，并据此确定是否这位管理人员的表现与其他管理人员相比已经不符合计划的要求了——这其中还包括了那些目前不在计划内的人员。当差异非常显著时，我可以建议使用那些还未动用的经理证券公司股份进行附加分配，或是从未流入经理证券公司的那一半红利中拿出钱来进行奖励。

以下就是这项计划运作的过程。

通用汽车公司每年向经理证券公司支付的金额，也就是通用汽车扣除不高于7%的资本收益后的税后净收入的5%，都归入A级股盈余。经理证券公司（通过通用汽车证券公司）拥有的那部分通用汽车股份所获得的红利与经理证券公司其他所有的收入一起归于B级股的盈余。经理证券公司超出股息为7%的优先股的分红则由B级股盈余支付。

经理证券公司每年必须收回一部分股息为7%的优先股，其金额相当于经理证券除去税收和费用开支、扣除在优先股上支付的盈余金额之后的全部收入。在支付了这股息为7%可转换优先股的分红之后，经理证券公司还可以支付其A级股和B级股股票的红利——但是不可以超过每年缴费资本（500万美元）的7%及在此基础上获得的盈余。

由于在1923年之后的一个阶段中通用汽车获得了极大的成功，经理证券公司计划所获得的成功远远超过了最乐观的预期。正如我已经指出的，这是通用汽车取得非凡成就的一个阶段。值得注意的是，整个汽车市场在这一阶段并没有显示出很大的增长——事实上，1923~1928年，汽车市场一直维持在每年400万辆轿车和卡车的水平上。然而通用汽车同期的销售量增长超过了一倍，而我们的市场占有率从1923年的不到20%增长到了1928年的超过40%。这当然导致了收入的飞速增长，而与此同时支付给经理证券公司的金额也提高了，这意味着这个计划的参与者所获得的追加补偿也同时得到了提高。优先股于1927年4月完全收回，所以实现了对公司总资产的控制，并且A级股和B级股的盈余也不再受到限制。

通用汽车公司收入的增长不仅为收回经理证券的 7% 股息为优先股提供了保障，同时还提高了通用汽车股票的市面价格。而这与通用汽车股票的红利增长一起，造成了经理证券公司股价的飞速上涨，这种情形导致无法再将经理证券公司的股份分配给那些在计划开始之后才升迁到高层的管理者。结果，预期的 8 年时间被减少到了 7 年，该计划终止于 1929 年，而非 1930 年。之所以这样做，主要是为了推动通用汽车管理公司的组建——建立这个公司就是为了在下一个 7 年中继续推行经理证券公司的主要理念，即拓宽参与该项目的管理者范围，并使之能与公司业务的增长相匹配。

我已经指出，经理证券公司计划的成功远远超出了最乐观的预计。也许最好的佐证就是 1923 年 12 月在经理证券公司中所购买 1 000 美元 A 级股和 B 级股股票在现在的价值。那时候，这样一项投资的实际意义就是通过部分支付而取得了 450 股通用汽车公司无面值普通股，而这笔股票在当时市场上价值为每股 15 美元；同时管理者同意以自己未来的红利来支付剩余的应付款项。在随后的 7 年中，在此项投资上，通用汽车按照合同规定向经理证券公司支付股份总额达到 9 800 美元。这个数字代表了该管理者在这一阶段中应该获得的红利，这笔资金构成了对公司的附加投资，这笔投资从最初的 1 000 美元增长到了 10 800 美元。

在 1923~1930 年期间，这 450 股普通股通过交易、股息，以及经理证券公司的额外购买，已经增长到了 902 股。当通用汽车于 1930 年 4 月 15 日完成了向经理证券的最后一次合同支付之后，最终的总投资就表现为 902 股通用汽车公司面值 10 美元的普通股的权益。换句话说，到那时候，由最初 1 000 美元的投资和后来 9 800 美元的补充补偿构成的可兑现股组成的 10 800 美元最终购买了 902 股通用汽车 10 美元面值普通股。由于通用汽车普通股在计划期间市面价格的增长，这 902 股股票拥有了每股 52.375 美元的价值，也就是，总的市场价值达到了 47 232 美元。同时考虑到 1927 年和 1928 年兑现的价值 2 050 美元的部分投资和这一阶段内总共 11 936 美元的股票红利收入，由这总计 10 800 美元的投资所得到的最终价值是 61 218 美元。

经理证券公司计划对通用汽车公司及其股东的回报的慷慨程度不亚于对参与计划的管理者的回报。通用汽车 1923~1928 年的成功充分证明了这一点,并且我本人深信,这一成功应该部分归功于这一事实,即经理证券公司塑造了一个个人利益与公司整体成功息息相关的高管团队。经理证券公司毫无疑问是一项伟大的个人经济激励。然而正如杜邦公司的小沃尔特·卡彭特在写给我的信中说的那样,这项计划同时还从整体上为公司提供了支持,并且有助于在公司内达成更好的合作。卡彭特先生说:

> 经理证券公司的重要性在于其在很多人的思想中建立起了……一种非常重要并且持续的要求,就是要获得整体的成功,这与他们先前狭隘而分散的利益有所不同……
>
> 你知道,或许任何人都知道,这种所谓的金融机制是这样设计的:公司整体收入带来的收益将以金字塔的方式进行分配,从而为个人对结果的贡献产生巨大的杠杆作用。这在目前看来非常陈旧,并且我们现在接受这种方式或多或少都是因为觉得这种方式有些理所当然。我们必须认识到,在那种形式下,在那个时候,它还是相当新的手段,并且在提高个人动力、坚定个人决心上做出了巨大的贡献……(从而保证)公司在整体上获得成功。而这当然有助于促进合作、相互关系和互相依赖的发展,并在公司后来的成功中扮演了非常重要的角色。

每年年终,我都要召开一个经理证券公司的股东大会,参加者是所有此项计划中的管理者,通过这次会议来总结回顾刚刚过去的一年中该计划的成效。这给了我一个强调管理者股东利益与通用汽车股东利益之间相互关系的机会。对于这些延续全天的会议,唐纳德·布朗曾回忆:"会议上提出了很多全面综合的报告以展示大家对共同利益的贡献;这些贡献包括对资本支出、存货和应收账款的有效控制,制造、销售和分配过程中的效率,以及产品对大众消费者的吸引力。"

通用汽车管理公司

管理公司的概念与经理证券公司相似,但是在某些方面所采用的技术有些不同。管理公司的建立也是为了给我们的管理者一个机会来增加他们在通用汽车的所有者权益,并且提供更多的激励。在经理证券公司中,这一目标是通过以下手段来完成的:留出一部分通用汽车的普通股股份给计划的参与者,他们最初仅支付了部分的现金,剩余部分则是在以后通过补充补偿来获得这些股份。

当然,为了实行新计划,还需要再提供一部分通用汽车的股份。由于预计到了这个需要,通用汽车公司已经在1930年之前三年多的时间中就积累了137.5万股的通用汽车普通股。这些股份以每股40美元的市场价格出售给了管理公司,其价值约为5 500万美元。管理公司为了这项收购总共出售了价值500万美元的公司普通股并且发行了5 000万美元七年期、利率为6%的分期还本债券(serialbonds);这两项计划都得到了通用汽车公司的支持。通用汽车反过来也以现金的形式向大约250名管理者出售了管理公司的普通股,这个人数要比先前参加经理证券公司计划人数的三倍还要多。

管理公司早期正好处于经济大萧条时期,这样的经济形势对所有的商业计划都产生了负面影响。但是,与此同时,正如我所指出的那样,通用汽车仍然维持了在整个汽车市场上所占的份额。汽车产业销售额随着整体经济状况的下降而下降,所以我们的销量也在相应地下降。在这样的形势下,通用汽车的表现是值得称道的——甚至是在大萧条最低谷的年份,公司的运营仍然能够带来利润——尽管税后收入下降到低于所用资金的7%,从而导致红利基金没这个计划仍然实现了增加股份所有者的目标,同时通用汽车和其管理者也都从管理公司的运行中得到了收益。让我们再次以1930年对管理公司股份每1 000美元的投资所得到的回报为例来说明问题。每1 000美元实际上代表对275股面值10美元的通用汽车普通股的部分支付,而当时的市面价格是每股40美元,同时管理者同意以其未来的红利收入来支付剩余部分股价。在接下来的7年中,通用汽车在这样一项投资中向管理公司协议支付的可用股份总额是4988美元。而这些再次代表了管理者在此阶段内应该获得的红利金额,并且有效组成了管理者对公司的附加投资,使最初投资的每1 000美元增值到了5 988美元。

1937 年 3 月 15 日，也就是这个计划终止的时候，最终的总投资代表了对 179 股面值 10 美元（当时，每股市面价格为 40 美元）的通用汽车普通股的权益。由通用汽车普通股所带来的收益减少的原因正在于管理公司在市场上抛售的 187 300 股的股份，以及用来减少其对通用汽车债务的 293 098 股通用汽车普通股。在整个计划期间，通用汽车普通股的市场价格从每股 40 美元上涨到了 65.375 美元，因此 179 股通用汽车的股份在 1937 年 3 月 15 日的市面价值是 11 702 美元。同时考虑到在此期间获得的 893 美元的股息，5 988 美元投资的最终价值是 12 595 美元。

基本红利计划

随着通用汽车自身的发展，参与通用汽车红利计划的人也越来越多。在四十多年间，获得红利奖励的职员人数增长了大约 25 倍——从 1922 年的 550 人增长到了 1962 年的大约 14 000 人。1962 年，所有领取月薪的职员中大约有 9%获得了红利奖励，而 1922 年这个数字仅仅是 5%。

在 20 世纪 20 年代中晚期，在没有对资格认定的规则做出任何基本修改的情况下，红利计划的覆盖面仍然得到了相当的拓宽，其原因完全是由于公司管理组织的极大膨胀。到 1929 年，大约有 3 000 名月薪职员获得了红利奖励——7 年间增长了 5 倍。

自 20 年代以来红利计划覆盖面的增长可以分为几个重要的阶段。1936 年，公司为年收入在 2 400 美元到 4 200 美元之间的员工留出了一部分红利，从而使激励计划的覆盖面得到了很大拓展。在经济大萧条的 1931 年，与减薪相适应，有资格获得红利的最低收入由每年 5 000 美元降到 4 200 美元，从而使之与薪水的降低相适应。1936 年，有资格获得红利的最低收入降到了 2 400 美元，这使 1936 年享受到红利计划的人数比 1935 年增长了 4 倍，从 2 312 人增长到了 9 483 人。

1938 年是一个例外，在这一年，由于营业收入低以及由此引起的红利基金相对减少，获得奖励的人数波动在 1 000 人左右的水平，这种现象一直持续到 1942 年。在之后的一年中，薪水最低限恢复到了 4 200 美元，于是获得红利奖励的人数又降到了每年 4 000 人左右。

在战后最初的几年中，红利薪金委员会一直将受益者的人数控制在大约相同的水平，当通货膨胀引起普遍薪水水平升高时，他们也随之提高了最低薪水要求。然而在 1950 年，红利薪金委员会通过将有资格获得红利的最低收入从 7 800 美元降到 6 000 美元而再一次扩大了红利计划的覆盖面——受益者人数从 1949 年的 4 201 名增长到了 1950 年的 10 352 名。"委员会将 1950 年的红利最低薪水标准降到每月 500 美元这一行为"，正如年报所阐述的那样，"认可了这样一个事实，即在这种分类方法中有很多员工都为公司的成功经营做出了重要的贡献。我们希望，如果红利分配能够拥有更加广泛的基础，那么势必对通用汽车整个组织都会有一个很好的刺激和激励作用。"

时间已经完全证明了这个判断。尽管为了与整体薪水的增长保持步调一致，有资格获得红利的最低收入一直在稳定增长，但是，获得红利奖励的员工数量也一直在稳定攀升，目前每年大约有 14 000 名员工能够得到这一奖励。

总体来说，该计划的具体运作方式就是在比较长的一段时间内每年发放一部分红利奖励。举个例子，自 1947 年以来，数目达到 5000 美元的奖励是以每年 1 000 美元的方式分期支付的，与此同时，更高的奖励也是分成五个相等的部分按年发放的。这一计划同时包括了以下条款，即公司员工如果在特定的一些情况下从公司离职，那么他将失去获得剩余未支付部分红利奖励的权利。这一分配方式的基础说明，红利计划的目的之一是要为管理者提供一种激励，让他们留在通用汽车公司工作。

我们的激励计划最基本的目的之一是为了要使我们的管理者成为公司的合伙人。这一理念的一部分指的就是红利奖励应该以通用汽车股份的形式给予。为了满足每年红利计划的需要，我们月复一月在市场上收购普通股。最初，整个红利奖励都是以股份形式支付的，然而随着个人所得税的不断提高，对于红利薪金委员会而言非常明显的是，如果受益者不得不将股份中的一大部分出售以支付相关的个人所得税，那么将所有的奖励以股份形式交付是没有意义的。因此在 1943 年，公司采取了一个新政策，即将红利奖励的一部分变成现金，另一部分则仍然以股份形式存在。1950年之后，普遍原则是红利奖励中现金支付的部分应该恰好能够让受益者用来支付总的红利所需的税款，从而能够留下他得到的红利奖励中的股份部分。那些并非在受益者获得奖励之时就支付给他的股份由公司以库存股份的形式予以保留，直到所有的红利部分都发放完毕。在红利支付期间，管理者可以得到与股息数量相等的现金，而在所有红利股份都分期发放完毕之后，他们将根据所持有股份领取股息。

尽管受到了高额个人所得税的影响，公司的执行管理层所拥有的股份数量还是相当庞大的。1963年3月21日，大约350名公司的顶层管理者所持有的股份总额，加上他们尚未获得应付红利奖励和条件账户中的股份以及通过储蓄-股份收购计划持有的股份，总计超过180万股。如果你假设每股的市场价格是75美元——这符合最近的交易情况，那么其结果是，公司中高层管理者所进行的资本投资——他们中的大部分人一生都投身于此——目前已经超过了1.35亿美元。我想我可以这么说，这是一项非常巨大的财富。

员工优先认股权计划

高额个人所得税曾一度降低了公司分红的比例，从而降低了通用汽车主要管理人员投资公司股票的能力。

由于红利计划的主要目的之一就是建设并维护一个所有者-管理者的团队，因此，股东们于1957年针对主要员工通过了一项员工优先认股权计划以作为对红利计划的补充。该项计划授予员工们于1958~1962年间购买公司股票的优先认股权。据认为这种方式将会创造机会，使更多的人能够拥有公司的股票。该计划与红利计划相结合之后所产生的激励效果远大于红利计划自身的效果。1962年，股东们又同意在不修改计划条款的情况下将有效期延长到1967年。员工优先认股权计划的基础是1950年《收入法》中的受限员工优先认股权计划条款。红利和工资委员会继续履行确定个人红利的职责，它还负责确定哪些人具备享受员工优先认股权计划的资格。但是，总的来说，对于能够享受员工优先认股权计划的管理人员而言，如果他愿意接受员工优先认股权，则其收到的红利数额只有他所应得总额的75%。尽管红利都是现金发放，但是在付款方式上都是采用常用的分期付款方式。与此同时，这些人会以通用汽车普通股条件账户的形式获得一些红利，数额是他所接受的现金红利的25%。现金红利和条件账户的总和正是他所应得到的红利。对于这些管理人员，他们还拥有股票期权，他们可认购的期权股票数量是他们条件账户中股票数量的3倍。他们的认购价格就是在得到股票期权资格时的合理市价。

员工优先认股权计划从1958年一直持续到1967年，涉及总计400万股普通股。但是，十年间没有一个高级管理人员可以拥有超过7.5万股的股票期权。对于那些得到员工优先认股权资格的人，只有继续在公司工作18个月，才可以实际享受到员工优先认股权，否则该资格就会作废。对于已经授出的股票期权，除非该高级管理人员离开公司，否则他可以在十年之内随时启用该权力。如果某位管理人员使用了他的股票期权，那么他就失去了对条件账户的权力；但是，当期权过期之后，条件账户中的所有股票都将在5年内分给该管理人员。只要该管理人员最终获得了该条件账户的权力，他就会得到现金报酬，其数额为相应账户中股票的分红。

员工优先认股权计划带给管理人员的一大好处就是，根据当前的税收法律，无论他在这十年间使用了优先认股权，还是他根据这一计划持股超过6个月，当他卖掉这些股票的时候，他只需交纳长期资本收益税就可以了。员工优先认股权计划并没有给通用汽车红利计划的管理原则甚至管理方法带来任何的改变，它只是帮助我们更为有效地落实激励和经营者所有权这两个概念罢了。

红利计划的管理

通用汽车激励计划的核心就是确定为每个符合条件的员工提供多少奖励的程序。

红利和工资委员会拥有掌管分红的全部权力。该委员会由那些不适于参与分红的董事组成，这个委员会自己就可以确定给兼任管理职责的董事会成员的分红。除了这些人的分红之外,这个委员会还审查、批准或否决由董事会主席和公司总裁联合提出的分红方案。与兼带协调控制的分权管理体制相一致，分红方案的建议权被下放到了事业部和职能部门这一层次。分红程序的第一步就是由独立会计师每年提出公司可从赢利中分红的最大限额。现在的数字是年度税后净利润的12%，并扣除了6%的资本净值。委员会首先必须决定是否将这笔款项全部转入红利储备金，如果是部分转入红利储备金，还要决定将其中的多大比例用于红利储备金。比如，从1947年至1962年这16年间，有5年委员会批准转入红利储备金的金额要低于独立会计师给出的分红上限，累计起来比分红上限少1.31亿美元，其中1962年当年转入的红利储备金就要比可分红上限低3800万美元。

而且，实际分红金额也可能会少于当年转入的红利储备金。因此，战后头三年里，大约有1 900万美元的红利储备金没有发放出来，而是继续结转以后之用。但是，1957年公司红利与工资委员会决定，截至1956年底，累积下来的约2 000万美元的红利储备金余额都将全部返还给公司。这笔款项并没有包括在用于分红的公司净利润之中。

在决定了将多大比例转入红利储备金以及将多大比例用于实际分红之后，委员会必须决定个人的分红情况。这一过程又分为几个步骤。委员会每年在接收到董事会主席和公司总裁的推荐之后就要决定可参与分红人员的最低工资标准。这一计划也允许以个案的形式让一些工资低于最低标准的员工参与分红，从而鼓励各个层次的优秀员工。

在红利分配上，出于管理的目的，我们将员工分成了如下几类：

(a) 担任公司运营管理人员的董事；

(b) 各运营事业部的总经理以及各职能部门的负责人；

(上述两类覆盖了公司的高层管理人员。)

(c) 工资与委员会设定的参与分红工资下限相等的其他员工。

在考虑如何对这几类人分配红利时，委员会会考虑可以作为红利发放的资金数量，考虑它与总工资的关系，以及当年的业绩。

委员会所考虑的第一步就是针对那些适于参与分红、担任公司运营管理人员的董事做出预分配方案。委员会的每个成员都会评估董事们的业绩，并分别确定每个人的红利。委员会还会非正式地向总裁和董事会主席咨询被评估董事的业绩——当然，当对总裁和董事会主席进行评估时，就不这样做了。该步骤完成之后，作为一个整体，这一类人分得的红利占公司总分红的比例就可以确定下来了。

第二个步骤就是确定第二类人的分红方案，即各运营事业部的总经理以及各职能部门的负责人的分红方案。

委员会首先考虑第二类人的总分红预案与可分红总金额之间的关系。在确定了这一比例之后，公司总裁和董事会主席就开始就每个人推荐他们应得红利数额，并将他们的意见汇报至委员会，等候批准或修订。

在完成了前两类人的分红预案之后，董事会主席和公司总裁就可以了解到其余员工所能分红的总额。然后，董事会主席与公司总裁就和他们的主要助手一起就分红方案的分解细化提出建议。

作为公司盈利的源泉，各运营事业部成为委员会的第一轮考虑对象。在咨询了董事会主席和总裁之后，委员会确立了红利分配的总体基础。在确定分配给运营事业部的红利数额时，主要的考虑因素有：符合条件的员工的总工资，相对的投资收益率，对事业部总体绩效的综合考评，并且还考虑了那些需要特殊情况特殊处理的因素。在委员会批准了董事会主席和总裁所建议的事业部红利分配方案之后，运营事业部的总经理们就可以了解到分配给他们事业部的红利总额。然后，由他们根据自己的判断，对事业部下属符合条件员工的分配方案提出建议。对于那些从事非营利活动的职能部门，他们分配方案的制定依据，就是他们的工资以及他们的表现。

不同的部门和事业部之间，并没有一个通用的、用以确定个人分红提案的公式，每个组织都有自己的方式。但是，每个个人所得到的红利都是在仔细分析了他这一年来对公司的贡献之后，才谨慎地确定的。通常，任何一个员工的分红提案都源于他直接上级的建议。他上级对他的褒扬将得到层层审查，一直交到事业部总经理或职能部门负责人的手中。该事业部总经理或职能部门负责人审查辖内的所有分红提案，并将结果交给领导他的集群执行官。集群执行官再次审核这些提案，然后将之提交董事会主席和公司总裁。董事会主席、公司总裁和执行副总裁再次评估这些提案，然后将他们提交给红利和工资委员会，等待他们做出最后的决定。

各个部门按部就班地执行这一红利提案审查程序，将其中可能存在的不公正降低到最低限度。当然，红利和工资委员会不可能详细了解所有领取红利的这 14 000 人的具体情况，但是，委员会拥有这些人的针对性统计材料，这些材料有助于委员会对红利分配方案进行评价。而且，委员会需要对大约 750 个主要执行人员的个人红利分配提案进行评价，并对处于不同事业部以及集团总部中相近职位的红利进行比较。委员会仔细审查每一个执行人员的业绩，以保证他们成就上的差异在红利上得到体现，并尽量提供最公正的红利分配方案。从分析公司管理层优劣势的角度来看，这种方式所带来的一个副产品就是这种对每个执行人员进步与发展的详细评估非常有价值。这在预先规划、准备不可避免的组织变动时特别有用。

红利计划对通用汽车的价值

红利计划真的值得花费那么多时间和精力去管理吗？为了它所花的钱值不值？对此，我深信不疑。我确信，红利计划并没有花费股东们的一毛钱，相反地，多年来还大幅提高了他们的收益。我认为，红利计划一直是，并且将来也会是通用汽车有限公司取得非凡成功的主要原因之一。当几个人用自己的积蓄投资并经营一家新兴的小企业时，很显然，对他们而言，他们的利益已经与企业的利益密不可分了。但是，随着企业的不断成长，越来越多的人参与到管理之中，这种利益关系就变得越来越淡。因此，就需要定期阐述并强调这一关系，红利计划满足了这一要求。

红利计划给公司中不同层次的人提供不同的激励。它激励着那些未能享受到红利计划的人不断进步以争取早日达到参与分红的条件。我们的一位高层管理人员曾在一封信中这样和我说道："我现在还清楚地记得当我第一次得到红利时的那种兴奋与激动——那是一种鼓励着我们的团队并使我下定决心继续在公司里前进的感觉。"

对于他们中的大多数人而言，红利奖金或许是他们今天巨大财富的主要成分。

由于红利每年颁发一次，因此，只要这个人还在公司里，红利就会对他产生激励作用。事实上，随着这个人在公司里的不断升迁，红利对他的激励作用也在日益增强，因为红利通常与工资挂钩，工资越高，红利也越高。换句话说，随着这个人的升迁，他所获得的红利也在呈几何级数而不是算术级数增加。因此，他所面临的巨大激励不仅吸引着他将手中的工作尽量做好，而且还促使他以杰出的表现完成手中的工作，从而赢得升迁的机会。

但是，我们所提供的激励和奖励并不仅仅是金钱方面的。我从上面提到的那封信中再引述一段话：

> 我确信公司从红利计划的管理中还得到其他好处。这就是无形的激励，一种与金钱激励不同的激励形式。红利计划对自我满足感的潜在奖励在公司内部形成了一股巨大的推动力。
>
> 每项物质奖励所代表的意义并不仅仅是表面上的现金和普通股所代表的价值。对于得到奖励的个人而言，这还代表着他对业务成功的贡献得到了公司的认可。这是一种在金钱补偿之外的认可。

由受奖人的上级向他递交红利奖励通知信这一举措本身就强化了这种精神激励的效果。这种方式为对受奖者的业绩进行评估和讨论提供了机会。

红利计划的一个重要作用就是它让每个参与者都敏锐地意识到他与他的工作以及他的上级之间的关系，他有责任关注自己和整个公司的发展。他会因为他的上级正确地评价了他的价值而感到满意，与此同时，这也激励着他自己每年都对自己的工作情况进行回顾。

直线式的工资体系中无法建设并维护这种气氛，在自动分红或自动利润分享的工资体系中也无法实现这一点（在两种工资体系下，员工只有在加薪成功或失败之后才能意识到有人对他的业绩作出了评价）。通常的工资体系更难以体现出惩罚的作用，因为通常工资都是只升不降的。但是，在通用汽车的红利计划下，即使红利总额在增长，具体个人所得的红利仍然有可能下降,这就形成了一种严重的惩罚——对于个人而言,他会对此非常警醒。公司每年分红的总额会在公司的年报中进行披露。

和通常的工资制度相比,红利计划还提供了更好的弹性。通常很难因一个人的杰出业绩而大幅提高他的工资,因为这种做法将扰乱整个工资体系。而且,提高员工的工资会为公司带来束缚,但是,红利计划就可以根据公司的形势以及员工的业绩进行灵活处理。因此,引入红利计划之后,就可以在对有杰出贡献的员工进行重奖的同时仍然维持原有工资体系的稳定。

还有,红利计划有助于公司挽留高级执行人员。前文已经提到过,现在红利是以五年期分期付款的方式支付的;自愿离职的员工将损失掉他还未领出的红利——在某些情况下,其数额可能非常可观。这种威慑——以及红利计划的激励——使通用汽车挽留住了很多希望挽留的高级执行人员,尤其是高层管理人员。

当然,上述分析并不足以"证明"通用汽车红利计划的成功,因为我们只能依靠想象去猜测没有引入这项计划所引发的后果。我多年的朋友和助手小沃尔特·卡彭特曾应我之邀帮我写下了他自己对这一计划有效性的评价。他这样写道:

> 如果您所指的红利计划的"有效性"是指需要从数学意义上对它作出证明,那么一开始我就得告诉您我恐怕帮不上什么忙。之所以这样说,是因为我们多年来曾多次考虑过这个问题。尤其是在当我们企图修改红利计划以确定甚至是粗略确定应该拿出多大的比例用于分红时,我们更是对这一问题进行了详尽的考虑。因此,每年每当我们准备将一定比例的利润——当然,这一比例不会超过红利计划中确定的上限——用于分红时,我们都会仔细考虑这个问题。现在,我不得不得出这样一条结论,即这个比例只能根据我们多年来对红利计划实施效果的观察经验去确定。这更坚定了我们对红利计划宗旨背后的基本哲理的信心。
>
> 我认为,有一两个事实可以帮助我们验证我们的感觉,即

尽管无法精确测量，但红利计划确实是一种有效的工具。

我想指出的第一个事实就是杜邦公司和通用汽车有限公司这两家红利计划的倡导者多年来一直非常成功。当然，持异议者也可以说影响成功的因素有很多，但是无疑红利计划确实是其中之一。无论如何，这两家公司卓越的成功都令人印象深刻……

因此，艾尔弗雷德，可能我们无法将红利计划的作用分离出来，也无法从数学上证明红利计划的有效性，但是，红利计划在这两家伟大企业长年的成功中所扮演的角色令我们无法不对它的有效性建立信心。它对于建立并维持这种由杰出人才组成的组织的贡献有目共睹，我们对它所基于的原则充满信心，充满信任。

接着上面这段话，我想加上我自己的深刻体会，那就是，如果废弃或严重修改这一成功运行了45年的红利计划，必将彻底摧毁公司的精神和管理组织。

第 22 章

管理：它如何起作用

很难说清楚为什么一种管理是成功的，而另一种管理是失败的。成功或失败的原因是深刻而复杂的，其中机遇起到了关键的作用。经验告诉我，对于一个企业的管理者来说，动机和机遇是其走向成功的两个非常重要的因素。前者通过在某些方面的激励性报酬得到很好的应用，后者则是通过分权管理体制。

但是事实上并不是这么简单，本书指出好的管理在于集中管理和分权管理的协调，或者说是"基于协调控制的分权管理"。

在这个概念下，各个因素之间的相互冲突在企业运作中发挥出了独特的作用。从分权管理中我们获得了主动性、责任心、个人能力的提升、忠于事实的决策以及组织的弹性等素质，这些品质都是一个团体适应新的环境所必须具备的。从协调管理中我们获得了效率和效益。显而易见，协调的分权管理并不是很容易做到的。这里并没有一种简单快速的法则用于排列出各个部门的职责并把这些职责分配下去。由于决策内容的不同、时代环境的不同、参与的高级执行人员经历、性格和技巧的不同，公司和事业部之间的平衡也会有所不同。

通用汽车协调分权管理的理念是随着我们在管理中不断地解决现实问题而逐渐得到大家接受的。我在前文已经指出，在公司的起步期，大概是40年前，对每一部门进行严格的管理是很明智的，因为这种管理方式能够保证企业运作的基本进行。但是，1920~1921年的经验表明，如果试图对每个部门都进行控制，则所需的措施就要比我们已有的多得多。离开中心机构充分的管理控制，各个部门就会失控，不能很好地执行公司管理层的政策，给公司造成很大的损失。然而，如果没有各个部门的适当的时效性数据，公司管理部门也不可能制定出好政策。这种稳定的运营数据流——后来据此建立了相应的程序——为最终实现真正的协调分权管理提供了可能。

下面让我们讨论一下怎么样既能给各部门自由的权力又能够充分管理控制他们的问题。当然，这个问题不是一下子能讨论清楚的。它随着环境的改变而改变，并且对于管理组织机构来说责任是连续的。因此，轿车和其他产品外观的责任曾一度属于各个部门，后来发现很有必要将责任收归外观部门以便为我们所有的主要产品开发出通用的外观参数。这一想法的主要依据就是通过协调外观设计，可以实现规模经济。而且，以往的经验告诉我们，高品质的作品是通过充分利用各种资源、多领域的合作以及专家们的天资获得的。设计风格的选择现在成了所涉及事业部、外观部门以及总部的共同责任。

一旦经验或环境的变动使我们看到了改进或提高经济性的机遇，通用汽车的分权管理体制就支持各事业部与总部之间相对职责的调整。在我担任首席执行官期间，总部官员对各事业部的控制只保持在适度的监督这一层次上。我相信，虽然变化的环境以及复杂新问题的出现使公司中的协调比我所处的那个年代要密切得多，但是在这一点上应该基本没有什么改变。

在通用汽车，我们没有遵循关于管理人员和职员的规范定义。我们仅区分了总部（包括职员）和事业部。总的来说，部门负责人——主要由领域专家担任——也没有经营管理权，但是他们可以依据一些政策，与事业部就这些政策的实施情况直接与各事业部进行沟通。

第22章　管理:它如何起作用

总部管理层的职责是决定哪些决策由总部制定会获得更高的效率，哪些决策由事业部作出能够获得更高的效率。为了使这些决策的消息可靠、见解深刻，总部管理层非常需要职能部门的支持。事实上，中央机构的许多重要决定都是先由相关职能部门组成政策小组提出草案，再经过讨论后才被主管委员会采纳。因此，职能部门才是这些政策的真正来源。比如，参与制造柴油机车这一基本决策的主要依据就是研究部门的产品研发状况。

一些总部职能部门的工作，比如法律部门，在各个事业部中就没有相对应的部分。其余的总部职能部门在各事业部的工程设计、制造以及分销的工作中均有相对应的部分。但是在这些职能部门的工作和事业部的工作之间仍然存在一些重要的区别：与相对应的事业部职能部门相比，总部职能部门更加关注长远问题及具有广泛应用意义的问题，相应的事业部职能部门则更加致力于应用这些已有的政策规定和已经编制的程序。然而也有例外，就是某个项目已经批准在事业部进行开发的时候。例如考维尔的开发，这部分内容将在下一章中介绍。

从总部工作中节省下来的成本是相当可观的，平均起来几乎达到了公司净销售额的1%。通过总部职员的工作，事业部职员可以获得较之以往或从外面购买便宜得多的服务，并且这些服务的质量也有所提高。在我看来，后一特征相当重要。职员们在外型部门、财务部门、研究部门、先进工程设计部门、人力资源管理部门、法律事务部门及制造和分销等部门做出了杰出的贡献，他们的价值是其所耗费成本的数倍。

总部职能部门的工作促成了几种节约措施。其中最重要的一个就是通过事业部间的合作实现的。这些合作是通过总部官员和事业部人员的理念共享和协作实现的。事业部不但将这些理念和技术提供给其他事业部，而且还提供给总部。我们很多的管理和工程技术天才以及我们的一些总部官员都是从事业部走出来的。比如，高功率内燃机和自动传动系统的开发就是总部和事业部的协作成果。我们在开发航空发动机和柴油发动机的工作中所取得的进步也得益于此。

在事业部的分权运作过程中，不同事业部经理在不同地方遇到的相似问题就汇集到公司总部，由总部执行人员进行定夺。伴随着这些过程，我们就可以对技术和理念进行优选，并促成技巧和判断的发展。作为一个整体，通用汽车管理层的素质就是从这些有着统一目标的共享经验中获得的，也是从各事业部在目标相同的框架之下所展开的竞争中学到的。

当然，我们的分权管理系统还给我们带来了一些因专业化分工而产生的节约。经济学的公理指出，专业化和劳动分工可以促成成本的降低和贸易的产生。对于通用汽车而言，这就意味着我们内部的供应机构不仅要在产品部件的生产上专业化，还要在价格、质量以及服务上具有充足的竞争力，如果它们不具备的话，需求部门就可以自行从外面购买这些零部件。即使我们已经决定制造而不是购买这些部件，并且已经建立了这些部件的生产设施，这一决定也不是不可动摇的，我们将在产品生产线上进行监督。不论在哪里，我们都会将公司的内部供应部门和外面的竞争者进行比较，以正确判断我们究竟应该自己制造还是外购该部件。

通常人们会误认为自己制造的部件要比外购的成品便宜，因为经常有人认为自己制造要比外购省掉因支付外部供应商利润而产生的额外费用。但是事实上这些供应商的利润非常正常，非常具有竞争力，你必须根据你自己的投资来确定本来的预期，合理确定自己的计划，否则自己制造不会降低成本。通用汽车从来不像它的某些竞争对手那样参与原材料的加工，我们通常会采购大部分原材料并用于最后的总装，因为我们没有理由相信通过自己制造，我们可以获得更好的产品和服务，或者是更低的价格。

我们产品的销售成本中，外购零部件、材料和服务的比例总计可达55%~60%。

事业部经理在各事业部运作中的作用对于我们致力于获得高效率和强适应性的持续努力非常重要。这些经理需要在一些约束之下对事业部所有的运营决策负责。他们的决策必须同公司总部的决策保持一致，事业部的运营结果也必须向总部汇报，同时，事业部管理人员还必须将运作政策中的任何细微更改都及时"推销"给总部，并且随时准备接受总部管理层的监督和建议。

向总部管理层推销重大建议的做法是通用汽车管理体制的重要特征之一。任何提案必须推销给总部,如果该提案影响到了其他相关事业部,则还必须同时推销给这些相关的部门。健全完善的管理体制的同时也需要总部在大多数情况采用推销的方式去争取事业部对自己提案的认可,这部分内容主要是通过政策的制定机构和事业集群执行官来完成的。这种从总部到事业部及从事业部到总部的信息传递过程为通用汽车避免出现重大决策失误提供了强有力的保障,这种保障体现了公司管理人员对股东的责任。它确保了任何基本性的决定都经过了全体相关部门的仔细考虑。

我们的分权管理组织以及推销理念——而不是仅仅发布命令——的传统使各层次的管理人员都意识到做好他们所提议的事情的必要性。基于这种方法,那些喜欢凭直觉做判断和决策的经理们常常会感到很难将自己的想法推销给其他人。但是总体来说,取消凭直觉作决定所带来的损失可以通过最后获得的高于平均水平的成果中得到补偿,这些结果是可以从那些信息充足、经集体评判后获得的政策中预见得到的。简单地说,通用汽车公司不是一个单纯凭直觉实施政策的组织,而是为有管理、推理能力的人提供良好环境的公司。有一些组织机构为了发挥天才职员的最大潜力,就围绕他们建立组织机构并且使得该机构的运作适应他们的性情。通用汽车公司在整体上来说不是这样的,当然,凯特林先生显然是个例外。

我们的管理政策都是由主管委员会和各政策相关团队讨论得出的。制定这些决策不是为了获得短期的激励,而是为了解决管理的基本问题而从长远发展的角度进行考虑的。将制定这些决策的权力交给那些既能做出决策又能推行决策的人掌控,这种方式在某种程度上就会引起这两种角色之间的冲突。一方面,最适宜推行决策的人必须具备宽广的经营视野,能够保护股东的利益;另一方面,善于制定具体决策的人与业务运营保持密切的关系。正如我所指出的那样,为了化解这两者的冲突,通用汽车将制定企业管理决策的权力分配给了财务委员会和执行委员会。

另一个政策建议的来源就是行政委员会,该部门负责向总裁提出关于公司制造和销售工作的建议，并将总裁和执行委员会可能用到的、影响公司生意和事务的其他方面内容也提交出来。总裁是该委员会的主席。现在，它的成员包括执行委员会的成员，两个不属于执行委员会的事业集群执行官，轿车和卡车事业部的总经理，费雪车身事业部的总经理和海外运营事业部的总经理。

在这种权力分立的环境下，制定政策和提出建议主要是总部中与企业运营关系密切的执行人员的责任。当然，他们的工作和各事业部配合非常紧密，这些事业部的职员也有一些是参与制定政策的人员。执行委员会将公司看做一个整体，同时他们也对公司的运营问题非常熟悉，还具有一些仲裁、裁决功能。它以政策制定小组和行政委员会的工作为基础，辅以运营委员会成员对运作状况的熟悉，制定出基本性决策。财务委员会以及它的非雇员成员，在更为宽广的集团政策领域里使用它的权力和责任。

我在通用汽车的大部分岁月都贡献给了总部管理层的开发、组织以及这些主管群体的重组。这是非常必要的，因为在通用汽车这样的企业中，制定正确的决策框架是非常重要的事情。若非有意识地去维护它，这个框架就存在着自然侵蚀的趋势。集体决策并不总是那么容易的。对于领导层而言，不经过长时间的讨论就能将自己的想法传递给其他人并且制定自己的政策是非常难以实现的事情。群体的策略不一定总是比个人制定的策略好，也存在平均水平降低的可能性。但是我认为，至少在通用汽车内部，历史已经表明了平均水平得到了提高。这意味着，通过对组织的塑造，通用汽车公司适应了自1920年来的每十年一次发生在汽车市场中的巨大变革。

第 23 章
改革与发展

　　从我描述的事件和理念中可以清楚地看出,我们这代人在美国工业发展史中有着独特的机会。当我们开始创办一个企业的时候,汽车还是一个新产品,同时,大规模的集团公司也是一种新型的企业组织。我们知道汽车产品具有巨大的潜力,但是我很难说,我们中的任何一个人能在初期就意识到这个行业能够改变美国甚至世界、重组整个经济结构、形成新的工业领域,并且改变人们每天生活的步伐和方式。我们最满意的地方是曾帮助这个行业向前发展,并在 20 世纪使得个人的交通方式成为可能。我个人最满意的地方就是能够作为一个供应商和竞争者从商业的角度参与了这一行业的发展,并曾与很多为这个行业做出杰出贡献的能手们共同工作过。他们中部分人的名字在与一些轿车和公司关联起来之后代表了一个新的美国传奇。对于我来说,由于我的年纪和过去的伙伴,所以很容易就想到了福特先生、别克先生、雪佛兰先生、奥尔兹先生、克莱斯勒先生、纳什先生、威利斯先生等等。和参与到这个行业中的成千上万人一样,他们并没有意识到他们那种平凡的运营方式背后所代表的革命性变化。

大多数成功的美国企业都倾向于扩张。通用汽车显然是一个成功的企业。它的成功是因为它的效率和不断的发展。这样一个大型的企业会成为当前这种充满活力的经济的标志，这一点非常自然。当然，它也有它的缺点，我们来讨论一下，如何使这些不正确的地方合理化。通用汽车之所以能够成为现在这个样子，是因为它的成员和其成员在一起工作的方式，还因为公司提供了一个机会和舞台使得他们的活力能够有效地发挥。各领域对所有人开放，技术知识可以从共用科技仓库中获取，产品生产工艺是一本公开的书，并且任何人都可以使用与产品相关的设备。市场是世界范围的，除了产品得到客户的喜爱以外没有其他的优势。

我想指出的是，今天的这些成功的大型企业并不是一直都这么大的。这本书指出，在20世纪初，当我们开始进行伟大的冒险的时候，整个汽车工业也正在寻找自己的路。在那段日子早期，我们所从事的行业缺乏在今天看来是理所当然应该具有的技术。我们身上或者是整个行业之中发生的事情充满了偶然性。销售商所销售的数量不清楚，销售商存货数量不清楚，客户需求的趋势也不清楚。没有意识到二手车市场的重要性，没有不同轿车的市场渗透策略，没有人作售后跟踪调查。因此，产品计划是在没有得到最终真实需求的基础上做出的。我们推出产品时从未考虑过与其他产品或整个市场的关系。很长时间以来都没有认识到用产品线去全面满足市场的挑战这一理念。现在已经为人所熟知的年度车型在当时还是一个陌生的概念。产品质量也是时好时坏。

我们不得不从头开始。我们的任务首先就是要找出适合我们公司的组织形式。这就是说，首先这种组织形式要能适应市场巨大而持续的变化。任何一个死板教条的汽车制造商——无论它的规模多么大，它的历史业绩多么好——都将受到市场严厉的惩罚。我们已经知道的例子就是20世纪20年代的福特先生，他在他那陈旧的也是曾经成功的经营理念中停留的太久了。我们拥有不同的经营理念，并且将其和福特的理念进行竞争。过去的历史证明他也许是对的，但是对于这段历史，我们可以认为是由于那一时期国民经济的特征为他的理念提供了支持。但是，事实证明，我们的观点更加符合经济原则，更加符合汽车艺术的发展，更加符合消费者品味和兴趣的变化。但是，在我们首次成功以后，我们也经历了失败。在汽车工业中存在着很多失败的可能性。如果企业没有为需求的变化作好准备，那么，不断变化的市场和不断变化的产品拥有击败任何企业的能力——在我看来，实际上这是由于企业不具备预测变革的程序而导致的。

在通用公司，这些程序是由总部制定的，并致力于预测市场的长期主要发展趋势。这一点在我们产品多年来的变化中得到了诠释。通用汽车公司自20世纪20年代开始的关于产品线的渐进改革措施是对市场被动适应的结果，是我们"针对每一个用户的轿车"政策的结果。随着行业的成长与发展，我们始终坚定地推行这一政策，并且证明了它完全具有迎接竞争、满足用户需求变动的能力。我想结合这一点简单介绍一下我们产品的革命。

1923年美国共卖出400万辆轿车和卡车，并且在整个20世纪20年代里一直或多或少地保持了这个水平。这段时间里，我们的产品在许多方面得到了持续改进，其中最重要的改进就是封闭车身的开发。高档车的销售量是随着国家的繁荣而逐步提高的。在30年代早期，由于经济的萧条，需求发生了逆转，低档车得到了人们最多的关注。1933年和1934年间美国销售的汽车中，近乎四分之三的车都是以低价售出的。我们针对这一需求进行了调整。随着经济的复苏，消费者又开始对高档车感兴趣了，在1939~1941年，也就是美国参战之前，低档车总共占整个市场的57%，这一比例和1929年相同。我们做出了相应的调整。

随着二战后生产的恢复，由于原料的短缺特别是钢材的短缺，整个行业必须在严格的物料控制之下展开运作。因此，在资源分配上，产品集中在中等价位上的小型企业（恺撒-弗雷泽、纳什、哈德森、斯图巴克和帕卡德）得到了青睐，它们产品所占市场份额的急速提升反映了这一点。在这个时期的竞争主要局限在生产领域——就是说，无论制造商制造什么，消费者都会排队购买。直到1948年，当新车上牌照数量达到1929年和1941年的战前高峰时，中等价位车型的市场占有量已经达到了45.6%，接近低档车的市场占有比例（46.6%）。

在1948年以后，竞争开始部分恢复正常，小型制造商的中等价位车型销售情况不断下滑。表面上，客户的需求正在恢复到战前的状态；到了1954年，传统的低档车市场份额又达到了近60%的水平。然而，事实上，提供给低档消费群体的产品正在发生显著的变化。这一细分市场的制造商和其他人一起正在提供越来越多的选配设备以吸引50年代不断增长的购买力。那个时期的市场特征在1953年9月《财富》杂志中得到了很好的表述（《一个全新的轿车市场》），内容如下："在战后的卖方市场，汽车行业发现，他们已经围绕着汽车销售出了很多东西——包括汽车配件、奢侈的装饰件、改进的部分和革新的部分。现在他们必须沿用这种销售方式……单元需求和购买能力的增强将对以单元销售汽车的形式产生巨大的冲击。"由于这种新"特点"，1955年汽车行业的规模已经发展得非常大了，而且许多附件也逐渐成为标准配置的一部分。随着相对昂贵车型诸如有金属顶盖的车、敞篷车以及旅行车等受欢迎程度的提高，整个汽车市场也在变得越来越多样化。整个市场容量也像我们已经熟悉的中等价位车型或福特车那样不断扩大。比如，福特扩大了它的水星车型生产线并且在1957年推出了一种全新车型——埃德塞（Edsel）。但是，与此同时，往日的低档车也在升级它的尺寸和质量；福特、雪佛兰和普利茅斯都推出了更为昂贵的新车，这些车除了名义上还属于低价位细分市场之外，其他方面和中价位车型并没有什么分别[1]。实际上，这只是因为汽车业已经认识到了客户对于新产品的需求，并针对他们的新需求量体裁衣。

非常有趣的一点就是在50年代中期，那些所谓的"裸车"，也就是具有最简单装备的低档车没有能够吸引很多的客户。从这一事实可以看出，那些在1957年以后势头极猛的紧凑、经济车型给人的第一印象可能是非常令人困惑的。然而仔细一看，可以发现这恰恰

---

[1] 最终这一事实得到了认可。统计组织后来发布的全行业价格区段报告对此进行了修订，此后至今，这部分车型就开始划归中价位车型细分市场。

表明消费者对于车型的要求越来越多样化。贯穿整个汽车行业发展史的大问题就是如何预测客户偏好变动的问题。即使新品开发需要花费数年的时间，我们仍需在有效市场需求出现的时候做好相应的准备。唐纳先生——通用汽车董事会主席和首席执行官——最近这样说道：

> 为了迎接市场的挑战，我们必须提前认识到客户需求和喜好的变化，以便在正确的时间、正确的地点提供正确的产品，并且数量也要正确。
>
> 我们需要在消费者偏好发展趋势之间做出平衡和妥协，以争取最终获得既可靠又美观的产品，并且以具有竞争力的价格售出必要的数量。我们不仅需要设计我们乐于制造的产品，更重要的，我们必须设计出我们的客户乐于购买的产品。

50年代后期和60年代早期市场上出现的一个戏剧性事件很好地说明了客户需求变化的迅速程度，同样也很好地演示了汽车业响应这些变化的能力。1955年，汽车销售量达到一个新高度，其中国产标准尺寸车型约占总量的98%，剩下的2%，也就是不到150 000辆的轿车则来自于45种外国车和一些国产小型车。到了1957年，国外进口车和国产小型车的销量总计达到了5%。直到1957年，小型轿车的需求量能够持续提升的前景仍不明朗，但是通用汽车公司早已认识到了这种可能性，并已经开始了对这类轿车的设计。早在1952年，雪佛兰公司就在总部的许可下组建了一支研发团队来负责开发这种车型，一旦需求上扬至能够支持量产的程度，他们就会采取相应的行动。从某种意义上说，这是1947年的工作的延伸，当时通用汽车公司正在积极地考虑小型车研发计划。

考维尔（Corvair）的设计是在1957年末最后定型的，1959年秋，这款车型正式进入市场。其他制造商也同时引进了新的小型车。后来我们上马了其他生产线，包括别克特别型、奥尔兹F-85、庞帝亚克暴风，所有的这些车型都是在1960年引进的；1961年引入柴夫（Chevy）Ⅱ型；1963年引入柴夫勒（Chevelle）型。设计小型车的目的是为了满足经济型用户的需求，他们想尽量降低初次购置成本和运行成本，显然这样会有一些矛盾和冲突，因为客户并没有降低他对舒适度、便利度和常规尺寸车型外观的要求。他们希望他们订购的小型车同样拥有很好的设备、方便而有用的配件以及自动传动系统、助力转向系统以及助力刹车系统等常规尺寸车型上所具备的设备。考维尔·蒙扎公司的传动装置、凹背折椅、特殊的车内衬、豪华的装饰等都是在1960年开发的，并且这些产品的销售额占据了考维尔公司总销售额的一半以上。很明显，客户对于这类小型汽车的需求同对常规尺寸汽车的需求有一致性的地方，也就是说，他们需要有金属顶盖的车、敞篷车、旅行车以及私家轿车。这些小型车和标准尺寸车型共同为客户提供了多种多样的选择。

当然，50年代后期和60年代早期经历了自20年代以来——在此期间，封闭车身占据了主流，T型车消失了，汽车开始升级——的汽车市场的最具戏剧性的变化。我相信过去汽车市场里所发生的事情验证了我们1921年制定的产品政策的正确性。通用汽车总裁约翰·戈登今日指出，我们"针对每一个用户的轿车"的口号一直以来都很恰如其分，事实上，我们向客户提供的多样化选择从未超出当前水平。在1963"车型年"中，整个行业提供了429种国产车型，而1955年的相应数值为272种；该年通用汽车自己拥有的车型就多达85种，而1955年只有38种。针对这一点，戈登指出："考虑到目前我们所能提供的所有颜色、所有可选设备和附件——助力装置、空调、倾斜导向轮等等，至少在理论上在同一年里我们不会生产出完全相同的两辆汽车。我们的目标并不仅仅是为了满足需求而生产一辆车，而是为每一个用户度身定做汽车。"

汽车小型化的发展趋势在1957年以后明显地显现出来。1959年，美国汽车的国外进口量已经达到行业总销量的10%，同时国内小型车的产量也达到了10%。国外进口量从1959年开始下降，到1963年只占总销售量的5%，然而，国内制造的小型车的销售量仍然在继续增长，到1960年以后几乎占据了总市场的1/3。同时，从前的低档车型中的一部分已经进入了中档车的行列。

面对这些趋势，一些国内的制造商降低了他们对传统上的中价位市场的供应。埃德塞于1957年后期开始采用这一方法，但在1959

年又放弃了；曾在克莱斯勒生产了很长时间的德梭图（DeSoto）也于1960年取消了；同时，水星、部分道奇以及美国汽车的大使车型的规模和订单也缩减了。在通用汽车，我们选择在中价位市场以不变的重量、尺寸以及车型数量维持常规尺寸车型的生产，同时也不断地将小型车加入到这些产品线中。

我们全部业务的90%都集中在汽车领域，但是每一部分的运作或可能的运作都被看做是独立的问题。我们没有一成不变的产品策略，没有限定自己可以制造什么，不可以制造什么，但是汽车始终是所有业务的中心。在必要的时候，我们的产品决策必须部分以经验作为基础。如果某些产品的实际经历表明它们并不适合我们的管理能力，那么我们就会从这项工作中撤离。

比如说，在1921年我们发现退出农业拖拉机业务领域是很有必要的，因为我们认为我们不可能在这个领域创造奇迹。从那之后，我们还相继从事并放弃了飞机制造、家用无线电、玻璃制品和化学制品等业务。

我们涉足航空发动机和柴油发动机领域以将我们的诀窍应用到工程设计和大规模制造中去以创造新的效益。我们开发了一种新型双循环柴油发动机，并应用到机车上去，为美国铁路带来了一场革命。我们将大量的资金投入到这一前途未卜的产品上，而当时它的潜在客户大多处于金融状况不是很好或者破产的境况，而且他们中的大多数人对这项新发明不感兴趣；借助于这项新发明，我们帮助铁路部门恢复了偿付能力——这一事实至今仍得到铁路管理部门的赞扬。

我们从来不通过收购公司来获得市场的主导地位。总的来说，我们通常都是在早期参与我们所涉足每一个业务领域，并努力为我们的产品培育市场——无论是汽车产品、家用电器、火车机车，还是航空发动机。我们已经建立了自己的运作方式，并且建立了与之相应的体制。

我希望在我描述通用汽车的时候并没有留下一种我认为它是一个完美产品的印象。没有一个公司是一成不变的。改革有可能带来好处，也可能带来坏处。我也希望我没有留下组织可以自行运作的印象。组织并不会做出决策，它的作用是提供一个框架，在这个基础上建立一些规范和标准，再根据这些标准来做出新的决策。每个人都需要做出决策，并且要为自己的决策负责。自我从管理层退休之后，那些为通用汽车做出决策的人在处理很多复杂问题上取得了非凡的成功。自动运作的组织并不会为企业找出明确的答案。管理层的任务不是教条地应用公式，而是在基于个案分析的基础上做出正确的决策。在商业事务的完美处理与判断中，没有固定的僵化原则可以遵循。

在本书中我描述的最后一点就是效率，而且是最广义的效率。我认为通用汽车的效率和发展与我们高竞争力的经济息息相关。如果一个公司仅仅因为规模过大而遭到打击，那么，这种打击的必然结果就是将同时打击效率。如果我们对效率进行惩罚，那么，作为一个国家，我们要怎样做才能应对世界范围内的竞争呢？

据我所知，我的工作已经结束了。很久之前，当我于1946年以71岁的高龄从公司首席执行官的职位上退休的时候，我就减少了很多义务——尽管当时我仍然是董事会的主席。1956年，我成了名誉主席。从那时起，我所参与的活动通常仅仅限于为财务委员会、红利与工资委员会提供服务。在董事会，时间具有改变一切的力量。巨大的变革不声不响地影响着董事会的构成。杜邦先生——他曾拥有约25%的公司股份，并为公司提供了优秀的服务——已经在董事会在任期间去世了。许多老一辈的公司成员都已经去世。现在仍处于管理层的老一辈的成员还是公司的个人大股东，其中包括莫特先生、普拉蒂先生、布拉德利先生、亨特先生、麦克劳林先生、费雪先生，还有我自己。我们这些老一辈的成员都不可能再为董事会和各个委员会服务多长时间了。我们为公司承担了这么久的责任，现在也应该将其传递给其他人了。每一代新人必须迎接挑战——汽车业的挑战，企业管理的挑战，以及公司参与这个变化的世界时所面临的挑战。对于现任管理层而言，这项工作才刚刚开始。他们所遇到的一些问题和我们那个时代曾遇到的问题类似，但是也有一些问题是我们以前从未想到的。

创造性的工作正在继续。

附录 1

通用汽车公司轿车及卡车销售数量

通用汽车公司
全部轿车及卡车的销售数量（按事业部划分）

年份	别克	凯迪拉克(拉萨利)	雪佛兰	奥尔兹(海密)	庞帝亚克(奥克兰德)	GMC卡车	其他	美国总产量	加拿大制造	美国及加拿大合计	巴西	海尔丁	欧宝	沃克斯豪	总计
1909(a)	14,140	6,484	—	1,690	948	372	1,047	24,681	—	24,681	—	—	—	—	24,681
1909(b)	4,437	2,156	—	336	157	102	442	7,630	—	7,630	—	—	—	—	7,630
1910	20,758	10,039	—	1,425	4,049	656	2,373	39,300	—	39,300	—	—	—	—	39,300
1911	18,844	10,071	—	1,271	3,386	293	1,887	35,752	—	35,752	—	—	—	—	35,752
1912	26,796	12,708	—	1,155	5,838	372	2,827	49,696	—	49,696	—	—	—	—	49,696
1913	29,722	17,284	—	888	7,030	601	1,745	57,270	—	57,270	—	—	—	—	57,270
1914	42,803	7,818	—	2,254	6,105	708	1,896	61,584	—	61,584	—	—	—	—	61,584
1915	60,662	20,404	—	7,696	11,952	1,408	266	102,388	—	102,388	—	—	—	—	102,388
1916	90,925	16,323	—	10,263	25,675	2,999	—	146,185	—	146,185	—	—	—	—	146,185
1917	122,262	19,759	—	22,042	33,171	5,885	—	203,119	—	203,119	—	—	—	—	203,119
1918	81,413	12,329	52,689	18,871	27,757	8,999	1,956	204,014	1,312	205,326	—	—	—	—	205,326
1919	115,401	19,851	117,840	41,127	52,124	7,730	13,334	367,407	24,331	391,738	—	—	—	—	391,738
1920	112,208	19,790	134,117	33,949	34,839	5,137	30,627	370,667	22,408	393,075	—	—	—	—	393,075
1921	80,122	11,130	68,080	18,978	11,852	2,760	6,493	199,415	15,384	214,799	—	—	—	—	214,799
1922	123,048	22,021	223,840	21,505	19,636	5,277	4,355	419,682	37,081	456,763	—	—	—	—	456,763
1923	200,759	22,009	454,386	34,721	35,847	6,968	120	754,810	43,745	798,555	—	—	—	—	798,555
1924	156,627	17,748	293,849	44,309	35,792	5,508	—	553,833	33,508	587,341	—	—	—	—	587,341
1925	196,863	22,542	481,267	42,701	44,642	2,865	—	790,880	45,022	835,902	—	—	—	—	835,902
1926	267,991	27,340	692,417	57,862	133,604	—	—	1,179,214	55,636	1,234,850	—	—	—	1,513	1,236,363
1927	254,350	34,811	940,277	54,888	188,168	—	—	1,472,494	90,254	1,562,748	—	—	—	1,606	1,564,354
1928	218,779	41,172	1,118,993	86,235	244,584	—	—	1,709,763	101,043	1,810,806	—	—	—	2,587	1,813,393
1929	190,662	36,698	1,259,434	101,579	211,054	—	—	1,799,427	99,840	1,899,267	—	—	—	1,387	1,900,654
1930	121,816	22,559	825,287	49,886	86,225	—	—	1,105,773	52,520	1,158,293	—	—	26,312	8,930	1,193,535
1931	91,485	15,012	756,790	48,000	86,307	—	—	997,594	35,924	1,033,518	—	—	26,355	14,836	1,074,709
1932	45,356	9,153	383,892	21,933	46,594	—	—	506,928	18,799	525,727	—	—	20,914	16,329	562,970
1933	42,191	6,736	607,973	36,357	85,772	—	—	779,029	23,075	802,104	—	—	39,295	27,636	869,035
1934	78,327	11,468	835,812	80,911	79,803	—	—	1,086,321	42,005	1,128,326	—	—	71,665	40,456	1,240,447

附录1 通用汽车公司轿车及卡车销售数量

年度													
1935	106,590	22,675	1,020,055	182,483	172,895	—	1,504,698	59,554	1,564,252	—	102,765	48,671	1,715,688
1936	179,279	28,741	1,228,816	186,324	180,115	—	1,803,275	63,314	1,866,589	—	120,379	50,704	2,037,690
1937	225,936	44,724	1,132,631	211,715	231,615	—	1,846,621	81,212	1,927,833	—	128,370	59,746	2,115,949
1938	175,369	28,297	655,771	94,225	99,211	—	1,052,873	56,028	1,108,901	—	139,631	60,111	1,308,643
1939	230,088	38,390	891,572	158,005	169,320	—	1,487,375	55,170	1,542,545	—	122,856	60,454	1,726,855
1940	310,823	40,206	1,135,826	213,907	249,380	—	1,950,142	75,071	2,025,213	—	—	55,353	2,080,566
1941	317,986	60,037	1,256,108	231,788	283,885	—	2,149,804	107,214	2,257,018	—	—	43,010	2,300,028
1942	18,225	2,865	166,043	14,262	16,409	—	217,804	83,686	301,490	—	—	47,316	348,806
1943(d)	—	—	60,257	—	—	30,187	91,109	61,437	152,546	—	—	41,598	194,144
1944(d)	—	—	71,631	—	—	152,530	224,227	54,312	278,539	—	—	38,493	317,032
1945	2,337	933	102,896	3,183	5,301	115,279	229,929	45,644	275,573	665	—	32,471	308,044
1946	153,733	27,993	662,952	112,680	129,700	36,393	1,123,451	51,997	1,175,448	66	—	53,586	1,229,034
1947	268,798	59,652	1,037,109	192,684	221,747	65,895	1,845,885	85,033	1,930,918	—	—	61,453	1,992,371
1948	273,845	65,714	1,166,340	193,853	254,684	97,306	2,051,742	94,563	2,146,305	—	—	74,576	2,220,993
1949	397,978	82,043	1,487,642	282,734	335,820	86,677	2,672,894	91,503	2,764,397	112	40,058	84,168	2,896,348
1950	544,326	109,515	2,009,611	397,884	469,465	112,557	3,653,358	158,805	3,812,163	7,725	72,568	87,454	3,992,298
1951	405,880	104,601	1,555,856	286,452	347,057	129,644	2,829,490	186,996	3,016,486	20,113	77,594	77,877	3,197,134
1952	315,301	95,420	1,200,589	224,684	275,145	123,258	2,234,397	199,763	2,434,160	25,177	83,282	79,813	2,629,200
1953	481,557	104,999	1,839,230	323,361	414,413	113,026	3,276,586	219,413	3,495,999	31,945	110,164	79,813	3,760,479
1953	481,557	104,999	1,839,230	323,361	414,413	113,026	3,276,586	219,413	3,495,999	31,945	110,164	110,141	3,760,479
1954	536,894	122,144	1,749,578	431,462	372,055	83,823	3,295,956	153,808	3,449,764	44,175	164,117	130,951	3,799,628
1955	780,237	153,134	2,213,888	642,156	580,464	106,793	4,476,672	161,374	4,638,046	54,796	186,999	142,149	5,030,994
1956	535,315	140,340	1,970,610	433,061	334,628	93,787	3,507,741	184,981	3,692,722	63,800	205,605	123,643	4,090,863
1957	407,546	152,660	1,871,902	390,305	341,875	72,890	3,237,178	181,322	3,418,500	68,893	228,736	143,573	3,885,366
1958	258,394	126,087	1,543,992	310,909	220,767	66,096	2,526,245	186,625	2,712,870	94,557	312,873	174,124	3,310,493
1959	232,757	138,610	1,754,784	366,879	389,616	77,371	2,960,017	180,216	3,140,233	110,626	334,444	244,655	3,850,914
1960	304,085	158,719	2,267,759	400,379	447,868	102,567	3,681,377	208,357	3,889,734	115,308	366,817	245,981	4,660,996
1961	292,398	147,957	1,949,111	322,366	362,147	76,333	3,150,312	196,407	3,346,719	18,128	377,258	186,388	4,036,629
1962	416,087	159,014	2,555,081	458,045	545,884	88,712	4,222,823	268,624	4,491,447	18,977	378,878	215,974	5,238,601

(a)截1909年9月30日结束的财政年度。
(b)截1909年12月31日之前的三个月。
(c)不包括GMC卡车事业部自1925年7月1日～1943年9月30日的数字。在这段时间里GMC卡车事业部是黄色卡车及客车制造公司的一部分。
(d)其他:从1909～1923年,这一栏的品牌包括卡特卡,埃尔摩,马奎特,伦道夫,斯克莱普,什以及韦尔奇斯的旅行车;1943～1944年间的数字仅代表了因战争需要于1942年2月10日停止轿车生产之前美国制造的旅行车。雪佛兰的数据仅代表了它所销售的卡车。

附录 2

通用汽车公司部门组织图

财务部门
（1963 年 5 月）

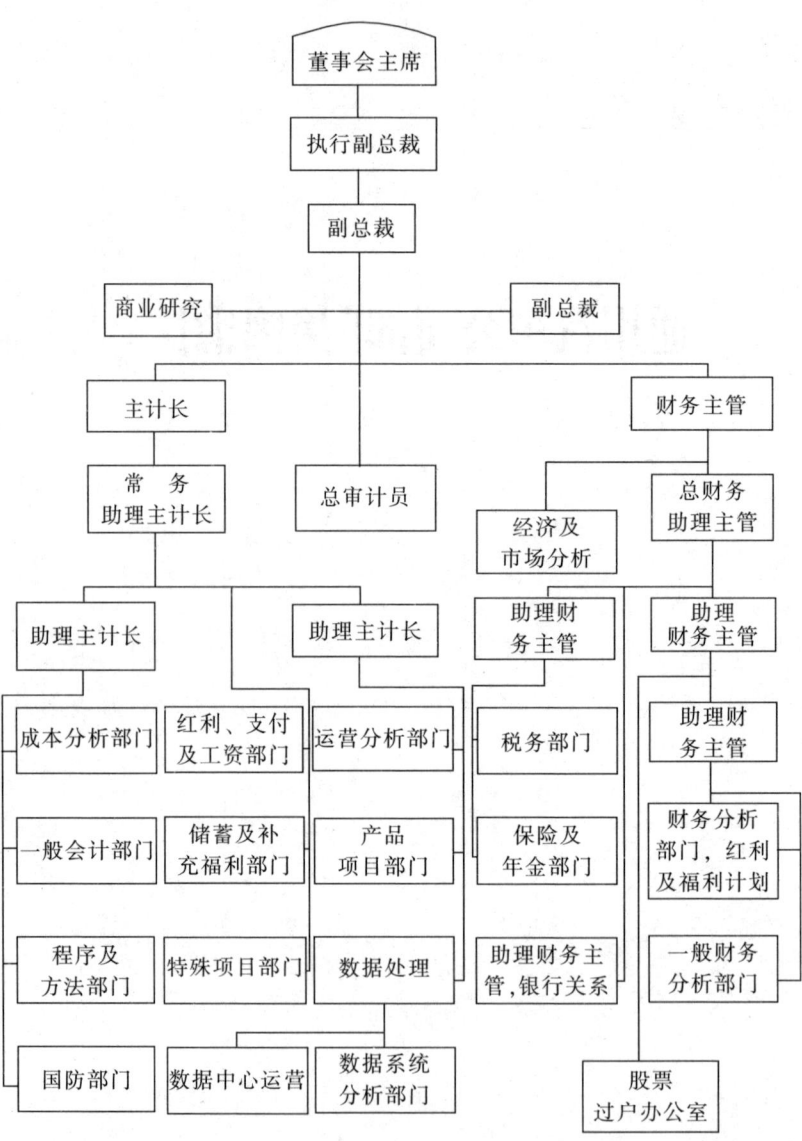

附录 2 通用汽车公司部门组织图

分销部门

(1963 年 5 月)

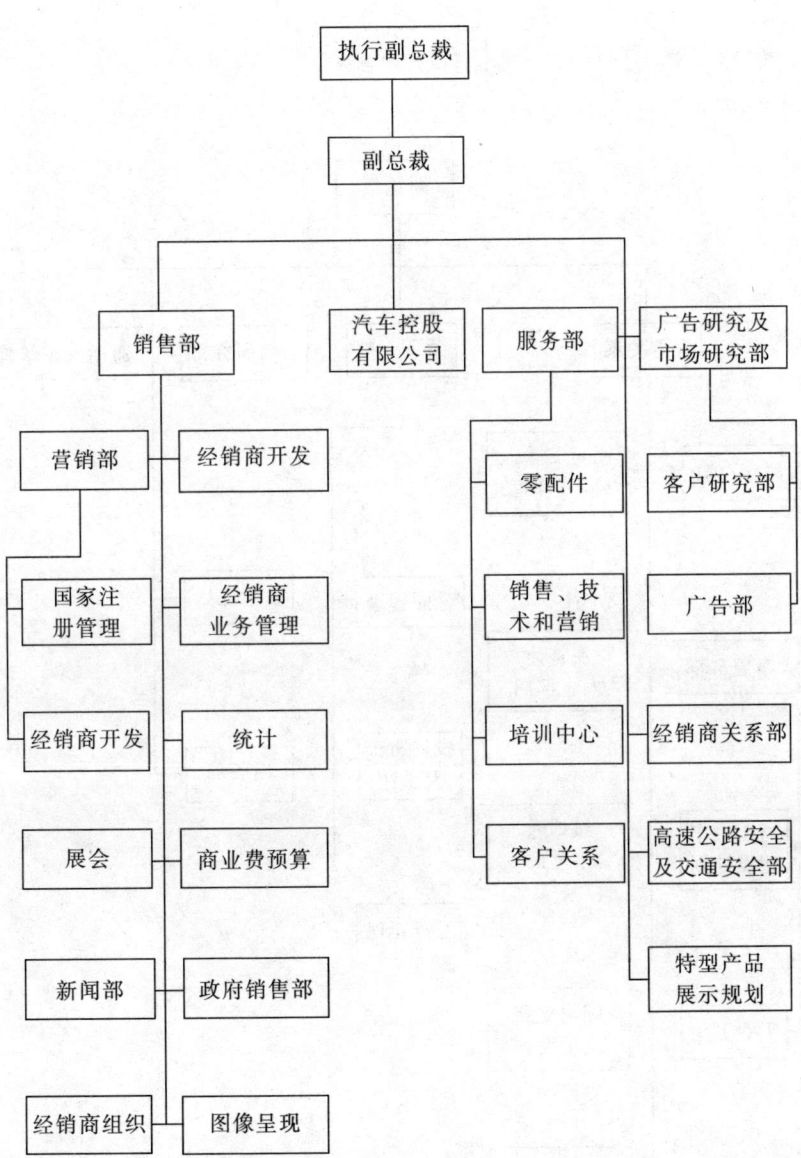

人事部门
（1963年5月）

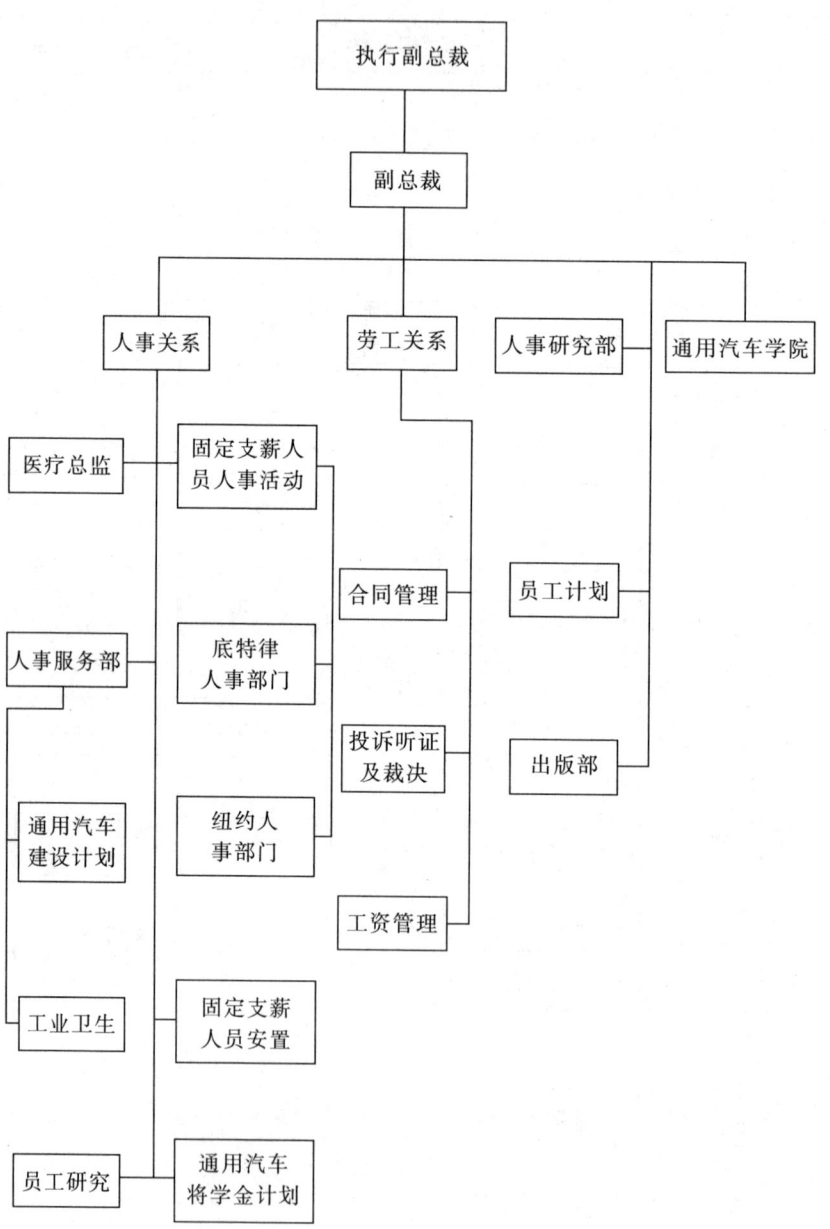

附录 2　通用汽车公司部门组织图

研发部

（1963 年 5 月）

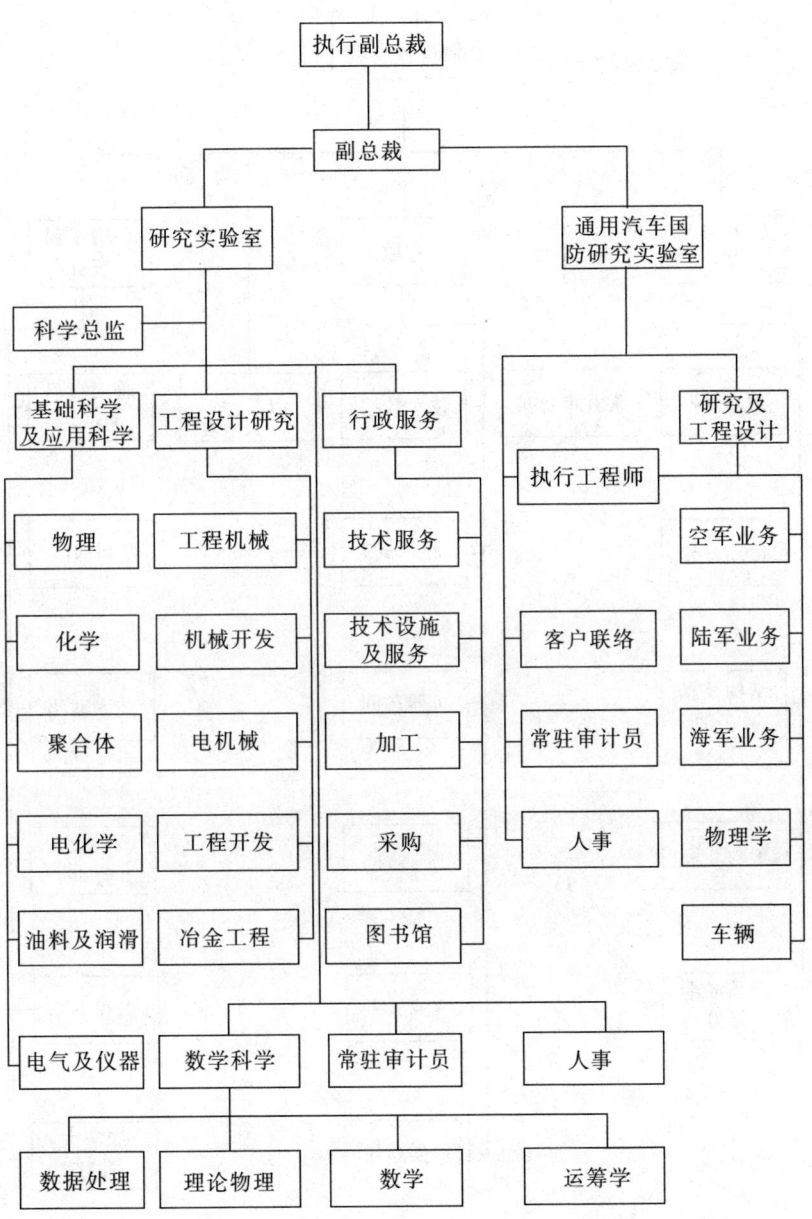

工程技术部

(1963年5月)

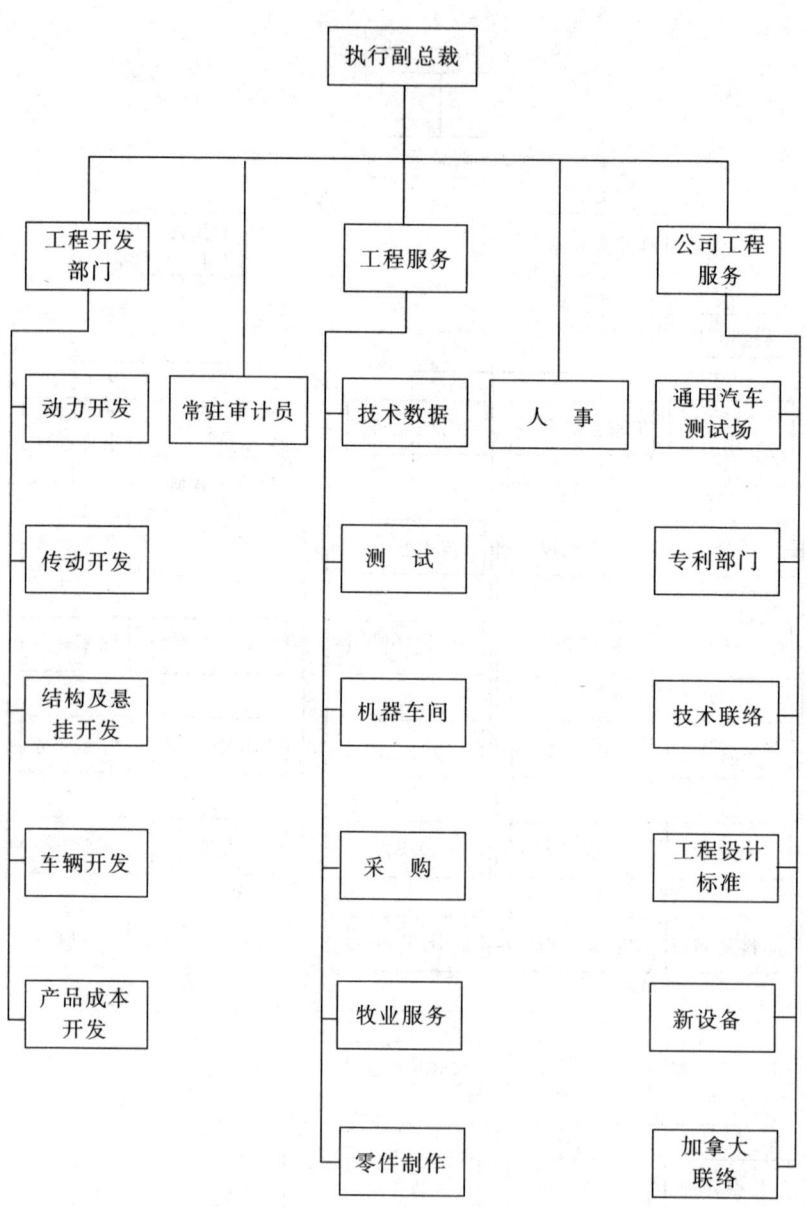

制造技术部

(1963 年 5 月)

外观设计部

(1963 年 7 月)

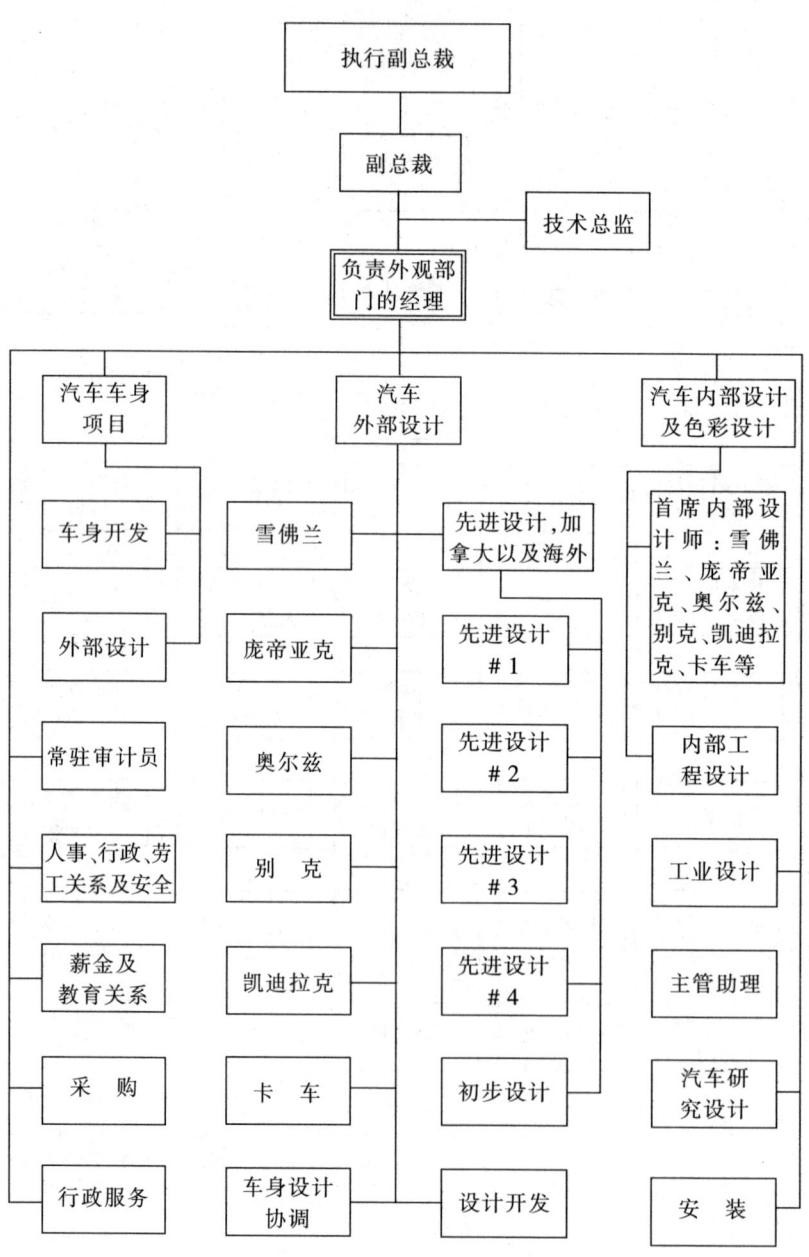

图书在版编目（CIP）数据

我在通用汽车的岁月：斯隆自传/（美）艾尔弗雷德·P. 斯隆
(Alfred Sloan) 著；刘昕译. -- 北京：华夏出版社，2017.8（2020.4 重印）
书名原文：My Years with General Motors
ISBN 978-7-5080-9229-4

Ⅰ.①我… Ⅱ.①艾…②刘… Ⅲ.①斯隆（1875.5-1966）—自传
Ⅳ.① K837.125.38

中国版本图书馆 CIP 数据核字（2017）第 150402 号

Alfred P. Sloan:*My Years with General Motors*
Copyright © 1963 by Alfred P. Sloan, Renewed 1991
Permission to reprint granted by Harold Matson Co., Inc.
All Rights Reserved

本书中文简体版权由 Harold Matson 授予华夏出版社，版权为华夏出版社所有。未经出版者书面允许，不得以任何方式复制或抄袭本书内容。
版权所有，翻印必究。
北京市版权局著作权合同登记号：图字 01-2012-0442 号

我在通用汽车的岁月：斯隆自传

著　　者	［美］艾尔弗雷德·P. 斯隆
译　　者	刘　昕
策　　划	陈小兰
责任编辑	陈小兰　增　慧
出版发行	华夏出版社
经　　销	新华书店
印　　装	三河市万龙印装有限公司
版　　次	2017 年 8 月北京第 1 版 2020 年 4 月北京第 4 次印刷
开　　本	710×1000　1/16
印　　张	27
字　　数	360 千字
插　　页	2 页
定　　价	49.00 元

华夏出版社　地址：北京市东直门外香河园北里 4 号　　邮编：100028
网址：www.hxph.com.cn　电话：（010）64663331（转）
若发现本版图书有印装质量问题，请与我社营销中心联系调换。